珍藏本
纪念版

汉译世界学术名著丛书

国民财富的性质和原因的研究

下卷

〔英〕亚当·斯密 著

郭大力 王亚南 译

商务印书馆
SINCE 1897 The Commercial Press

2017年·北京

Adam Smith, LL. D.

AN INQUIRY INTO THE NATURE AND CAUSES OF THE WEALTH OF NATIONS

Vol. II, Second ed.

Oxford, At the Clarendon Press, 1880

本书根据牛津大学 1880 年版译出

汉译世界学术名著丛书
（120 年纪念版·珍藏本）
出 版 说 明

2017 年 2 月 11 日，商务印书馆迎来 120 岁的生日。120 年前，商务印书馆前贤怀揣文化救国的理想，抱持“昌明教育，开启民智”的使命，立足本土，放眼寰宇，以出版为津梁，沟通中西，为中国、为世界提供最富智慧的思想文化成果。无论世事白云苍狗，潮流左右激荡，甚至战火硝烟弥漫，始终践行学术报国之志，无改初心。

迻译世界各国学术名著，即其一端。早在 20 世纪初年便出版《原富》《天演论》等影响至今的代表性著作，1950 年代后更致力于外国哲学和社会科学经典的译介，及至 1980 年代，辑为“汉译世界学术名著丛书”，汇涓为流，蔚为大观。丛书自 1981 年开始出版，历时三十余年，迄今已推出七百种，是我国现代出版史上规模最大、最为重要的学术翻译工程。

丛书所选之书，立场观点不囿于一派，学科领域不限于一门，皆为文明开启以来，各时代、各国家、各民族的思想与文化精粹，代表着人类已经到达过的精神境界。丛书系统译介世界学术经典，引领时代思想，为本土原创学术的发展提供丰富的文化滋养，为推动中国现代学术和现代化进程做出了突出的贡献。

为纪念商务印书馆成立120周年，我们整体推出“汉译世界学术名著丛书”120年纪念版的珍藏本，寄望既利于文化积累，又便于研读查考，同时向长期支持丛书出版的译者、编者和读者致以敬意。

两甲子后的今天，商务印书馆又站在了一个新的历史时间节点上。我们不仅要铭记先辈的身影和足迹，更须让我们的步伐充满新的时代精神。这是商务人代代相传的事业，更是与国家和民族的命运始终紧密相连的事业。我们责无旁贷，必须做好我们这代人的传承与创造，让我们的努力和成果不仅凝聚成民族文化的记忆，还能成为后来人可以接续的事业。唯此，才能不负前贤，无愧来者。

商务印书馆编辑部

2017年10月

下 卷 目 录

第四篇　论政治经济学体系

第五篇 论君主或国家的收入

第四篇

论政治经济学体系

序　论

被看作政治家或立法家的一门科学的政治经济学，提出两个不同的目标：第一，给人民提供充足的收入或生计，或者更确切地说，使人民能给自己提供这样的收入或生计；第二，给国家或社会提供充分的收入，使公务得以进行。总之，其目的在于富国裕民。

不同时代不同国民的不同富裕程度，曾产生两种不同的关于富国裕民的政治经济学体系。其一，可称为重商主义；其二，可称为重农主义。关于这两个主义，我将尽我所能，作详细明了的说明，而且将从重商主义开始。这是近世的学说，在我国今日又最为人所理解。

第一章　商业主义或重商主义的原理

财富由货币或金银构成这一通常流行的见解，是自然而然地因货币有两重作用而产生的。货币是交易的媒介，又是价值的尺度。因为它是交易的媒介，所以，我们用货币，比用任何其他商品，都更容易取得我们所需的物品。我们总是觉得，获取货币是一件要事。只要有货币，以后随便购买什么，都没有困难。因为它是价值的尺度，我们便用各种商品所能换得的货币量，来估计其他各种商品的价值。有很多货币的人，被称为富人；只有极少一点货币的人，被称为穷人。俭朴的或想发财的人，被说成是爱货币的人；不谨慎的、不吝啬的或奢侈的人，被说成是漠视货币的人。发财等于是有了货币。总之，按照通俗的说法，财富与货币，无论从哪一点看来，都是同义语。

像富人一样，富足的国家往往被认为拥有很多货币。在任何国家，贮积金银被认为是致富的捷径。美洲发现后，有一个时期，西班牙人每到一个生疏的海岸，第一个要问的问题，就是近处有无金银发现。他们就根据这种情报，判定那个地方有没有殖民的价值，乃至有没有征服的价值。以前，法兰西国王特遣僧人普拉诺·卡尔比诺去见有名的成吉思汗的一位王子。据这位大使说，鞑靼人所常常问到的，只是法兰西王国的牛羊多不多。他们的问题和西班牙人的问题有同样的目的。他们想要知道那个国家是否十分富足，值得他们去征服。鞑靼人和其他一切牧畜民族，大都不知道货币的用处；在他们中间，牲畜便是交易的媒介，便是价值的尺度。所以在他们看来，财富是由牲畜构成，正如在西班牙人看来，财富是由金银构成一样。在这两种看法中，鞑靼人的看法也许最接近于真理。

洛克先生曾指出货币与其他各种动产的区别。他说，其他各种动产是那么容易消耗，以致由这等动产构成的财富不太可靠；今年富有这等动产的国家，即使毫无输出，只要是奢侈浪费，明年就可能很缺少这等动产。反之，货币却是一个可靠的朋友，它虽然会由这个人转给那个人，但若能使它不流出国外，就很不容易浪费消耗。所以，在他看来，金银乃是一国动产中最坚固最可靠的部分；他认为，由于这个缘故，增加此等金属，应当是该国政治经济的大目标。

另一些人却以为，一国如能脱离全世界而存在，则国内流通的货币无论多少，都毫无关系。借这种货币而流通的可消费物品，只会换取或多或少的货币；他们认为，这样的国家实际上是富是贫，完全取决于此等可消费物品的丰饶或稀少。但对于那些同外国发生联系，而且有时不得不对外作战，因而有必要在远地维持海陆军的国家，他们的看法却又不同。他们说，除了送出货币来支付给养，否则就无法在远地维持海陆军，但要送出货币，又非先在国内有许多货币不可。所以，每个这样的国家都必须尽力在和平时期累积金银，一旦需要，才会有财力进行对外战争。

由于有这些通常流行的见解，欧洲各国都尽力研究在本国累积金银的一切可能的方法，虽然没有多大成效。西班牙和葡萄牙是以此等金属供给欧洲的主要矿山占有者，它们曾以最严厉的刑罚或苛重的关税禁止金银输出。往时，其他大多数欧洲国家似乎也都采用类似的禁止办法作为它们政策的一部分。在某些古代苏格兰议会法案里，我们会出乎意料地发现，亦曾以重刑禁止金银输出国外。法兰西和英格兰古时候也曾采用同样的政策。

当那些国家成为商业国时，商人们在许多场合总感到这种禁令非常不便。他们以金银为媒介，向外国购买他们所需要的物品，输入本国或运往别国，比用任何其他商品为媒介，往往都更为有利。因此他们反对这种禁令，认为它妨害贸易。

他们说，首先，为购买外国货物而输出金银，未必会减少国内的金银量。反之，还往往会增加那种数量；因为，如果外货消费额并不因此而在国内增加，那些货物就可再输出国外，以高利润在那里售出，所以，带回来的财宝也许会比原来为购买货物而输出的金银多得多。托马斯·孟把这种国外贸易的作用同农业的播种期和收获期相比较。他说："如果我们只看见农夫在播种时期把很多优良谷物撒播到地里去的行为，我们一定会把他看作一个狂人而不是农夫。但如果我们再考察他在收获期间的劳动，我们就会发现，他的行为是既有价值又有很大的收获的。收获才是他努力的目的。"

第二，他们说，这种禁令并不能阻止金银输出，因为金银价值大体积小，极容易向外走私。他们以为，只有适当地注意所谓贸易差额，才能防止这种输出。当一国输出的价值大于输入的价值时，外国就欠它一个差额，那必然以金银偿还，从而增加国内的金银量。当输入的价值大于输出的价值时，它就欠外国一个差额，这必然也以金银偿还，从而减少国内的金银量。他们认为，在这种情况下禁止金银输出，就不但不能阻止金银输出，而且将使金银输出加多一层危险，从而使金银输出加多一层费用。所以，在这种禁令下，汇兑将更不利于有逆差的国家；购买外国汇票的人，对于售卖外国汇票的银行，不仅要对运送货币的天然风险、周折与费用付出代价，而且要对由于禁止金银输出而产生的意外风险付出代价。汇兑愈是不利于一个国家，贸易差额亦必然愈是不利于这个国家。与贸易差额顺差的国家比较，贸易差额逆差的国家的货币价值必定相应地低得多。譬如，英、荷两国间的汇兑，若百分之五不利于英国，则在汇兑时便须以英银一百零五盎斯购买荷银一百盎斯的汇票。英银一百零五盎斯既然与荷银一百盎斯的价值相等，故亦只能购得相应数量的荷兰货物。反之，荷银一百盎斯却与英银一百零五盎斯的价值相等，故亦可购得相应数量的英国货物。总之，售给荷兰的英国货物将以低得那么多的价格出售，而售给英国的荷兰货物又将以高得那么多的价格出售，这都是由于汇兑的这种差额。英国货物所换回的荷兰货币少得那么多，而荷兰货物所换回的英国货币却多得那么多。所以，贸易差额就必然在那么大的程度上更不利于英国，必须把更大数量的金银输往荷兰，以弥补差额。

以上的议论有一部分是有理由的，有一部分却是强词夺理的。认为贸易上的金银输出往往有利于国家的议论，是正确的。认为在私人觉得金银输出有利时，禁令不能防止金银输出的议论，也是正确的。但他们如下的议论却是强词夺理，即：要保持或增加本国的金银量，比要保持或增加本国其他有用商品的数量，需要政府更大的关心；自由贸易能确保这些商品的适量供应，无需政府给予那样的关心。他们又说，汇兑的高价必然加剧他们所谓的贸易差额的不利程度，或导致更多的金银输出，这样的说法也是强词夺理。诚然，这种高价极不利于该欠外国债务的商人。在购买外国汇票时，他们要以高得那么多的价格付给银行。但是，虽然由禁令而产生的风险可能使银行索取额外费用，却未必会因此而输出更多的货币。这种费用，一般是在走私时在国内支付的，它不会使人在所需汇出的数目以外，多输出一文钱。汇兑的高价，也自然会使商人努力平衡他们的输出和输入，使他们尽量缩小他们的支付额。此外，汇兑的高价必定会产生类似课税的作用，因为它增高外货的价格，从而减少外货的消费。所以，汇兑的高价不至于增加他们所谓的贸易逆差额，而只会减少他们所谓的贸易逆差额，因而也会减少金银的输出。

尽管这样，那些议论却使听取它们的人深信不疑。它们是由商人们向国会、王公会议、贵族和乡绅们陈述的；是由那些被认为了解贸易的人向那些自认为对这种问题一无所知的人陈述的。贵族及乡绅和商人一样，都从经验中知道，国外贸易可以富国，但对国外贸易如何富国的问题，他们却没有一个懂得清楚。商人们完全知道，国外贸易如何使他们自己富裕。理解这个问题，原是他们的分内之事。但了解国外贸易如何富国的问题，却不是他们的分内之事了。除了在他们要向国家请求改订国外贸易法案的时候，他们从来不考虑到这个问题。只有在请求改订法律的时候，他们才必须陈述国外贸易的有利结果，才必须陈述现行法律如何阻碍这种有利的结果。他们向那些要对这种事情作出决定的裁判官说，国外贸易可以带货币回国，但国外贸易法却使国外贸易所带回来的货币比没有这种法律的时候少。裁判官听了这个说法，也觉得十分满意。这种议论于是产生了预期的效果。法兰西和英格兰的金银输出禁令，仅以本国的铸币为限。外国铸币和金银块的输出，听其自由。在荷兰和其他一些地方，这种自由甚至扩展到本国铸币。政府的注意力，从对金银输出的监视，转到对贸易差额的监视，而把贸易差额看作能够引起国内金银量增减的唯一原因。他们放弃了一种毫无结果的监督，转向另一个更为复杂、更为困难但却是同样毫无结果的监督。托马斯·孟的《英国得自对外贸易的财富》一书，不仅成为英格兰而且成为其他一切商业国家政治经济的基本准则。内地或国内贸易，尤其重要的是，即那种以同量资本可提供最大收入而又能使本国人民获得最大就业机会的贸易，却被视为只是国外贸易的辅助。据说，国内贸易既不能从外国带货币回来，也不能把货币带出国外。所以，除非国内贸易的盛衰可以间接影响国外贸易的状况，否则它就绝不能使国家变得更加富裕或更加贫困。

没有葡萄园的国家，须从外国取得葡萄酒；同样，没有矿山的国家也无疑地必须从外国取得金银。然而，政府似乎不必更多注意某一物品而更少注意另一物品。一个有资力购买葡萄酒的国家，总会获得它所需要的葡萄酒；一个有资力购买金银的国家，绝不会缺少那些金属。金银像一切其他商品一样，必须以一定的价格购买；而且，正因为它们是其他一切商品的价格，所以其他一切商品也都是那些金属的价格。我们完全有把握地相信，自由贸易无需政府注意，也总会给我们提供我们所需要的葡萄酒；我们可以同样有把握地相信，自由贸易总会按照我们所能购入或所能使用的程度，给我们提供用以流通商品或用于其他用途的全部金银。

在各个国家，人类勤劳所能购入或生产的每一种商品量，自然会按照有效需求，即按照愿意支付为生产这种商品和使它上市所需支付的全部地租、劳动与利润的那些人的需求，自行调节。但按照有效需求而发生的这种调节作用，在金银这种商品上最为容易，也最为准确；这是因为金银体积小而价值大，最容易从一处地方运到另一处地方，从价廉的地方运到价昂的地方，从超过有效需求的地方运到不足以满足有效需求的地方。譬如，如果英格兰除自己所拥有的黄金外，其有效需求还需要一定数量的黄金，那么一艘兼载客货的定期邮船就可从里斯本或从其他可以购买黄金的地方运来黄金五十吨，用以铸成五百多万几尼。但如果有效需求需要同等价值的谷物，那么以五几尼换一吨谷物计算，输入这批谷物便需载重一百万吨的船只，或每艘载重一千吨的船只一千艘。就是使用英格兰的海军船只，也运载不完。

当一国所输入的金银量超过有效需求时，无论政府怎样保持警惕也不能阻止其输出。西班牙和葡萄牙的严刑峻法，并没能使金银不外溢。从秘鲁和巴西源源而来的输入，超过了这两个国家的有效需求，使金银在这两个国家的价格降低到邻国之下。反之，某国的金银量如不足供应其有效需求，那就会使金银的价格抬高到邻国之上，用不着政府操心去输入金银。即使政府尽力想禁止金银输入，亦绝不能生效。莱克加斯所制定的法律设置障碍以阻止金银输入斯巴达，但斯巴达人的充沛的购买力却冲破了这一切障碍。一切严峻的关税法是不能阻止荷兰和戈登堡东印度公司把茶叶输入英国的,因为它们比英国东印度公司运来的茶叶便宜一些。一磅茶叶的价格通常以银计算,最高是十六先令,因此一磅茶叶的体积约一百倍于十六先令的体积;如以金币计算,则在二千倍以上。茶叶走私的困难,亦当照此倍数增加。

有许多货物,因体积关系,不能随意由存货充足的市场转移到存货不足的市场,但金银要由金银丰足的市场运到金银缺乏的市场,却很容易。一部分由于这个缘故,金银的价格才不像其他大部分货物的价格那样在存货过多或不足时不断发生变动。固然,金银的价格也不是完全不变动的,但其变动大都是缓慢的、渐进的和齐一的。例如,有人也许没有多大根据地认为,在本世纪和前一世纪的欧洲,金银因不断由西属西印度输入,其价值已经不断地但逐渐地下落。要使金银的价格突然改变,从而使其他一切货物的货币价格立刻发生显著的涨落,那就非有像美洲的发现所造成的那种商业上的革命不可。

尽管如此,一个有资力购买金银的国家,如果在任何时候缺乏金银,要想法补足,那就比补足其他任何商品的缺乏都更方便。如果制造业的原料不足,工业必陷于停顿。如果食粮不足,人民必然为饥饿所苦。但如果货币不足,则既可代之以物物交换,又可赊账买卖而每月或每年清算一次,更可用调节得当的纸币来加以弥补。第一种方法很不方便,第二种方法就比较方便了,至于第三种方法,则不但方便,而且有时还会带来一些利益。所以,无论就哪一点说,任何一个国家的政府对于保持或增加国内货币量的关心,都是不必要的。

可是，人们对于货币稀少的抱怨是再普遍不过了。货币像葡萄酒一样，只有那些既没有购买它的资力，又没有贷借信用的人，才一定会经常感到缺乏。而有资力又有信用的人，在需要货币或葡萄酒时很少会感到缺乏。然而抱怨货币稀少的人，未必都是无远虑的浪子。有时，整个商业城市及其邻近地方都会普遍感到货币稀少。营业过度是这一现象的普通原因。稳重的人要是不比照其资本订定经营计划，结果也会像没有量入为出的浪费者一样，既没有购买货币的资力，又没有借贷货币的信用。在计划实现以前，他们的资财就已耗尽，接着他们的信用也完了。他们到处去向人借贷货币，但人家都说没有货币出借。即使这种对货币稀少的普遍抱怨，也并不能经常证明国内流通的金银已失常量，而仅能证明有许多人想望金银但无力支付代价罢了。在贸易的利润偶然较平常为大的时候，无论大小商人都容易犯营业过度的错误。他们输出的货币并不总比平常多，但他们在国内国外都用赊账的方式买进数量异常的货物，运往遥远的市场，希望在付款期前收回货物的代价。如果付款期前不能收回代价，他们手上就没有购买货币的资力，也没有借贷货币的确实担保品了。对货币稀少的普遍抱怨，不是起因于金银的稀少，而是起因于那些求借者难以借贷，以及债权人害怕债款难以收回，不肯出借。

如果力求认真地证明，财富不由货币或金银构成，而由货币所购各物构成，并且只在购买货物时货币才有价值，那就未免过于滑稽。无疑，货币总是国民资本的一部分；但我们已经说过，它通常只是一小部分，并总是最无利可图的一部分。

商人所以普遍觉得以货币购买货物较易，以货物购买货币较难，并不是因为构成财富的更主要的成分是货币而不是货物，而是因为货币是已知的和确立了的交易媒介物，易于和一切物品交换，但要取得货币来交换货物，却不见得那么容易。此外，大部分货物比货币更易于磨损，如果保存它们，可能往往要蒙受大得多的损失。商人有货物存在手上，同有货物价格存在金库相比，更容易发生为他所不能应付的对货币的需求。而且，他的利润直接出自卖货的多，出自买货的少，因此他一般更急于以货物交换货币，而不那么急于以货币交换货物。不过，丰富的货物堆在货栈，不能及时售出，这有时可能成为个别商人破产的原因，但绝不能使一国或一个地方遭受同样的灾难。商人的全部资本，往往由容易损坏的、预定用来购买货币的货物构成。但一国土地和劳动的年产物，却只有极小一部分可以预定用来从邻国购买金银。极大部分是在国内流通和消费的。就连运往外国的剩余物品，也常有大部分用来购买他种外国货物。所以，预定用以购买金银的那部分货物，即使不能卖出以换取金银，亦不致使一个国家破产。诚然，它可能遭受某些损失和不方便，也可能不得不采用某种为替补货币所必需的办法。但是，它的土地和劳动的年产物却照常一样或几乎照常一样，因为它有同样多的或几乎同样多的可消费资本来维持自己。以货物交换货币，未必总像以货币交换货物那么容易，但从长远看来，以货物交换货币却比以货币交换货物更有必要。除了购买货币，货物还有其他许多用处；但除了购买货物，货币就一无所用。所以，货币必然追求货物，而货物却并不总是或无需追求货币。购买货物的人往往打算自己消费或使用，并不总想再把货物出售，但售卖货物的人却总想再购买。前者购买货物，往往完成了他的全部任务，而后者售卖货物，顶多只能完成他的任务的一半。人们所以需求货币，不是为了货币本身，而是为了他们用货币所能购买的物品。

据说，可消费的物品不久会被破坏，而金银则具有较大的耐久性，只要不继续输出，就可在长时期内累积起来，使国家的真实财富增加到使人难以置信的程度。所以，以这种耐久的商品交换那些容易损坏的商品，据说是最不利于国家的贸易。不过，我国的铁器也是极耐久的商品，如不继续输出，也可能在长时期内累积起来，使国内锅釜的数量增加到令人难以置信的程度。但如果我们以英国的铁器交换法国的葡萄酒，却又不被看作是不利的贸易。我们一看就知道，随便在哪一个国家，这类用具的数目必然要受实际用途的限制；我们也容易了解，在任何一个国家，锅釜都是用来烹调通常在那里消费的食物的，不必要地增多锅釜是荒谬的；如果食物的数量增加了，要连带增加锅釜的数目就很容易，只要用一部分增加的食物量来购买锅釜，或增加以制造锅釜为业的铁工就行了。我们也同样容易看出，任何一个国家的金银量都受这类金属的实际用途的限制，或是铸成硬币当通货使用，或是制成器皿当家具使用。无论在哪一个国家，铸币量都受国内借铸币而流通的商品的价值的支配；商品的价值增加了，立刻就会有一部分商品被运到有金银铸币的外国，去购买为流通商品所必须增加的铸币量。我们又知道，金银器皿的数量都受国内豪华家族的数目与财富的支配，豪华家族的数目与财富增加了，就很可能会有一部分增加的财富被送到有金银器皿的地方去购买所需要增加的金银器皿。要豪华家族购置多于他们所需要的厨房用具，以增加其快乐，那是荒谬的；同样，要一个国家输入或保留多于它所需要的金银，以增加国富，也是荒谬的。出资购买那些不必要的用具，不仅不能增进而且会减损家庭食品的数量和质量；同样，出资购买不必要那么多的金银，也必然会减少用于衣食住和用于维持人民生计的财富。必须记住，金银无论铸成硬币或制成器皿，同厨房用具一样，都是器具。如果增加金银的用途，增加可以用金银来流通、支配和制造的可消费的物品，就一定会增加金银的数量；但是，如果你想用非常的手段来增加它们的数量，那就一定会减少它们的用途，甚至会减少它们的数量，因为金银的数量必须受其用途的限制。如果金银累积得超过所需的数量，那么，由于金银的运输是那么容易，而闲置不用的损失又是那么大，任何法律也不能防止其立即输出国外。

一国要对外进行战争，维持远遣的海陆军，并不一定要累积金银。海陆军所赖以维持的不是金银，而是可消费的物品。国内产业的年产物，换言之，本国土地、劳动和可消费资本的年收入，就是在遥远国家购买此等可消费的物品的手段。有了这种手段的国家就能维持对遥远国家的战争。

一国可循三种不同的途径购买远遣军队的饷给予食粮。第一，把一部分累积的金银运往外国；第二，把制造业的年产物的一部分运往外国；第三，把常年原生产物的一部分运往外国。

不妨称为一国累积或贮存的金银，可分为三个部分：第一，流通的货币；第二，私人家庭的金银器皿；第三，由于多年节俭而业已聚存于国库的货币。

这样的金银很少能从一国的流通货币中节省下来，因为在这一方面不可能有多大的剩余。无论在哪一个国家，每年买卖的货物的价值要求有一定数量的货币来把货物流通和分配给真正的消费者，但不能使用超过必要的数量。流通的渠道必然吸引充足的货币额，但一到饱和就不能再加容纳。但在对外战争的情况下，通常从这个渠道里抽取若干。由于有大量的人遣往国外，国内所要维持生活的人数便大为减少了。国内流通的货物既已减少，为流通货物所必需的货币也必减少。在这样的场合，通常发行大批纸币，如英格兰的财政部证券、海军部证券和银行证券。这些纸币既然代替了流通的金银，就使国家有机会把较大数量的金银运往外国。不过，对外战争费用浩大，而且延续几年，要靠上述办法所提供的资源来维持，那就极不充分了。

熔解私人家庭的金银器皿，更无济于事。上次战争开始时，法兰西曾使用这种办法，但从这方面所得的利益还不足补偿铸造的损失。

往时，君王累积的财宝曾提供一个大得多而且耐久得多的资源。但在今日，除了普鲁士国王，全欧洲似乎没有一国君王以累积财宝为政策了。

本世纪的历次对外战争，也许是历史上费用最大的战争了，维持这种战争的基金似乎很少依靠流通货币、私人家庭的金银器皿或国库财宝的输出。前次对法战争使英国花费了九千万镑以上，其中不但有七千五百万镑新募的国债，而且还有每镑土地税附加二先令的附加税，以及从还债基金中每年借用的款项。这项费用中有三分之二以上用在外国，即用在德意志、葡萄牙和美利坚，用在地中海各口岸，用在东印度和西印度群岛。英格兰国王没有累积的财宝。我们从来没有听说有非常大量的金银器皿被熔解。那时人们一向认为，国内流通的金银不超过一千八百万镑。但自从最近金币改铸以来，大家相信那种估计未免过低。因此，我们不妨按照我记得曾经看到或听到过的最夸大的统计，假定我国金银合计达三千万镑。如果战争是用我国的货币来进行的，那么甚至根据这个统计，在六七年期间内也一定曾经把这数目全部运出运回一共至少两次。如果可以作这样的假设，那就能提供最有决定性的论点来证明政府没有必要注意货币的保存，因为根据这一假定，国内的全部货币一定曾在这么短的时期内在两个不同的时间行若无事地有了往返。可是，在这期间内流通渠道并不显得比平常更空虚。有资力换取货币的人，很少感到货币缺乏。在整个战争时期，尤其是在战争将要结束的时候，对外贸易的利润确较平常为大。这种情况在英国各口岸引起了往往会引起的一种普遍的营业过度现象。这种现象又引起了对货币稀少的不满，而这种不满常常是跟着营业过度现象出现的。许多人缺少货币，因为他们既无资力可以换取，又无信用可以借贷，而且因为债务人觉得难以借贷，债权人也就觉得难以收回。不过，拥有可以换取金银的价值的人，一般都能以他们的价值换取金银。

所以，上次战争的巨大费用的支付，一定主要不是靠金银的输出，而是靠英国某种商品的输出。在政府或政府工作人员同一个商人订约汇款至外国时，这商人就向国外来往通汇处出一期票，他为了支付这张期票，自然会尽力把商品而不是金银运出国外。如果那个国家不需要英国的商品，他就会设法把商品运往别国，购买一张期票，来付清所欠那个国家的款项。把商品运往宜于销售的市场，总可取得相当的利润，但运金银出国，却很难得到任何利润。

当这些金属被运往外国以购买外国商品时,商人所获得的利润不是来自商品的购买,而是来自回程货的售卖。但如果他只是为了还债而运出金银,那他就不能换回商品,因而不能得到利润。所以,他自然会绞尽脑汁,用输出商品而不是用输出金银的办法来偿还外债。《英国现状》的作者指出,在上次战争期间,英国输出了大量货物,但没有运回任何回程货来。

除上述三种金银外,在一切大商业国中,还有大量金银块交替地输入和输出,以经营国外贸易。这种金银块像国币在国内流通一样地在各商业国之间流通,可以被看作大商业共和国的货币。国币的流动及其方向,受流通本国境内的商品的支配,大商业共和国的货币的流动及其方向,则受流通于各国间的商品的支配。二者都用来便利交换,一则用于同一国家的不同个人之间,一则用于不同国家的不同个人之间。也许曾动用这大商业共和国的货币的一部分来进行上一次战争。在一场全面战争的时候,人们自然要认为,这种货币的流动与方向和承平时期不同,它在战场周围流通得更多,交战国军队所需的饷给和食粮都要在交战地点周围及邻近国家购买。但英国每年这样使用的大商业共和国的货币无论多少,一定要年年购买,而用以购买的,或是英国商品,或是以英国商品换取的其他物品。所以归根到底,仍是商品,仍是一国土地和劳动的年产物,才是使我们能够进行战争的基本资源。人们认为,每年这样大的费用一定从巨额的年产物中支付,那是很自然的。例如,1761 年的费用便在一千九百万镑以上。任何金银的累积都不会能够维持每年这样大的费用。即使是金银,其年产额也无法维持这样大的开支。根据最可靠的统计,每年输入西班牙和葡萄牙的金银一般不会大大超过六百万镑；就某几年来说，还不够支付上次战争四个月的费用。

军队派往遥远的国家，其饷给和食粮要在远地购买。购买这些东西或买进大商业共和国的货币以购买这些东西，要输出若干商品。最宜于为这目的而输出的商品，似乎是制造得比较精巧的工业品，即体积小价值大，因而能以不大的费用运到遥远地方的制造品。一个国家，如果它的产业每年生产这种大量剩余的制造品输往外国，那么，即使它不输出大量金银，甚至没有如此大量的金银可供输出，也能进行一场费用浩大的对外战争好多年。诚然，每年剩余制造品的很大部分必须在这种情况下输出，而它虽给商人带回利润，却不给国家带回任何利润，因为政府向商人购买外国期票，以便在外国购买军队的饷给和食粮。不过，总有一部分剩余制造品的输出，仍可带回利润。在战争期间，政府将对制造业提出加倍的要求。第一，由于购买军队的饷给和食粮，政府向外国出了期票，为了付清期票，政府就要求制造业制造商品，以便运往外国；第二，国内通常已经消费掉的外国货物，仍须向外国购买，为了换回这种货物，政府又要求制造业制造商品运往外国。在破坏性最大的对外战争中，大部分的制造业往往会极度繁荣；反之，在恢复和平的时候却往往会衰落下去。它们可能在国家衰落时繁荣，而在国家恢复繁荣时衰落。英国制造业的许多不同部门在上次战争期间和在战后一段时期的不同状况，可作我上面所说的例证。

借土地原生产物的输出而进行费用浩大或旷日持久的对外战争是不相宜的。把大量原生产物运往外国以购买军队的饷给和食粮，费用太大。而且没有几个国家所生产的原生产物，除了足够维持本国居民生活所需外，还能有大量剩余。因此，以大量原生产物输往外国，实无异夺去人民一部分的必要生活资料。至于制造品的输出，情形就有所不同。制造业工人的生活资料仍保存在国内，所输出的仅是他们产品的剩余部分。休谟屡次注意到往昔英国国王不能不断地进行长期对外战争的事实。那时英国除了土地原生产物和若干最粗陋的制造品，就没有其他东西可以用来购买远地军队的饷给和食粮。但原生产物不能从国内消费中大量节省下来，粗制造品和原生产物的运输费用又过于巨大。所以，他们不能长期对外作战，并不是因为缺少货币，而是因为缺少比较精巧的工业品。英格兰的买卖在那时和现在都是以货币为媒介的。那时货币流通量对通常买卖次数和价值的比例，必定和现在相同，更确切地说，必定比现在大，因为那时没有纸币，现在纸币却已代替了大部分金银。在商业和制造业不甚发达的国家，遇有非常事件发生，臣民对君主很难有多大援助，其理由我将在下面说明。所以，在这样的国家里，君主都努力累积财宝，作为预防不测事件的唯一手段。即使没有这种必要，君王在这样的情况下也自然会倾向于为累积所必需的节俭。在那样简朴的状态下，甚至君主的消费也不受爱好宫廷豪华的虚荣心的支配，而用于赏赐佃户，款待家臣。虚荣心几乎总是导致浪费，但赏赐和款待却很少引起这种结果。因此，每一个鞑靼酋长都有财宝。查理十二世有名的同盟者乌克兰哥萨克酋长马捷帕的财宝据说很多。梅罗文加王朝的法兰西国王都有财宝。在他们分封儿子时，也把财宝分给他们。撒克逊君王以及征服后最初几个国王，也似乎曾经累积过财宝。每一个新朝代所做的第一件事通常就是夺取前王的财宝，作为获得继承权的最重要的手段。先进的商业国家的君王，却没有累积财宝的同样的必要，因为他们在非常事故发生时，通常都能得到臣民的特别援助。他们累积的倾向也没有那样厉害。他们自然地、也许必然地仿效那个时代流行的办法，他们的消费和领土内各大业主的消费一样，会受豪华的虚荣心的支配。宫廷中毫无意义的装饰一天比一天华丽，其用费之大，不仅阻止累积，而且往往侵及预定供更必要的用途的基金。德西利达斯关于波斯宫廷所说的话，可适用于欧洲一些君主的宫廷。他说：他在那里只看到许多富丽的东西，看不到什么力量；看到许多奴婢，看不到几个军人。

金银的输入，不是一国得自国外贸易的主要利益，更不是唯一利益。经营国外贸易的任何地方之间，毫不例外地都可从中得到两种不同的利益。那就是，输出他们所不需要的土地和劳动年产物的剩余部分，换回他们所需要的其他物品。通过以剩余物品换取其他物品来满足他们一部分的需要并增加他们的享受，这种贸易使剩余物品有了价值。利用这个办法，国内市场的狭隘性并不妨碍任何工艺或制造业部门的分工发展到十分完善的程度。由于给国内消费不了的那一部分劳动成果开拓了一个比较广阔的市场，这就可以鼓励他们去改进劳动生产力，竭力增加他们的年产物，从而增加社会的真实财富与收入。对于彼此进行对外贸易的所有不同的国家，对外贸易都不断地从事完成这些伟大而重要的工作。当然，经营国外贸易的商人一般总是较多地注意供应本国人民的需要和输出本国的剩余物品，较少地注意供应别国人民的需要和输出别国的剩余物品，所以最受国外贸易的利益的，是商人所在的国家，但通商各国也都得到巨大的利益。以金银输入没有金银矿山但又需要金银的国家，无疑是对外贸易业务的一部分，但这是最不重要的一部分。单为了这种打算而经营国外贸易的国家，恐怕在一世纪内还没有机会装满一船金银。

美洲的发现之所以使欧洲变得富裕，并非由于输入金银的缘故。因为美洲金银矿山丰饶，这些金属的价格降低了。与十五世纪相比，现今购买金银器皿所需付给的谷物或劳动，约为当时的三分之一。欧洲每年花费同量的劳动和商品，就能买到大约三倍于当时的金银器皿。但是，当一种商品跌到从前售价的三分之一时，不仅原来有资力购买这商品的人可购买三倍于此的数量，而且许许多多原来没有资力购买这商品的人也能购买；现在有资力购买金银器皿的人数，也许比从前增加到十倍以上，也许增加到二十倍以上。因此，欧洲现有的金银器皿，不仅可能比设若美洲金银矿尚未发现而甚至在其目前进步状态下所会有的金银器皿多三倍以上，而且可能多二十倍乃至三十倍以上。直到现在为止，欧洲无疑已经获得了实在的便利，不过那确是一种微不足道的便利。金银价格的低廉使这些金属不像以前那样宜于充作货币。为了购买同一东西，我们必须携带较多的金银，并在口袋里带一个先令而不像从前那样只带四便士的一个银币。很难说上述的便利和不便利，哪一种较不重要，这两者本来都不会使欧洲的情况发生任何根本的变化。然而美洲的发现确曾使欧洲的情况发生了非常大的变化。美洲的发现给欧洲各种商品开辟了一个无穷的新市场，因而就有机会实行新的分工和提供新的技术，而在以前通商范围狭隘，大部分产品缺少市场的时候，这是绝不会有的现象。劳动生产力改进了，欧洲各国的产品增加了，居民的实际收入和财富也跟着增大了。欧洲的商品对美洲来说几乎都是新奇的，美洲的许多商品对欧洲来说也是新奇的。于是发生了一系列以前从未想到过的新的交易，它当然对旧大陆有利，但自然对新大陆也同样有利。由于欧洲人蛮横地侵害别人的权利，一件对所有国家本来都是有利的事情，却成为若干不幸的国家遭到摧残和破坏的根源。

几乎同时发生的经由好望角至东印度的航道的发现，也许开辟了一个比美洲更大的国外贸易市场，虽然距离更远。美洲当时只有两个在各方面都比野蛮人优越的民族，它们在被发现后不久就被消灭了。其余的都不过是野蛮人。但是，中国、印度斯坦、日本等帝国以及东印度的几个帝国，虽然没有比较丰富的金银矿山，在其他各方面却比墨西哥或秘鲁更为富裕，土地耕种得更好，一切工艺和制造业更为进步；即使我们相信西班牙各作家关于那些帝国往昔情况的夸大记载，也仍得承认这一点，其实这些作家的话显然是不足置信的。文明富国间交易的价值，总会比文明富国与未开化人和野蛮人交易的价值大得多。但欧洲从美洲贸易所得的利益，却一向比它从东印度通商所得的利益大得多。葡萄牙人独占东印度贸易几乎达一百年之久，其他欧洲国家要把任何货物运到东印度去或从东印度购入任何货物，都须间接经过葡萄牙人之手。上世纪初叶荷兰人开始侵入东印度时，他们把全部东印度的商业交由一家独占公司经营。英国人、法国人、瑞典人和丹麦人随后都仿效他们的先例，所以，欧洲任何大国都没有享受到对东印度自由贸易的利益。这种贸易之所以不及美洲贸易有利的唯一原因是，美洲贸易、即欧洲几乎每一国家对其所属殖民地的贸易是其一切臣民可以自由经营的。那些东印度公司的专营的特权、雄厚的财富，以及这些财富为它们从本国政府获得的惠益和保护，已经引起不少嫉妒。这种嫉妒心理使人往往把它们的贸易看作是完全有害的，因为经营这种贸易的国家每年都输出大量的白银。有关的方面回答说，由于这种不断地输出白银，他们的贸易一般说来可能使欧洲陷于贫困，但对于从事贸易的具体国家来说，却并非如此；因为，通过输出一部分回程货到欧洲其他国家，这种贸易每年给本国带回的白银数量远远超过输出的白银数量。反对者和答辩者都以我刚才一直在考察的流行的想法为根据。所以，关于他们任何一方，我们都不必多所论述了。由于每年有白银输往东印度，欧洲的银器也许比另一种情况下稍为贵一些，银币所能购买的劳动和商品大概也多一些。在这两个结果中，前者所受的损失很小，后者所得的利益很小，两者都微不足道，不值得社会任何部分的注意。东印度的贸易由于为欧洲商品开辟了一个市场，或者用近似的说法，为那些商品所购买的金银开辟了一个市场，就一定会增加欧洲商品的年产量，因而也增加欧洲的实际财富和收入。它们至今增加得很少，也许是因为那种贸易处处受到限制的缘故。

关于财富存在于货币或金银之中这一流行的说法，我认为有必要作详尽的考察，虽然这样做难免令人感到沉闷。我已经说过，按照普通的说法，货币往往表示财富；这种词义的含糊使这一流行的见解在我们听来非常熟悉，甚至那些确信这种说法是谬论的人也往往会忘记自己的原则，在推理的过程中把它当做确定不移的、不可否认的真理。英国有几个研究商业的优秀作家在开头就指出，一个国家的财富不仅在于金银，而且在于它的土地、房屋和各种各样可消费的物品。但在他们推理的过程中，他们却似乎把土地、房屋和可消费的物品统统忘记了;他们的论证往往认为:一切财富在于金银,增加那些金属是国家工商业的巨大目标。

但是,财富在于金银,以及无金银矿山的国家只有通过贸易差额、即使输出价值超过输入价值才能输入金银这两个原则既然已经确立,那么,政治经济学的巨大目的就一定变成尽量减少供国内消费的外国商品的输入,尽量增加国内产业产品的输出了。因此,使国家致富的两大手段就是限制输入和奖励输出。

输入的限制有两种。

第一,凡能由本国生产的供国内消费的外国商品,无论从什么国家输入,都一律加以限制。

第二,在对某些外国的贸易中,如果贸易差额被认为不利于本国,那就几乎是无论何种货物,只要是从那些国家输入的,都一律加以限制。

这些不同的限制有时采用高关税的方法,有时采用绝对禁止的方法。

奖励输出的方法,有时是退税,有时是发给奖励金,有时是同主权国家订立有利的通商条约,有时是在遥远的国家建立殖民地。

在下述两种不同的情况下允许退税。已纳关税或国产税的国内制造品,在输出时往往将课税的全部或一部发还;输入时已经课税的外国商品,如再输出,则有时将课税的全部或一部发还。

奖励金的颁发,用以奖励某些新兴的制造业,或用以奖励被认为应受特殊照顾的其他一些工业。

通过有利的通商条约,本国的货物或商人在某一外国获得了其他国家的货物和商人所不能享受的特权。

在遥远的国家建立殖民地，不仅使殖民地建立国的货物和商人享有某些特权，而且往往使他们取得独占权。

上述两种限制输入的方法连同四种奖励输出的方法，乃是使贸易差额有利，以增加国内金银量的六种主要的手段，为重商主义所倡导。我将在以下各章分别加以讨论。对于这六种手段有没有所说的把货币输入到国内来的倾向，我将不再多加注意，而主要考察这些手段的每一种对于国家产业的年产物可能有什么影响。这些手段既然会增加或减少国家年产物的价值，显然也一定会增加或减少国家的实际财富和收入。

第二章　论限制从外国输入国内能生产的货物

以高关税或绝对禁止的办法限制从外国输入国内能够生产的货物,国内从事生产这些货物的产业便多少可以确保国内市场的独占。例如,禁止从外国输入活牲畜和腌制食品的结果,英国牧畜业者就确保了国内肉类市场的独占。对谷物输入课以高额关税,就给予谷物生产者以同样的利益,因为在一般丰收的时候对谷物输入课以高额关税,等于禁止它的输入。外国毛织品输入的禁止,同样有利于毛织品制造业。丝绸制造业所用的材料虽全系产自国外,但近来也已取得了同样的利益。麻布制造业尚未取得这样的利益,但正在大踏步向这一目标迈进。还有其他许多种类的制造业同样地在英国完全取得了或几乎取得了不利于同胞的独占权。英国所绝对禁止输入或在某些条件下禁止输入的货物,其种类之繁多,不很熟悉关税法的人是简直极不容易猜想出来的。

这种国内市场的独占,对享有独占权的各种产业往往给予很大的鼓励,并往往使社会在那情况下有较大部分的劳动和资财转用到这方面来,那是毫无疑问的。但这办法会不会增进社会的全部产业,会不会引导全部产业走上最有利的方向,也许并不是十分明显的。

社会全部的产业绝不会超过社会资本所能维持的限度。任何个人所能雇用的工人人数必定和他的资本成某种比例，同样地，大社会的一切成员所能继续雇用的工人人数，也一定同那社会的全部资本成某种比例，绝不会超过这个比例。任何商业条例都不能使任何社会的产业量的增加超过其资本所能维持的限度。它只能使本来不纳入某一方向的一部分产业转到这个方向来。至于这个人为的方向是否比自然的方向更有利于社会，却不能确定。

各个人都不断地努力为他自己所能支配的资本找到最有利的用途。固然，他所考虑的不是社会的利益，而是他自身的利益，但他对自身利益的研究自然会或者毋宁说必然会引导他选定最有利于社会的用途。

第一，每个人都想把他的资本投在尽可能接近他家乡的地方，因而都尽可能把资本用来维持国内产业，如果这样做他能取得资本的普通利润，或比普通利润少得有限的利润。

所以，如果利润均等或几乎均等，每一个批发商人就都自然宁愿经营国内贸易而不愿经营消费品的国外贸易，宁愿经营消费品国外贸易而不愿经营运送贸易。投资经营消费品国外贸易，资本往往不在自己的监视之下，但投在国内贸易上的资本却常在自己的监视之下。他能够更好地了解所信托的人的品性和地位，即使偶然受骗，也比较清楚地了解他为取得赔偿所必须根据的本国法律。至于运送贸易，商人的资本可以说分散在两个外国，没有任何部分有携回本国的必要，亦没有任何部分受他亲身的监视和支配。譬如，阿姆斯特丹商人从克尼斯堡运送谷物至里斯本，从里斯本运送水果和葡萄酒至克尼斯堡，通常必须把他资本的一半投在克尼斯堡，另一半投在里斯本。没有任何部分有流入阿姆斯特丹的必要。这样的商人自然应当住在克尼斯堡或里斯本，只有某种非常特殊的情况才会使他选择阿姆斯特丹作为他的住处。然而，由于远离资本而感到的不放心，往往促使他把本来要运往里斯本的克尼斯堡货物和要运往克尼斯堡的里斯本货物的一部分，不计装货卸货的双重费用，也不计税金和关税的支付，运往阿姆斯特丹。为了亲身监视和支配资本的若干部分，他自愿担负这种特别的费用。也正由于这样的情况，运送贸易占相当份额的国家才经常成为它通商各国货物的中心市场或总市场。为了免除第二次装货卸货的费用，商人总是尽量设法在本国市场售卖各国的货物，从而在可能范围内尽量使运送贸易变为消费品国外贸易。同样，经营消费品国外贸易的商人，当收集货物准备运往外国市场时，总会愿意以均等或几乎均等的利润尽可能在国内售卖货物的一大部分。当他这样尽可能地使他的消费品国外贸易变为国内贸易时，他就可以避免承担输出的风险和麻烦。这样一来，要是我可这样说的话，本国总是每一国家居民的资本不断绕之流通并经常趋向的中心，虽然由于特殊原因，这些资本有时从那中心被赶出来，在更遥远地方使用。可是，我已经指出，投在国内贸易上的资本，同投在消费品国外贸易上的等量资本相比，必能推动更大量的国内产业，使国内有更多的居民能够由此取得收入和就业机会。投在消费品国外贸易上的资本，同投在运送贸易上的等量资本相比，也有同样的优点。所以，在利润均等或几乎均等的情况下，每个个人自然会运用他的资本来给国内产业提供最大的援助，使本国尽量多的居民获得收入和就业机会。

第二，每个个人把资本用以支持国内产业，必然会努力指导那种产业，使其生产物尽可能有最大的价值。

劳动的结果是劳动对其对象或对施以劳动的原材料所增加的东西。劳动者利润的大小，同这生产物价值的大小成比例。但是，把资本用来支持产业的人，既以牟取利润为唯一目的，他自然总会努力使他用其资本所支持的产业的生产物能具有最大价值，换言之，能交换最大数量的货币或其他货物。

但每个社会的年收入，总是与其产业的全部年产物的交换价值恰好相等，或者无宁说，和那种交换价值恰好是同一样东西。所以，由于每个个人都努力把他的资本尽可能用来支持国内产业，都努力管理国内产业，使其生产物的价值能达到最高程度，他就必然竭力使社会的年收入尽量增大起来。确实，他通常既不打算促进公共的利益，也不知道他自己是在什么程度上促进那种利益。由于宁愿投资支持国内产业而不支持国外产业，他只是盘算他自己的安全；由于他管理产业的方式目的在于使其生产物的价值能达到最大程度，他所盘算的也只是他自己的利益。在这场合，像在其他许多场合一样，他受着一只看不见的手的指导，去尽力达到一个并非他本意想要达到的目的。也并不因为事非出于本意，就对社会有害。他追求自己的利益，往往使他能比在真正出于本意的情况下更有效地促进社会的利益。我从来没有听说过，那些假装为公众幸福而经营贸易的人做了多少好事。事实上，这种装模作样的神态在商人中间并不普遍，用不着多费唇舌去劝阻他们。

关于可以把资本用在什么种类的国内产业上面，其生产物能有最大价值这一问题，每一个人处在他当地的地位，显然能判断得比政治家或立法家好得多。如果政治家企图指导私人应如何运用他们的资本，那不仅是自寻烦恼地去注意最不需注意的问题，而且是僭取一种不能放心地委托给任何个人，也不能放心地委之于任何委员会或参议院的权力。把这种权力交给一个大言不惭地、荒唐地自认为有资格行使的人，是再危险也没有了。

使国内产业中任何特定的工艺或制造业的生产物独占国内市场，就是在某种程度上指导私人应如何运用他们的资本，而这种管制几乎毫无例外地必定是无用的或有害的。如果本国产业的生产物在国内市场上的价格同外国产业的生产物一样低廉，这种管制显然无用。如果价格不能一样低廉，那么一般地说，这种管制必定是有害的。如果一件东西在购买时所费的代价比在家内生产时所费的小，就永远不会想要在家内生产，这是每一个精明的家长都知道的格言。裁缝不想制作他自己的鞋子，而向鞋匠购买。鞋匠不想制作他自己的衣服，而雇裁缝制作。农民不想缝衣，也不想制鞋，而宁愿雇用那些不同的工匠去做。他们都感到，为了他们自身的利益，应当把他们的全部精力集中使用到比邻人处于某种有利地位的方面，而以劳动生产物的一部分或同样的东西，即其一部分的价格，购买他们所需要的其他任何物品。

在每一个私人家庭的行为中是精明的事情，在一个大国的行为中就很少是荒唐的了。如果外国能以比我们自己制造还便宜的商品供应我们，我们最好就用我们有利地使用自己的产业生产出来的物品的一部分向他们购买。国家的总劳动既然总是同维持它的产业的资本成比例，就绝不会因此减少，正如上述工匠的劳动并不减少一样，只不过听其随意寻找最有利的用途罢了。要是把劳动用来生产那些购买比自己制造还便宜的商品，那一定不是用得最为有利。劳动像这样地不去用于显然比这更有价值的商品的生产，那一定或多或少会减损其年产物的价值。按照假设，向外国购买这种商品，所费比国内制造来得便宜。所以，如果听其自然，仅以等量资本雇用劳动，在国内所生产商品的一部分或其价格的一部分，就可把这商品购买进来。所以，上述管制的结果，国家的劳动由较有利的用途改到较不利的用途。其年产物的交换价值，不但没有顺随立法者的意志增加起来，而且一定会减少下去。

诚然，由于有了这种管制，特定制造业有时能比没有此种管制时更迅速地确立起来，而且过了一些时候，能在国内以同样低廉或更低廉的费用制造这特定商品。不过，社会的劳动，由于有了此种管制，虽可更迅速地流入有利的特定用途，但劳动和收入总额，却都不能因此而增加。社会的劳动，只能随社会资本的增加而比例增加；社会资本增加多少，又只看社会能在社会收入中逐渐节省多少。而上述那种管制的直接结果，是减少社会的收入，凡是减少社会收入的措施，一定不会迅速地增加社会的资本；要是听任资本和劳动寻找自然的用途，社会的资本自会迅速地增加。

没有那种管制，那特定制造业虽不能在这社会上确立起来，但社会在其发展的任何时期内，并不因此而更贫乏。在这社会发展的一切时期内，其全部资本与劳动，虽使用的对象不相同，但仍可能使用在当时最有利的用途。在一切时期内，其收入可能是资本所能提供的最大的收入，而资本与收入也许以可能有的最大速度增加着。

有时，在某些特定商品的生产上，某一国占有那么大的自然优势，以致全世界都认为，跟这种优势作斗争是枉然的。通过嵌玻璃、设温床、建温壁，苏格兰也能栽种极好的葡萄，并酿造极好的葡萄酒，其费用大约三十倍于能由外国购买的至少是同样好品质的葡萄酒。单单为了要奖励苏格兰酿造波尔多和布冈迪红葡萄酒，便以法律禁止一切外国葡萄酒输入，这难道是合理的吗？但是，如果苏格兰不向外国购买它所需要的一定数量的葡萄酒，而竟使用比购买所需的多三十倍的资本和劳动来自己制造，显然是不合理的，那么所使用的资本与劳动，仅多三十分之一，甚或仅多三百分之一，也是不合理的，不合理的程度虽没有那么惊人，但却完全是同样不合理。至于一国比另一国优越的地位，是固有的，或是后来获得的，在这方面，无关重要。只要甲国有此优势，乙国无此优势，乙国向甲国购买，总是比自己制造有利。一种技艺的工匠比另一种技艺的工匠优越的地位，只是后来获得的，但他们两者都认为，互相交换彼此产品比自己制造更有利。

从独占国内市场取得最大好处的，乃是商人与制造业者。禁止外国牲畜及腌制食品的输入，以及对外国谷物课高关税——这在一般丰年等于禁止——虽有利于英国牧畜者与农民，但其有利程度，比不上商人和制造业者从同类限制所得的利益。制造品，尤其是精制造品，比谷物和牲畜，更易于由一国运至另一国。所以，国外贸易，通常以贩卖制造品为主要业务。在制造品方面，只要能占一点点利益，甚至在国内市场上，也能使外国人以低于我国工人的产品的价格出售。但在土地原生产物方面，非有极大的好处不能做到这个地步。如果在这情况下准许外国制造品自由输入，也许有几种国内制造业会受其损害，也许有几种国内制造业会完全毁灭，结果大部分资本与劳动，将离去现在用途，被迫寻找其他用途。但土地原生产物最自由的输入，不能对本国农业发生这样的影响。

例如，即使牲畜的输入变得那么自由，但由于能够输入的是那么少，所以对英国牧畜业没有多大影响。活牲畜，恐怕是海运昂于陆运的唯一商品了。因为牲畜能够行走，陆运时牲畜能自己搬运自己。但由海运，则被输运的，不仅是牲畜，而且还有牲畜所需的食料和饮料，要费许多钱，并经过许多麻烦。爱尔兰和不列颠间的海程，距离很短，爱尔兰牲畜的输入，因此较易。最近只允许爱尔兰牲畜在有限时期内输入，但如果允许其永久自由输入，对不列颠牧畜者的利益也不会有很大影响。不列颠靠近爱尔兰海的地方，都是牧畜地。输入的爱尔兰牲畜，必须赶过广大地方，才能到达适当的市场，所费不赀，而且经过很多麻烦。肥的牲畜，不能行走那么远，所以，只有瘦牲畜可以输入，这种输入不会损害饲畜或肥育牲畜的地方的利益，因为减低了瘦牲畜的价值，所以对这些地方是有利的，这种输入只会损害繁畜地方的利益。自从爱尔兰牲畜准许输入以来，爱尔兰牲畜运入不多，而瘦牲畜售价依然高昂这一事实，似足证明，就连不列颠的繁畜地方，也不见得大受爱尔兰牲畜自由输入的影响。据说，爱尔兰的普通人民，对于牲畜的输出，有时曾加以剧烈的反对。但是，输出者如果觉得继续输出牲畜有很大利益，那在法律赞助他们的时候，他们要克服爱尔兰群众的反对，是很容易的。

此外，饲畜及肥畜的地方，必定都是已大加改良的地方，而繁畜地方，却通常是未开垦的地方。提高瘦牲畜的价格，由于增加了未开垦土地的价值，无异是反对改良的奖励金。对于全境都已大加改良的地方，输入瘦牲畜比繁殖瘦牲畜更为有利。因此，现在的荷兰，据说信奉此原理。苏格兰、威尔士及诺森伯兰的山地，都是不能有多大改良的地方，并且看来先天注定要作为不列颠的繁畜场的。准许外国牲畜自由输入，其唯一结果不过是使这些地方不能利用联合王国其他地方日益增加的人口与改良，就是说，不能把牲畜价格抬高到非常的高度，不能对国内比较改良和开垦过的地方课取一种真实的税。

像活牲畜一样，腌制食品最自由的输入，也不能对不列颠牧畜者的利益有多大影响。腌制食品，不仅是笨重的商品，而且与鲜肉比较，其品质较劣，其价格又因所需劳动和费用较多而较昂。所以，这种腌制食品，虽能与本国的腌制食品竞争，但绝不能与本国的鲜肉竞争。它虽可用作远洋航轮上的食料，以及诸如此类的用途，但在人民食料中，究竟不占大的部分。自从准许腌制食品自由输入以来，从爱尔兰输入的腌制食品为量仍然不多这一事实，是我国牧畜业者丝毫用不着畏惧这种自由输入的实证。家畜的价格，似乎不曾显著地受到它的影响。

即使外国谷物的输入，也不能对不列颠农业家的利益有多大影响。谷物是比家畜肉笨重得多的商品。四便士一磅的家畜肉和一便士一磅的小麦一样昂贵。甚至在大荒年，输入的外国谷物为数也不多这一事实，可消除我国农民对外国谷物自由输入的恐惧。根据见闻广博的谷物贸易研究者的论文，平均每年输入的各种谷物量，总共不过二万三千七百二十八夸特，只达本国消费额五百七十一分之一。但由于谷物奖励金在丰年导致了超过实际耕作状态所容许的输出，所以在歉年，必然导致超过实际耕作状态所容许的输入。这样一来,今年的丰收,不能补偿明年的歉收。由于平均输出量,必因这种奖励金而增大,所以平均输入量,必因这种奖励金而增大,超过实际耕作状态所需要输入的程度。要是没有奖励金,那么输出的谷物将比现在少,因此逐年平均计算,输入量也许亦比现在少。谷物商人,换言之,在英国及他国间贩运谷物的人,将因此而失去许多生意,遭受很大损失,但就乡绅和农业家说,吃亏却极其有限,所以我曾说,最希望奖励金制度继续实行下去的人,不是乡绅与农业家,而是谷物商人。

在一切人民中,乡绅与农业家算是最少有卑劣的独占精神的人,这对他们来说是很大的光荣。大制造厂企业家,如果发觉附近二十哩内新建了一个同种类工厂,有时会惊慌起来。在阿比维尔经营毛织品制造业的荷兰人,规定在那城市周围六十哩内,不许建设同类工厂。反之,农业家与乡绅,却通常愿意促进邻近各田庄的开垦与改良,不会加以阻止。大部分制造业,都有要保持的秘密,而他们却没有什么秘密,如果他们发现了有利的新方法,他们一般都欢喜把这方法告诉他们邻人,而且尽可能来推广。老伽图曾说:Pius questus, stabilissimusque, minimeque invidiosus; minimeque male cogitantes sunt, qui in eo studio occupati sunt.(这是最受人尊敬的职业,从事于这种职业的人,生活最为稳定,最不为人忌恨,他们也最没有不满之念。)乡绅与农业家,散居国内各地,不易于结合,商人与制造业者,却集居于城内,易于结合。他们都沾染城市所盛行的专营同业组合的习气,他们一般取得了违反各城市居民利益的专营的特权,自然竭力没法取得违反所有同国人的专营的特权。保障国内市场独占、限制外国货物输入的方法,似乎就是他们的发明。乡绅和农业家，忘却他们本人地位所应有的宽大心，起来要求谷物及家畜肉供给的独占权，也许是模仿商人和制造业者，而且鉴于他们有意压迫自己，要和他们立于同等的地位。至于自由贸易对他们利益的影响比对商人和制造业者利益的影响少得多这一问题，他们也许没花工夫去考虑。

以恒久的法律，禁止谷物及牲畜的输入，实际上等于规定，一国的人口与产业，永远不得超过本国土地原生产物所能维持的限度。

但是，给外国产业加上若干负担，以奖励国内产业，似乎一般只在下述二场合是有利的。

第一，特定产业，为国防所必需。例如，大不列颠的国防，在很大程度上，决定于它有多少海员与船只。所以，大不列颠的航海法，当然力图通过绝对禁止或对外国航船课重税来使本国海员和船舶独占本国航运业了。航海法的规例，大要如下：

一、凡与大不列颠居留地和殖民地通商或在大不列颠沿岸经商的船舶，其船主、船长及四分之三船员，必须为英国籍臣民，违者没收船舶及其所载的货物。

二、有许多体积极大的输入品，只能由上述那种船舶或商品出产国的船舶（其船主、船长及四分之三船员为该国人民）输入大不列颠，但由后一类船舶输入，必须课加倍的外人税。若由其他船舶输入，则处以没收船舶及其所载货物的惩罚。此法令颁布时，荷兰人是欧洲的大运送业者，它现在仍是欧洲的大运送业者。但这法令公布后，他们再不能做大不列颠的运送业者了，再不能把欧洲其他各国的货物输入我国了。

三、有许多体积极大的输入品，只许由出产国船舶输入，连使用英国船舶运送也在禁止之列，违者没收船舶与其所载货物。这项规定，可能也是专为荷兰人而设。荷兰那时，像现在一样，是欧洲各种货物的大市场，有了这个条例，英国船舶就不能在荷兰国境内起运欧洲其他各国的货物了。

四、各种腌鱼、鲸须、鲸鳍、鲸油、鲸脂，非由英国船捕获及调制，在输入不列颠时，即须课以加倍的外人税。那时欧洲以捕鱼为业供给他国的，只有荷兰人，现在主要仍是荷兰人。有了这个条例，他们以鱼供给英国，就须缴纳极重的税了。

这航海法制定的时候，英、荷两国虽实际上没有战争，然两国间的仇恨，已达极点。这仇恨在制定这法律的长期议会统治时期已经开始，不久在克伦威尔王朝及查理二世王朝的荷兰战争中爆发了出来。所以，说这个有名法令的有几个条目是从民族仇恨出发的，也不是不可能的。但这些条目却是像深思熟虑的结果同样明智。当时的民族仇恨，以削弱唯一可能危害英格兰安全的荷兰海军力量为其目的，这和经过最冷静的熟思所想出来的正相同。

航海法对国外贸易，即对因国外贸易而增加的财富，是不利的。一国对外国的通商关系，像个别商人对他所交易的人的关系一样，以贱买贵卖为有利。但是，在贸易完全自由的情况下，一个国家最可能有贱买的机会，因为贸易完全自由，鼓励一切国家，把它所需的物品，运到它那边来。由于同一原因，它也最可能贵卖，因为买者麇集于它的市场，货物售价可尽量提高。诚然，航海法，对来到英国输出英国产物的外国船只，未曾课税。甚至往时输出货物和输入货物通常都要纳的外人税，由于以后若干法令，有大部分输出品，无须再缴纳了。但这一切，都不足减轻航海法对国外贸易的有害倾向。外国人如果因为受我们禁止，或被我们课取高关税，不能来此售卖，也不能来此购买。空船来我国装货的外国人，势必损失从他们国家到大不列颠的船费。所以减少售卖者人数，即是减少购买者人数。这样，与贸易完全自由的时候比较，我们不仅在购买外国货物时，要买得更贵，而且在售卖本国货物时，要卖得更贱。但是，由于国防比国富重要得多，所以，在英国各种通商条例中，航海法也许是最明智的一种。

给外国产业加上若干负担，以奖励国内产业，一般有利的第二场合是，在国内对国内生产物课税的时候。在这场合，对外国同样产物课以同额税，似乎亦合理。这办法不会给国内产业以国内市场的独占权，亦不会使流入某特殊用途的资财与劳动，比自然会流入的多。课税的结果，仅使本来要流入这用途的任何一部分资财与劳动，不流入较不自然的用途，而本国产业与外国产业，在课税后，仍能在和课税前大约相同的条件下互相竞争。在大不列颠，当国内产业的生产物课有此等税的时候，通常就对同种类外国商品的输入，课以高得多的关税，免得国内商人和制造业者吵吵嚷嚷地埋怨说，此等商品要在国内贱卖了。

关于自由贸易这个第二种限制，有人认为，在一些场合，不应局限于输入本国而与本国课税品相竞争的那些外国商品，应该扩大到许许多多外国商品。他们说，生活必需品，要是在国内课税，那么不仅对外国输入的同种生活必需品课税是正当的，即对输入本国能和本国任何产业的生产物竞争的各种外国商品课税也是正当的。他们说，这种课税的结果，必然抬高生活品价格，劳动者生活品价格抬高的结果，劳动价格一定跟着抬高。所以，本国产业生产的各种商品，虽没直接课税，但其价格都将因此种课税而上升，因为生产这各种商品的劳动的价格上升了。所以，他们说，这种课税，虽只以生活必需品为对象，但实际上等于对国内一切产物课税。他们认为，为要使国内产业与国外产业立于同等地位，对输入本国而与本国任何商品竞争的任何外国商品，须一律课以与本国商品价格增高额相等的税。

生活必需品税，如英国的石硷税、盐税、皮革税、烛税等，是否必然提高劳动价格，从而提高一切其他商品的价格，我将在后面考察赋税时，加以考察。但是，假定这种税有这后果（它无疑有这后果），一切商品价格像这样由于劳动价格的上涨而普遍上涨的情况，在以下两方面和特定商品由于直接课有特种赋税而涨价的情况有所不同。

第一，这特种赋税能使这特定商品的价格提高到什么程度，总可以很准确地判定。但劳动价格一般的提高，可在什么程度上，影响各种不同劳动生产物的价格，却不能相当准确地判定。所以，要按各种国内商品价格上涨的比例，对各种外国商品课以相当的赋税，不可能做得相当准确。

第二，生活必需品税对人民景况的影响，和贫瘠土壤与不良气候所产生的影响大致相同。食粮价格因此变得比从前昂贵，正像在土壤贫瘠气候不良的情况下生产食粮，需要异常的劳动和费用。在土壤和气候引起天然的穷乏时，指导人民如何使用其资本与劳动，是不合理的；在对生活必需品课税引起人为的缺乏时，指导人民应如何使用其资本与劳动，也是不合理的。很明显，在这两个场合，对人民最有利的是，让他们尽可能适应自己的环境，寻找劳动的用途，使他们在不利的情况下，能在国内或国外市场占有稍稍优越的地位。他们的捐税负担已经太重了，再给他们课新税，他们对生活必需品已经给付过高的价格，要他们对其他大部分物品，也给付过高的价格，作为补救办法，无疑是最不合理的。

这类赋税，在达到一定高度时所造成的祸害，等于土壤贫瘠和天时险恶所造成的祸害。但最普遍征收这类赋税的地方，却是最富裕和最勤勉的国家。其他国家，都经不起这么大的乱政。只有最强健的身体，才能在不卫生的饮食下生存并处在健康状态，所以，只有各种产业都具有最大固有优点和后来获得优点的国家，才能在这类赋税下存在而繁荣。在欧洲，这一类赋税最多的国家，要算荷兰，而荷兰所以继续繁荣，并不是由于有了这一类赋税，像不合理的想象那样，而是由于荷兰有了特殊情况，使得这种赋税不能阻止其继续繁荣。

给外国产业加上若干负担，以奖励本国产业，在上述二场合，是一般有利，而在下述二场合，则有考虑余地。(一)在一个场合，在什么程度上，继续准许一定外国货物的自由输入，是适当的；(二)在另一个场合，在什么程度上，或使用什么方式，在自由输入业已中断若干时候之后，恢复自由输入，是适当的。

在什么程度上继续准许一定外国商品的自由输入是适当的，有时成为要考虑的问题的场合是，某一外国以高关税或禁止的方法，限制我国某些制造品输入那国家的时候。在这场合，复仇心自然要驱使我们报复，我们对他们某些或一切制造品，课以同样的关税或禁止其输入我国。各国通常都是如此进行报复的。法国人为了庇护本国的制造业，对于一切能和他们竞争的外国商品，特别喜欢用限制输入的方法。这似乎是科尔伯特政策的大部分。科尔伯特才能虽不小，但在这里，却似乎为商人和制造业者的诡辩所欺蒙了，这般商人和制造业者，老是要求一种有害同胞的独占权。现在，法国最有才智的人都认为，他这种行为对法国无利。这位大臣1667 年公布关税法，对大多数外国制造品课以极高的关税。荷兰人请求减轻关税不得，于 1671 年，禁止法国葡萄酒、白兰地及制造品输入。1672 年的战事，一部分可归因于这次商业上的争论。1678 年尼麦根和约，允荷兰人之请，减轻了这种种关税，荷兰人于是也撤回了输入禁令。英法两国大约是在同一个时候开始互相采用同样的高关税与禁止政策来压迫对方的产业的，但首先采用的似乎是法兰西。从那时以来存在着的敌忾心，使得它们都不肯减轻关税。1697 年，英国禁止弗兰德制造的麻花边输入。弗兰德那时为西班牙领地，其政府禁止英国毛织品输入，以为报复。1700年，英国撤回了禁止弗兰德麻花边输入的禁令，以弗兰德撤回禁止英国毛织品输入的禁令为条件。

为了要撤废大家所斥责的高关税或禁令而采用的报复政策，如果能达到撤废的目的，就可说是良好的政策。一般地说，大的外国市场的恢复，可以抵消由于某些物品价格暂时昂贵而蒙受的暂时的困难而有余。要判断这种报复能否产生那种效果，与其说需要有立法家的知识，不如说需要有所谓政治家或政客的技巧，因为立法家的考虑，应受不变的一般原理的指导，而狡猾的动物即世俗所谓政治家或政客的考虑，则受事件暂时的变动的支配。在没有撤销这种禁令的可能性的时候，为了要赔偿我国某些阶级人民所受的损害，再由我们自己来伤害我们的利益，不仅伤害那些阶级的利益而且伤害几乎一切其他阶级的利益，似乎不是一个好办法。在我们邻国禁止我国某种制造品时，我们通常不但禁止他们同种制造品，而且禁止他们其他几种制造品，因为仅仅前者，很少能给他们以显著的影响。这无疑可给我国某些部门的工人以鼓励，替他们排除了一些竞争者，使他们能在国内市场上抬高他们的价格。不过，因邻国禁令而蒙受损害的那些我国工人绝不会从我国的禁令得到利益。反之，他们以及我国几乎所有其他阶级人民，在购买某些货物时，都不得不支付比从前更为昂贵的价格。所以，像这一类的法律，对全国课了真实的税，受益的不是受邻国禁令之害的那一阶级工人，却是另一阶级人民。

在外国货物的自由输入已经中断若干时候以后，使在什么程度上或使用什么方式来恢复自由输入才适当成为一个也许是值得深思的问题的场合是，本国的某些制造业，由于一切能和它们的制造品竞争的外国货物，都课有高关税或被禁止输入而扩大起来，能雇用许许多多工人的时候。在这场合，人道主义也许要求，只能一步一步地、小心翼翼地恢复自由贸易。如果骤然撤废高关税与禁止，较低廉的同种类外国货物，即将迅速流入国内市场，把我国千千万万人民的日常职业与生活资料夺去。由此而起的混乱，当然很大。但依据下述二个理由，这混乱也许比一般所想象的小得多。

第一，无奖励金通常亦可输出到欧洲其他各国的制造品，都不会受到外国商品自由输入的大影响。这种制造品，输往外国，其售价必与同品质同种类的其他外国商品同样低廉。因此，在国内，其售价自必较低廉，因而仍能控制国内市场。即使有一些爱时髦的人，有时只因为是外国货，便爱好起来，本国制造的同种类货物，虽价廉物美，亦为他们所不取，然而这种愚行，总不会那么普及，所以对人民一般职业没有显著的影响。我国毛织品制造业、鞣皮业、铁器业中，即有很大一部分制造品，每年不依赖奖励金而输往欧洲其他各国，而雇用职工最多的制造业，亦就是这几种制造业。从自由贸易受到最大损害的，也许是丝制造业，其次是麻布制造业，但后者所受损失比前者少得多。

第二，这样恢复贸易自由，虽将使许多人民突然失去他们通常的职业和普通的谋生方法，但他们不会因此而失业或无生计。上次战争结束时，海陆军裁减了十万以上，所减人数等于大的制造业所雇用的人数，他们顿时失去了他们平素的职业，无疑会感到困难，但他们并不因此便被剥夺了一切职业与生计。水兵的较大部分也许逐渐转移到商船上去服务，在这当中，被遣散的海陆军兵士，都被吸收在广大的人民群众中，受雇于各种职业。十万多惯于使用武器，而且其中有许多惯于劫掠的人，他们的位置起了那么大的变化，却不曾引起大的动乱，也不曾引起显著的混乱。任何地方，流氓的数目并未因此而显著增加，而且，据我所知，除了商船海员外，无论何种职业的劳动工资也未曾减少。要是我们比较兵士和任何种类制造业工人的习惯，我们就可发现，后者改业的可能性比前者大，因为兵士一向赖饷给为生，而制造业工人则专赖自身劳动为生。前者习于怠惰与闲荡，后者习于勤勉与刻苦。由一种辛勤劳动改为另一种辛勤劳动，当然比由怠惰闲荡改为勤劳容易得多。此外，我曾说过，大部分制造业，都有性质相似的旁系制造业，所以，工人很容易从这些制造业的一种转到另一种。而且这类工人的大部分，有时还被雇从事农村劳动。以前在特定制造业上雇用他们的资财，仍将留在国内，按另一个方式，雇用同数的人。国家的资本和从前相同，劳动的需要也和从前相同，或大致相同，不过是在不同地方和不同职业上使用。诚然，海陆军士兵如被遣散，有在不列颠或爱尔兰任何都市或任何地方操任何职业的自由。让我们恢复国王陛下的一切臣民有选择任何职业的天赋自由，像海陆军士兵所享受的那样，换言之，摧毁同业组合的专营的特权、撤废学徒法令(这二者都是对天赋自由的实际侵害)，再撤废居住法，使贫穷工人在此地此业失了业的，能在彼地彼业就业，无须担心被人检举，亦无须担心被迫迁移，这样社会与个人，由于某特定制造业工人的偶然遣散而蒙受的损害，就不会大于他们从士兵的遣散所遭受的损害。我国的制造业工人，无疑对国家有很大的功绩，但和以血肉保卫国家的那些人相比，他们的功绩就显得小，对于他们，用不着有更好的待遇。

不能期望自由贸易在不列颠完全恢复，正如不能期望理想岛或乌托邦在不列颠设立一样。不仅公众的偏见，还有更难克服的许多个人的私利，是自由贸易完全恢复的不可抗拒的阻力。如果军队的将校，都像制造业者反对在国内市场增加竞争者人数的法律那样激烈和那样一致地反对缩小兵力，都像制造业者鼓动他们工人，以暴力攻击这种法律的提议者那样激烈和那样一致地鼓动他们的士兵，以暴力攻击缩减兵力的提议者，那么要想缩编军队，正如现在想在任何方面减缩我国制造业者既得的危害我们同胞的独占权同样危险。这种独占权，已经在那么大的程度上增加了某些制造业的人数，他们像一个过于庞大的常备军一样，不但可以胁迫政府，而且往往可以胁迫立法机关。赞助加强此种独占权提案的国会议员，不仅可获得理解贸易的佳誉，而且可在那一个以人数众多和财富庞大而占重要地位的阶级中，受到欢迎与拥护。反之，要是他反对这类提案，要是他有阻止这类提案的权力，那么，即使他被公认是最正直的人，有最高的地位，有最大的社会功绩，恐仍不免受最不名誉的侮辱与诽谤，不免受人身的攻击，而且有时有实际的危险，因为愤怒和失望的独占者，有时会以无理的暴行，加害于他。

大制造业经营者，如果由于在国内市场上突然遇到了外国人竞争，不得不放弃原业，其损失当然不小。通常用来购买材料支付工资的那一部分资本，要另觅用途，也许不会十分困难。但固定在工厂及职业用具上的那一部分资本，其处置却不免造成相当大的损失。对于他们的利益，公平的考虑，要求这种变革不要操之过急，而要徐缓地、逐渐地，在发出警告很久以后实行。要是立法机关的考虑，不为片面利益的吵吵嚷嚷的要求所左右，而为普遍幸福的广大见地所指导，那么它为此要特别小心，不建立任何新的这一类独占，也不推广已经建立的独占。这样的法规，在一定程度上给国家带来紊乱，而后来的救济，也难免引起另一种紊乱。

至于在什么程度上，可对外国商品输入课税，不是为着防止输入，而是为着筹集政府收入，那是我以后考察赋税时所要考察的问题。但为防止输入，甚或为减少输入而设的税，显然是既破坏贸易自由，也破坏关税收入的。

第三章　论对其贸易的差额被认为不利于我国的那些国家的各种货物的输入所加的异常限制

第一节　即使根据重商主义的原则，这种限制也不合理

重商主义所提倡的增加金银量的第二个方法，是对其贸易差额被认为不利于我国的那些国家的几乎一切货物的输入，加以异常的限制。例如，西利西亚的细竹布，缴纳了一定的税，即可输入英国，供英国本国消费；但法国的细葛布及细竹布，却除了输入伦敦港落栈以待输出以外，便禁止输入。法国葡萄酒输入所须负担的税，亦较葡萄牙或任何其他国家葡萄酒为重。依照1692年所谓输入税，一切法国商品，都须缴纳其价值的百分之二十五的税；但其他各国的货物所纳的税，却大部分要轻得多，很少超过百分之五。诚然，法国葡萄酒、白兰地、食盐、醋，不在此限，但此等商品，却依照别项法律或这个法令的特殊条款，缴纳别种苛重的税。1696年，又认为此百分之二十五，还不够阻止法国商品输入，于是又对白兰地以外的法国货物再课以百分之二十五的税，同时对法国葡萄酒每大桶课新税二十五镑并对法国醋每大桶课新税十五

镑。法国货物从未省免税则上列举的各种货物或大部分货物必须缴纳的那些一般补助税或百分之五税。要是把三分之一补助税和三分之二补助税也计算在内，作为全部要缴纳的补助税[①]，那就课有那些补助税的五种。因此，在这次战争开始以前，法国大部分农产品和制造品，至少也须负担百分之七十五的税。但大部分货物实在负担不起这样重的税。所以，课它们以这样重的税无异禁止其输入。我相信，法国也针锋相对地以同样苛重的税，加在我们的货物及制造品上，虽然我不知道它所课的税具体苛重到什么地步。这种相互的限制，几乎断绝了两国间一切公平贸易，使法国货物运至英国，和英国货物运至法国，主要都靠走私。我在前章所考察的各原则，发源于私人利害关系和独占精神；在这章所要考察的各原则，却发源于国民的偏见与敌意。因此，我在这章所要考察的原则更不合理。甚至根据重商主义的原则来说，也是不合理的。

第一，即使英、法间自由通商的结果，贸易差额确对法国有利，我们亦不能因此便断言，那样一种贸易将对英国不利，亦不能因此便断言，英国全部贸易总差额，将因此种贸易而愈不利于英国。如果法国葡萄酒，比葡萄牙葡萄酒价廉物美，其麻布则比德意志的麻布价廉物美，那么英国所需的葡萄酒与外国麻布，当然以向法国购买为有利，以向葡萄牙、德意志购买为不利。从法国每年输入的货物的价值，固将大增，但因同品质的法国货物较廉于葡萄牙、德意志二国货物，故全部输入品的价值必减少，而减少的数量，则与其低廉程度相称。即使输入的法国货物完全在英国消费，情况也是如此。

① 指国会准许征收的补助国王的税。——译者

第二,所输入的全部法国货物,有大部分可能再输到其他国家去做有利的贩卖。这种再输出,也许会带回与法国全部输入品的原始费用有同等价值的回程货。人们关于东印度贸易所常说的话,对法国贸易也可适用,就是说,东印度货物,虽有大部分是用金银购买,但由其中一部分货物的再输出,所带回到本国来的金银,比全部货物的原始费用还多。现在,荷兰最重要贸易部门之一,就是运法国货物到欧洲其他各国。英国人饮的法国葡萄酒,亦有一部分秘密由荷兰及西兰输入。如果英法间贸易自由,或法国货物在输入时与欧洲其他各国缴纳同样的税,并在输出时收回,那么英国可能就会分享到那对荷兰说来十分有利的贸易的好处。

第三,我们没有一个明确的标准,可依以判定两国间的贸易差额究竟对何国有利,即何国输出的价值最大。关于这一类问题,我们的判断,往往根据由个别营业家的私利所左右的国民偏见与敌意。在这种场合,人们往往使用两个标准,即关税账簿与汇兑情况。由于关税账簿对各种商品所评的价,有大部分不准确,所以现在大家都认为那是很靠不住的标准。至于汇兑情形,恐怕也是同样不可靠。

当伦敦与巴黎两地以平价汇兑时,据说那就显示伦敦欠巴黎的债务,恰被巴黎欠伦敦的债务所抵消了。反之,购买巴黎汇票,若须在伦敦给付汇水,据说那就显示伦敦欠巴黎的债务,没被巴黎欠伦敦的债务所抵消。因此,伦敦必须以一定差额的货币送往巴黎。因为输出货币既招危险,又很麻烦,并须给付费用,所以代汇者要求汇水,汇兑人亦须给付汇水。据说,这两都市间,债权与债务的普通状态,必然受彼此间商务来往普通情况的支配。由甲都市输入乙都市的数额若不大于由乙都市输出到甲都市的数额,由乙都市输入甲都市的数额若不大于由甲都市输出到乙都市的数额，则彼此间债务与债权可以抵消。但若甲方从乙方输入的价值大于甲方向乙方输出的价值，则甲方负乙方的数额必大于乙方负甲方的数额。债权债务不能互相抵消，于是债务大于债权的方面，必须输出货币。汇兑的普通情况，既标示两地间债务与债权的普通状态，亦必然标示两地间输出与输入的普通情况，因为两地间债权债务的普通状态，必然受两地间输出输入普通情况的支配。

可是，即使汇兑的一般情况，可充分表示两地间债务与债权的普通状态，但亦不能因此便断言，债务债权的普通状态若有利于一个地方，贸易差额亦即对它有利。两地间债务与债权的普通状态，未必完全取决于两地间商务来往的一般情况，而常受两地间任何一地对其他各地商务来往一般情况的支配。譬如，英国购买了汉堡、但泽、里加等处的货物，要是常以荷兰汇票支付货物代价，那么英荷间债务与债权的普通状态，即不完全受这两国间商务来往一般情况的支配，而却受英国对那些其他地方商务来往一般情况的影响。在这场合，即使英格兰每年向荷兰的输出，远远超过英国每年从荷兰输入的价值，即使所谓贸易差额大有利于英国，英国每年仍须输货币到荷兰去。

此外，按照一向计算汇兑平价的方法，汇兑的一般情况，亦不能充分表示，汇兑的一般情况如果被认为有利于一个国家，那么债务与债权的一般情况亦对它有利。换言之，真实的汇兑情况，与估计的汇兑情况，可能极不相同，而且事实上往往极不相同，所以，在许多场合，关于债务债权的一般情况，我们绝不能根据汇兑的一般情况得到确实的结论。

假设你在英国支付的一笔货币，按照英国造币厂标准，包含若干盎斯纯银，而你所得的汇票，在法国兑付的货币额，按照法国造币厂标准，其中所含的纯银量恰好相等，人们就说英法两国以平价汇兑。如果你所支付的多于兑付所得，人们就认为你付了汇水，并说汇兑对英国不利，对法国有利。如果你支付的少于兑付所得，人们就认为你得了汇水，并说汇兑对法国不利，对英国有利。

但是，第一，我们不能常常按照各国造币厂的标准，来判断各国通货的价值。各国通货的磨损程度和削减程度，低于标准的程度，是有多有少的。一国通用铸币与他国通用铸币的相对价值，并不看各自应含的纯银量，而却看各自实含的纯银量来定。在威廉王时代改铸银币以前，英荷间的汇兑，依照普通计算法，按照各自造币厂的标准，要英国贴水百分之二十五。但英国当时通用铸币的价值，据朗迪斯调查研究所得，却低于其标准价值百分之二十五。所以，当时两国间的汇兑，照通常计算法，虽是那么大不利于英国，实则有利于英国。实际上在英国支付较小量纯银，所购得的汇票，却可在荷兰兑得较大量纯银。被想象为付了汇水的人，实际上可能得了汇水。在英国金币改铸以前，法国铸币比英国铸币的磨损程度小得多，而法国铸币接近其标准的程度也许比英国铸币大百分之二或百分之三。如果英法间的汇兑，据计算，其不利于英国的程度，若未超过百分之二或百分之三，则真实的汇兑便可对英国有利。而自金币改铸以来，汇兑总是有利于英国而不利于法国。

第二，有些国家的造币费用，由政府支付；有些国家，则由私人支付。在后一场合，持银块往造币厂铸造的，不仅要支付铸币的费用，有时还要给政府提供若干收入。在英国，造币费用由国家支付，如果你持一磅重的标准银至造币厂，你可取回六十二先令，内含同样的标准银一磅。在法国，铸币须扣除百分之八的税，这不仅足够支付造币费用，而且可给政府提供小的收入。在英国，因铸造不收费，故铸币的价值，绝不可能大大超过铸币内含的银块量的价值。在法国，工价增加铸币的价值，正像工价增加精制金银器皿的价值一样。所以，包含一定重量纯银的一定数额法国货币，比包含等量纯银的一定数额英国货币，有更大的价值，必须支付更多的银块或商品来购买它。所以，这两国的铸币，虽同样接近各自造币厂的标准，但包含等量纯银的一定数额英国货币，未必就能购买包含等量纯银的一定数额法国货币，因而未必就能购买在法国兑付这货币额的汇票。如果为购买一张汇票，英国所支付的超额货币，恰好补偿法国铸币费用，那么两国间的汇兑，事实上就是平兑。债务与债权自可互相抵消，虽然按照计算，这两国间的汇兑大有利于法国。如果为购买这张期票，英国所支付的货币，少于上述数额，那么两国间的汇兑，事实上有利于英国，虽然按计算对法国有利。

第三，有些地方，如阿姆斯特丹、汉堡、威尼斯等地，都以他们所谓银行货币兑付外国汇票；但有些地方，如伦敦、里斯本、安特卫普、勒格亨等地，则以当地通用货币兑付。所谓银行货币，总是比同一名义金额的通用货币有更大价值，例如，阿姆斯特丹银行货币一千盾，就比阿姆斯特丹地方通用货币一千盾有更大的价值。二者间的差额，被称为银行的扣头，这在阿姆斯特丹，一般是大约百分之五。假设两国通用的货币，同样接近各自造币厂的标准，但一国以通用货币兑付外国汇票，另一国则以银行货币兑付外国汇票，这两国间的汇兑，即使事实上有利于以通用货币兑付的国家，但按照计算，仍可有利于以银行货币兑付的国家。这好比两国间的汇兑，虽然事实上是有利于以较劣货币兑付外国汇票的国家，但按照计算，仍可有利于以较良货币兑付的国家，其中理由，正相类似。在最近金币改铸以前，对阿姆斯特丹，对汉堡，对威尼斯，我相信，对一切其他以所谓银行货币兑付的地方，伦敦的汇兑，按照计算，都是不利于伦敦的。但我们不能因此便断言，这种汇兑事实上对伦敦不利。从金币改铸以来，甚至与这些地方通汇也对伦敦有利了。对里斯本，对安特卫普，对勒格亨，我相信除了对法国，伦敦对欧洲大多数以通用货币兑付汇票的地方，按照计算，其汇兑大都对伦敦有利；事实上，大抵也是这样。

顺便谈谈储金银行，尤其是阿姆斯特丹的储金银行

像法国、英国那样的大国，其通货几乎全由本国铸币构成。如果这种通货因磨损、削减或其他原因，而其价值降至标准价值之下，国家可通过改铸有效地恢复通货的旧观。但是，像热那亚、汉堡那样的小国，其通货很少全由本国铸币构成，一定有大部分是由它的居民常常来往的各邻国的铸币构成。像这样的国家，通过改铸，只能改良其铸币，未必能改良其通货。这种通货，因其本身性质极不确定，一定数额的这种通货，价值亦很不确定，故在外国，其评价必然低于其实际价值。所以，如果这种国家以这种通货兑付外国汇票，其汇兑就一定对它大为不利。

这种不利的汇兑，必然使商人们吃亏。为作救济，这样的小国，一经注意到了贸易的利益，为使商人们不吃亏，往往规定，凡有

一定价值的外国汇票,不得以通用货币兑付,只许以一定银行的银票兑付或在一定银行的账簿上转账。这种银行是靠国家的信用,并在国家的保护下建立起来的,其兑付汇票,势须完全按照国家的标准,以良好的真正的货币兑付。威尼斯、热那亚、阿姆斯特丹、汉堡、纽伦堡等地的银行,原来似乎都是为了这目的而设立的,虽然其中有些可能在后来被迫改变了目的。这种银行的货币既优于这些国家的通用货币,必然会产生贴水,贴水的大小,视通货被认为低于国家标准的程度的大小而定。据说,汉堡银行的贴水,一般约为百分之十四,这百分之十四,乃是国家标准良币与由邻国流入的损削低价劣币二者之间被认为应有的差额。

1609 年以前,阿姆斯特丹的广大贸易从欧洲各地带回来的大量削减磨损的外国铸币,使阿姆斯特丹通货的价值比造币厂新出良币的价值约低百分之九。在这情况下,新出的良币,往往是一经铸造出来,即被熔解,或被输出。拥有大量通货的商人,不能常常找到足够的良币来兑付他们的汇票;此类汇票的价值在很大程度上变得不确定,尽管有了若干防止这种不确定性的法规。

为了纠正这种不利情况,阿姆斯特丹于 1609 年在全市的保证下设立了一家银行。这家银行,既接受外国铸币,也接受本国轻量的磨损了的铸币,除了在价值中扣除必要的鼓铸费和管理费,即按照国家的标准良币,计算其内在价值。在扣除此小额费用以后,所余的价值,即在银行账簿上,作为信用记入。这种信用叫做银行货币,因其所代表的货币,恰好按照造币厂标准,故常有同一的真实价值,而其内在价值又大于通用货币。同时又规定,凡在阿姆斯特丹兑付或卖出的六百盾以上的汇票,都得以银行货币兑付。这种规定，马上就消除了一切汇票价值的不确定性。由于有这种规定，每个商人，为了要兑付他们的外国汇票，不得不与那银行来往。这必然会引起对银行货币的需要。

银行货币，除了它固有的对通用货币的优越性以及上述需要所必然产生的增加价值外，还具有几种别的优点。它没有遭受火灾、劫掠及其他意外的可能；阿姆斯特丹市，对它负全责，其兑付，仅需通过单纯的转账，用不着计算，也用不着冒风险由一个地方运至另一个地方。因为它有这种种优点，似乎自始就产生了一种贴水；大家都相信，所有原来储存银行内的货币，都听其留在那边，谁也不想要求银行支还，虽然这种存款在市场上出售，可得到一项贴水。如要求银行支还，银行信用的所有者就会失去此项贴水。新由造币厂造出的先令，既不能在市场上比普通的磨损了的先令购得更多的货物，所以，从银行金柜中取出来归入私人金柜中的良好真正货币，和通用货币混在一起，就不易辨认，其价值就不高于通用货币。当它存在银行金柜时，它的优越性是大家知道而且是确认的。当它流入私人金柜时，要确认它的优越性，所付代价要大于这两种货币的差额。此外，一旦从银行金柜中提出来，银行货币的其他各种优点，亦必随着丧失。安全性丧失了，方便的安全的移让性丧失了，支付外国汇票的用处亦丧失了。不仅如此，要不是预先支付保管费，就不可能从银行金柜提出货币来。

这种铸币存款，或者说银行必须以铸币付还的存款，就是银行当初的资本，或者说就是所谓银行货币所代表的那种东西的全部价值。现在，一般认为，那只是银行资本的极小的一部分。为了便利用金银条块进行的贸易，这许多年以来，银行采取的办法是对储存金银条块的人付给信贷。这种信贷，一般比金银条块的造币厂价格约低百分之五。同时，银行给予一张受领证书或收据，使储存金银条块的人或持证人得于六个月内的任何时候取回所存金银，条件是将等于那笔信贷的银行货币交还银行，并给付千分之二十五（如果存的是白银）或千分之五十（如果存的是黄金）的保管费。但同时又规定，若是到期不能作此种支付，则所存之金银条块即按收受时的价格，或按为此而付给信贷时的价格，归银行所有。如此支付的储金保管费，可以看作是一种仓库租金。至于金的仓库租金，为什么要比银的仓库租金高得那么多，也有几种不同的理由。据说，金的纯度，比银的纯度更难确认。比较贵重的金属，比较容易作假，由作假而引起的损失亦比较大。此外，银是标准金属，据说，国家的意图，是鼓励以银储存，不怎么鼓励以金储存。

金银条块的价格比通常略低时，其储存最为普遍，到价格腾贵时，则往往被提出。在荷兰，金银条块的市场价格一般比其造币厂价格高，这好比最近金币改铸以前英格兰的情况，理由亦相同。其差额，据说一般为每马克六至十六斯泰弗，即银八盎斯，其中包含纯银十一分合金一分。对于这样的银（在被铸为外国铸币时，其成色为一般所周知，而且被确认，例如墨西哥银圆）的储存，银行所给的价格，即银行所给的信贷，则为每马克二十二盾；造币厂价格约为二十三盾，市场价格则为二十三盾六斯泰弗，乃至二十三盾十六斯泰弗，超出造币厂价格百分之二乃至百分之三[①]。金银条块的

① 以下便是现在（1775 年 9 月）阿姆斯特丹银行接受各种金银条块及铸币的价格。

银行价格、造币厂价格及市场价格几乎保持着相同的比例。一个人一般可为了金银条块的造币厂价格与市场价格间的差额，而出售其受领证书。金银条块的受领证书，几乎常有若干价格。所以，坐待六个月期满，不把储金提出来，或忘记支付千分之二十五或千分之五十的保管费，而获取另六个月的新受领证书，以致银行得按收受时的价格把储金收为己有，却是极不常有的现象。但是，这现象虽不常有，但亦有时发生，而在金的场合又比银的场合较常发生，因为银的保管费较轻，金则因为是比较贵重的金属，其保管亦须支付较高的仓库租金。

由储存金银条块而换得银行信用与受领证书的人，在其汇票到期时，以银行信用兑付。至于受领证书是出卖或是保留，那就看

——银——

墨西哥银圆、法国克郎、英国银币……每马克二十二盾

新铸墨西哥银圆……每马克二十一盾十斯泰弗

达克通……每马克三盾

里克斯银圆……每马克二盾八斯泰弗

包含纯银十二分之十一的银块，每马克二十一盾，按此比例，纯银降为四分之一，则每马克为五盾。纯银块每马克二十三盾。

——金——

葡萄牙金币、几尼、新路易多币……每马克三一〇盾

旧路易多币……每马克三百盾

新达克……每达克四盾十九斯泰弗

金块或金锭的收受，按照其纯度对上述外国金币的比例。对纯金块，银行给价每马克三百四十盾。但一般说来，铸币纯度有定，而金银条块的纯度则非经熔解试验无由确定，故对于金银条块，银行给价，比铸币略低。

他对于金银条块价格的涨跌，作怎样的判断。但此种银行信用与受领证书，大都不会长久保留亦无长久保留的必要。有受领证书并要提取金银条块的人，老是发现有许多银行信用或银行货币，让他以普通价格购买；同样，有银行货币并要提取金银条块的人，也发现有同样多的受领证书，让他购买。

银行信用所有者及受领证书持有者，是银行的两种不同债权人。受领证书持有者，不把等于被领金银条块价格的一定数额银行货币，给予银行，就不能提取受领证书上所记明的金银条块。如果他自己没有银行货币，他就得向有银行货币的人，购买银行货币。但有银行货币的人，若不能向银行提出受领证书，表示自己所需要的数额，他亦不能提取金银条块。如果他自己没有受领证书，他亦得向有受领证书的人，购买受领证书。有受领证书的人，购买银行货币，其实就是购买提取一定数量金银条块的权力，这种金银条块的造币厂价格，比其银行价格高百分之五。所以，他为购买银行货币而通常支付的那百分之五贴水，并不是为了一种想象的价值，而是为了一个真实的价值而支付的。有银行货币的人，购买受领证书，其实亦就是购买提取一定数量金银条块的权力，这种金银条块的市场价格，一般比其造币厂价格高百分之二乃至百分之三。所以，他为购买受领证书而支付的价格，亦同样是为了一个真实的价值而支付的。受领证书的价格及银行货币的价格合起来，便构成金银条块的完全价值或价格。

以国内流通的铸币存入银行，银行既给予银行信用，也发给受领证书，但这种受领证书，通常是没有价值的，也不能在市场上售得什么价格。例如，以值三盾三斯泰弗的达克通[①]存入银行，所换得的信用只值三盾，或者说比流通价值低了百分之五。银行虽亦同样发给受领证书，使持票人得在六个月内任何时候，支付千分之二十五的保管费，提出存在银行的达克通，但这种受领证书，往往不能在市场上售得什么价格。三盾银行货币，虽大都可在市场上售得三盾三斯泰弗，即在提出以后，可得到达克通的完全价值，但由于在提出以前，须纳千分之二十五的保管费，所以得失相衡，恰好互相抵消。可是，假若银行贴水，降为百分之三，这种受领证书便可在市场上售得若干价格，便可售得百分之一点七五了。但现今银行贴水，大都在百分之五左右，所以，这种受领证书往往听其满期，或者像人们所说，听其归银行所有。至于储存金达克所得的受领证书，就更常听其满期，因为其仓库租金为千分之五十，尤为昂贵。在这种铸币或条块的储存听其归银行所有时，银行往往可得利百分之五，这百分之五，可看作是永远保管这种储存物的仓库租金。

受领证书过期的银行货币的数额，必然是很大的。受领证书已经过期的银行货币的数额，必定包含银行当初的全部资本。据一般假设，银行当初的全部资本，自从第一次存入以来，就没有一个人想要调换新的受领证书，或把储金提出，因为根据我们上面举出的种种理由，那就无论采用那两方法中任何一个，都必然是有损失的。但这数额无论是怎样大，在银行货币全额中所占的部分，据假设是很小的。阿姆斯特丹银行，过去好几年来，是欧洲最大的金

① 当时欧洲流行的金币名称。——译者

银条块仓库，但其受领证书却是很少过期的，或很少照一般所说归银行所有。比这大得多的那一部分银行货币或银行账簿上的信用，都是过去好几年来，由金银条块商人不断储存、不断提取而创立的。

没有受领证书，即不能向银行有所要求。证书过期的那比较小量银行货币，和受领证书还是有效的那比较大量银行货币混在一起，所以没有受领证书的银行货币额虽很可观，但绝没有某一特定部分银行货币永远没有谁来要求。银行不能为同一事物而对两个人负担债务人的义务；没有受领证书的银行货币所有者，在未购得受领证书以前，绝不能要求银行付款。在平静的时候，他要按照市场价格购得一张受领证书，毫不困难。这种价格，和根据受领证书有权向银行提取铸币或金银条块能在市售卖的价格，一般是相符合的。

但在国难时期，情形就两样了，例如，1672 年法兰西人侵入时，银行货币所有者都想从银行提出储金，归自己保存，大家都需要受领证书。这种需要，可能非常地提高受领证书的价格。有受领证书的人，可能作非分之想，不要求各受领证书所记明的银行货币的百分之二或百分之三，却要求百分之五十。知道银行组织的敌人，甚至会把一切受领证书收买进来，以防止财宝搬出。一般认为，在这非常时期，银行会打破只对受领证书的持有者付款的常规。无银行货币但有受领证书的人，一向必定只领取了受领证书上所记明的储金价值的百分之二或三。所以，有人说，在这场合，银行定会毫不迟疑地以货币或金银条块，对有银行货币记在银行账簿上但无受领证书可向银行提取储金的人支付完全的价值；同时，对于有受领证书但无银行货币的人支付百分之二或三，因为这个数目，在这个时候，已经是他们所应得的全部价值了。

即在平常和平静的时候，受领证书持有者的利益在于减低贴水，借以较低价格购买银行货币（从而以较低价格购买受领证书上所记明的可以提取的金银条块），或以较高价格把受领证书卖给有银行货币并望提取金银条块的人；受领证书的价格，一般等于银行货币的市场价格及受领证书所记明的铸币或金银条块的市场价格之差。反之，银行货币所有者的利益，却在于提高贴水，借以高价出售其银行货币，或以低价购买受领证书。这样相反的利害关系，往往会导致投机买卖的欺诈行为。为防止这种欺诈，近数年来银行决定，不论什么时候，卖出银行货币换取通货要贴水百分之五，而再度买进银行货币，要贴水百分之四。这种决定的结果，贴水不能上升到百分之五以上，亦不能下降到百分之四以下；银行货币与流通货币二者市场价格间的比例，不论什么时候，都很接近它们固有价值间的比例。但在未有此种决定以前，银行货币的市场价格，高低不一，按照这两种相反利害关系对市场的影响，有时贴水上升到百分之九，有时又下跌而与通用货币平价。

阿姆斯特丹银行宣称，不以储金任何部分贷出；储金账簿上每记下一盾，即在金库内，保藏等于一盾价值的货币或金银条块。受领证书尚未失效，随时可来提取，而事实上不断地流出和流入的那一部分货币与金银条块，全保藏在金库内，不容置疑，但受领证书久已满期，在平常和平静时候不能要求提取，而实际上大概在联邦国家存在的时期内永远留在银行里的那一部分资本，是否亦是这样，却似乎有疑问。然而，在阿姆斯特丹，有一盾银行货币即有一盾金银存在银行金库里这一信条，在各种信条中总算是奉行最力的了。阿姆斯特丹市做了这个信条的保证人。银行归四个现任市长监督，这四个市长每年改选一次，新任的四个市长，比照账簿，调查银行金库，宣誓接管，后来，再以同样庄严的仪式，把金库点交给继任的人。在这真诚的宗教国家，宣誓制度迄今未废。有了此种更迭，对于一切不正当行为，似乎有了充足的保障。党争在阿姆斯特丹政治上引起过许多次革命，但在这一切革命中，占优势的党派，都没在银行管理那一点上攻击他们前任的不忠诚。对于失势的党派的名誉与信用，再没有第二种事情比这种攻击有更深刻的影响的了；如果这种攻击真有根据，我们可以断言，那是一定会提出来的。1672 年，当时法王在乌德勒支，阿姆斯特丹银行付款迅速，以致无人怀疑它履行契约的忠诚。当时，从银行金库中提出的货币，还有些曾为银行设立后市政厅大火所烧焦。这些货币，必定是从那时候起，即保存在银行金库内的。

这银行的金银总额究竟有若干，老早就成为好事者臆测的问题。但关于这总额多少，只能推测。一般认为，与这银行有账目来往的人，约有二千；假设他们每人平均存有一千五百镑的价值（那是最大的假设），那么银行货币总额，因而，银行金银总额，便大约等于三百万镑，以每镑十一盾计算，就大约等于三千三百万盾。这样一个大数额，足以经营极广泛的流通，但比一些人关于这总额夸大的臆测，却小得多。

阿姆斯特丹市从这银行获得了很大的收入。除了所谓仓库租金，凡第一次与银行开来往账户的，须纳费十盾；每开一次新账，又须纳费三盾三斯泰弗；每转一次账，须纳费二斯泰弗；如果转账的数目不及三百盾，则须纳六斯泰弗，以防止小额的转账。每年不清算账目二次的，罚二十五盾。转账的数目如果超过了储存的账目，须纳费等于超过额的百分之三，其请求单亦被搁置。据一般人设想，银行由受领证书满期归为己有的外国铸币与金银条块，在有利时出售，亦获得不少利润。此外，银行货币以百分之五的贴水卖出，以百分之四的贴水买入，亦给银行提供利润。这些不同利得，大大超过支付职员薪俸和开支管理费用。单单储存所纳保管费一项，据说等于十五万盾至二十万盾的年纯收入。不过，这机关设立的目标，原来不是收入，而是公益。其目的在于使商人不至因不利的汇兑而吃亏。由此而生的收入，是不曾预料到的，简直可以说是一种意外。我为了要说明，为什么理由，用银行货币兑付的国家和用通用货币兑付的国家，其汇兑大都似乎有利于前者，而不利于后者。不知不觉地说出了冗长的题外话，现在，我该回到本题。前一种国家用以兑付汇票的货币，其固有价值总是不变，恰与其造币厂标准相符；后一种国家用以兑付汇票的货币，其固有价值不断变动，而且几乎都多少低于其造币厂标准。

第二节　根据其他原则，这种异常的限制也不合理

在本章的前节，我竭力说明，即根据重商主义的原理，对于贸易差额被认为不利于我国的那些国家的货物的输入，也不必加以异常的限制。

然而，此种限制以及许多其他商业条例所根据的整个贸易差

额学说，是再不合理不过的。当两地通商时，这种学说认为，如果贸易额平衡，则两地各无得失；如果贸易额略有偏倚，就必一方损失、另一方得利，得失程度和偏倚程度相称。但这两种设想都是错误的。像我后面所要说明的那样，奖励金与独占权，虽为本国利益而设立，但由奖励金及独占权所促成的贸易，却可能对本国不利，而且事实上常是这样。反之，不受限制而自然地、正常地进行的两地间的贸易，虽未必对两地同样有利，但必对两地有利。

所谓利益或利得，我的解释，不是金银量的增加，而是一国土地和劳动年产物交换价值的增加，或是一国居民年收入的增加。

如果两地贸易额平衡，而两地间的贸易，全由两国国产商品的交换构成，那么在大多数场合，它们不仅都会得利，所得利益而且必相等或几乎相等。这样，各为对方剩余生产物的一部分提供了一个市场。甲方为生产及制造这一部分剩余生产物而投下的资本，即在一定数目居民间分配并给他们提供收入或生计的资本，将由乙方补还；乙方投下的这种资本，将由甲方补还。所以，两国的居民，都有一部分，将间接从另一国取得他们的收入与生计。两国间所交换的商品，其价值又被假设相等，则在大多数场合，两国投在这种贸易上的资本，亦必相等或几乎相等；而且，因为都是用来生产两国的国产商品，所以，两国居民由此种分配而得的收入与生计，亦必相等或几乎相等。彼此互相提供的这种收入与生计，按照商务来往大小的比例，有多有少。若彼此每年都等于十万镑，则彼此给对方居民所提供的，亦为十万镑的年收入；若等于一百万镑，则彼此给对方居民提供的，亦为一百万镑的年收入。

设甲乙两国间的贸易，是属于这样的性质，即甲国货物输至乙国的纯为国产商品，乙国输至甲国的回程货则纯为外国商品，那么，在这假设下，两国的贸易额，仍被认为是平衡的，彼此都以商品偿付。在这场合，两国仍然享有利得，但利得的程度不同；从这种贸易取得最大收入的，是只输出国产商品的那一国居民。比方说，英国从法国输入的，纯为法国所生产的国产商品，但英国却没有法国所需要的商品，每年不得不以大量的外国货物如烟草与东印度货物来偿付。这种贸易虽可给两国居民提供若干收入，但给法国居民所提供的收入，必多于给英国居民所提供的。法国每年投在这种贸易上的全部资本，是在法国人民间分配的。但英国资本，只有一部分，即用来生产英国货物备与外国货物交换的那一部分资本，是每年在英国人民间分配的。其资本，有较大部分是用来补还弗吉尼亚、印度和中国的资本，并对这些遥远国家居民提供一种收入与生计。即使两国所投资本相等或几乎相等，但法国资本的使用，给法国人民所增加的收入，要比英国资本的使用，所增于英国人民收入的大得多。因为，在这场合，法国所经营的，是对英国的直接的消费品国外贸易；英国所经营的，是对法国的迂回的消费品国外贸易。这两种国外贸易所生的不同结果，已经在前面充分说明过了。

不过，两国间的贸易，也许既不能双方全为国产商品的交换，也不能一方全为国产商品，一方全为外国货物。几乎一切国家，彼此间所交换的，都一部分是国产商品，一部分是外国货物。但是，国产商品占交换品最大部分而外国货物占交换品最小部分的国家，总是主要的利得者。

假若英国用以偿还法国每年输入品的，不是烟草与东印度货物，而是金银，那贸易额便被认为是不平衡的，因为不是以商品而是以金银偿付商品。其实，在这场合，也像在前一场合一样，能给两国人民提供若干收入，不过给法国人民提供的，比给英国人民提供的多。英国人民，必从此取得收入。为生产英国商品以购买金银而投下的资本，即在英国一定人民间分配，并给他们提供收入的资本，必可因此而补还，使其用途得以继续。输出一定价值的金银，不减少英国资本总量，正如输出等价值任何其他货物，不减少英国资本总量一样。反之，在大多数场合，都会增加英国资本总量。只有其国外需求被认为大于其国内需求，而其回程货在国内的价值大于输出品在国内的价值的那些货物才输到国外去。如果烟草在英国仅值十万镑，但输往法国而购回的葡萄酒，在英国却可值十一万镑，那么这种交换，就可使英国资本增加一万镑。如果英国以金十万镑所购得的法国葡萄酒，在英国亦可值十一万镑，则这种交换也就同样可使英国资本增加一万镑。在酒库中有值十一万镑葡萄酒的商人，比在堆栈中有值十万镑烟草的商人更富裕，同样也比在金柜中有值十万镑的商人更富裕。他和其他二人比较，可推动更大的劳动量，并给更多人民提供收入、生计与职业。但国家的资本与其全体人民的资本相等，而一国每年所能维持的劳动量，又等于这一切资本所能维持的劳动量。所以，一国资本及其每年所能维持的劳动量，就大都会因此种交换而增加。为英国的利益计，与其用弗吉尼亚烟草或用巴西、秘鲁金银，当然无宁用它自己的铁器及宽幅厚呢来购买法国葡萄酒。直接的消费品国外贸易，总比迂回的消费品国外贸易更有利。但以金银进行的迂回的消费品国外贸易，并不比以其他货物进行的迂回的消费品国外贸易更不利。无矿产国每年输出金银，不会使金银更容易干竭，正如无烟草国每年输出烟草，不会使烟草更容易干竭。有资力购买烟草的国家，绝不会长久缺乏烟草；同样，有资力购买金银的国家，也绝不会长久缺乏金银。

有人说，工人和麦酒店的交易，是一种亏本的交易，而制造业国和葡萄酒产国间自然会有的贸易，也可以说有同样的性质。我却以为，工人和麦酒店的交易，并不一定是亏本的交易。就此种贸易本身的性质说，其利益和任何其他贸易相同，不过，也许比较容易被滥用。酿酒家的职业，甚至小酒贩的职业，与其他职业同是必要的分工部门。工人所需的麦酒量，一般是与其亲自酿造，无宁向酿酒家购买；而且，他若是一个贫穷工人，那么他购买麦酒，一般是与其向酿酒家做大量的购买，无宁向小酒贩做小量的购买。倘若他是个贪食者，他可能购买过多的麦酒，正如他可能购买过多的家畜肉；要是他想扮作一个翩翩公子，他可能购买过多呢绒布匹。贸易自由，虽然可能被滥用，而且，有几种贸易自由，特别容易发生这种结果，但无论如何，对于工人大众，这一切贸易自由，总是有利的。此外，有时有了由嗜酒过度而荡产的个人，但似乎用不着担心会有这样的国家。虽然在每个国家，都有许多人，在酒这方面所花费的超过他们资力所允许的程度，但有更多人，所花费的小于他们资力所允许的程度。应该指出，根据经验，葡萄酒的低廉，似乎不是泥醉的原因，而是节酒的原因。葡萄酒产国的人民，一般是欧洲最节酒的人民，例如西班牙人、葡萄牙人、法国南部各省人民。对于普通日常饮食，人民很少过度使用。像温和啤酒那样廉价的饮料，就是大花大用，也不能表现一个人的宽宏和好客。反之，只在过热或过寒不能栽种葡萄树，因而葡萄酒异常稀少昂贵的国家，如北方民族、热带民族（如几内亚海岸的黑人），泥醉才成为普遍的恶习。当法国军队，从法国北部各省开拔至南部各省，即从葡萄酒昂贵区域开拔至葡萄酒低廉区域时，据说，起初往往因见良好葡萄酒如此价廉新鲜而耽溺其中，但驻留数月之后，其中大部分，便像当地居民一样节酒了。同样，如果把外国葡萄酒税、麦芽税、麦酒税、啤酒税一律取消，或可使英国中下等阶级人民间暂时盛行泥醉风气，但不久也许就会养成一个恒久的普遍的节酒习俗。现今，在上流社会即有资力消费最贵饮料的人中，泥醉已经不是他们的恶习了。吃麦酒而泥醉的缙绅先生，极不常见。此外，葡萄酒贸易在英国的限制，与其说为了要防止人民走入（如果可以这样说）酒店，无宁说为了要防止人民，使其不能购买价最廉物最美的饮料。那种限制，有利于葡萄牙的葡萄酒贸易，不利于法国的葡萄酒贸易。据说，对于我国制造品，葡萄牙人是比较好的顾客，法国人是比较不好的顾客，所以，我们应当优待葡萄牙人，加以奖励。据说，他们照顾了我们，我们也应当照顾他们。小商人的卑鄙策略，居然成为一个大帝国政治设施的原则。其实，只有小商人，才会把这种策略看作是对待顾客的规则。至于大商人，不问这些小节，总是在价最廉物最美的地方购买他的货物。

依据这样的原则，各国都认为他们的利益在于使一切邻国变得穷困。各国都嫉妒与他们通商的国家的繁荣，并把这些国家的利得，看作是他们的损失。国际通商，像个人通商一样，原来应该是团结与友谊的保证，现在，却成为不和与仇恨的最大源泉。王公大臣们反复无常的野心，在这世纪及前世纪，对欧洲和平所造成的危害，并不大于商人和制造业者们狂妄的嫉妒心所造成的危害。人间支配者的暴力与不正，自古以来即是一种祸害。我认为，按照人事的性质，这种祸害是无法除去的。至于不是亦不应该是人间支配者的商人和制造业者们，其卑鄙的贪欲，其独占的精神，虽也许不能改正，但要不让他们扰乱别人的安宁，却是极其容易的。

最初发明这种原则传布这种原则的，无疑是独占的精神；最先倡导这种原则的人并不像后来信奉这种原则的人那么傻。在任何国家，人民大众的利益总在于而且必然在于，向售价最廉的人购买他们所需要的各种物品。这个命题是非常明白的；费心思去证明它，倒是一种滑稽的事情。如果没有这班商人和制造业者自私自利的诡辩混淆了人们的常识，这亦不会成为什么问题。在这一点上，这班商人和制造业者的利益与人民大众的利益正相反。像同业组合内自由人的利益在于阻止国内居民雇用其他人而只雇用他们自己一样，这班商人和制造业者的利益，在于自己保有国内市场的独占权。因此，在英国，在欧洲大多数其他国家，对于几乎一切由外国商人输入的商品，都课以异常重税。因此，凡能输入本国，与本国制造品竞争的一切外国制造品，都课以高的关税，或禁止输入。因此，对于贸易差额被认为不利于我国的那些国家，换言之，对与我国的民族仇恨异常激烈的国家几乎一切货物的输入加以异常的限制。

在战争或政治上，邻国的财富，虽对我国有危险，但在贸易上，则确对我国有利益。在战时，敌国的财富，或可使敌国能够维持比我国强大的海陆军。但在和平的通商状态下，邻国的财富，必使他们能够和我们交换更大的价值，必对我国产业的直接生产物或用这种生产物购进来的物品，提供更好的市场。勤劳的邻近的富人，和穷人比较，是更好的顾客；邻近的富国，也是这样。经营同种制造业的富人，固然是邻近各同业者的危险邻人，但他的花费，可给邻近的其余一切人提供好的市场，所以，对绝大多数邻人是有利的。不仅如此，较贫的经营同业的工人，又将因此而减低其售价，因而，对其余一切人有利。同样，富国的制造业者，无疑会成为邻国同种制造业者极危险的竞争者，但这种竞争，却有利于人民大众。此外，这样富国的大花费，必能在其他方面，给人民大众提供良好的市场，使他们得利。想发财的私人，绝不会退居穷乡僻壤，一定会住在首都或大商业都市。他们知道，财富流通极少的地方，所可取得的财富极少；财富流通极多的地方，可有些财富归到他们手里。指导着一个人、十个人、二十个人的常识的原则，应该支配一百万人、一千万人、二千万人的判断，应该使全国国民都认为，邻国的富乃是本国可能获得财富的原因和机会。想由国外贸易致富的国家，在其邻国都是富裕勤勉的商业国时，最易达到目的。一国四周，如果都是游牧的未开化人和贫穷的野蛮人，那么，耕作本国土地，经营国内商业，无疑可使国家致富，但要由国外贸易致富，就绝不可能了。古代的埃及人和近代的中国人似乎就是靠耕作本国土地、经营国内商业而致富的。据说，古代埃及人，极不注意国外贸易；大家知道，近代中国人极轻视国外贸易，不给与国外贸易以法律的正当保护。以一切邻国陷于贫困境况为目标的近代外国通商原则，如果能够产出它所企望的结果，那就一定会陷国外贸易于不被人注意、不被人重视的地位。

法国和英国间的贸易，所以会在两国都受到那么多的阻碍与限制，就是此等原则的结果。如果这两国能抛弃商业的嫉妒和国民的仇恨，来考察其真实利害关系，那么对英国来说，法国的贸易，将比欧洲任何其他国家的贸易更有利；由于同一理由，对法国来说，英国的贸易，亦将比欧洲任何其他国家的贸易更有利。法国为英国最近的邻国。英国南部沿海各地与法国北部及西北部沿海各地间的贸易，好像国内贸易一样，可以每年往返四次、五次乃至六次。这两国投在这种贸易上的资本，比较投在国外贸易大多数其他部门上的等量资本，能够推动四倍、五倍乃至六倍的劳动量，能够雇用和养活四倍、五倍乃至六倍的人数。这两国彼此相隔最远的各地间的贸易，也至少可望每年往返一次。所以，就连这种贸易，也至少与我国对欧洲其他大部分地方的国外贸易同样有利。若与夸大的我国对北美殖民地的贸易（那一般要三年，乃至四年五年以上，才能往返一次）比较，那至少也有利三倍。此外，法国据说有居民二千三百万，我国北美殖民地居民却据说不过三百万。法国又比北美洲富饶得多，虽然由于法国财富分配不平均，法国的贫民乞丐，比北美多得多。所以，与我国北美殖民地比较，法国所能提供的市场，至少大八倍；加以往返更为频繁，利益要大二十四倍。英国的贸易，亦同样有利于法国。英国贸易对于法国的利益，要按照两国财富、人口与邻近的程度，大于法国殖民地贸易对于法国的利益。这就是两国智者所认为宜加以阻止的贸易和最受其偏爱奖励的贸易这二者间很大的差别。

然而，使两国间开放的自由的贸易对两国那么有利的环境，却成为产生这种贸易的主要障碍的原因。因为是邻国，它们必然是敌国；于是，一方的富强，增加另一方的恐惧，而本来可增进国民友谊的有利因素，却成为助长激烈的民族仇恨的原因，它们同是富裕勤勉的国家。每一国商人和制造者，都担心会在技术与活动上遇到另一国商人和制造业者的竞争。商业上的嫉妒，由激烈的民族仇恨所激起，而激烈的民族仇恨也助长了商业上的嫉妒，两者相互助长。两国的贸易者，都热烈地确信他们自私自利的谬说，宣称不受限制的国外贸易，必然会生出不利的贸易差额，而不利的贸易差额，又一定会导致国家的灭亡。

在欧洲各商业国内，自命的这种学说的学者常常预告：不利的贸易差额，将使国家濒于灭亡。这激起了各商业国不少的忧虑，几乎各商业国都试图改变贸易差额，使对本国有利而对邻国不利。但在这一切忧虑以后，在这一切无效的尝试以后，似乎没有一个欧洲国家，曾因上述原因而变得贫困。和重商主义者的预料相反，实行开放门户并允许自由贸易的都市与国家，不但不曾因此种自由贸易而灭亡，而且因此致富。欧洲今日，从某几点说，配称为自由港的都市虽有几个，但配称为自由港的国家却还没有。最接近于此的国家，也许要算荷兰了，虽然仍离此很远。大家承认，不仅荷兰国民财富全部得自对外贸易，而且大部分必要生活资料也得自对外贸易。

我在前面已经说明，有另一种差额，和贸易差额极不相同。一国的盛衰，要看这差额是有利或是不利。这就是年生产与年消费的差额。前面说过，年生产的交换价值如果超过了年消费的交换价值，社会的资本每年就必然会按照这超过额的比例而增加起来。在这场合，社会在其收入内维持其生存，每年从其收入中节省下来的部分，自然会加到社会资本上去，并用以进一步增加年生产物。

反之，如果年生产的交换价值，小于年消费的交换价值，社会的资本每年就必然会按照短少的比例而减少下去。在这场合，社会的支出超过了社会的收入，那必然会侵蚀社会的资本。资本必然会减退，随着资本的减退，其产业年产物的交换价值亦减退。

生产与消费的差额，和所谓贸易差额全不相同。在没有对外贸易、不与世界往来的国家内，可以发生这种差额。在财富、人口与改良都在逐渐增进或在逐渐减退的全地球上，也可以发生这种差额。

即使在所谓的贸易差额一般不利于一个国家时，生产与消费的差额仍可不断地有利于这个国家。即使半世纪来，这个国家输入的价值都大于输出的价值；在这全期间内，流入的金银，全部立即输出；流通铸币逐渐减少而以各种纸币替代铸币；甚至它对各主要通商国家所负的债务，亦在逐渐增加；但它的真实财富，它的土地劳动年产物的交换价值，仍可在这期间，按照比以前大得多的比例增加起来。我国北美殖民地的状态，以及它们在现今的扰乱事件①发生以前对不列颠的贸易状态，都可证明这并不是一个不接近于事实的假设。

① 这一段，是1776年写的。

第四章 论退税

商人和制造业者，不以独占国内市场为满足，却为他们的货物谋求最广大的国外销售市场。但由于他们的国家在外国没有管辖权，他们要独占外国的市场，简直是不可能的。所以，一般地说，他们只好请求奖励输出。

在各种奖励中，所谓退税，似乎是最合理的了。在商人输出时，退还本国产业上的国产税或国内税的全部或一部分，并不会使货物的输出量，大于无税时货物的输出量。这种奖励，不会驱使大部分的资本，违反自然趋势，转向某一特定用途，但却会使课税不至于驱使这部分资本中的任何部分转到其他用途去。这种奖励，不会破坏社会上各种用途间的自然平衡，但却会使课税不产生破坏这种自然平衡的作用。这种奖励，不会破坏社会上劳动的自然分配，而会保存这种分配。在大多数场合，保存这种分配是有利的。

输入的外国货物，在再输出时，亦可退税。在英国，所退的税，大都等于输入税的最大部分。规定今日所谓旧补助税的那个议会法令的附则的第二项规定，每个商人，不论国籍，都可于输出时，收回这种旧补助税的一半。但英国商人，应于十二个月内输出，而外国商人应于九个月内输出。只有葡萄酒、小葡萄干和丝精制品，因已领有其他更有利的津贴，故不适用此条例。这个议会法令所规定的税，在当时是唯一的外国商品输入税。后来，把这种及其他各种退税的请求期限延长到三年（乔治一世第七年法令第二十一号第十条）。

旧补助税实施以后所课的各种税，有大部分，是在输出时全部退还的。但此通则有许多例外，所以，退税的原则，便不像最初制定时那么单纯了。

有些外国商品，输入量会大大超过国内消费的必要量是早已预料到了的，所以，在其输出时全部课税都退还，甚至旧补助税也不保留半数。在我国美洲殖民地未曾叛变以前，我们独占了马里兰和弗吉尼亚的烟草。我们输入烟草约九万六千大桶，国内消费却据说不及一万四千大桶。这个余额，是必须输出的。为使这巨额必要的输出易于实现，凡是在三年内输出，所纳关税全部退还。

我们还独占（虽不是全部独占，但已近于全部独占）了我国西印度群岛的砂糖。所以，砂糖如果在一年内输出，那么在输入时所纳的一切税，都可退还；如果在三年内输出，那么除了旧补助税的一半，其他一切税都可退还。大部分货物输出时，旧补助税的半数迄今依然保留。砂糖输入额，虽大大超过国内消费的必要额，但此种超过额，与烟草通常的超过额比较，是不足道的。

有些货物，因为是我国制造业者嫉妒的对象，所以禁止其输入，供国内消费。但若缴纳一定的税，即可输入，落栈以待输出。但在这些货物输出时，所课的税是完全不退还的。我们的制造业者，对于这种受限制的输入，似乎亦不愿加以奖励；他们害怕屯栈的货物会被偷运出一部分，来和他们自己的货物竞争。只在这样的限制下才可输入丝精制品、法国亚麻布与上等细麻布、印花染色棉布等。

我们甚至不愿做法国货物的贩运者。法国被视为我国的敌人。我们与其让他们利用我们做媒介而获取利润，无宁放弃我们自己的利润。在一切法国货物输出时，不仅旧补助税的一半不退还，即附加的百分之二十五的税也不退还。

根据旧补助税附则第四条，一切葡萄酒在输出时所准许退还的税，比输入时所缴纳的税的一半还要大。立法者当时的目的，似乎是要特别奖励葡萄酒运送业。与旧补助税同时征课或稍后征课的一些其他税，如所谓附加税，新补助税，三分之一补助税及三分之二补助税，1692 年关税，葡萄酒检验税，都允许在输出时全部退还。但这一切税，除了附加税与 1692 年关税，都在输入时以现金缴纳；如此巨大金额的利息，所费不赀，所以此种货物的运送贸易没有希望成为一种有利可图的贸易。所以，所谓葡萄酒关税，只有一部分，在输出时退还，而法国葡萄酒输入每大桶所课二十五镑的税，即 1745 年、1763 年和 1778 年征课的关税，输出时均不退还。1779 年和 1781 年对于一切货物输入所附加的那两种百分之五的关税，在一切其他货物输出时都允许全部退还，所以，在葡萄酒输出时，亦允许其全部退还。1780 年特别课加在葡萄酒上的最后关税，亦允许全部退还。因为保留的关税多而且重，所以，上述恩典也许不能使一大桶葡萄酒输出。这种规定，除了我国北美殖民地以外，对一切依法准许输出的地方都适用。

查理二世第十五年第七号法令，名为贸易奖励法，使英国有了以欧洲一切产物或制造品供给殖民地的独占权，葡萄酒亦包括在内。但在海岸线是那么长的我国北美殖民地及西印度殖民地，我国统治权是那么微弱，而居民最初被允许以自己的船只，把政府的未列举商品运往欧洲各地，后来被允许运往菲尼斯特雷角以南欧洲各国，上述独占权，不可能大受人尊重，无论在什么时候，他们也许都有方法，从运往的国家，运回一些货物。不过，他们要从出产葡萄酒的地方，输入欧洲的葡萄酒，也许有些困难；他们要从葡萄酒课税繁重，其大部分又不能在输出时退还的大不列颠，输入欧洲葡萄酒，也有些困难。但美洲与西印度群岛，既得与马迪拉岛自由交换各种未列举商品，马迪拉的葡萄酒，不是欧洲产物，便可直接输入美洲与西印度群岛了。1755 年战争开始时，我国军官在我国各殖民地所发现的对马迪拉葡萄酒的普遍的嗜好，也许就是在这样的情况下养成的。这种嗜好，后来由这些军官带回到祖国，在那时以前，此种葡萄酒在祖国还不大流行。战事完结以后，在 1763 年（依乔治三世第四年法令第十五号第十二条），除了法国葡萄酒，一切葡萄酒都允许在输出到殖民地时，退还所缴纳的三镑十先令以外的税——国民的偏见，不允许奖励法国葡萄酒的贸易与消费。但是，上述恩典的敕赐和我国北美殖民地的叛变这两者相隔的时间，似乎过于短促，以致那些国家的风习，不可能产生显著的变化。

就法国葡萄酒以外的一切葡萄酒的退税说，殖民地由这法令所受实惠，比其他各国大得多，但就大部分其他货物的退税说，殖民地所受实惠却是小得多。在大部分货物输出到其他各国时，旧补助税得退还一半。但这项法令却规定，除葡萄酒、白棉布及细棉布外，一切欧洲或东印度生产或制造的商品，在输出到殖民地时，旧补助税丝毫也不得退还。

退税制度的设立，也许原来就是为了要奖励运送贸易。运送船舶的运费，常由外国人以货币支付，因此运送贸易被认为特别能给国家带回金银。运送贸易，虽不应受特殊的奖励，而设立退税制度的动机，虽然非常可笑，但此种制度本身，却似乎很合理。这样的退税，绝不会使流入运送贸易的资本大于在没有输入税时自会流入这种贸易的资本，只不过使输入税不至于完全排斥此种贸易。我们虽不应特别奖励运送贸易，却亦不应加以妨害，我们应该像对待其他各种行业一样，听其自由。这种贸易，对于那一部分既不能投在本国农业，亦不能投在本国制造业，既不能投在国内贸易亦不能投在消费品国外贸易上的资本，必然提供了一个出路。

关税的收入，不但不会因此种退税而受损，而且将因此种退税而得利，因为在退税时，得保留一部分关税。如果全部关税都被保留，那么纳税的外国商品，由于缺少市场不能输出，因而亦不能输入。这样，本可以保留一部分的关税，便无从收到了。

这些理由，似乎足以证明，课在本国产物或外国产物上的关税，即使在输出时全部退回，退税亦是合理。诚然，在这场合，国产税的收入，稍受损失，而关税的收入则受大得多的损失；但多少要受这种课税的扰乱的产业的自然均衡，即劳动的自然分工和分配，却将因这种规定而更趋于均衡。

但上述理由仅证明，在输出货物到完全独立的外国时退税是合理的，并不证明在输出货物到我国商人、制造业者享有独占权的地方时退税是合理的。例如，在欧洲货物输出到我国美洲殖民地时退税，并不能使输出额大于无退税制度时的输出额。因为我国商人、制造业者在那里享有独占权，所以，即使保留全税额，未必会增加运到那里去的输出额。所以，在这场合，退税常是国产税及关税收入的纯损失，绝不能改变贸易状态，绝不能扩大贸易。至于在什么程度上，这种退税可认为是对我国殖民地产业的适当奖励，或者说，在什么程度上，允许他们免去本国其他人民所不能免去的赋税，才有利于母国，我打算在考察殖民地时，加以论述。

但必须指出，只在输出品真正输到外国去，而不再秘密输入我国的时候，退税制度才会带来益处。大家都知道，有些退税，尤其是烟草的退税，就往往被人滥用，并产生了许多既有害于收入而同样有害于公正商人的欺诈行为。

第五章 论奖励金

对英国某些产业的产品，常常有人请求输出奖励金，而政府有时也发给输出奖励金。据说，我国商人和制造业者，赖有这种奖励金，才能在外国市场上，以与竞争者同样低廉或更为低廉的价格出售他们的货物。据说，输出量因此增大，而贸易差额亦变得更有利于我国。在外国市场上，我们不能像在国内市场那样，给我们工人以独占权。对外国人，我们不能像对本国人那样，强迫他们购买我国工人生产的货物。于是，想出了第二个最好办法，即付钱给外国人购买。这个以贸易差额富国富民的办法，乃是重商学说所提倡的。

有人认为，奖励金只应该发给那些无奖励金即不能经营的商业部门。但无论什么商业部门，如果商人售货所得价格，可以偿还此货物制造乃至上市所投下的资本并提供其普通利润，那么即使没有奖励金，亦必能继续经营。这样的商业部门，与其他在无奖励金状态下经营的各商业部门，明显地处在同等地位，所以，这样的商业部门不需要奖励金，正像其他商业部门不需要奖励金一样。只有商人售货价格不足补还其资本并提供其普通利润的商业，或售货价格不足抵偿货物上市实际费用的商业，才需要奖励金。奖励金发给的目的，在于补偿此损失，奖励它继续经营或开创一种被认为开支大于收益的商业，就是说，每经营一次，投下的资本即亏蚀一部分，而一切其他商业如都具有这样的性质，那么全国资本不久就会破灭无存。

应该指出，靠奖励金经营的商业，只是能在两国间长期经营下去而一国老是亏本（即货物售价少于货物上市实际费用）的商业。但是，如果没有奖励金来补还商人货物售价上的损失，他自身的利害关系，不久也会使他改变资本用途，或寻找其他能以货物售价偿还货物上市所用的资本并提供其普通利润的行业。像重商主义所提倡的其他各种办法的结果一样，发给奖励金的结果，只不过迫使一国商业，不向自然方面发展，而向大大不利的方面发展。

有一个聪明而见闻广博的作者，在他的谷物贸易论文集里，很明白地说，自从谷物输出奖励金第一次设置以来，输出谷物的价格，依一般价格计算，超过输入谷物的价格，而依非常高的价格计算，则其超过额，大大超过这期间付出的奖励金的总额。他认为，按照重商主义的正确原理，这是明明白白地证明，这种强制的谷物贸易，有利于国家。因为输出价值是这样超过了输入价值，以致除了补还国家奖励输出所花费的全部特别费用，还大有剩余。他不知道，这种特别费用，换言之，这种奖励金，仅是社会为输出谷物而实际上所花费的极小部分。农业家用来栽种谷物的资本，亦须同样加以考虑。如果谷物在外国市场上所售的价格，不够补偿这种奖励金和这个资本以及这个资本的普通利润，则其差额，便是社会的损失，就是说，国民资财减少了那么多。但是，被认为必须发给奖励金的理由，正是谷物在外国市场上的售价不够作上述那样的补还。

据说，自从奖励金设置以来，谷物的平均价格已显著下落。我曾竭力说明，在前世纪末叶，谷物平均价格稍稍跌落，而且在现世纪最初六十四年间，仍继续跌落。如果这种事实真如我所确信的那样真实，那就没有奖励金也必然会发生这种结果，而其发生，不可能是奖励金的结果。法国不仅无奖励金，而且在 1764 年以前，一般禁止谷物输出，但法国谷物的平均价格，和英国同样降低了。所以，谷物平均价格的这种逐渐的降低，也许既不能归因于这一种条例，亦不能归因于那一种条例，而归根结底应归因于银的真实价值的逐渐的不知不觉的上升，我曾在本书第一篇竭力说明，在现世纪中，欧洲一般市场上，都发生了银的价值逐渐上升这个现象。看来奖励金不可能是谷物价格降低的助因。

已经说过，由于奖励金在丰年引起异常的输出，所以它一定会使国内市场上的谷物价格，提高到自然的程度以上。但这就是奖励金制度倡导者公然标榜的目标。在歉岁，奖励金虽大都停止，但它在丰年所引起的大输出，必定会或多或少地使一年的丰收不能救济另一年的不足。所以，无论年岁丰歉，奖励金必然有助于提高谷物的货币价格，使其略高于无奖励金时国内市场上谷物的货币价格。

在现有耕作状态下，奖励金必然有这种趋势，我想有理性的人，对此是不会有异议的。但许多人却认为，奖励金有助于奖励耕作，而奖励的方法有二。他们以为，第一，奖励金给农业家的谷物开辟了一个更广大的外国市场，所以有助于增加谷物的需求，因而奖励谷物的生产；第二，奖励金使农业家得到的价格，比他们在无奖励金时，按实际耕作情况，所可希望的价格好，所以有助于奖励耕作。他们以为，这种双重的奖励，在一个长久的时期内，必定会大大增进谷物的生产，以致在这时期末尾的实际耕作情况下，国内市场上谷价可能降落的程度，远远大于奖励金所能提高的程度。

对于这种意见，我的答复如下。由奖励金引起的外国市场的推广，必定在各年间牺牲了国内市场，因为靠奖励输出，没有奖励金就不会输出的谷物，在无奖励金的情况下，定可留在国内市场上，以增加消费而减低谷物的价格。应该指出，谷物奖励金，像一切其他输出奖励金一样，以两种不同的税课在人民身上。第一，为支付奖励金，人民必须纳税；第二，由于国内市场上这商品价格提高而产生的税，必须由人民大众缴纳，因为人民大众都是谷物购买者。所以，就这商品说，第二种税，比第一种税重得多。让我们假定，逐年平均计算，每输出一夸特小麦给奖励金五先令，只使国内市场上这商品的价格，比在无奖励金时按实际收获状态所应有的价格，每蒲式耳高六便士，即每夸特高四先令。即使按照这个很适中的假设，人民大众，除了须担负每夸特小麦输出奖励金五先令以外，他们每消费一夸特，还须多支付四先令的代价。但根据上述那位见闻广博的谷物贸易论文作者所述，输出的谷物与国内消费的谷物的比例，平均计算不超过一对三十一的比例。所以，如果他们所缴纳的第一种税为五先令，他们所缴纳的第二种税一定是六镑四先令。把这样苛重的税课在第一生活必需品上，必然会减少劳苦贫民的生活品，或必然会导致货币工资按照生活品货币价格的提高而提高。就前者说，必然会减低劳苦贫民抚养子女、教育子女的能力，因而会抑制国内人口的增长。就后者说，必然会减低雇主雇用贫民的能力，使他们所雇用的人数，少于无奖励金的场合，因而必然会压抑国内产业。这样，奖励金所引起的谷物的异常输出，不仅会按照扩大国外市场与国外消费的比例，减少国内市场与国内消费，而且由于压抑国内人口与产业，最后必倾向于阻抑国内市场使其不能逐渐扩大，所以，归根到底，与其说它会扩大谷物的整个市场与整个消费量，无宁说它会缩小谷物的整个市场与整个消费量。

又有人说，谷物货币价格的这种提高，使这商品更有利于农业家，所以必然会鼓励这商品的生产。

关于这种意见，我的答复如下。如果发给奖励金的结果，使谷物的真实价格提高，换言之，使农业家能以同量谷物，按照当地劳动者维持生活的方式，不论是大方地、适中地或是省俭地维持更多的劳动者，情形可能真是如此。但奖励金显然绝不会有这种结果，任何人为制度也绝不会有这种结果。奖励金只对谷物的名义价格有很大影响，但对谷物的真实价格，却没有大影响。这种制度课在人民大众身上的赋税，对缴纳者是苛重的负担，但对收受者则利益极小。奖励金的真实效果，与其说是提高谷物的真实价值，无宁说是压低银的真实价值，换句话说，使等量的银，不仅只交换较小量的谷物，而且交换较小量的其他一切国产商品，因为谷物的货币价格支配着其他一切商品的货币价格。

谷物的货币价格支配着劳动的货币价格。劳动的货币价格，必须经常使劳动者能够购买一定数量的谷物，够他大方地、适中地或省俭地维持他们自己及其家庭的生活。而社会的进步、退步或停滞等情况，使劳动者的雇主不得不按照大方地、适中地或省俭地生活方式来维持劳动者的生活。

谷物的货币价格，支配一切其他土地原生产物的货币价格。在改良的任何阶段中，这一切土地原生产物的货币价格，一定会和谷物的货币价格保持一定的比例，虽然这种比例，因改良阶段不同而不同。例如牧草，干草，家畜肉，马，马粮，因而内陆运输以及大部分国内贸易，其货币价格都受谷物货币价格的支配。

谷物的货币价格，支配了一切其他土地原生产物的货币价格，于是支配了几乎一切制造业原料的货币价格。谷物的货币价格，支配了劳动的货币价格，于是支配了制造技巧和勤劳的货币价格。由于它支配着这二者，所以它也支配着完全制造品的货币价格。劳动的货币价格，一切土地生产物或劳动生产物的货币价格，都必然按照谷物货币价格的升降比例而升降。

所以，发给奖励金的结果，虽可使农业家售卖谷物的价格，由每蒲式耳三先令六便士腾至四先令，并对地主缴纳和其生产物抬高的货币价格相称的货币地租，但谷物价格这样抬高的结果，现在四先令所可购得的任何种类国产商品，并不比以前三先令六便士所可购得的多，而农业家与地主的境遇，都不能由于此种价格变更而有多大改进。农业家的耕作，不会有很大的进步；地主的生活，不会有很大的改善。这样抬高的谷物价格，虽可在购买外国商品时，给他们以些微利益，但在购买国产商品时，便一点利益也没有。然而，农业家的费用，就几乎全部用于购买国产商品，甚至地主的费用，亦有大部分用于购买国产商品。

由于矿山丰饶而产生的银价低落，对大部分商业世界产生相同或几乎相同的影响，所以对个别国家，不是什么重要的事体。由此而产生的一切货币价格的腾贵，虽不能使受者实际上更富裕，却也不能使受者实际上更贫乏。金银器皿的价格，实际上比从前低廉，但其他一切物品的真实价值，却和从前完全一样。

假若银价的跌落，是个别国家的特殊情况或政治制度的结果，这虽仅在一国发生，却成为极重要的事体。这种事体，绝不会使任何人实际上更富裕，却会使一切人实际上更贫乏。一切商品货币价格的腾贵（这场合是该国所特有的现象）就会多少阻抑国内各种产业，因而使外国国民在出售几乎一切种类货物所索取的银量，小于该国工人所能出售的银量，不仅在国外市场上，而且在国内市场上，都比该国售价低。

西班牙和葡萄牙特富金银矿山，所以能够以金银分配给欧洲其他国家。因此，这两种金属，在西班牙和葡萄牙自应略为低廉，而在欧洲其他各国则略为昂贵。但其差额，不应大于运输费和保险费。由于金银体积小价值大，运输费不成为大问题；至于保险费，亦必与任何其他等值货物的保险费相同。所以，这两国如果不通过政治制度，加剧这种特殊情况的不利，那么他们由这种特殊情况而蒙受的苦痛，一定是很小的。

对于金银输出，西班牙课以赋税，而葡萄牙则加以禁止，以致输出须负担走私费用，使这两种金属在他国的价值高于西葡二国的部分，等于秘密输出的全部费用。譬如以堤坝堵住河流，坝内一经充满了水，水必越过坝头外流，好像没有堤坝一样。禁止金银输出，也会产生同样的结果。禁止金银输出，不能在本国保留本国所能使用的程度以上的金银量。一国土地和劳动的年产物，限制了这一国在铸币上，在金银器皿上，在镀金上，在金银装饰品上，所可使用的金银量。如果它取得了这个数量，就如堤坝满了以后流入的全部水流，都必外溢。这样，西葡二国，虽限制金银输出，但每年从西葡二国输出的金银，几乎等于其每年输入的金银。但是，正如坝内的水必比坝外的水深，由于这种限制而保留在西葡二国内的金银量，和它们的土地和劳动的年产物相比，必大于其他各国的金银量。坝头愈高愈强，则坝内坝外水的深度的差必然愈大。所以，课税愈高，禁令所立的刑罚愈严峻，警察执行法律愈严密，则西葡二国金银对土地和劳动的年产物所持的比例，与其他各国这种比例相比，差额亦必愈大。因此，据说，差额是很大的；在西葡二国，家家常可看到许许多多金银器皿，而看不到按他国标准和此种奢华相配称的其他东西。贵金属这样的过剩，必然使金银低廉，或者说，必然使一切商品昂贵，这就阻害了西葡二国的农业与制造业，使外国能以比它们国内生产或制造所费的更小的金银量，供给它们以许多种类原生产物，和几乎一切种类制造品。课税及禁止，在两个不同方面起作用。不仅大大减低西葡二国贵金属的价值，而且由于保留不应保留的一定数量金银，致使其他各国贵金属的价值，略高于原来的价值，从而，使其他各国与西葡二国通商，得享受双重利益。要是把水门开放，那么坝内的水立刻减少，坝外的水立刻增加，坝内外不久就会相等。同样，要是撤除此种课税与禁令，那么西葡二国的金银量就会大减，其他各国的金银量就会稍增，此等金属的价值，即对土地劳动年产物的比例，不久就会在一切国家间相等或几乎相等。西葡二国，由金银这样的输出而可能招受的损失，全然是名义上的、想象上的。它们货物的名义价值，它们土地和劳动的年产物的名义价值，将跌落，将以比从前小的金银量代表，但其真实价值将和从前相同，所能维持、所能支配和所能雇用的劳动量，亦将和从前相同。它们货物的名义价值将跌落，所余金银的真实价值将腾贵，于是和往昔为通商为流通而使用的较大金银量比较，现今的数量虽较小，但所能达到的目的，则与往昔无二致。流往外国的金银，绝非无所谓地流往外国，那必然会带回等价值的各种物品。这些货物，又绝不是全然供不生产的游惰者消费的奢侈品和消耗品。游惰者的真实财富与收入，既不能由于这种异常的金银输出而增加，其消费亦不能由此而大增。所以，由此带回来的货物，也许有大部分，至少也有一部分是材料、工具、食料，可用以雇用勤劳人民和维持勤劳人民。勤劳人民，必能再生产他们所消费的全部价值并带来利润。这样，社会死资财的一部分就变为活资财，因此能推动比从前更大量的产业。它们土地和劳动的年产物，马上就会增加一点，再过几年，便会大大增加。它们产业现今所受最苛重的一个负担，这样就除去了。

西葡二国不合理政策所起的作用如是，谷物输出奖励金所起的作用必亦如是。不论耕作的实际状态是怎样，谷物输出奖励金总会使国内市场上的谷物价格略高于无奖励金的场合，并使外国市场上的谷物价格略低于无奖励金的场合。因为谷物的平均货币价格，多少支配一切其他商品的平均货币价格，所以，此等奖励金又会大大减低国内白银的价值，稍稍提高外国白银的价值。这种奖励金，使外国人，尤其是荷兰人，不但能以比无奖励金时他们所出的更廉的价格，而且能以比有奖励金时我们自己所出的更廉的价格，吃到我国的谷物；一位卓越的权威作者马太·德克尔先生，曾明确指出这一点。这种奖励金，使我们的工人，不能像在无奖励金时那样，为小量的白银而提供他们的货物，却使荷兰人能以较小量的白银而提供他们的货物。这样，就使我国制造品，无论在何处，都比无奖励金时稍稍昂贵，并使他们的制造品，无论在何处，都比无奖金时稍稍低廉，因而，使他们的产业，能享受双重的利益。

因为这种奖励金，在国内市场上所提高的，与其说是我国谷物的真实价格，无宁说是我国谷物的名义价格，所增加的，与其说是一定量谷物所能维持和所雇用的劳动量，无宁说是这一定量谷物所能交换的白银量，所以，必然阻害我国制造业，而对我国农业家或乡绅又无大的利益。诚然，这两者都会因此而有较多的货币收入，要使他们大部分相信那对他们并无很大利益，也许有点困难；但是，如果货币所能购买的劳动量、食料量和各种国产商品量都减少了，那么，由此而得的利益，也就不过是名义上的、想象上的利益了。

在整个国家中，受这种奖励金的实际利益的，或者说，能受这种奖励金的实际利益的，也许只有一种人，即谷物商人或谷物输出者和谷物输入者。奖励金必然使丰年谷物输出量大于无奖励金的场合；而且，由于它使今年的丰收不能救济明年的不足，它必然使歉岁谷物输入量大于无奖励金的场合。在丰年歉岁，它都增加谷物商人的业务。但在歉岁，这种奖励金，就不但使他能输入比无奖励金时(即在今年丰收可多少救济明年不足时)所能输入的更多谷物，而且能以较好的价格出售谷物，因而能获得较大的利润。所以，我说，最热烈赞成继续发给此种奖励金的，就是这一种人。

我们的乡绅，在对外国谷物的输入课以重税(那在一般丰年便等于禁止)，和对本国谷物的输出给予奖励金时，似乎是在仿效我们制造业者的行为。使用前一种方法，他们取得了国内市场独占权；使用后一种方法，他们企图防止国内市场积存谷物过多。总之，他们使用这两种方法，企图提高他们商品的真实价值。在这一点上，他们和制造业者所采取的方法，是一样的。制造业者亦曾同样采取这两种方法，来提高许多种制造品的真实价值。但他们也许没注意到，谷物和其他各种货物间有着巨大的根本的差别。以独占国内市场的方法，或以奖励输出的方法，使毛织物以比无独占权和无奖励金时更好的价格出售，那是可能的，因为使用这些方法，不但提高了此等货物的名义价格，而且提高了此等货物的真实价格。使此等货物等于较大的劳动量与生活品量，就不仅增加了此等制造业者的名义利润、名义财富与名义收入，而且增加了他们的真实利润、真实财富与真实收入；这样他们就能够过较优裕的生活，或在此等制造业上，雇用较大的劳动量。这实际上就是奖励此等制造业者，使他们制造业所雇用的国内劳动者比无此制度时所能雇用的多。但这种制度如果应用到谷物，那所提高的就只是谷物的名义价值，不是谷物的真实价值。这样做，不能增加农业家的真实财富或真实收入，亦不能增加乡绅的真实财富或真实收入。也不能奖励谷物的耕种，因为不能使谷物能够养活和能够雇用更多的耕种谷物的劳动者。按照事物的本质，谷物有一定的真实价值，不能随货币价格改变而改变。输出奖励金，国内市场独占，都不能提高谷物的真实价值。最自由的竞争，亦不能使它低减。就全世界说，谷物的真实价值，等于它所能维持的劳动量；就个别地方说，谷物的真实价值，等于谷物按照当地维持劳动者生活的一般方式，即大方地、省俭地或适中地维持其生活的方式，所能维持的劳动量。毛织物和麻织物不是支配性的商品，一切其他商品的真实价值，并非最后要由毛织物和麻织物的价值来衡量、来决定。谷物却不然。一切其他商品的真实价值，最后都要由各自平均货币价格对谷物平均货币价格所持的比例来衡量、来决定。谷物的平均货币价格，虽有时会一世纪和一世纪不同，但其真实价值却不随此种变动而变动。随这种变动而变动的，只是白银的真实价值。

任何国产商品输出奖励金，都不免惹人反对。第一，对重商主义一切办法，一般都可提出反对，因为这些办法，违反自然趋势，迫使国内一部分产业，流入较少利益的用途。第二，国产商品输出奖励金办法，特别要惹人反对，因为它不仅迫使国内一部分产业，流入较少利益的用途，而且迫使流入实际不利的用途。无奖励金即不能经营的生意，必然是一种亏损生意。谷物输出奖励金，还要在以下方面惹人反对：它无论从哪一点说，都不能促进它所要促进的那种商品的生产。在乡绅们要求设置此种奖励金时，虽然是模仿商人和制造业者，但商人和制造业者完全理解他们的利害关系，其行动通常受这种理解的指导，乡绅们却没有此种完全的理解。他们给国家收入加上了一个极大的耗费，给人民大众加上了一个极重的赋税，但他们自己的商品，却没因此显著地增加其真实价值。而且由于银的真实价值因此稍稍减低，他们在一定程度上，阻碍国家的一般产业，因为土地改良程度，必然取决于国家的一般产业；所以他们没有促进他们土地的改良，反而或多或少地妨碍土地的改良。

有人这样想，为奖励一种商品的生产，生产奖励金的作用，比输出奖励金更为直接。此外只需对人民课一种赋税，就是说，人民只需缴纳一种用以支付奖励金的税。生产奖励金，不但不会提高这商品在国内市场上的价格，而且有减低的倾向。所以，他们不会因此而缴纳第二种税，而他们所缴纳的第一种税，亦将因此至少可得一部分的补还。可是，生产奖励金，是不常发给的。重商主义所确立的偏见，使我们相信，国民财富直接得自生产的少，直接得自输出的多。输出被看作更直接的带回货币的方法，因此更受欢迎。又有人说，依照经验，生产奖励金，比输出奖励金更易产生欺诈行为。这种说法，真确到什么程度，我不知道。但输出奖励金，往往被滥用来搞许多欺诈行为，却是大家都知道的。但这一切方策的发明者即商人与制造业者的利益在于，他们的货物在国内市场上不积存过多。生产奖励金有时会惹起这种情况，而输出奖励金却使过剩部分送往外国，这样国内残留的那部分货物的售价得以提高，所以能切实防止这种情况发生。因此，在重商主义各种方策中，输出奖励金便成为他们最爱好的一种了。我知道，某些行业的经营者，都私下同意从自己的荷包里掏出钱来奖励他们一定部分货物的输出。这种方策施行得很顺利，虽然大大增加了国产商品，却仍能在国内市场上使他们货物的价格提高一倍以上。但是，谷物奖励金要是真的降低了谷物的货币价格，其作用必大不相同。

可是在特定场合，亦曾发给了类似生产奖励金的奖励金。曹白鱼业及鲸鱼业所得的按渔船吨数计算的奖励金，或可视为具有此种性质的奖励金。据说，这种奖励金，使此商品在国内市场上的价格，比无此等奖励金时低廉。从别方面看来，我们又必须承认，其结果与输出奖励金的结果相同。有了这种奖励金，国内一部分资本，就被用来使这种货物上市，但其价格却不能补偿其费用，并且不能提供资本的普通利润。

此等渔业的吨数奖励金，虽无补于国民财富的增长，但由于可增加船舶及水手数目，所以，可被认为有助于国防，也许可以说，用这种奖励金来维持国防，比如像维持常备陆军那样维持一个庞大的常备海军（如果我可以使用这名词），其所需费用，有时也许要小得多。

但虽有这种辩护，下述各点却使我相信，议会至少在批准发给这些奖励金中的一种时大大地受骗了。

第一，曹白鱼渔船奖励金似乎太大了。

从 1771 年冬季渔汛开始直到 1781 年冬季渔汛完毕，曹白鱼渔船的吨数奖励金，为每吨三十先令。在这十一年内，苏格兰曹白鱼渔船捕捞的曹白鱼总数为三十七万八千三百四十七桶，在海上捕获即行腌存的曹白鱼，称为海条。但要运到市场去售卖，须再加上一定数量的盐加以包装，使成为商用曹白鱼。在这场合，三桶海条，往往改装为商用曹白鱼二桶。所以，在这十一年间，所获商用曹白鱼，计有二十五万二千二百三十一又三分之一桶。在这十一年间，付出的吨数奖励金，总计十五万五千四百六十三镑十一先令，即海条每桶得八先令二又四分之一便士，商用曹白鱼每桶得十二先令三又四分之三便士。

腌曹白鱼时所用的盐，有时是苏格兰产，有时是外国产，但都可免纳一切国产税交给腌鱼业。但苏格兰盐每蒲式耳，现今须纳国产税一先令六便士，外国盐每蒲式耳须纳十先令。据说，曹白鱼每桶须用外国盐大约一又四分之一蒲式耳。若用苏格兰盐，平均须二蒲式耳。如果曹白鱼是供输出的，那就完全免纳盐税。如果是供国内消费的，那就无论所用的是外国盐还是苏格兰盐，每桶只纳一先令。这是苏格兰往昔对一蒲式耳盐所课的税,曹白鱼一桶所需用的盐,即根据最低的估计,亦需要一蒲式耳。我们知道,在苏格兰,外国盐通常只用以腌鱼。自 1771 年 4 月 5 日至 1782 年 4 月 5 日,输入的外国盐,共计九十三万六千九百七十四蒲式耳,每蒲式耳重八十四磅。苏格兰盐交给腌鱼业的数量,却不过十六万八千二百二十六蒲式耳,每蒲式耳仅五十六磅。由此可见,渔业所用的盐,主要是外国盐。此外,每桶曹白鱼输出,给付奖励金二先令八便士。渔船捕获的曹白鱼,又有三分之二以上是输出的。所以,综合这一切来计算,你就会知道,在这十一年间,渔船捕获曹白鱼一桶,若以苏格兰盐腌存,则在输出时,所费于政府的,计十七先令十一又四分之三便士,在供国内消费时,所费于政府的,计十四先令三又四分之三便士;若以外国盐腌存,则在输出时,所费于政府的,计一镑七先令五又四分之三便士,在供国内消费时,所费于政府的,计一镑三先令九又四分之三便士。良好商用曹白鱼一桶的价格,最低十七先令或十八先令,最高二十四先令或二十五先令,平均约为一几尼。

第二,曹白鱼业的奖励金是一种吨数奖励金,按照捕鱼船的载重量发给,不按照它勤惰与成败发给。我恐怕有许多开出去的船舶,不以捕鱼为目的,而以捕奖励金为唯一目的。1759 年,奖励金为每吨五十先令,但苏格兰全部渔船所获,却不过海条四桶。在这一年,海条每桶,单就奖励金一项说,政府就费去一百一十三镑十五先令,而商用曹白鱼每桶,则所费为一百五十九镑七先令六便士。

第三,有吨数奖励金的曹白鱼业,往往用载重二十吨至八十吨的大渔船或甲板船。这种捕鱼法，也许是从荷兰学来的，是适宜于荷兰情况而不怎么适宜于苏格兰情况的。荷兰陆地，与曹白鱼大批伏处的海，相距很远；所以，经营这种渔业非使用甲板船不可，甲板船可携带充足的水与食料，以备远海的航行。但苏格兰的赫布里迪兹群岛或西部群岛，设得兰群岛，以及北部海岸与西北部海岸，总之，经营曹白鱼业的主要地区，却到处都是海湾，伸入陆地，当地把海湾称为海湖。此等海湖，乃是曹白鱼来游此海时所群集的地方。由于此种曹白鱼（我相信，还有许多种其他的鱼）来游的时期，很不一定，所以小舟渔业，看来最适宜于苏格兰的特殊情况。这样，渔人一经捕得曹白鱼，即可运上岸来腌存或生食。每吨三十先令奖励金，固可给大船渔业以大奖励，但必然会阻害小舟渔业。小舟渔业没得此种奖励金，不能与大舟渔业在同样的条件下，以腌鱼提供市场。以此之故，在未有大舟渔业以前很可观的小舟渔业，据说从前曾雇用不少海员，但现今却几乎全然凋落了。关于此种在今日已经十分凋零而且无人过问的小舟渔业，以前究竟具有什么规模，我必须承认，我不能说出何等十分正确的话。由于小舟渔业没得到什么奖励，所以关税吏和盐税官都不曾记下什么记录。

第四，苏格兰有许多地方，在一年内一定季节，曹白鱼成为普通人民相当大的一部分食品。可使国内市场上曹白鱼价格跌落的奖励金，对于境遇不优裕的大多数我国同胞，也许是一个很大的救济。但大曹白鱼渔船奖励金，绝不能收到这样好的效果。最适宜于供应国内市场的小舟渔业，曾为它所破坏；每桶二先令八便士的附加输出奖励金，又使大渔船所捕曹白鱼，有三分之二以上，输到外国去。在三四十年之前，大渔船奖励金尚未设置，我相信，那时曹白鱼每桶的普通价格为十六先令。十至十五年之前，小舟渔业尚未完全衰落，据说，那时曹白鱼每桶的普通价格为十七先令至二十先令。在最近五年间，平均每桶为二十五先令。但这种高价，也许应归因于苏格兰沿海各地实际上缺少曹白鱼。此外，我必须指出，与曹白鱼同时卖掉的桶（那种桶价计算在上述各种价格内），自从美洲战事开始以来，已经涨价约一倍，即由大约三先令涨至大约六先令。我也必须指出，我所收集的往时价格的记载，并不是完全一致、首尾相符的。有一个很精明、很有经验的老人，曾对我说，五十多年以前，良好商用曹白鱼一桶的普通价格为一几尼。我以为，直到现在，那还可以看作是平均价格。但我相信，这一切记载都认为，国内市场上曹白鱼的价格，并未由于大渔船奖励金而降低。

也许有人认为，此等渔业家，在领受此等丰厚奖励金以后，如果仍以往时通常出售的价格或高些的价格，售卖他们的商品，他们可得到很大的利润。就某些人说，情况可能如此。但一般说来，我却有理由相信，情况绝非如此。这种奖励金的通常意义，是在奖励轻率的企业家，使冒险经营他们所不了解的事业，但政府发给的非常丰厚的奖励金总抵补不了他们由于怠惰无智而引起的损失。1750年，根据第一次以每吨三十先令奖励曹白鱼渔业的法令（乔治二世第二十三年第二十四号法令），又敕立了一个合股公司，资本五十万镑，纳资人（除了其他各种奖励，如上述的吨数奖励金，如每桶二先令六便士的输出奖励金，如盐税一律免纳）得在十四年间，每纳资一百镑，每年收取三镑，并由关税征收官，每半年支付半额。这家大公司的经理及理事都住在伦敦。但除这公司以外，又公布在国内各海港，设立资本总额不下一万镑的渔业公司为合法。

这些比较小的渔业公司的经营，虽由经营者自行负责，盈亏归经营者自己承担，但同样可取得同一的年金以及各种奖励。大公司的资本不久就满额了，而在国内各海港，也设立了好几家渔业公司。可是，虽有这一切大奖励，这一切公司，无论大的小的，几乎全失去了他们资本的全部或大部，现在，这种公司的痕迹，亦一点不见了，曹白鱼渔业现今几乎全部由私人投机家经营。

如果某一种制造业确是国防所必需，那么靠邻国供给这种制造品，未必就是聪明的办法。如果这一种制造业非奖励即不能在国内维持，那么对其他一切产业部门课税，来维持这一种制造业，亦未必就是不合理的。对于英国制造的帆布及火药的输出奖励金，也许都可以根据这个原理来加以辩护。

对人民大众的产业课税，以支持个别制造业者的产业，很难说是合理的，但在人民大众都有很大收入，不知怎样使用其全部收入的大繁荣时期，对于所爱好的制造业，颁给这样奖励金，也就像做别种无谓的花费一样，不足为怪。不论公的和私的花费，大富也许常常可作为大愚的辩解。但在普遍困难与穷困时期，还继续此种浪费，其谬误便非寻常可比了。

所谓奖励金，有时即是退税，因此不能与真正的奖励金一概而论。例如，输出精砂糖的奖励金，可说是对赤砂糖、黑砂糖所课赋税的退还。输出精丝制品的奖励金，可说是对生丝、捻丝输入税的退还。输出火药的奖励金，可说是对硫黄硝石输入税的退还。按照关税用语，只有那些输出时其货物形态和输入时相同的输出货物所得的津贴，才叫做退税。如果输入以后，其形态曾由某种制造业加以改变，以致名称随着改变，归入新的项目，则所发给的津贴叫做奖励金。

社会给予业务有专长的技术家与制造业者的奖金，也不能一概称为奖励金，奖金虽可奖励异常的技巧与技能，从而提高各行业中现有工人的竞争心，但不能使一国资本，违反自然趋势，以过大的比例，流入任何一个行业。这种奖金不能破坏各行业间的均衡，却使各行业的作品尽可能达于完善。此外，奖金所费极轻，而奖励金所费极大。单就谷物奖励金说，社会每年所费的有时达三十万镑以上。

奖励金有时被称为补贴金，正如退税有时被称为奖励金一样。但我们应时常注意事物的本质，不必重视名称。

顺便谈谈谷物贸易及谷物条例

世人对于规定谷物输出奖励金的法律及与此有关的一系列规则，都加以赞赏。我在未曾指出这种赞赏全是不当的以前，不能结束奖励金这一章。关于谷物贸易的性质及与谷物贸易有关的英国主要法律的专门研究，可充分证明我的论点是正确的。这题目太重要了，所以枝节话即使长些，也是正当的。

谷物商人的贸易，包含四个不同部门。这四个部门，虽有时全由一人经营，但按其性质，实是四种不同的独立的贸易：第一，内地商人的贸易；第二，国内消费品输入商人的贸易；第三，供国外消费的国内生产物输出商人的贸易；第四，运送商人的贸易，即输入谷物以待输出。

第一，内地商人的利益，无论乍看起来是怎样与人民大众的利益相反，但实际上，甚至在大荒年，却是完全一致的。他的利益在于，按照真实歉收情况，把谷物价格提高到应有的程度，但若提高得超过这个限度，那就对他不利。价格的提高，阻碍消费，使一切人，尤其使下等阶级人民或多或少地节省食粮。假若提得太高，那就会在很大程度上阻碍消费，以致一季节的供给超过一季节的消费，直到下次收获物已经上市，上次收获物还有剩余，那么他的谷物，不仅会由于自然原因而损失很大部分，而且其剩余部分，将不得不以比数月前低廉得多的价格出售。但若提得不够高，那就不能产生阻碍消费的作用，结果一季节的供给，很可能不够一季节的消费，而他不仅会损失他一部分应得的利润，而且将使人民在一季节完毕之前，面临饥馑的可怕威胁，而不是遭受缺乏的困难。为人民的利益计，他们每天、每星期、每月的消费，应尽可能与一季节的供给，保持相应的比例。为内地商人的利益计，也要这样。他尽判断能力所及，按这比例，供给人民谷物，他售卖谷物的价格就可能最高，所得利润亦可能最大。收获情况如何，每日、每星期和每月的售额如何，他是知道的。这种知识，使他能够多少正确地判定人民实际上所得的供给，和此比例相差多少。假定他只顾一己的利益，不顾民众的利益，那么为他自身打算，即在不足的年度，也一定要按照谨慎的船长有时待遇船员的办法待遇人民大众，即在他预见到粮食快要缺乏时，就叫他们减食。固然，有时船长顾虑太多，在实际没有必要的时候，亦叫他们减食，使他们感到困难。但这种困难，和他们有时因船长行为不谨慎而遭受的危难和灭亡比较起来，算不得一回事。同样，内地谷物商人由于贪婪过度，有时把谷物价格提高到超过荒歉季节所应有的程度，但人民由此种可有效地使他们避免季节末饥馑的行为所感受的困难，和他们因商人在季节初廉售而产生的季节末饥馑威胁比较起来，也算不得一回事。而谷物商人自身将因这种过度的贪婪而深受其害；这不仅因为这会使一般人憎厌他，而且他即使能够避免这种憎厌的影响，亦不能避免下述那一种困难，就是在季节末，在他手上必定会留有一定量谷物，如果下一季节是丰收的，这残留额的售价，必比他前此可能售卖的价格低得多。

如果一个大国的全部收获物，都由一大群商人占有，那么他们为利益计，也许会像荷兰人处置马鲁古群岛的香料那样，为了要提高一部分存货的价格，便把存货的大部分毁坏或扔掉。但对谷物要确立这样广泛的独占，即使凭借法律的暴力，亦是不易办到的；而且，在法律准许贸易自由的地方，最不易为能买光大部分商品的少数大资本势力所垄断、所独占的商品，要算谷物。一国收获的全部谷物的价值太大了，少数私人的资本是不能扫数购买的；即使有扫数购买的能力，其生产方法，又将使此种购买，全然不能实现。在任何文明国家，谷物都是年消费额最大的商品。所以，一国劳动，每年用以生产谷物的部分，必大于每年用以生产任何其他物品的部分。在它第一次从土地上收获出来之后，它亦必在更多的所有者中间分配。这种所有者，绝不能像许多独立制造者一样，集居在一个地方，却必然会散居在国内各处。此种最初所有者，或直接供给邻近地域的消费者，或直接供给其他内地商人而间接供给此等消费者。内地谷物商人，包括农业家和烙面师，其人数，必多于经营任何其他商品的商人，而且由于散居各处，使他们绝不可能结成任何团体。因此，在歉岁，如果其中有一个商人，发觉他的谷物中有许多不能按时价在季节末售脱，他绝不会想保持这个价格，使竞争者得利而自己受损失，而会立即减低此价格，希望在新收获出来之前，把他的谷物售去。支配一个商人行为的动机及利害关系，又将支配其他一切商人，迫使他们都根据他们所能作的判断，按照对季节丰歉最为适宜的价格，售出他们的谷物。

关于现世纪及前此二世纪欧洲各地粮食不足与饥馑的情况，有些记载很可靠。谁要是细心研究此中经过，我相信，一定能够发现，粮食不足的情况，并非起因于内地谷物商人的联合，而是起因于真正的不足。这种不足有时在个别场合起因于战争的浪费，而在最大多数场合，却起因于年成的不好。也会发现，饥馑发生的原因，只是政府粗暴地以不适当手段来克服粮食不足所造成的困难。

在各部分都有自由通商和自由交通的广大产麦国内，最不好的年成也不会产生那么大的粮食不足，以致引起饥馑。若能节省使用，那么即使最歉收的年度，也可在比一般丰收年度略为紧缩的情况下，养活一样多的人数一年。最不好的年成，莫过干旱和淫雨。但由于麦可栽于高地，亦可栽于低地，即既可栽于潮湿土地，亦可栽于干燥土地，所以，有害于低地的淫雨，可有利于高地，有害于高地的干旱，又可有利于低地。虽然，在干旱与多雨的季节，收获都比气候顺适的季节少得多，但无论是干旱或是多雨，国内某一部分的所失，都可在一定程度上，由另一部分的所得得到补偿。在产米国内，作物不仅需要极润湿的土壤，而且在稻的生长期内，有一段时间，还须浸在水里，所以，干旱的影响，可怕得多。然而，即使在这样的国家里，干旱亦不见得会那么普遍，以致必然引起饥馑，只要政府允许自由贸易，饥馑就可避免。数年前，孟加拉的干旱，也许只会引起极大的粮食不足，而后来所以会转为饥馑，也许是因为东印度公司人员，曾以不适当的条例，不审慎的限制，加在米的贸易上面。

如果政府为要救济粮食不足所造成的困苦，命令一切商人，以他们认为合理的价格售卖他们的谷物，其结果或是使他们不把谷物提供市场，以致在季节之初，即产生饥馑，或是(在他们以谷物提供市场的假设下)使人民能够迅速消费，因而鼓励人民迅速消费，以致在季节之末，必然产生饥馑。无限制无拘束的谷物贸易自由，既是防止饥馑痛苦的唯一有效方法，所以亦是减轻粮食不足痛苦的最好方法。因为真正粮食不足的痛苦，是不能除去而只能减轻的。没有一种商业，比谷物贸易，更值得法律的充分保护，也没有一种商业，比谷物贸易，更需要这种保护，因为没有一种商业，比谷物贸易，更容易引起人们的反感。

歉岁，下级人民往往把他们的困苦归因于谷物商人的贪婪。于是，谷物商人成为他们憎恶和愤怒的目标。在这场合，谷物商人不但赚不到钱，而且常有完全破产的危险，而其仓库也有给民众暴力掠夺破坏的危险。但谷物商人图取大利润的时候，亦就是谷物价格昂贵的歉岁。他通常与一些农业家订约，在一定年限内，按一定价格，供他一定量谷物。这个契约价格，是按照被认为适中合理的价格即按照普通或平均价格订定的。那在上次歉收年份以前，普通约为小麦每夸特二十八先令；其他各种谷物每夸特的契约价格，亦以此为准。所以，谷物商人得在歉岁以普通价格购买并以高得多的价格售卖他谷物的大部分。这是一种异常的利润，但这种异常的利润，只够使他的行业与其他行业立在平等地位，只够补偿他在其他场合，由此商品的易腐性或其价格意外变动的频繁性而产生的许多损失。这种事实，只要看看谷物生意没像其他生意有那么多发大财的机会，就会明白。他只能在歉岁获取大利润，但因此却引起人们的反感。因此，稍有品格及财产的人，多不愿加入此种行业。这种行业，于是听任那一群下流商人经营；在国内市场上，介在生产者及消费者中间的人，便几乎只有磨坊主，面包房主，制粉商，面粉经售人，以及若干困苦的小贩了。

欧洲往时的政策，对于这样有利于社会的行业不但不去消除人们对它的憎恶，似乎反视此种憎恶为正当而加以鼓励。

爱德华六世第五年及第六年第十四号法令规定，凡购买谷物而想再拿出来售卖的人，应视为犯法的垄断者，初犯，处以二个月监禁，科以等于谷物价值的罚款；再犯，处以六个月监禁，科以等于谷物价值二倍的罚款；三犯，处以头手枷刑，和期限长短由国王决定的监禁，并没收其全部动产。欧洲其他大部分地方往昔的政策，和英国昔时的政策简直一样。

我们的祖宗，似乎认为，人们向农民购买谷物，比向谷物商人购买便宜，因为他们害怕谷物商人除了他付给农民的代价外，还会要求异常的利润。所以，他们企图完全消灭他的行业。他们甚至企图尽可能防止生产者与消费者间有任何中间人。他们对于所谓谷物商或谷物运送者经营的行业所加的许多限制，其意义即在于此。那时，没有特许状，证明他诚实公正，即不许经营此种行业。依据爱德华六世的法令，则非经三个治安推事认可，就无法取得此种特许状。但是，这样的限制，以后仍认为不够，所以依据伊丽莎白的一个法令，有权颁发此种特许状的，就只有一年开四次的法庭了。

欧洲古时的政策，企图照这样来管理农村最大的职业即农业，而管理的原则，则与管理都市最大职业即制造业的原则完全不同。这种政策，使农民除了消费者或他们谷物的直接经售者即谷商及谷物运送者外，不能再有任何其他顾客，因而强迫他们不但要经营农民的职务，而且要经营谷物批发商人及零售商人的职务。反之，在制造业方面，欧洲古时的政策，却在许多场合，禁止制造者兼营开店的生意，不许他们零售他们自己的商品。前一种法律的用意，是要促进国家的一般利益，或者说，使谷物趋于低廉，但人们也许不很了解这应如何进行。后一种法律的用意，却要促进特种人即店老板的利益，当时人们认为，这种人将为制造业者所连累而贱卖，如果允许制造业者零售，这种人的生意，就会破灭。

虽然当时允许制造业者开设店铺零售货物，但是制造业者绝不会把货物卖得比一般店铺老板还便宜。不管投在店铺内的这一部分资本是大是小，它必定是从制造业中抽取出来。为使他站在与他人同等的地位上经营他的业务，他这一部分资本必须取得店老板的利润，正如他那一部分资本必须取得制造业者的利润一样。例如，假设在他所居住的那一城市里，制造业资本及小卖业资本的普通利润都是百分之十，那么在制造者自行开店零售的场合，他在店铺中每售去一件货物，即须取得利润百分之二十。当他自工厂搬运货物至店铺时，他对货物所估的价格，必然是他向零售店老板所能索取的批发价格。如果估得比这低，他的制造业资本的利润；便失去了一部分。当货物在他自己店铺内售去时，如果出售价格，低于其他店铺老板所售价格，那他的小卖业资本的利润，亦失去了一部分。在这场合，他对于同一件货物，虽似乎取得了加倍的利润，但因这种货物曾先后充作两个不同资本的一部分，所以，对于他投下的资本，他所取得的，其实只是单一利润。如果他所得利润比这少，他就是损失者，换言之，他所投下的全部资本，未得到与大部分邻人相同的利益。

不许制造业者经营的事，却在一定程度上允许农业家来经营，就是说，以他的资本分投于两种不同用途，即以一部分投在谷仓及干草场上，以供应市场上不时的需要，而以其余部分用来耕作土地。但他投于后一部分所得利润，既不能少于农业资本的普通利润，所以，他投于前一部分所得利润，亦不能少于商业资本的普通利润。实际用来经营谷物生意的资本，无论是属于被称为农业家的人，还是属于被称为谷物商人的人，都要有相同的利润，来补偿这样投资的资本所有者，并使他的职业能与其他职业立于同等地位，使他不致见异思迁。因此，被迫而兼营谷物商业的农业家，绝不能把他的谷物卖得比任何其他谷物商人在自由竞争的场合不得不卖的价格，还要便宜。

以全部资本投在单一行业对商人有利，正如以全部劳动用在单一操作对劳动者有利一样。劳动者从此学得一种技巧，使他能以同样的两只手，完成比别人多得多的作业；同样，商人亦从此学得一种简便的买卖货物方法，使他能以同量的资本，经营比别人多得多的业务。一般地说，劳动者能因此以低廉得多的价格，提供他们的产品；而商人亦能因此以同样低廉的价格，提供他们的货物，比资财和心思用在多种多样的货物上时低廉得多。大部分制造业者，都不能像处处留神的活跃的小买卖商人——他们的唯一业务是整批地购买货物、再零星地售卖货物——以那么低廉的价格，零售他们自己的货物。大部分农业家，更不能像处处留神的活跃的谷物商人——他们的唯一业务是整批地购买货物贮存大谷仓内、再零星地售卖出去——以那么低廉的价格，把他们自己的谷物，零售给离他们四五哩的都市居民。

禁止制造者兼营小店铺的法律，企图强使资本用途的这种划分发展得比原来更快些。强迫农业家兼营谷物商业务的法律，却妨碍这种划分的进行。这两种法律，显然都侵犯了天然的自由，所以都是不正当的；因为不正当，所以都是失策的。为了任何社会的利益，这一类事情，都是不应强制，也不应妨碍的。以劳动或资本兼营无经营必要的行业的人，绝不会以比他的邻人更贱的价格售卖货物，从而伤害其邻人。他也许会伤害他自己，事实上大都会伤害他自己。谚语说，兼营一切事业的不富。法律应该让人民自己照应各自的利益。人民是当事人，定然比立法者更能了解自己的利益。但在这二种法律中，最有害的，却是强迫农民兼营谷物商业的法律。

这项法律，不仅妨碍了大大有利于社会的资本用途的划分，而且同样妨碍了土地的改良与耕作。强使农业家不专营一业而兼营二业，即是强迫他把资本分作二部分，仅把一部分投在耕作事业上，但若他的全部农作物，一经收获，他即可自由卖给谷物商人，他全部资本就会立即回到土地，用来购买更多的耕牛，雇用更多的佣工，就能更好地改良土地和耕作土地。如果强迫他零售他自己的谷物，他就不得不把资本一大部分，常保留在他的谷仓及干草场中，再不能像无此种法律时候那样，以全部资本用于耕作土地。所以，此种法律，必然妨碍土地的改良，不但不能使谷价低廉，而且能减少谷物生产，因而提高谷物价格。

除了农业家的业务，最有助于谷物栽种事业的，就是有适当保护及奖励的谷物商人的业务，像批发商人的业务有助于制造业者的业务一样，谷物商人的业务有助于农业家的业务。

批发商人，给制造者提供现成的市场，其货物一经制成，即被他们买去，有时，在货物未经制成以前，即预先给付货物的价格，所以，使制造业者能够把他的全部资本，甚或比这全部更大的资本不断地投在制造业上，使他所制成的货物，比把货物卖给直接消费者及零售商人的场合多得多。此外，批发商人的资本，一般是够补偿许多制造业者的资本，所以他和他们间的这种来往，使得一个大资本所有者，为着利害关系，愿意支持许多小资本所有者，并在他们遭受有破产危险的损失与不幸时，给他们以援助。

农业家和谷物商人间同一种类的来往，若能普遍地建立起来，则所带来的结果，亦必同样有利于农业家。农业家因此能以其全部资本，甚或比全部更大的资本，不断地投在耕作事业上。他们这种职业，比任何其他职业都容易遭受各种意外，但有了这种来往，那就无论在哪一种意外中，他们都可发现，他们的寻常顾客，即富裕的谷物商人，愿意支持他们，而且能够支持他们。这样，他们就不必像现在那样，一味依赖地主的宽容及地主管家的慈悲。如能（那恐怕是不可能的）立即把此种来往普遍地建立起来；如能立即把全部农业资本，从其他一切不相宜的用途，移归相宜的用途，即土地耕作事业，如在必要时，为支持扶助这个大资本的作用，能立即供给另一个几乎同样大的资本，那么，仅仅这种事态的变更，对国内全部土地，将产生如何巨大、如何广泛和如何急剧的改良，那就很难想象了。

所以，爱德华六世的法令，尽量禁止生产者与消费者间有中间人存在，就是企图消灭一种有利的贸易。这种贸易，要是自由进行，不仅是减轻粮食不足痛苦的最好方法，而且是预防这灾祸的最好方法。除了农业家的业务，最有利于谷物生产的，便是谷物商人的业务了。

这法律的严峻，赖后来几个法规而和缓了不少。这些法规，先后允许在小麦价格不超过一夸特二十先令、二十四先令、三十二先令或四十先令时，可囤购谷物。最后，查理二世第十五年第七号法令规定，在小麦价格不超过四十八先令一夸特时（其他谷物价格以此为准），凡不是垄断者，即不是购买谷物后在三个月内在同一市场售卖的人，囤积谷物或购买谷物以待售卖，都被认为合法。内地谷物商人所曾享受过的贸易自由，总算依据这项法令而完全取得了。

乔治三世第十二年的法令，几乎废止了其他一切取缔囤积及垄断的古代法令，但查理二世第十五年法令所设的限制，未曾撤废，因此继续有效。

查理二世第十五年的法令，在一定程度上认可了两个极不合理的世俗偏见。

一、这个法令认为，小麦价格涨至一夸特四十八先令，而其他各种谷物亦相应涨价，则囤积谷物，很可能有害于人民。但据我们上面所说，似乎很明显，价格无论怎样，内地谷物商人的囤积，不致有害于人民，而且，四十八先令虽可视为很高的价格，但在歉岁，这是在刚刚收获以后常有的价格，那时，新收获物还不能卖出任何部分，所以就是无智识的人，亦不会认为，新收获物的任何部分，会被囤积以妨害人民。

二、这个法令认为，在一定价格下，谷物最易为人所垄断，即最易为人所囤积，不久又在同一市场内出售，以致妨害民众。但是，如果商人前往某一市场或在某一市场，尽量收购谷物，以备不久在同一市场内再出售，那一定因为依他判断，这市场不能全季都有像那时候那么丰足的供给，不久即将涨价。如果他的判断错了，价格并不上涨，那他就不仅会失去如此投下的资本的全部利润，而且因为储藏谷物，需要费用，必然遭受损失，所以如此投下的资本，亦将损失一部分。这样，他自己所受的损害，必比个别民众所可能受的损害大得多。固然，由于他的囤积，在某一市期，个别民众可能得不到供给，但在后此的任何市期，他们却能以和其他市期同样低廉的价格得到供给。反之，如果他的判断是对的，那他就不但无害于人民大众，而且将对他们有很大的帮助，使他们早些感到粮食不足的痛苦，这样就使他们不至于后来猛烈地感到粮食不足的痛苦。要是目前价格低廉，他们不顾季节的实际不足情况，大大消费，那后来一定会猛烈地感到粮食不足的痛苦。如果不足是真实的，那为人民计，最好把这种痛苦，尽可能平均分配到一年的各月、各星期、各日去。谷物商人的利害关系，使他要研究尽可能准确地来做这一件事。任何其他人，都没有这种利害关系，亦没有这种知识，更没有这种能力，来准确处理这一件事。所以，这一件最重要商业上的活动，应当全然委托于他。换言之，至少，在国内市场的供给上，谷物贸易应当听其完全自由。

世人对囤积与垄断的恐惧，好比他们对妖术的恐惧与疑惑。以妖术而被问罪的可怜人，是无罪的，以囤积垄断而被问罪的人，同样也是无罪的。法律取缔告发妖术，使人们不能为着自己的恶意，而以此种想象上的罪名，控告他们的邻人，似乎消除了奖励并支持这种恐惧与疑惑的大原因，从而有效地消灭了这种恐惧与疑惑。同样，恢复内地谷物贸易完全自由的法律，也许可能有效地消灭世人对囤积与垄断的恐惧。

查理二世第十五年第七号法令，虽有各种缺点，但与法典中任何法律比较，对于充足国内市场供给和增进耕作，也许都有更大的作用。内地谷物贸易所曾享受过的自由与保护，全依这项法令取得了。在国内市场的供给及耕作的增进那两方面，用内地贸易来促进，比用输入贸易输出贸易来促进，有效得多。

根据那位论述谷物贸易作者的计算，大不列颠每年平均输入的各种谷物量与每年平均消费的各种谷物量所持比例，不过一比五百七十。所以，在国内市场供给那一方面，内地贸易的重要性，必五百七十倍于输入贸易。

根据同一作者计算，大不列颠每年平均输出的各种谷物量，不过占年产额的三十分之一。所以，在给本国产物提供市场以奖励耕作那一方面，内地贸易的重要，亦必三十倍于输出贸易。

我不大相信政治算术，也不想证明以上二种计算的正确。我所以在这里引述，不过为了要说明，在一个最有思虑最有经验的人看来，谷物的国外贸易，与谷物的国内贸易比较，是怎样不重要啊。奖励金设立前那几年谷价的大低廉，也许有理由，可在一定程度上，归因于查理二世那项法令的作用。因为，这项法令是在大约二十五年前颁布的，有充足的时间产生这种结果。

关于其他三种谷物贸易部门，只要几句话，就足以说明我所必须说的了。

第二，输入外国谷物供国内消费的贸易，显然有助于国内市场的直接供给，因而必直接有利于人民大众。诚然，它会稍稍减低谷物的平均货币价格，但不会减低谷物的真实价值，换言之，不会减少谷物所能维持的劳动量。如果输入随时都是自由的，我国农业家和乡绅每年出售谷物所得的货币，也许比在大部分时间里输入实际上被禁止的现在要少。但他们所得的货币，将有更高的价值，将可购买更多的其他物品，雇用更多的劳动。他们的真实财富与真实收入，虽表现为较少的银量，但不会比现在少；他们所能耕种所愿耕种的谷物，亦不会比现在少。反之，由于谷物的货币价格跌落而产生的银的真实价值的腾贵，稍稍减低一切其他商品的货币价格，使国内产业在一切外国市场上取得若干利益，因而能鼓励并增进其国内产业。但国内谷物市场的范围，必与种谷国的一般产业，或者说，必与生产从而占有用以与谷物交换的他物的人数，或者说，必与用以与谷物交换的他物的价格保持一定的比例。但在一切国家，国内市场都是谷物的最近和最方便市场，所以亦是最大和最重要的市场。由于谷物平均货币价格跌落而产生的银的真实价值的腾贵，有助于扩大最大和最重要的谷物市场，所以不但不会阻害谷物生产，而且会促进谷物生产。

查理二世第二十二年第十三号法令规定，在国内市场上，小麦价格不超过一夸特五十三先令四便士时，小麦输入，每夸特须纳税十六先令；在国内市场上，小麦价格不超过一夸特四镑时，小麦输入，每夸特须纳税八先令。前一价格，只在一世纪以前非常不足的时候发生过；后一价格，则据我所知，从未发生过。可是，根据这法令，小麦却要在未涨至后一价格以前，纳这样的重税；小麦在未涨至前一价格以前所纳的税，等于禁止其输入。至于限制其他各种谷物输入的税率与关税，和其价值相比，亦几乎是同样的重①。而且，后此的法令，又把这种税加重了。

歉岁，人民由于此种法律的严格施行而遭受的痛苦，也许是很大的。但在歉岁，此种法律，往往由于暂时的条例而停止施行，这些条例允许外国谷物在一定的限期内输入。需要实施这种暂行条

① 在乔治三世第十三年以前，各种谷物输入所纳的税如下：

谷类（每夸特价格）	税
蚕豆 28 先令以下	19先令10便士
40 先令以下	16先令8便士
40 先令以上	12便士
大麦 28 先令以下	19 先令 10 便士
32 先令以下	16 先令
32 先令以上	12 便士
根据每年抽税一次的麦芽税法案，麦芽是禁止输入的。	
燕麦 16 先令以下	5先令10便士
16 先令以上	9 $\frac{1}{2}$ 便士
豌豆 40 先令以下	16 先令
40 先令以上	9 $\frac{3}{4}$ 便士
黑麦 36 先令以下	19先令10便士
40 先令以下	16先令8便士
40 先令以上	12便士
小麦 44 先令以下	21先令9便士
53 先令 4 便士以下	17 先令
4 镑以下	8 先令
4 镑以上	约 1 先令 4 便士
荞麦 32 先令以下	16 先令

这些不同的税，一部分是查理二世用以代替旧补助税的税，一部分是新补助税、三分之一和三分之二补助税以及 1747 年补助税。

例，就充分说明了那一般法律的不适当。

对于输入的这种限制，虽先于奖励金的设立，但制定时所本的精神与原则，则与后来制定奖励金条例的精神与原则完全一样。但在有奖励金制度以后，这种或那种输入限制政策，就无论本身是怎样有害，亦是必要的。倘若在一夸特小麦价格不及四十八先令或不大超过此数时，外国谷物得自由输入，或其输入仅须纳小额的税，那也许就有人为着奖励金的利益，再把谷物输出，不但大有损于国家收入，而且以推广本国产物市场而不是以推广外国产物市场为目的的制度，也就完全搞乱了。

第三，输出谷物供外国消费的贸易，当然对国内市场的充足供给，没有直接的贡献，但有间接的贡献。无论此供给通常出自何种来源，或是出自本国生产，或是从外国输入，除非国内通常所生产的谷物或通常所输入的谷物，多于通常所消费的谷物，否则国内市场的供给绝不会丰饶。但是，在一般的场合，如果剩余额不能输出，那么生产者将仅按国内市场消费需要而生产，无意多生产，输入者亦将仅按国内市场消费需要而输入，无意多输入。似此，供给此种商品的商人们，无日不提心吊胆，恐怕货物不能售脱，所以市场存货很少过剩，常是存货不足。输出的禁止，限制了国内的改良与耕作，使谷物的供给，不超出本国居民的需要。输出的自由，却使国内耕作事业推广，以供给外国。

查理二世十二年第四号法令规定，在一夸特小麦价格不超过四十先令，而其他各种谷物的价格也与此价格成比例时，谷物输出不受禁止。查理二世第十五年，又扩大此种自由，即在小麦价格不超过每夸特四十八先令时，允其自由输出；第二十二年，无论价格是怎样高，都允其自由输出。诚然，在如此输出时，必须向国王缴纳港税，但因为一切谷物，在关税表中，评价很低，所以港税，对小麦仅为一夸特一先令，对燕麦仅为一夸特四便士，对其他各种谷物仅为六便士。设置奖励金的威廉和玛利第一年那个法令公布以后，在一夸特小麦不超过四十八先令时，事实上已不再征收这小额的税。威廉三世第十二年第二十号法令，公然撤销这小额的税，无论价格是怎样高。

这样，输出商人的贸易，就不仅受奖励金的奖励，而且比内地商人的贸易自由得多。依照上述各法令中的最后一个，无论价格怎样，谷物都可囤积以待输出；但除非一夸特价格不超过四十八先令，谷物是不许囤积以待国内售卖的。上面说过，内地商人的利害关系，绝不能和人民大众的利害关系相反。输出商人的利害关系，却可能和人民大众的利害关系相反，事实上有时确是这样。在本国正愁粮食不足时，邻国亦患饥馑，那输出商人的利害关系，或将使他把大量谷物输往邻国，大大加重本国粮食不足的灾难。此等法令的直接目的，不是充足国内市场的供给，而是在奖励农业的口实下，尽量提高谷物的货币价格，使国内市场上的不足现象延续下去。阻害输入的结果，甚至在大大不足时，国内市场亦只能仰给于本国的生产。在价格已高至一夸特四十八先令时还奖励输出的结果，甚至在大大不足期间，国内市场亦不能享受本国生产物的全部。在有限期间内禁止谷物输出，并在有限期间内免除谷物输入税的暂行法律，英国不得不常常采用，这事实上充分说明它的一般法律的不适当。如果一般法律是适当的，那么为什么要常常停止施行呢？

设若一切国家都采用输出输入自由制度，那么大陆内所分成的各个国家，就会像大国内所分成的各个省一样。按道理，据经验，大国内各省间的国内贸易自由，不仅是缓和粮食不足的最好方法，而且是防止饥馑的最好方法；大陆内各国间的输出输入贸易自由，也是缓和粮食不足和防止饥馑的最好方法。大陆越广大，大陆各部分间水运陆运交通越便利，其中任何部分遭受此二种灾难的可能性便越小。一国的不足，很容易由另一国的丰足得到救济。但不幸的是，完全采取此种自由制度的国家，还极少啊。谷物贸易的自由，几乎在一切地方，都多少受限制；有许多国家，限制谷物贸易的不合理法律，往往加重粮食不足那不可避免的不幸，使成为可怕的饥馑灾难。这种国家，对谷物的需要，常是那么巨大、那么急切，所以邻近小国，若同时觉得自己粮食有些不足，要来供给它们，怕就会使自己陷于同样可怕的灾难。因此，一个国家采用了这种最坏的政策，往往会使另一个国家认为，采用原来最好的政策，在一定程度上，是危险的、不慎重的行为。但是，无限制的输出自由，对大国说，其危险性就小得多，因为大国的生产大得多，无论输出谷物量如何，其供给都不会大受影响。在瑞士一州或意大利一小国内，也许有时还需要限制谷物输出。但在英国和法国那样的大国，却不见得有这样的必要。而且，不让农业家随时把货物运到最好的市场，显然是为了功利的观念，或国家的某种理由，把正义的一般法则丢开了。立法者这种行为，除了在迫不得已的场合，是不应该有的，是万难原谅的。如果真要禁止，那就只有在谷物价格非常高的时候，才应该禁止其输出。

关于谷物的法律，无论在什么地方，都可以和关于宗教的法律相比拟。对于现世生活的维持，以及对于来世生活的幸福，人民是那么关心，政府因此必须听从人民的意见，而且为了确保公共的安宁，必须建立他们所赞成的制度。也许由于这样，关于这两种大事，我们很少看到合理的制度被建立起来。

第四，输入外国谷物以备再输出的运送商人的贸易，亦有助于国内市场上供给的丰足。此种贸易的直接目的，虽不是在国内售卖谷物，但运送商人却往往愿意这样做。而且，即使这样出售所得的货币，比外国市场上所可望获得的少得多，他亦愿意这样做。因为，这样可省免上货及下货、运送及保险等费用。以运送贸易为媒介而成为他国仓库堆栈的国家，其居民不常感到缺乏。运送贸易虽可减低国内市场上谷物的平均货币价格，但不会因此减少它的真实价值。那只会稍稍提高银的真实价值。

在大不列颠，由于外国谷物输入须纳重税，而其中大部分又不能退还，所以即在一般的场合，运送贸易事实上是受到禁止的；而在异常的场合，当粮食不足使我们通过暂行法律停止征课这些税时，输出总被禁止。因此，实施这一类法律的结果，谷物运送贸易，实际上在一切场合都受到禁止。

所以，建立奖励金制度的这一类法律，虽一向被人称赞，实则毫不值得称赞。英国的改良与繁荣，常被说成是此等法律的结果，其实可以很容易地用其他原因来说明。英国法律保证了一切人都享有其自己劳动的果实。只要有这种保证，就能使英国繁荣，尽管有了上述以及二十条其他不合理的商业条例。而且，由革命而完成的这种保证，和奖励金的设置，几乎是同时的。在可自由而安全地向前努力时，各个人改善自己境遇的自然努力，是一个那么强大的力量，以致没有任何帮助，亦能单独地使社会富裕繁荣，而且还能克服无数的顽强障碍，即妨害其作用的人为的愚蠢法律，不过这些法律或多或少地侵害了这种努力的自由，或减少了这种努力的安全。在大不列颠，产业是很安全的；虽不能说完全自由，但与欧洲各国比较，总是一样自由或者更为自由。

大不列颠最繁荣最进步的时期，是在那些和奖励金有关的法律实施以后出现的，但我们绝不能因此便说，大不列颠繁荣与进步的原因是那些法律。那也是在举借国债以后出现的，但举借国债无疑不是大不列颠繁荣与进步的原因。

与奖励金有关的这一类法律，和西班牙与葡萄牙的政策，都倾向于在实施这一类法律的国家内稍稍减低贵金属的价值。但是，西班牙与葡萄牙也许是最贫乏，而英国却无疑是欧洲最富的国家。它们境遇上的这种差异，很容易由下述二个原因说明。(一)输出金银，在西班牙须纳税，在葡萄牙受禁止，而这种法律的施行，又受严厉的监视，所以，这些因素，在这两个每年有六百万镑以上金银输入的国家，所产生的降低金银价值的作用，一定比大不列颠实施谷物条例所产生的降低金银价值的作用，更直接、更有力。(二)这两国并无一般的人民自由与安全，来抵消这种不良政策的影响。在那里，产业既不自由亦不安全，民政制度又是那么坏，即使其通商条例是贤明的，像大部分其他条例是愚谬的一样，也够使它们现在的贫穷状态，成为恒久的现象。

关于谷物条例，乔治三世第十三年第四十三号法令似乎建立了一种新的体系，那在许多方面，都比旧的好，但在一两点上，却也许没有旧的那么好。

这个法令规定，中等小麦价格涨至一夸特四十八先令，中等黑麦、豌豆或蚕豆的价格涨至三十二先令，大麦的价格涨至二十四先令，燕麦的价格涨至十六先令时，凡供国内消费的输入，都可免纳高的关税，而代以小额的税。对小麦，一夸特课税六便士，其他各种谷物以此为准。这样，就各种谷物尤其是小麦来说，外国供应品能以比从前低得多的价格供给国内市场。

同一法令又规定，小麦价格涨至一夸特四十先令（先前是四十八先令）时，则小麦输出的全部奖励金（五先令）即行停止发给；大麦价格涨至一夸特二十二先令（先前是二十四先令）时，则大麦输出的全部奖励金（二先令六便士）即行停止发给；燕麦粉价格涨至一夸特十四先令（先前是十五先令）时，则燕麦粉输出的全部奖励金（二先令六便士），即行停止发给。黑麦的奖励金，由三先令六便士减至三先令；其价格涨至二十八先令（先前是三十二先令）时，奖励金即停止发给。如果奖励金像我上面所说是那么不适当，那么越早停发，数目越减少，越好。

同一法令又规定，在谷物价格最低的场合，要是把输入的谷物堆在堆栈，同时用两把锁（一把是国王的，一把是输入商人的）锁住，那就准许为再输出而免税输入谷物。但这种自由，只可在大不列颠二十五个海港内行使。那些全是主要的海港，而其余大部分海港，也许没有专为此用的堆栈。

就以上各点说，这项法令，就显然比旧的法令好。

但这法令又规定，燕麦价格不超过一夸特十四先令时，每输出一夸特，即可得奖励金二先令。对于这种谷物的输出，正像对于豌豆或蚕豆的输出一样，以前不曾发给奖励金。

这法令又规定：小麦价格涨至一夸特四十四先令时，即禁止小麦输出；黑麦价格涨至一夸特二十八先令时，即禁止黑麦输出；大麦价格涨至二十二先令时，即禁止大麦输出；燕麦价格涨至十四先令时，即禁止燕麦输出。这些价格，都似乎太低了；而且，就以强迫输出为目的而发给的奖励金说，在其停止发给的那个价格上，全然禁止输出，亦似乎不妥当。停止发给奖励金的价格，应当要低得多才对，不然就应该在高得多的价格上允许谷物输出。

就以上各点说，这项法令又不如旧的法令。但尽管有这一切缺点，我们可用前人批评索伦法律的话，来批评这种法律，就是说，它本身虽不是至善的，但当时的利害关系、偏见和倾向不容许有更好的法律。这也许会给未来的更好法制铺平道路。

附　录

为要解释并证明本章关于曹白鱼渔业奖励金所说的话，我把以下二个报表附在这里。读者可信赖它们的正确。

第一个报表记载了，苏格兰十一年间的大渔船数，运出的空桶数，所捕得的曹白鱼桶数，每桶海条及每桶满装时平均所得的奖励金。

年 次	大渔船数	运出的空桶数	所捕得的曹白鱼桶数	对各大渔船所付出的奖励金		
				镑	先令	便士
1771	29	5 948	2 832	2 085	0	0
1772	168	41 316	22 237	11 055	7	6
1773	190	42 333	42 055	12 510	8	6
1774	248	59 303	56 365	16 952	2	6
1775	275	69 144	52 879	19 315	15	0
1776	294	76 329	51 863	21 290	7	6
1777	240	62 679	43 313	17 592	2	6
1778	220	56 390	40 958	16 316	2	6
1779	206	55 194	29 367	15 287	0	0
1780	181	48 315	19 885	13 445	12	6
1781	135	33 992	16 593	9 613	12	6
总计	2 186	550 943	378 347	155 460	11	0

第二个报表，记载自 1771 年 4 月 5 日至 1782 年 4 月 5 日输入苏格兰的外国盐量和制盐厂无税交给渔业的苏格兰盐量，以及这两者每年平均数。

期　　间	输入的外国盐	制盐厂交给渔业的苏格兰盐，
自 1771 年 4 月 5 日至 1782 年 4 月 5 日	936 974 蒲式耳	168 226 蒲式耳
每年平均	85 179 $\frac{5}{11}$蒲式耳	15 293 $\frac{3}{11}$蒲式耳

应该指出，外国盐每蒲式耳重八十四磅，英国盐每蒲式耳重五十六磅。

第六章　论通商条约

要是某一国家，受条约束缚，只许某一外国某种商品输入，而禁止其他外国这种商品输入，或对其他外国某种商品课税，而对某一外国这种商品免税，那商业上受惠的国家，至少，它的商人和制造业者，必然会从这种条约取得很大利益。这些商人和制造业者，在这样宽宏对待他们的国家内，享受了一种独占权。这个国家，就成为他们商品的一个更广阔又更有利的市场。更广阔，因为其他各国的货物，不受排斥，就要课更重的税，因此这个国家的市场容纳了比没有条约时更多的他们的货物；更有利，因为受惠国商人，在那里享受了一种独占权，因此往往能以比自由竞争场合更好的价格，售去他们的货物。

这样的条约，虽可有利于受惠国的商人及制造业者，但必不利于施惠国的商人及制造业者。这样就把一种有害于他们自己的独占权给予某一外国，就须常以比自由竞争场合更昂贵的价格，购买他们所需的外国商品。这个国家用以购买外国商品的那一部分本国产物，必须以更低廉的价格出售，因为在两个物品互相交换时，一个物品的低廉乃是另一个物品昂贵的必然结果，更正确地说，两者是一而二、二而一的。所以，它的年产物的交换价值，就会因此种条约而减少。但这种减少，不可以说是绝对的损失，却只是本来可得到的利益的减少。它出售货物的价格，虽低于无通商条约时所可售得的价格，但售价总不会不及成本，而且，绝不会像一些货物那样，不领受奖励金，就不足以补偿运送货物上市所投的资本并提供其普通利润。否则，这种贸易，就不能长久继续。所以，即就施惠国说，经营此种贸易亦是有利，但有利程度不像自由竞争场合那么大。

有些通商条约，根据与此很不相同的原理，却认为有利。有时，商业国给某一外国某种商品以有害本国的独占权，只因为希望在两国间的全部贸易上，本国每年所售，能多于每年所购，以致金银的差额每年都对自己有利。1703 年英葡通商条约，就根据这原理而博得非常的赞赏。以下便是这条约的直译文，仅有三条：

第一条——葡萄牙国王陛下，以他自己及其承继人名义，约定在未受法律禁止以前，以后永远准许英国呢绒及其他毛制品照常输入葡萄牙，但以下条所述为条件。

第二条——即英国国王陛下，以他自己及其承继人名义，必须以后永远准许葡萄牙产的葡萄酒输入英国，无论何时，亦无论英法二王国是和是战，并无论输入葡萄酒时所用的桶是一百零五加仑桶、五十二点五加仑桶或其他，都不得在关税这名义下，亦不得在任何其他名义下，对于此种葡萄酒，直接或间接要求比同量法国葡萄酒所纳更多的关税，并须减除三分之一。如果将来任何时候，上述关税的减除，竟在任何形式上被侵害，则葡萄牙国王陛下，再禁止英国呢绒及其他毛制品输入，亦就是正当而合法的。

第三条——两国全权大使相约负责取得各自国王批准条约，并约定在两个月内交换批准文件。

这条约规定，葡萄牙国王有义务，要按和英国毛织物禁止输入以前相同的条件，准许英国毛织物输入，即不得把禁止以前的税额提高。但他没有义务，要以比任何其他国家如法国或荷兰毛织物输入条件更好的条件，准许英国毛织物输入。而英国国王，却有义务，要以比法国葡萄酒即最能与葡萄牙竞争的葡萄酒输入条件更好的条件，准许葡萄牙的葡萄酒输入，就是说比法国葡萄酒少纳三分之一的关税。就这一点说，这条约显然对葡萄牙有利，而对英国不利了。

但这条约，却被称扬为英国商业政策上一种杰作。葡萄牙每年从巴西所得的黄金，比其以铸币及器皿形式用于国内贸易的数量还多。把剩余额锁在金柜中，放着不用，未免损失太大了，但在葡萄牙国内，又不能找到有利的市场，所以，尽管禁止输出，亦必运出以交换在国内有更有利市场的物品。其中，有大部分，每年输往英国，以交换英国货物，或间接从英国交换其他欧洲各国货物。巴勒特说，据说从里斯本到达的周期邮船，每周给英国带来的黄金，平均在五万镑以上。这也许言过其实。果其如此，则一年总计将在二百六十万镑以上，比人们认为巴西每年所能提供的数额还要大。

几年以前，我国商人曾失去葡王好感。有些非经条约规定而由葡王特赐的特权（也许是请求得来的，但结果葡萄牙人却取得了英王更大的恩惠、防卫与保护），或被侵犯，或被撤回了。于是，通常最称扬葡萄牙贸易的人亦认为，此种贸易的有利程度，并不像通常所想象的那么大。他们说，每年输入的黄金的大部分，甚至几乎全部，不是为着英国利益，而是为着欧洲其他各国利益；每年从葡萄牙输入英国的水果与葡萄酒，几乎抵消了输往葡萄牙的英国货物的价值。

即使我们假定，这全部是为着英国利益，而其总额又比巴勒特所想象的大，仍不能因此便说，这种贸易比输出品价值等于输入品价值的其他贸易更有利。

可以认为，在这全部输入额中，只有一极小部分是每年用来增加国内器皿或铸币的。其余必送往外国，以交换某些可消费物品，但若这种可消费物品，是直接由英国生产物购买，那就一定比先以英国生产物购买葡萄牙黄金，再以黄金购买这种可消费物品，更有利于英国了。直接的消费品国外贸易，总比迂回的消费品国外贸易有利。而且，要从外国运一定价值的外国货物到本国市场，前一种贸易所需资本，必比后一种贸易少得多。如果国内产业，仅以较小部分生产适合葡萄牙市场需要的货物，并以较大部分生产适合其他市场需要的货物，而英国从此得到它所需要的可消费物品，那就对英国更有利。这样，英国要获得它需用的黄金及可消费物品，所使用的资本就比现今少得多。于是，英国便有一笔节省下来的资本，可用于其他方面，即用来推动更多产业和生产更多年产物。

即使英国完全不与葡萄牙通商，英国在器皿上、铸币上或国外贸易上，每年所需的全部黄金，仍不难于获得。像一切其他商品一样，凡能对黄金支付价值的人，总可在一些地方，取得所需要的黄金。而且，葡萄牙每年剩余的黄金，仍须输出，虽不由英国买去，但必由某一其他国家买去，而这一国家又必像今日英国那样，愿以相当价格，把这部分黄金再卖出去。诚然，在购买葡萄牙黄金时，我们是直接购买，而在购买其他各国（除了西班牙）黄金时，我们是间接购买，出价可能略高，但这差额过于微小，不值得政府注意。

据说，我国的黄金，几乎全部来自葡萄牙。至于我国对其他各国的贸易差额，或是对我国不利，或是对我国无大利。但我们应当记着，我国从某一国输入了越多的黄金，则从其他各国输入的黄金自越少。对黄金的有效需求，正像对其他各种商品的有效需求一样，在任何一国，都有限量。如果我国从某一国输入这有限量的十分之九，则从其他各国输入的，就不过是这有限量的十分之一了。而且，每年从某些国家输入的黄金，越是超过我国在器皿上、铸币上所必要的分量，则向其他各国输出的黄金，亦必越是增多；近世政策最无意义的目标——贸易差额，对某些国家来说，越是有利于我国，则对其他许多国家来说，就必然越不利于我国。

认为英国无葡萄牙贸易即不能存在的这个可笑的想法，竟使法国和西班牙在上次战争快要完结的时候，并没有借口受到侮辱或挑衅而就要求葡王驱逐一切英船离开葡萄牙各港，并为防御英人起见，迎接法国或西班牙守备队入港。要是葡王接纳其姻兄西班牙王所提出的不名誉条件，英国就可免除比丧失葡萄牙贸易要大得多的困难，即可摆脱一个很大的负担，即支持一个在国防上是那么无设备的极弱的盟国，以致在另一次战争中，英国即使倾全力，恐怕也不能作有效的保卫。对葡萄牙贸易的丧失，无疑会给当时经营此种贸易的商人带来很大的困难，使他们在一两年内，不能找到任何其他同样有利的投资方法，这也许就是英国从这一个引人注目的商业政策所可能招受的困难。

金银每年大量的输入，其目的既不是为着制器皿，也不是为着铸币，而是为着进行国外贸易。迂回的消费品国外贸易，以这二种金属作媒介，比以任何其他货物作媒介更有利。金银是普遍的商业手段，所以，比任何其他商品，更容易为人接受而换得商品；因为它们体积小价值大，所以，由一地到另一地，来来往往，运输所费，又比几乎任何其他商品少，而且，由运输而减损的价值亦比较小。在一切商品中，没有一种像金银那样便于在某一外国购买而再在其他外国脱售以交换其他商品了。葡萄牙贸易的主要利益，在于使英国各种迂回的消费品国外贸易更为便易。这虽不能说是最大的利益，但无疑是一个相当大的利益。

一国在器皿上及铸币上，每年仅需输入极小量金银就够补充，这是十分明显，可以合理地推定的。我们虽不与葡萄牙直接通商，这小量的金银，也很容易从其他地方取得。

金匠这一行业，在英国虽很可观，但每年售出的大部分新器皿，是由旧器皿熔解制成的。所以，我国在器皿上每年所需的补充并不很大，有极小额的年输入就行了。

就铸币说，情况也是这样。我相信，没有谁会想象，在最近金币改铸以前，那十年间每年八十万镑以上的铸造，有大部分，是每年用来增加国内一向流通着的货币。在铸币费用由政府支付的国家，就连铸币内含金银，有充分的标准重量，其价值也绝不能比等量未铸金属的价值大许多。为什么呢，因为要以一定数量未铸金银交换等量金银铸币，只需不怕麻烦到造币厂去一下，最多等待几个星期就行了。不过，任何国家流通铸币，大部分都有多少磨损，或由于其他原因而低于其标准。在英国，则在最近改铸以前就更有这种情况，金币低于标准重量的程度，常在百分之二以上，银币低于标准重量的程度，常在百分之八以上。但若四十四几尼半（包含着十足的标准重量，即一磅金）所能购买的未铸的金，不比一磅多什么，那么没有一磅重的四十四几尼半，就不能购买一磅重的未铸的金，而须加上若干，以补不足。所以，金块的市场流通价格，就不和其造币厂价格一致，换言之，不是四十六镑十四先令六便士，而大约为四十七镑十四先令，有时又大约为四十八镑了。但在铸币大部分都是这样低于标准的时候，新从造币厂出来的四十四几尼半，不能在市场上购买比其他普通几尼更多的商品，因为当它们流入商人金柜中，与其他货币混在一起，就难以辨认，即能辨认，所费亦必多于所值。所以，像其他几尼一样，其所值亦不多于四十六镑十四先令六便士。但是，如果倾入熔锅，用不着有显著的损失，即可产出标准金一磅，那在任何时候，也可换得金币或银币四十七镑十四先令乃至四十八镑，而其效用，却又无论就哪一方面说，也与当初熔解的铸币相等。于是，熔化新铸币，就显然有利可图，而其熔化之速，又非政府所可预防。因此，造币厂的活动，便有些像潘内洛普的织物了，白昼所织的，晚间又折开了。造币厂的工作，与其说是逐日增加铸币，倒无宁说是补替逐日熔化的最好部分的铸币。

假设持金银到造币厂铸造的私人，是自己支付造币费用，那就会像加工所费可增加器皿价值一样，增加此等金属的价值。已铸的金属，将比未铸的金属更有价值。造币税，若非过高，则将以税的全价值，加入金银条块之内，因为，在任何地方，政府都享有专有的造币特权，没有什么铸币能以比这低的价值，提供市场。如果课税过重，换言之，所课的税，若比铸造所需劳动与费用的真实价值大得多，那么，金银条块与金银铸币间价值巨大的差额，也许会鼓励国内外私造货币者，把大量伪币注入市场，以致减低官造货币的价值。在法国，造币税虽为百分之八，但未曾从此发生了什么显著的骚扰。住在本国的私造货币者，及住在外国的他们的代理人或通信人，都到处有遭受危险的可能，这种危险太大了，不值得为着百分之六或百分之七的利润而遭危险。

法国的造币税，使铸币价值，高于按纯金含量比例所应有的程度。于是，1726 年 1 月敕令，二十四克拉纯金的造币厂价格，定为七百四十利弗九苏一又十一分之一迪尼厄，合巴黎八盎斯的一马克①。若扣除造币厂的公差，则法国金币含有纯金二十一又四分之三克拉，及合金二又四分之一克拉。所以，标准金一马克，只值大约六百七十一利弗零十迪尼厄。但在法国，一马克标准金铸为三十个金路易，每个合二十四利弗，合计七百二十利弗。所以，造币税所增加于标准金一马克的价值的，就是六百七十一利弗零十迪尼厄与七百二十利弗之差了，换言之，增加了四十八利弗十九苏二迪尼厄的价值。

熔化新铸币的利润，在许多场合，会由于造币税而完全丧失，而在一切场合，都会由于造币税而减少。此种利润发生的由来，往往是通用货币应含纯金银量与实含纯金银量二者之差。这差额若小于造币税，则熔解新铸币，不但无利得，而且有损失。若与造币税相等，则无利亦无失。若大于造币税，则虽有利可图，但所得利润，必少于无造币税场合。例如，在最近金币改铸以前，铸造货币，倘若须纳税百分之五，则熔解金币，当受损百分之三；倘若造币税

① 参阅《货币词典》第 2 卷，第 489 页，造币税一条。

为百分之二，则无利亦无损；倘若造币税为百分之一，则虽可获得利润，但只是百分之一，不是百分之二。在货币以个数授受，不以重量授受的地方，造币税乃是防止熔解铸币及输出铸币的最有效方法。被熔解或被输出的铸币，大都是最好最重的铸币，因为只有这样才可图取最大的利润。

以免税方法奖励铸造货币的法律，最初在查理二世时制定，但时效有限，以后迭次延长限期，直到 1769 年，才改定为永恒的法律。英格兰银行，要以货币补充其金柜，往往不得不持金银条块到造币厂；他们也许认为，由政府担负造币费，比由自己担负造币费，对自己更有利益。也许就因为这大银行恳求，政府才同意将此法律改订为永恒的法律。如果秤金的习惯被废除——那由于不便，很可能被废除；如果英国金币以个数授受，像最近改铸以前那样，那么这大银行，也许会发觉，它在这场合，像在其他场合一样，大大估错了它的利害关系。

在最近改铸以前，英国通用金币，比其标准重量低百分之二，因无造币税，故其价值，亦比应含标准金量的价值低百分之二。所以，在此大银行购买金块以备铸造时，所出价格，必比铸成后所值多百分之二。假设造币须课税百分之二，则通用金币虽比其标准重量低百分之二，仍必与应含的标准金量，有相等的价值。铸造的价值，在这场合，抵消了重量的减少。银行虽然必须支付百分之二的造币税，但他们在这全部事务上，所蒙受的损失，亦只是百分之二，和现实的损失完全一样，不会更多。

如果造币税为百分之五，而通用金币仅比其标准重量低百分之二，则在这场合，银行将在金块价格上，得利百分之三；但由于它须支付造币税百分之五，所以在这全部事务上，它的损失依然恰好是百分之二。

如果造币税仅为百分之一，而通用金币比其标准重量低百分之二，则在这场合，银行在金块价格上，只损失百分之一；但由于它须支付造币税百分之一，所以它在这全部事务上的损失，仍像其他一切场合一样，恰好是百分之二。

如果造币税不高不低，而铸币同时又包含十足的标准重量，像最近改铸以来它包含几乎十足标准重量那样，那么英格兰银行在造币税上虽有所失，但在金块价格上必有所得；在金块价格上虽有所得，但在造币税上必有所失。它在这全部事务上，既无所失，亦无所得，于是，它在这场合，就像在上述其他一切场合一样，处在和没有课税时完全相同的境地。

一种商品的税，要是适中，不至于奖励走私，那么以运输此种商品为业的商人，虽然必须垫付此种赋税，但因为他可以在商品价格中取回，所以不是真正的纳税者。最后支付这种赋税的，是最后的购买者，即消费者。但对于货币，一切人都是商人。我们购买货币都是为了把它再行售卖；就货币说，在一般情况下，是不会有最后的购买者或消费者的。所以，在造币税是那么适中，不至于奖励伪造时，虽然一切人都垫付赋税，但没有一个人最后支付这种赋税，因为一切人都可在提高了的铸币价值中，取回各自垫付的数额。

所以，适中的造币税，无论如何也不会增加银行或任何持金银条块往造币厂铸造的私人费用；没有这适中的造币税，也不至于减少他们的费用。无论有无造币税，如果通用货币包含了十足的标准重量，铸造就不会使任何人破费；如果不及这重量，则铸造所费，必等于铸币应含纯金量及其实含纯金量之差。

所以，在铸造费由政府支付时，政府不仅负担小额费用，而且须损失应得的小额收入，而这种无益的慷慨，又不能使银行或任何私人得到丝毫利益。

倘若你对银行理事说，造币税的征课，虽不能给他们以任何利得，却可保证他们没有任何损失，他们也许不会听了这些话，便同意征收造币税。在金币现状下，只要继续以重量授受，他们当然不会因这种改制而得到利益。但若秤衡金币的习惯一旦被废除（很可能被废除），而金币的质量又低落到最近改铸以前那样，那么征课造币税的结果，银行的利得，或不如说，银行的节省，也许会极为可观。把大量金银条块送到造币厂去的银行，只有英格兰银行；每年造币费的负担，也全部或几乎全部落在它身上。如果年年造币，仅用以弥补铸币不可避免的损失与必要的磨损，那就不会常超过五万镑，至多亦不过十万镑。但若铸币低于标准重量，就须在此之外，年年造币，以补充铸币由不断熔化及输出而产生的巨大缺额。为了这个理由，金币改铸前那十年或十二年间，每年造币，平均都在八十五万镑以上。但若当时曾征课百分之四或百分之五的金币铸造税，那即使在当时情况下，也许能有效地阻止铸币的输出与熔解。这样，银行每年就不会在要铸为八十五万镑以上金币的金块上损失百分之二点五，换言之，每年不会损失二万一千二百五十镑以上，它所损失的也许还不到这数额的十分之一。

议会把岁入拨作铸币的费用，每年不过一万四千镑。而所费于政府的真实费用，换言之，造币厂职员俸给，在普通场合，我相信，不过此额之半数。想节省这样小的数额，甚或想取得比这大不了多少的另一数额，也许在一些人看来，是太无意义的想法，不值得政府严重的注意。但是，要节省那并非不能节省，而且按往事据今例，又似乎每一年都可以节省的一万八千镑或二万镑，即使对英格兰银行那么大的公司来说，无疑也是一种值得严重注意的事体。

上述议论中，有一些放在第一篇论货币起源及其效用和论商品真实价格与名义价格的区别的那几章内，也许会适当些。但由于奖励铸造的法律，溯源于重商主义的流俗偏见，所以，我觉得，放在这一章，更为合宜。重商主义认为，货币是构成一切国家财富的东西，那么，最能与重商主义精神吻合的事情，亦就莫过于奖励货币的生产了。货币生产奖励金，乃是重商主义富国妙策之一。

第七章　论殖民地

第一节　论建立新殖民地的动机

欧洲人最初在美洲及西印度建立殖民地的动机，并没像古希腊罗马建立殖民地的动机那么明显、那么容易看得出来。

古希腊各邦，各占有极小的领土；任何一邦人民，增多到本邦领土不易维持的时候，便遣送一部分人民出去，在世界上辽远的地方，寻找新的住处。他们四周的好战邻人，使他们任何一邦，很难在国内大大扩大其领地。多里安人大都到意大利及西西里去殖民。这两地，在罗马建立以前，为野蛮未开化人民所占居。伊沃尼亚人及伊沃利亚人（希腊另外两大部落）大都到小亚细亚及爱琴海各岛去殖民。这两地居民，在当时似与意大利及西西里当时的情况大致相同。母市虽视殖民地为儿子，常常给予大的恩惠与援助，也得到殖民地的感戴，但却视殖民地为已解放的儿子，不要求直接的统治。殖民地自决政体，自定法律，自选官吏，而且以独立国资格向邻国宣战媾和，无需母市的承认或同意。没有什么能比树立这种殖民的动机更明显、更容易看得出来。

古罗马，像其他大部分古代共和国一样，原来是建立在一种土地分配法上，即按一定比例，将所有的公有领地，分配给构成国家的各市民。但人事的变迁，结婚哪，承继哪，割让哪，必然会把原来的分配搞乱，常使原来分作许多家族维持手段的土地，归一个人所有。为纠正此种弊病——他们也认为这是一种弊病，他们颁布了新的法律，限制各市民所占有的土地量，不得超过五百朱格拉，约合英亩三百五十亩。但这法律，据我所知，虽施行过一两次，但大都被人忽视或回避，而财产越来越不平均。大部分市民，是没有土地的；但按当时风俗人情，无土地即难以维持自由人的独立。现时，无土地贫民，若稍有资财，可租耕他人土地，或经营某一种零售业；即使毫无资财，亦可充任农村劳动者或技工。但在古罗马，豪富人家的土地，都由奴隶耕种；奴隶在监工的监督下工作，监工本身也是奴隶；所以，贫穷自由人，很少有机会成为农民或农村劳动者。一切商业、制造业，甚至零售业，亦都为主人的利益而由奴隶经营。主人们的财富、权威与防卫，使一个贫穷的自由人，很难和他们竞争。所以，无土地市民，除了在每年选举时，得到候选人的赠金以外，几乎没有别种生计了。当护民官想鼓励人民反抗豪富时，就叫人民回想古代的土地分配，并说限制那种私产的法律是共和国的基本法律。人民吵吵闹闹地要求土地，但我们自可相信，富豪们是十分决意不把任何部分土地分给他们的。但为了要给他们相当程度的满足，富豪们往往提议建立新殖民地。但作为征服者的罗马，即在这场合，也没有必要遣送市民到世界各地去寻找出路，如果我可这样说。它要先知道市民究竟将在什么地方定居。它大都把意大利被征服各地的土地，指定给予他们。他们在那里，亦像在共和国领土上一样，不能建立任何独立的共和国，至多只能形成一种自治团体。这种自治团体，虽有制定地方法律的权能，但须受母市的统治和惩罚，并遵守母市制定的法律。但这种殖民地的建立，不仅仅在于满足一部分的要求，而且因为一个地方新被征服，当地人民是否服从还属疑问，常可借此在当地设置一种守备队。所以，罗马殖民地，无论就其性质说或就其建立的动机说，都与希腊殖民地完全不相同。因此，原来用以表示这种建制的字眼，亦有极不相同的意义。拉丁语 colonia 表示殖民；反之，希腊语 ἀποικία 则表示离家、离乡、出门。罗马殖民地虽在许多点上，与希腊殖民地不同，但建立的动机，却是同样明显同样容易看得出来的。这两种制度，都溯源于无可奈何的必要或明白显著的实利。

欧洲人在美洲及西印度建立殖民地，不是起因于必要；树立的结果，虽得到很大的利益，但其利益也并不那么明白显著。在殖民地刚刚建立的时候，谁都不知道这种利益；其建立及其发现的动机，也不是这种利益。而且，直到今日，这种利益的性质、范围及界限，也还不大为人所理解。

十四世纪到十五世纪间，威尼斯人经营一种极有利的贸易，即贩运香料及其他东印度货物，售给欧洲其他各国。他们大都在埃及购买。埃及当时由高加索军人统治。高加索军人是土耳其人的敌人，而威尼斯人也是土耳其人的敌人。这种利害关系的一致，加上威尼斯货币的援助，使得他们结合起来，这样就使威尼斯人几乎享有一种贸易独占权。

威尼斯人所得的巨大利润，诱发了葡萄牙人的贪欲。在十五世纪中，他们努力发现一条海道，以便达到摩尔人跨沙漠给他们带来象牙和金砂的那个地方。他们发现了马德拉群岛、卡内里群岛、亚速尔群岛、佛德角群岛、几内亚海岸、卢安果、刚果、安哥拉、本格拉各海岸，最后发现了好望角。他们早就希望分占威尼斯人有利的贸易；最后那一次发现，为他们开拓了可能分占的机会。1497年，瓦斯戈·德·加马，又从里斯本港开航，以四船结成一队，经过十一个月航行，达到了印度斯坦海岸。一世纪来，以非常的坚毅心，不断的努力，所进行的那种发现工作，就这样完成了。

在此若干年之前，欧洲人对葡萄牙未必能成功的计划，还在疑惑的时候，有个热那亚舵工，提出更大胆的计划，要西航达东印度。东印度各国的情况，在当时的欧洲，还是不大清楚的。少数欧洲旅行家，曾夸大这些地方的距离，这也许出自纯朴无知，在那些不能计量距离的人看来，原来确是很远的距离，就显得无限的远，也许是借此夸示他们自己冒险访问离欧洲很远的地方的奇迹。哥伦布很有道理地说，向东走这一路程越远，那么向西走便越近。他建议走这一条路，因为这条路最近又最稳当。幸而他说服了克斯梯的伊萨伯拉，使她相信他的计划是可能实现的。于是，他就在1492年8月，即比瓦斯戈·德·加马从葡萄牙出发的时候大约早五年，从帕罗斯港出航，经过两三个月的航程，先发现了小巴哈马群岛，即庐克圆群岛中若干小岛，然后发现了圣多明各大岛。

但哥伦布这次航海以及以后各次航海所发现的地方，都和他原要访问的地方不相似。他不曾发现中国和印度的财富、农功与稠密人口，却在圣多明各以及他曾经到过的新世界一切其他地方，发现一个丛林未垦的地方，仅为裸体穷苦野蛮人所占据。但他不大愿意相信，自己所发现的地方，不是马哥·孛罗所描写的一些地方。马哥·孛罗在欧洲人中，是第一个到过中国和东印度的，至少，把当地情况描写下来的，他是第一个。于是，哥伦布在发现了圣多明各一座西巴奥山的名字与马哥·孛罗所提到的西潘各的名字有些相像，便以为那是他早就放在心里的地方了，虽然明显的证据证明，不是那地方。他在给裴迪南及伊萨伯拉的信中，把他所发现的那些地方叫做印度。他相信那是马哥·孛罗所描写的地方的一端，且与恒河相距不远，换言之，与亚力山大所征服的地方相距不远。即使在后来判明了那些是两个不同地方以后，他还以为，那些富庶国家离此不远。所以，他在后来的一次航行中还沿着火地岛海岸，向达里安地峡航行，来探寻那些国家。

由于哥伦布这一错误，那些不幸的国家，从那时以来，一直叫做印度。最后发现了新印度与老印度完全不相同，才把前者叫做西印度，后者叫做东印度，以示区别。然而，不论所发现的是什么样的地方，在哥伦布看来重要的是，得向西班牙宫廷陈述他所发现的是极为重要的地方。在各国，构成真实财富的，都是土地上生产的动植物，而那里当时生产的动植物，没有什么可证明他的陈述是正确的。

科里是介在鼠与兔之间的一种动物，布丰认为，它和巴西的阿帕里亚是同类的动物。它在当时是圣多明各最大的胎生四足兽，这动物似乎从来就不很多，据说西班牙人的犬与猫，老早几乎吃掉了这种动物以及躯体比这还要小的其他动物。然而，此等动物，以及所谓伊文诺或伊关诺的那一类大蜥蜴，便是当地所能提供的最主要的动物性食物了。

居民的植物性食物，虽由于农业不发达，并不丰饶，但不像动物性食物那么稀少。其中，主要为玉米、芋、薯、香蕉等等。那些食物都是欧洲所不知道的，但不为欧洲人所十分重视，他们并不认为那些植物和欧洲原来生产的一般谷豆有同等的营养力。

诚然，棉花是一种极重要制造业的材料，而在当时欧洲人看来，亦就是那些岛上最有价值的植物性产物了。虽然在十五世纪末，欧洲各地都极重视东印度的软棉布及其他棉织品，但欧洲各地都没有棉织制造业，所以，即使这种生产物，在当时欧洲人看来，亦不很重要。

哥伦布看到新发现各地方的动植物，都不足证明这些地方是怎样重要，就转移眼光到矿物上来。他以为，矿物界生产的丰富，足够补偿动植物界生产的微薄。他看到那里居民的服装上挂着小片的金，并听他们说，那金片常可从山上下流的溪流或急流中发现，于是他便十分相信，那里的山必有最丰饶的金矿。这样，圣多明各就被说成为金矿丰饶的国家，并因此故（不仅根据现今的偏见而且根据当时的偏见），被说成为西班牙国王及其国家取之不尽的真实财富的源泉。哥伦布第一次航海回国时，被按凯旋仪式，引见克斯梯及亚拉冈国王，当时所发现的各国主要生产物，都由隆重的仪仗队带在他前面。但有价值的部分只是小金发带、金腕环及其他各种金饰品和几捆棉花。其余都是俗人惊异和珍奇的物品，譬如，几株极大的芦苇，几只羽毛极美的鸟，几只大鳄鱼、大海牛的剥皮。但在这一切之前，有六七个颜色和相貌奇怪的土人，却大大增加了这次展览的新奇。

哥伦布陈述的结果，克斯梯的枢密院，决定占领这些国家。它们的人民，当然没有抵抗能力。传布基督教这个敬神的目的，使这种非正义的计划，成为神圣的事业。但此种计划的唯一动机，却是希望发现此等地方的金宝藏。而且为了要突出此种动机，哥伦布提议那里所发现的金的一半，应归国王。这种提议，亦为枢密院所采纳了。

最初冒险家输入欧洲的黄金，全部或极大部分是由极容易的方法取得，即向无抵抗的土人劫掠而得，所以，要纳这样的重税，也不会很困难。但土人所有，一旦完全被剥夺尽了——事实上，在圣多明各及哥伦布所发现的一切其他地方，不到六年或八年，就完全被剥夺尽了——要再发现一些，就必须从矿中掘出，就不能再纳这样的税。据说，这种税严格的征收，曾使圣多明各的矿山，从那时起，完全停止开采。所以不久金税就减至金矿总生产额的三分之一，再减至五分之一，再减至十分之一，最后减至二十分之一。银税在长期间内为总生产额的五分之一。直到现世纪，才减至十分之一。但最初的冒险家，对银似乎不大关心，他们认为，比金低贱的东西都不值得他们注意。

继哥伦布而起的探索新世界的西班牙冒险家，似乎都具有同一动机。使奥伊达、尼克萨、瓦斯科·努格尼斯·德·巴尔博到达里安地峡，使科特兹到墨西哥，使亚尔马格罗和皮查罗到智利和秘鲁的，都是对于黄金的强烈欲望。当这班冒险家到达一个未曾被发现的海岸时，首先调查的就是那里有没有金矿可以发现。他们就依此决定他们的去留。

在一切费用浩大、成就不确定并使大部分从事者破产的计划中，也许再没有比探索新金银矿山更容易使人破产的了。这也许是世界上利益最少的彩票，得彩者的利得，最不能补偿失彩者的损失。因为，有奖的票很少，无奖的票很多，但每一张票的普通价格，却是一个极有钱的人的全部财产。开矿的计划，不仅不能补偿开矿的资本并提供资本的普通利润，而且大都把资本和利润吞并掉。因此，这种计划是希望增加本国资本的精明的立法者所最不愿意给予特别鼓励，或以人为的方法使大部分资本违反自然趋势流入其中的那种计划。其实，这就是人们对于自身的幸运所怀抱的那种不合理的信念，认为只要有丝毫成功的可能就会有很大一部分资本自行流入此种用途。

凭冷静理智与经验作出的判断，都认为此等计划是绝对不可以实行的，但由人类贪欲作出的判断，却认为此等计划是完全可以实行的。使许多人有了点金石那种荒唐观念的欲望，又使许多其他人有了金银矿山无限丰饶那种荒唐观念。他们没考虑到，就一切时代和一切国民说，此等金属的价值，主要出于其稀少性，而其稀少性，又由于自然藏量很少，而且那少量金属，包有坚硬和难以处理的物质，以致挖掘并获取此等金属所需要的劳动与费用，极其浩大。他们以为，此等金属的矿脉，在许多地方，简直像铅、铜、锡、铁的矿脉那样，大而且丰。华尔特·罗利夫爵士所作的黄金国的梦，充分证明了，即使有智之士，亦不免有此种奇异的幻想。而在这位伟人死了之后一百余年，还有耶稣教会会员加米拉相信这个黄金国的存在，而且极其热烈地，我敢说，还是极其真挚地说，如果他能对那些能够以优厚报酬酬答传道工作的人，宣传福音，真是不胜荣幸。

在西班牙人最初发现的那些国家里，现在看来，没有一个值得开采的金银矿山。最初各冒险家所发现的金属的量，以及第一次发现以后人们所采掘的各矿山的产出力，都被大大夸大了。但冒险家的报导，足够唤起他们本国人的贪欲。每一个航行到美洲的西班牙人，都希望发现一个黄金国。命运的女神，在这场合，像在其他极少数场合一样，光临了，使虔信者的狂妄希望，在一定程度上实现了，而且在墨西哥和秘鲁被发现与被征服的时候（一在哥伦布第一次航行大约三十年之后，一在大约四十年之后），他们可以说从命运女神手上得到了他们所寻找的丰饶的贵金属。

一个与东印度通商的计划，于是引起了西印度的第一次发现，一个征服的计划，又引起了西班牙人在这些新发现的国家里的一切设施。然而使他们去征服的动机，却又是发现金银矿山的计划。这计划，又由于一系列意料不到的事故，居然出乎企划人合理的期望，大为成功了。

欧洲其他各国最初企图到美洲去殖民的冒险家，也是受同样的妄想的驱使，但他们并不怎么成功。巴西自第一次殖民以来，经过百余年，才发现金、银和金刚石矿山。在英国、法国、荷兰、丹麦等国的殖民地中，却是至今还没有发现过贵金属矿山，至少还没有发现在今日看来有开采价值的矿山。但英国最初在北美殖民的人，为诱使国王给予他们特许状，都以所发现的金银五分之一献于国王。华尔特·罗利夫爵士的特许状，伦敦公司及普里木斯公司的特许状，普里木斯参议会的特许状等等，其发给都以把所得金银五分之一献给国王为条件。此等最初殖民者，希望发现金银矿山，又希望发现到东印度去的西北通路，但对两者都失望了。

第二节　论新殖民地繁荣的原因

文明国家的殖民地，其土地荒芜，或人口稀少而土人容易对新来的殖民者让步的，往往比任何其他人类社会富强得更快。

此等殖民者随身带来的关于农业和有用技术的知识，自比未开化野蛮人几百年、几千年自发地成长的知识强。同时，此等殖民者，又随身带来了统治人的习惯，关于正常政府的观念，维持政府的法制的观念以及正常司法制度的观念。他们自然要把这些在新殖民地建立起来。但在未开化野蛮民族中，在保护自身所必需的法律与政府已经确立之后，法律与政府的自然进步就比技术的自然进步还要慢。每个殖民者所得的土地，都多于他所能耕作的土地。他无须支付地租，大都不纳税。没有地主分享他们的收获，君王所分掉的通常都很少。他自会使生产物增加，因为这生产物几乎全是他自己的。但他所有的土地往往是那么广阔，以致尽他一己的劳动，以及他所能雇用的他人的劳动，也不能使土地生产出它所能生产的数量的十分之一。所以，他极想从各地搜集劳动者，并以最优厚的工资来作报酬。但此等优厚的工资，加上土地的丰饶低廉，不久就使那些劳动者要离开他，自作地主，以优厚的工资，报酬其他劳动者。正如他们离开他们的主人一样，这些其他劳动者不久也离开他们。优厚的报酬，奖励了结婚。儿童们，在幼年期中得到很好的给养，受到很好的照顾，到长大时，他们劳动的价值，大大超过其抚养费。到成年时，劳动的高价格与土地的低价格，又使他们能够自立，像他们的祖先那样。

在其他国家，地租和利润吃掉工资，两个上层阶级压迫下层阶级。但在新殖民地，两个上层阶级的利害关系，使得他们不得不更宽宏地更人道地对待下层阶级；至少，在那里，下层阶级不处在奴隶状况。生产力极大的荒地，只需付出很小代价就可获得。身兼企业家的地主，希望从改善耕作增加其收入，这种增加的收入，便是他的利润。在这情况下，利润一般极为丰厚。但这种丰厚的利润，除非雇用他人的劳动来开垦土地耕作土地，就无法取得。在新殖民地上，土地面积的大与人口之少，其间的不相称现象使他难以取得这种劳动。所以，他不计较工资，愿在任何价格下雇用劳动。劳动工资的高昂，鼓励了人口的增殖。良好土地的丰饶与低廉，又鼓励了耕作的改善，使地主能支付这样高的工资。土地的全部价格，几乎由此种工资构成。作为劳动的工资，虽觉其高，但作为有那么大价值的东西的价格，则又觉其低。奖励人口和耕作的增进的，又奖励真实财富与强大的增进。

许多古希腊殖民地，因此似乎非常迅速地进于富强。在一世纪或二世纪中，就有一些能与母市抗衡，甚至超过母市了。西西里的塞拉库西及阿格里琴托，意大利的塔伦图及洛克里，小亚细亚的埃弗塞斯和密理图斯，无论就哪一点说，也至少可与古希腊的任一都市相抗衡。建设虽较晚，但一切学艺、哲学、诗学及修辞学，却和母国任何部分发生得一样早，进展水平一样高。值得指出，两个最古的希腊学派，即达理士学派及毕太哥拉学派，并不是建立在古希腊，而是一个建立在亚细亚殖民地，另一个建立在意大利殖民地。这一切殖民地，都建立在未开化野蛮民族所居的地方，那里，新殖民者容易取得他们的居地。新殖民者有很多良好土地，而且因为他们对母市全然独立，他们还能按照他们自己认为最有利于他们自己的方式，自由处理他们自己的事物。

罗马殖民地的历史，似乎没有这样辉煌。确实，其中有些，例如弗洛伦斯，经过许多年代，在母市崩溃之后，发展成为大的国家，但其进步，却没有一个是非常迅速的。那些殖民地，都建立在被征服的地方，那里人口十之八九早已十分稠密。分给新殖民者的土地，大都不很大。而且由于殖民地不能独立，他们并非经常能按照自己认为的最有利于自己的方式，自由处理他们自己的事务。

就良地很多这一点说，欧洲人在美洲及西印度所建立的殖民地，和古希腊殖民地相似，甚至超过古希腊殖民地。就附属于母国这一点说，它们虽和古罗马殖民地相似，但因为它们离欧洲很远，就或多或少地减低了这种依附的程度。它们的位置，使它们在较小程度上受母国的监视和支配。在它们按自己的方式追求自己利益的时候，它们的行为，或由于欧洲不知道，或由于欧洲不了解，往往被忽视。有时，欧洲只好容忍，因为离开太远了，难于管束。所以，就连像西班牙那样强暴专横的政府，亦往往因恐全体反乱，把已经发下的对所属殖民地政府的命令撤回或修改。这一来，欧洲一切殖民地，在财富上，在人口上，在改良上，都有非常大的进步。

西班牙国王，由于分享金银，所以从殖民地初设以来，即从殖民地取得若干收入。这种收入，同时使西班牙国王得陇望蜀。因此，西班牙殖民地，从初设时起，就吸引着母国很大的注意，而当时欧洲其他国家，却在长期间内，不大注意。但前者并不因为有这种注意而较为繁荣，后者亦不因为没有这种注意而较不繁荣。而且，按土地面积比例说，西班牙殖民地的人口与农业改良，不如欧洲其他国家殖民地。但西班牙殖民地在人口与农业改良方面的进步，亦是非常迅速、非常巨大的。征服后建立的利玛市，据乌罗阿所说，在将近三十年前，还不过五万人。基托原仅系印第安一小村落，然据同一作者说，在他那时，和利玛市有相同的人口。克麦利·卡勒里——虽然据说是个冒牌旅行家，但其著作，却是根据极可靠的报告——就说墨西哥城有居民十万。所以，无论西班牙各作家是怎样夸大，这十万的数目，亦比蒙特祖玛时代的居民数大五倍以上。这数目，大大超过了英国殖民地三大都市波士顿、纽约和菲拉德尔菲亚的居民数。在墨西哥或秘鲁未被西班牙人征服以前，那里没有适当的驮畜。骆马是唯一的驮畜，其力气似比一般驴子差得多。他们没有耕犁。他们不知用铁。他们没有铸币，亦没有任何确定的通商媒介。他们的贸易，是物物交换。一种木制的锄，是他们农业上的主要用具。尖石是他们切东西的刀斧。鱼骨或他种动物的坚腱，是他们缝东西的针。但这一切，似乎就是他们职业上的主要用具了。在这样的状态下，此等帝国，当然不能像现今那样进步、那么耕种得好。现今，那里已有各种欧洲牲畜，已经使用铁和耕犁，并采用许多欧洲技术了。但一切国家的人口密度，必和其改良及耕作程度相称。所以，土人自被征服以来，虽横遭残杀，但这两大帝国现在的人口仍比从前多。其人种，自然亦大大改变了。我以为，我们必须承认，西班牙种的西印度人，就许多方面说，都比古印第安人种强。

除西班牙人的殖民地外，葡萄牙人在巴西的殖民地，要算是欧洲人在美洲最早的殖民地了。但由于巴西发现后很久，还没有找到过金银矿，所以对国王所能提供的收入也很少，甚或没有，于是有一段长时期，很不受葡萄牙人的注意。然而，就在这种不注意的情况下，它发展成为强大的殖民地了。在葡萄牙还被西班牙统治时，巴西为荷兰人所侵袭。巴西原分为十四省，荷兰人占有其七。荷兰人本来要夺取其他七省，但不久葡萄牙恢复独立，布拉甘查王朝执政。当时作为西班牙敌人的荷兰人，成为葡萄牙人的朋友，因而葡萄牙人亦成为西班牙的敌人。所以，荷兰人就同意把巴西其余未被征服的那七省，留给葡萄牙；葡萄牙人亦同意把巴西已被征服的七省，留给荷兰人。当时，两国为良好同盟，自不会因此发生争执。但荷兰政府不久即开始压迫葡萄牙的移民了。这些葡萄牙移民，不满足于发牢骚，终于拿起武器来对付他们的新主。他们虽未曾得到母国公开的援助，但在母国默许之下，就靠着自己的勇气和决心，把荷兰人逐出了巴西。鉴于自己不能保有巴西任何部分，荷兰人情愿把巴西全部归还葡萄牙国王。在这个殖民地内，据说有六十万以上人民，其中，有葡萄牙人，有葡萄牙人的后裔，有西印度人，有黑白混血种人，有葡萄牙族及巴西族的杂种。没有一个美洲殖民地，包含这样多的欧洲血统。

在十五世纪快要结束的时候，和在十六世纪大部分时间内，西班牙与葡萄牙是海上两大海军国。威尼斯虽与欧洲各地通商，但其舰队却几乎不曾出地中海一步。因为西班牙人是美洲的最初发现者，他们认为美洲全是他们所有。虽然他们不能阻止大海军国葡萄牙殖民巴西，但大部分其他欧洲国家，却是那么害怕西班牙，都不敢在这大陆建立殖民地。企图在弗罗里达殖民的法国人，全被西班牙人杀掉。但自所谓“无敌舰队”在十六世纪末叶失败以后，西班牙的海军力量也衰败了，再没有能力阻止其他欧洲国家殖民了。所以，在十七世纪中，英国、法国、荷兰、丹麦、瑞典，总之，一切有海港的大国，都想在新大陆上殖民了。

瑞典人在新泽西殖民。那里，现今仍可发现不少瑞典家族，那充分证明了，这个殖民地，如果能得母国保护，很可能繁荣。但瑞典不重视这殖民地，所以不久就被荷兰人的纽约殖民地所吞并了。荷兰人的纽约殖民地，则于 1674 年被英国人所吞并。

丹麦人在新世界上仅占有圣托马斯和圣克罗斯两个小岛。这两个小殖民地，由一个专营公司统治着。只有这个公司，有权购买殖民者的剩余生产物，并供他们以所需的外国货物。所以，在买卖上，这公司不仅有权力压迫他们，而且有压迫他们的最强烈的动机。专营的商业公司的统治，无论在什么地方，都是最坏的统治，但它不能阻止此等殖民地的进步，不过使其进步较为迟缓。丹麦前国王谕令解散此公司。从那时起，这两个殖民地就非常繁荣了。

荷兰人在东印度和西印度的殖民地，原来都受一个专营公司的统治。所以，这些殖民地中，虽有一些，与旧殖民地比较，有很大进步，但与大部分新殖民地比较，其进步就很慢。苏里南殖民地，虽很可观，但还不如其他欧洲国家的大部分蔗田殖民地。现今分成纽约和新泽西二省的诺瓦·伯尔基亚殖民地，即使在荷兰统治下，不久也可能很可观。良好土地的丰饶与低廉，是繁荣的有力原因，所以，最不好的政治，也不能完全阻止这因素的有效作用。而且，离母国很远，移居者正可通过走私，多少避免这公司所享有的妨害他们的独占。现今，这公司允许一切荷兰船只，在纳货物价值百分之二点五的税，领得特许状后与苏里南通商，但非洲与美洲间的直接贸易——那几乎全是奴隶买卖——依然为其独占。公司专营特权的减少，也许是这殖民地今日能够那么繁荣的最大原因。库拉索亚和尤斯特沙——属于荷兰的两大岛——是自由港，各国船舶都能出入。主要就因为有了这种自由，所以这两岛虽是不毛之地，但由于其周围较好殖民地的海港，仅许一国船舶自由出入，所以能够那么繁荣。

法国在加拿大的殖民地，在前世纪大部分时间和现世纪一部分时间内，亦为一个专营公司所统治。在如此不良的行政下，其进步，与其他殖民地比较，必然是很缓慢的；但在所谓密西西比计划失败后，这公司被解散了，这殖民地的进步，也就快得多了。当这殖民地后来被英国占领的时候，它的人口，比神父查理瓦所述二三十年前的人口，就几乎增加了一倍。这位耶稣教会会员曾游历加拿大全部，当然不想少报其实际人数。

法国在圣多明各的殖民地，系由海盗建立。他们在一段长时期内，不需要法国的保护，亦不承认法国的政权。后来，这批盗匪受了招安，承认了法国的政权，但在一段长时期内仍受着非常宽大的待遇。在这时期内，这殖民地的人口增殖与技术改进都发展得非常快。那里虽亦有一个时期受一个专营公司的压迫，而这种压迫又无疑曾延迟其进步，但其进步并不因此而停止。此种压迫一旦解除，其繁荣的速度，又和从前一样的快。现在，那里是西印度最重要的蔗田殖民地了。其产量，据说比全部英领蔗田殖民地总产量还要大。法国其他蔗田殖民地也大都非常隆盛。

但进步最速的殖民地，要算英国的北美洲殖民地了。

一切新殖民地繁荣的两大原因，似乎是良好土地很多，和按照自己方式自由处理自己事务。

就前一点说，英国的北美洲殖民地，虽有很多良好土地，但不如西班牙人和葡萄牙人的殖民地，也不比上次战争前法国人的一些殖民地好。但是英国殖民地的政治制度，却比其他三国任何一国殖民地的政治制度更有利于土地的改良与耕作。

第一，在英国殖民地上，未开垦地的独占虽未完全防止，但比任何其他殖民地更受限制。殖民地法规定，各个地主，都有义务，在限定期间内，改良并耕作所有土地的一定部分，而在不履行义务时，可把此种土地交给任何其他人。这种法律虽执行得不很严格，但有相当效果。

第二，在宾夕法尼亚，没有长男继承权，土地像动产一样，平均分配给家中一切儿女。新英格兰只有三省的法律，和摩西律一样，允许长子得双份。在这几省，虽有时有个别人独占过大的土地，但只要经过一两代，土地又可能充分分割了。在其他英领殖民地，虽然像英国法律一样，长男继承权依然存在，但在一切英领殖民地上，根据自由借地法保有的土地的借用权，使得土地易于割让，大块土地的领受人，大都觉得，为自己利益计，不如尽速割让大部分土地，只保留小额免役地租。在西班牙及葡萄牙殖民地上，凡附有勋爵称号的大地产，其继承都有所谓长子继承权。这种大地产，全由一个人继承，实际上都是限定继承的，都是不可割让的。法国殖民地都遵循巴黎风俗习惯，在土地继承方面，比英国法律更有利于幼小的儿子。但在法国殖民地中，有骑士尊号和领地称号的贵族保有地，若有任何部分割让，那么在有限期间内，按照赎买权，得由领地继承人或家族继承人赎回。国内一切大所有地，都是这种贵族保有地，那必然妨碍割让。但在新殖民地上，未开垦的大地产通过割让似比通过继承分割的快得多。我们说过，肥沃土地的丰饶与低廉，是殖民地迅速繁荣的主要原因。土地的独占，事实上破坏了这种丰饶与低廉。此外，未耕地的独占，又是土地改良的最大障碍。对社会提供最多和最大价值的生产物的，乃是用来改良土地和耕作土地的劳动。在这场合，劳动的生产物，不仅支付它自己的工资和雇佣劳动的资本的利润，而且支付劳动所耕土地的地租。所以，英国移民的劳动，用来改良土地和耕作土地的，比其他三国中任何一国多，因此所提供的生产物，就数量说，就价值说，也可能较大。这其他三国的殖民地，都实行土地独占，这样就或多或少地使劳动流入其他用途。

第三，英国移民的劳动，不仅可提供较多和较有价值的生产物，而且因为赋税适中，这生产物的大部分，属于他们自己，他们可贮蓄起来，用以推动更大的劳动量。英国移民，对于母国的国防和行政费用，从来没有什么贡献。反之，迄今卫护他们所需的费用，几乎全部由母国支付。海陆军费用，大大超过必要的行政费用，所以行政费用，总是很少，一般只包括总督、裁判官及其若干警察官吏的适当薪俸，以及最有用的公共工程的维持费。在现今扰乱事件开始以前，马萨诸塞的行政设施费，往往仅为一年约一万八千镑。新汉普郡及罗得岛的行政设施费，各为每年三千五百镑；康涅狄克四千镑；纽约及宾夕法尼亚各四千五百镑；新泽西一千二百镑；弗吉尼亚及南卡罗来纳各八千镑。诺瓦斯科夏及乔治亚的行政费，一部分由议会每年拨款支付。而诺瓦斯科夏每年仅出殖民地行政费大约七千镑；乔治亚每年仅出大约二千五百镑。总之，北美全部的行政设施费，除了马里兰及北卡罗来纳这两州无正确记载可稽外，在现今扰乱事件开始以前，所费于侨民的，不过每年六万四千七百镑；如此少的费用，可以统治三百万人，而且统治得很好，那真是永远值得我们记忆的。政府费用的最重要部分即全部防卫费，不断由母国负担。在欢迎新总督及新议会开幕之际，殖民地政府的仪式，虽十分隆重，但不铺张浪费。他们的教会，也是同样节俭。他们没有什一税。他们为数不多的牧师，靠微薄的薪俸或人民的捐款，维持生活。反之，西班牙及葡萄牙政权，在一定程度上仰给于对殖民地所课的税。法国虽不曾从其殖民地抽取任何可观的收入，而征自殖民地的税，虽大都用在殖民地，但其行政费，却与其他两国一样，是非常大的，而仪式的费用更大。例如，欢迎一个秘鲁新总督，所费就往往不赀。此等仪式不仅使富裕的移民，要在这样的场合纳税，而且使他们在一切其他场合都养成一种虚荣浪费的习惯。那不仅是暂时的非常苛酷的税，而且形成永久而更苛酷的税，即养成能使私人倾家荡产的奢侈浪费。此外，在这三国的殖民地中，教会也施行苛政。这些地方都抽什一税；在西班牙及葡萄牙两国殖民地中，更是雷厉风行。这些殖民地都有很多托钵和尚的募化，未经政府认可，但被宗教所尊崇，这对贫民是个很大的负担，他们都受到教导，认为布施和尚是义务，拒绝布施是非常大的罪恶。而且，在这三国殖民地内，僧侣都是最大的土地独占者。

第四，英国殖民地，在处置其剩余生产物即自己消费不了的生产物时，比任何其他欧洲国家的殖民地，都处于更有利的地位，而且拥有更广阔的市场。各个欧洲国家，或多或少地都企图独占其所属殖民地的贸易，并因此故，禁止外国船舶和它们通商，禁止它们从任何外国输入欧洲货物。但实施此种独占的方法，各国不相同。

有些国家，以其殖民地全部贸易，交给一个专营公司经营。殖民地人民必须向这个公司购买他们所需要的一切欧产货物，并必须把他们剩余生产物全部卖给这个公司。所以，这个公司的利益，不仅在于以尽可能高的价格，售卖前一种货物，并以尽可能低的价格购买后一种货物，而且在于即使后一种货物价格极低，其购入数量应以能在欧洲市场以极高价格脱售者为限。它的利益，不仅在于在一切场合都降低殖民地剩余生产物的价值，而且在于在许多场合阻抑其产量的自然增加。要妨碍新殖民地的自然发展，在一切可想象得到的方策中，自以设立公司为最有效。这一方策一直是荷兰所奉行的政策，虽然荷兰的公司在本世纪中在许多方面已不行使其独营权。丹麦的政策，也是如此，直到前一国王即位，才放弃这种政策。法国的政策，有时如此。最近，自 1755 年以来，欧洲其他一切国家都认为这种政策不合理，把它放弃了，但葡萄牙却仍奉行此种政策，至少在巴西二大省即伯南布哥、马拉尼翁仍行此种政策。

有些国家，没有设立这种专营公司，但限制它们殖民地全部贸易，使仅能与母国某特定港通商，除在一定期间准许船队出航，或准许有特许状（那大都是给付很高代价领得的）的单船出航外，其他船舶都禁止从此特定港出航。诚然，这种政策，使母国全体居民都能从事殖民地贸易，只要他们是在适当的港口，在适当的期间，使用适当的船只进行的就行。但投资装备船只并领受此等特许证的商人，为着利益，将合作起来，所以这样经营的贸易，必然是按照大体上类似专营公司的经营原则经营的。这种商人的利润和专营公司的利润几乎是同样的高。殖民地绝不能得到良好供给；它们不得不以极高的价格购买，而以极低的价格售卖。这是西班牙的政策，一直到前几年为止；一切欧产货物的价格，据说，在西属西印度都很高。乌罗阿告诉我们，在基托，一磅铁卖价大约四先令六便士，一磅钢售价大约六先令九便士。但殖民地售卖自己产物，主要是为了要购买欧洲产物。对于后者，他们付价越大，对于前者，他们实得价格就越小。后者的高价与前者的低价是一而二、二而一的。就这一点说，葡萄牙对于伯南布哥、马拉尼翁二省外的殖民地所采取的政策，和西班牙昔时的政策，完全一样，而对于那二省，最近则变本加厉。

有些国家，允许它们全体人民经营殖民地贸易。母国人民，得从母国任何港口，与殖民地通商，除了海关的一般证件外，不需要任何特许状。在这场合，经商者人数众多，而且散居各地，不能共同结合，他们彼此间的竞争，使得他们不能榨取非常高的利润。在这样宽大的政策下，殖民地能够以合理的价格，售卖他们自己的生产物，购买欧洲的商品了。自从普里木斯公司解散以来(那时我国殖民地还在摇篮时期)，这始终已经是英国的政策了。一般说来，这也是法国的政策，而自从英国人通常所称的密西西比公司解散以来，法国的政策，就一律如此。所以，英法两国经营殖民地贸易的利润并不是非常高的，不过要是准许其他各国自由竞争，利润也许还要低些。这两国大部分殖民地的欧产商品价格，因此不算异常的高。

在英国殖民地剩余生产品输出方面，亦只有一定种类商品，限定输到母国市场。此等商品，因曾列举在航海法及此后颁布的其他法令上，故名为列举商品，其余称为非列举商品，可直接输到他国，但运输的船，须为英国船或殖民地船。此种船只，须为英国人所有，其船员亦须有四分之三为英国人。

美洲及西印度有几种极重要产物，亦包含在非列举商品中，例如各种谷物、木材、腌制食品、鱼类、砂糖及甜酒。

谷物自然是一切新殖民地耕种的最初的和主要的对象。法律准许殖民地有极广阔的谷物市场，这样就奖励它们推广这种耕作，使其产品大大超过稀少人口的消费，从而预先为不断增加的人口储存着丰富的生活资料。

在树木满地的地方，木材价值低廉，甚至没有价值，于是开拓土地的费用，就成为改良的主要障碍了。法律准许殖民地有极广阔的木材市场，使得本来价值低廉的商品，生出一个价格，并使它们能够从本来是完全耗费的事业，收得若干利润，这样改良就变得容易了。

在人口还没稠密，耕作也还没充分发展的地方，牲畜的繁殖，自会多于当地居民的消费，因此牲畜往往价值低廉，乃至没有价值。但我们说过，牲畜的价格与谷物的价格必须保持一定的比例，一国的大部分土地才能够进行改良。法律使美洲的死牲畜和活牲畜都有最广阔的市场，想以此来提高这种商品的价值，因为这种商品价格的上涨，对于土地改良是非常重要的。乔治三世第四年第十五号法令，把皮革和毛皮定为列举商品，减低了美洲牲畜的价值。上述自由的良好影响，必然在一定程度上被这个法令所抵消了。

通过扩展殖民地渔业来增加我国航运业和海军的力量，似乎是我国议会经常怀抱着的一个目的。因此，这种渔业便取得了自由制度所能给予的一切奖励，大大繁荣起来。特别是新英格兰的渔业，在最近的变乱之前，也许是世界上最重要的渔业之一。捕鲸业，在英国虽有异常的奖励金，但成绩不大，在一般人看来（但我不想作这种意见的证人），它的生产物全部，比每年所付奖励金的价值，也多不了许多。而在新英格兰，虽无奖励金，却在大规模经营。鱼是北美洲与西班牙、葡萄牙及地中海沿岸各国通商的主要商品之一。

砂糖本来也是只许输到英国的列举商品。但1731年，经甘蔗栽种者陈请，砂糖输出始准扩展到世界各地。但在允许此种自由时，附有各种限制，而砂糖价格在英国又特高，故这自由没产生大的作用。英国及其殖民地，依然几乎是英国蔗糖殖民地所产砂糖的唯一市场。它们的消费量增加得很快，虽有牙买加和被割让各岛日益增加的改良，砂糖的输入在这二十年内仍大有增加，而输到外国去的，却据说并不比从前多了许多。

甜酒是美洲与非洲沿岸通商的极重要商品，而从这种通商带回来的，就是黑奴。

如果美洲各种谷物、腌制食品和鱼类的全部剩余生产物，都定为列举商品，强迫输入英国市场，那就过分妨害我们本国人民的劳动生产物了。此等重要商品所以不但不曾定为列举商品，而且除了稻米，一切谷物及腌制食品，在一般情况下，都被法律禁止输入英国，那也许并非为了关心美洲的利益，而是为了防止这种过大的妨害。

非列举商品，原来可输往世界一切地方。木材及稻米，曾一度定为列举商品，此后即定为非列举商品，但准许输往的欧洲市场，仍限于菲尼斯特雷角以南的欧洲各国。依照乔治三世第六年第五十二号法令，一切非列举商品，都受同样的限制。菲尼斯特雷角以南的欧洲各国，都不是制造业国。所以我们比较不担心殖民地船，从它们那里把那些能妨害我们本国制造品的东西带来。

列举商品，有二类。第一类，是美洲特有的产物，或是母国所不能生产的产物，至少亦是母国所不生产的产物。属于这一类的，如蜜糖、咖啡、椰子果、烟草、红胡椒、生姜、鲸须、生丝、棉花、海狸皮和美洲其他各种毛皮、靛青、黄佛提树及其他各种染色树木。第二类，非美洲所特有的产物，母国也能够生产，但其产量不足供应其需要，以致有大部分要仰给于外国。属于这一类的，如一切海军用品，船桅、帆桁、牙樯、松脂、柏油、松香油、生铁、铁条、铜矿、生皮、皮革、锅罐、珍珠灰。第一类商品最大量的输入，亦不能妨碍母国任何生产物的生产与销售。我们的商人，不仅要想限制这种商品，使仅能输到本国市场，并由这种限制，使自己能够在殖民地上廉价购买，在国内以较好的利润售卖，而且要想在殖民地与外国之间，设立一种有利的运送贸易，那必须以英国为中心，就是说，此等商品输入欧洲，必须先输到英国。第二类商品的输入，据说，也须妥为安排，使不妨碍本国同种产物的售卖，而仅妨害外国输入品的售卖。因为，课以适当的税，那种商品总会比前者略为昂贵，但比后者低廉得多。限制此等商品，使仅能输入本国市场，并非要妨碍英国产物，所要妨害的，乃是贸易差额被认为不利于英国的那些外国的产物。

禁止殖民地以船桅、帆桁、牙樯、松脂、柏油输到英国以外的任何国家，自然会降低殖民地木材的价格，因而会增加开拓殖民地土地的费用，而这是土地改良的主要障碍。1703 年，瑞典松脂柏油公司规定，除非它的商品由它的船只装运，按它自定价格，并按它认为适当的数量运出，否则禁止其输出，它企图通过这办法来抬高其商品到英国去的价格。为了要对抗这一个令人注意的商业政策，并使英国尽可能不仅不依赖瑞典，而且无须依赖北方任何其他国家，英国对于美洲海军用品的输入，发给奖励金。这种奖励金，使美洲木材价格抬高到大大超过木材限定输入国内市场所能减低的程度。因为这两个规定是同时颁布的，其连带的作用，不是妨碍美洲土地的开拓，而是鼓励其开拓。

生铁和铁条，虽亦为列举商品，但从美洲输入，免纳重税，而从其他各国输入，却得纳重税，所以这规则一部分起鼓励美洲制铁厂建设的作用，另一部分起妨碍的作用，而鼓励的作用比妨碍的作用大。没有一种制造业，能像熔铁炉那么需要柴火的消费，或能像熔铁炉那么促进树木遍野的地方的开拓。

这些规定，有些会提高美洲木材的价值，因而促进土地的开拓。但这种趋势，既不为立法机关所注意，亦不为立法机关所理解。其有利效果，虽就这方面说全是偶然的，但并不因此而不真实。

英领美洲殖民地及西印度间的贸易，无论就列举商品说或就非列举商品说，都有最完全的自由。此等殖民地，现在是那么富庶，所以彼此间，对于彼此所有的产物，都能提供广大的市场。把这一切殖民地合起来看，那对于彼此的产物，就是一个大的国内市场了。

但英国对其殖民地贸易所采用的宽大政策，大体上限于原料或粗制品的贸易。至于殖民地产物更精致的加工，英国商人和制造者要自己经营，并请求国会，以高关税或绝对禁止，使这些制造业不能在殖民地建立。

例如，从英领殖民地输入粗制砂糖，每百斤仅纳税六先令四便士，白糖纳税一镑一先令一便士，单制或复制的精制糖块，纳税四镑二先令五又二十分之八便士。在课税如此苛重时，英国是英领殖民地砂糖输出的唯一市场，至今仍然是主要市场。这种高的关税，起初等于禁止白糖或精制砂糖，使不能供应外国市场，现在又等于禁止制造白糖或精制砂糖，使不能供应那也许可销其全产量十分之九以上的市场了。因此，法国蔗糖殖民地有很发达的砂糖精制业，但在英国殖民地上，除供应殖民地本地市场的精制业外，简直没有其他砂糖精制业。当格伦纳达由法国人占领时，其他各蔗园，至少也有砂糖漂白厂。但一经英国人占领，这一类制造厂就几乎全部放弃了。现今(1773 年 10 月)我相信，这岛上至多不过有二三个厂。但是，现今因为海关宽纵，白糖或精制糖，若能从块状研成粉末，通常可作为粗砂糖输入。

英国，一方面允许生铁和铁条从美洲无税输入(由他国输入，则不能免税)，以奖励美洲这种制造业，另一方面却又绝对禁止在任何英领殖民地上建立制钢厂及铁工厂。它甚至不允许其殖民地人民为自身消费而制作这种精制品，却要他们向它的商人和制造者购买他们所需要的这一类物品。

它又禁止由水运，甚至由车马陆运，把美洲生产的帽、羊毛和毛织物，从一省运至另一省。这种条例，很有效地使这个殖民地不能为远地贩卖而建立这一类商品的制造业，这样就使殖民地人民只能经营通常仅供自用或其同省邻人使用的那些粗糙物品的家庭制造业。

禁止人民大众制造他们所能制造的全部物品，不能按照自己的判断，把自己的资财与劳动，投在自己认为最有利的用途上，这显然是侵犯了最神圣的人权。然而，此种禁令，虽是那么不公正，但没在很大程度上妨害了殖民地。土地仍是那么低廉，劳动仍是那么昂贵，以致他们仍能以比自己制造更低廉的价格，从母国输入几乎一切种类的精制品。所以，即使不禁止他们建立这一类制造业，但在现有改良情况下，他们一考虑到自己的利益，也许就会使他们不愿经营这种事业。在他们现有的改良情况下，此等禁令，也许没拘束他们的劳动，没使他们的劳动不能投在按自然趋势要投的用途上。不过这是母国商人和制造者，由于无根据的嫉妒毫无理由地加在他们身上的无礼的奴役标记。但在比较进步的情况下，这种禁令，很可能成为不能容忍的真正的压迫。

英国把殖民地某几种极重要产物，限定输入它的市场，作为补偿，它又使殖民地某几种产物在这市场里占有某种优势，其所用的方法是对由他国输入的同种产物课以高关税，而对由殖民地输入的则给予奖励金。按前一种方法，它在国内市场里给予殖民地的砂糖、烟草和铁以上述好处，按后一种方法，它给予殖民地的生丝、大麻、亚麻、靛青、海军用品和建筑木材以输入奖励金。以奖励金奖励殖民地产物输入的这第二种方法，据我所知，是英国所特有的。第一种方法却不是这样。葡萄牙不满足于仅以高关税限制烟草从殖民地以外任何其他地方输入本国，而干脆禁止其输入，违者重罚。

关于欧洲货物的输入，英国对于殖民地的处置，也比任何其他国家宽大。

英国对于外货输入时所纳的税，准其在再输出时，退还一部分。那几乎都是一半，一般是大部分，有时是全部。如果外货输入英国时须课极重的税，而在再输出时又不许退还任何部分，那就没有一个独立的外国会承受这种再输出的商品了。所以，除非在输出时退还部分的税，否则重商主义那么提倡的运送贸易，便会告终了。

但我们的殖民地，并不是独立的外国，而英国又取得了以一切欧洲商品供给其所属殖民地的专营权利，英国正可像他国对付殖民地一样，强制其所属殖民地，承受这种在输入母国时课有重税的商品。但在 1763 年以前，大部分外货，在输到我国殖民地时和输到任何独立外国时一样要退税。不过，1763 年乔治三世第四年第十五号法令，在很大程度上取消了这种宽大待遇，它规定："欧洲或东印度的农产品、制造品，从本王国输到任何英属美洲殖民地时，称为旧补助税的那一种赋税的任何部分不得退还，但葡萄酒、白洋布、细洋布除外。"在这法律颁布之前，有许多种外国货，在殖民地购买比在母国购买价廉；现在，有些货物仍然如此。

在制定关于殖民地贸易的大部分条例时，都以经营殖民地贸易的商人为主要顾问，那是必须知道的。所以，此等条例，在更大程度上注意这种商人的利益，在较小程度上注意殖民地或母国的利益，那是一点也不足怪的。他们有专营的特权，可以输运欧洲货物供应殖民地，又可以购买殖民地不妨害他们国内贸易的那部分剩余生产物。这种专营的特权，显然是牺牲殖民地的利益，来顾全商人的利益。他们在把欧洲及东印度大部分货物再输到殖民地去的时候，又像再输到独立国家去一样，享有退税。这种退税，即按照重商主义的利益观念，亦是牺牲母国利益，来顾全商人的利益。商人的利益在于，对运送到殖民地去的外国货物，尽可能少纳税，对输入英国的外国货物，尽可能收回所垫付的税。这样他们就能在殖民地售卖等量货物，得到较多利润，或售卖较大数量货物，得到同样多的利润，因而能从这方面或那方面得利。殖民地的利益同样在于，以尽可能低的价格，取得尽可能多的这一切货物。但母国的利益，未必总是这样。退还此等货物输入时所纳税的大部分，会影响母国的收入；由于有了这种退税，外国制造品得以更便易的条件运到殖民地，使得母国制造品在殖民地市场跌价售卖，这就会影响母国的制造业。人们常说，德国亚麻布再输到美洲殖民地的退税，大大推迟了英国亚麻布制造业的进步。

但是，关于殖民地贸易，英国的政策，虽和其他各国一样，受着重商主义精神的支配，但总的说来，不像任何其他国家那么褊狭、那么令人难受。

除了对外贸易，英属殖民地人民，就其他各方面说，都有完全的自由，按他们自己的方式，来处理他们自己的事务。在一切方面，他们的自由，都和他们国内同胞的自由相等，而且同样有个人民代表议会来保证这自由，人民代表议会，独享有权力课税以维持殖民地政府。这个议会的权力，超越行政权力，即最卑贱或最可憎恶的殖民地人民，只要遵守法律，就用不着忧惧总督或省内文武官吏对他们的愤怒。殖民地议会，和英国众议院一样，未必都是极平等的人民代表机关，但总更具有这种性质。行政机关也许无力收买议会，而且因为行政机关经费由母国支付，亦无收买议会的必要。所以，一般地说，这种议会也许更受选举人意旨的影响。殖民地参议院，与英国贵族院相当，但不是由世袭的贵族构成。在一些殖民地，例如在新英格兰的三个殖民地，此等参议院议员，非由政府指派，却由人民的代表推选。没有一个英属殖民地有世袭的贵族。在所有殖民地，像在其他自由国家一样，老殖民家族的后裔，虽比有同等功绩同等财产的暴发户受到人们更大的尊敬，但亦只更受人们尊敬，并没有烦扰邻人的特权。在现今的变乱开始以前，殖民地议会，不仅有立法权，而且有一部分行政权。在康涅狄克及罗得岛，总督亦由议会选举。在其他殖民地上，会议规定的赋税，由会议直接派员出去征收，征收员对议会直接负责。所以，人民在英属殖民地，就比在母国更为平等了。他们更有民主共和的精神，其政府，尤其是新英格兰那三个政府，一向更有民主共和的精神。

反之，西班牙、葡萄牙和法国的专制政治，却又在它们各自的殖民地上建立起来。此种政治，大都以独断权授予一切下级官吏，由于相隔遥远，此等独断权的执行，自比平常还要强暴。我们知道，在一切专制政治之下，首都总比较更有自由。君主自己，不想破坏正义的制度，不想压迫人民大众，这对他亦无利。首都为君主所在地，下级官吏有所威慑，但在远地，人民的怨声，不容易传到君主耳里，下级官吏乃得为所欲为，无所顾忌。但是，欧洲人在美洲的殖民地总比以前为人所知的最大帝国的最远省份要远得多。自有世界以来，也许只有英属殖民地政府，能给那么遥远的省区人民，以完全的保护。法国殖民地的行政，与西班牙葡萄牙两国殖民地的行政相比，总是较为宽宏温和。这种较好的政治，和法国民族的性格相称，也和一切民族的性格相称，他们政府的性质，与英国相比，虽较为专横，然与西班牙葡萄牙相比，则比较守法、比较自由。

英国殖民地政策的优越，主要在北美殖民地的进步上表现出来。法国蔗糖殖民地的进步，与英国大部分蔗糖殖民地的进步，至少是相等的，甚或更胜一筹，但英国蔗糖殖民地，却和英属北美殖民地几乎享受同样的自由政治。不过，法国没像英国那样阻碍殖民地精制自产的砂糖；更重要的是，他们政府的特质，使他们对于黑奴，能有更好的管理方法。

在一切欧洲人殖民地内，甘蔗都由黑奴栽种。生长在欧洲温带的人民的体格，据说，不能在西印度炎日下从事挖土劳动。就今日情况说，栽种甘蔗，都是手工劳动。许多人认为，使用锥犁，当大有利。但犁耕的利润与成效，在很大程度上取决于牛马的良好管理，奴隶耕作的利润与成效，必同样取决于奴隶的良好管理。我想，一般都承认，法国种植者比英国种植者更擅长于管理奴隶。对奴隶给予些微保护，使不大受主人侵凌的法律，似乎在政治十分专制的殖民地上，比在政治完全自由的殖民地上，可能施行得更有效些。在设有不幸的奴隶法规的国家，地方长官在保护奴隶时，就在一定程度上，干涉了主人的私有财产管理。在自由国家，主人或为殖民地议会代表，或为代表的选举人，所以地方长官，非经充分考虑，不敢干涉他们。地方长官不得不把他们放在眼中，这样就使他难于保护奴隶了。但在政府十分专制的国家，地方长官常常干涉个人的私有财产管理，要是个人不依他的意见管理，他也许发出拘票逮捕他们，所以，他要保护奴隶，便容易得多；普通的人道心，自然会使他这样做。地方长官的保护，使主人不敢轻视奴隶，因而不得不给予相当的重视和比较温和的待遇。温和的待遇，使奴隶不仅更诚实，而且更聪明，因此变得更有用。他的境遇，更接近于自由佣人的境遇，因而在一定程度上对主人忠实，并照顾主人利益。自由佣人常有的这种德行，奴隶绝不会有。在主人有完全自由并不受干涉的国家，奴隶一般受着奴隶的待遇。

我相信，一切时代和一切国民的政策，都可证明这种议论，即奴隶在专制政治下比在自由政治下有更好的境遇。在古罗马史上，第一个保护奴隶，使不受主人欺凌的长官，就是皇帝。维迪阿·波利奥在奥古斯丁皇帝面前要把仅仅犯了一点小过失的他的一个奴隶截成小块，投入池中喂鱼，皇帝大为愤怒，命令立即将此奴释放，并把他的其他奴隶同时释放。在共和政治下，长官不能有充足的权力来保护奴隶，更谈不上处罚主人了。

应该指出，用以改良法国殖民地尤其是圣多明各大殖民地的资本，几乎全部来自此等殖民地逐渐的改良与开垦。那几乎全是土地和殖民地人民的劳动的产物，换言之，是由良好经营而逐渐蓄积并用以生产更多产物的那部分产物的价格。但英国蔗糖殖民地改良及开垦的资本，却有大部分来自英国，并不全部是土地和殖民地人民劳动的生产物。英国蔗糖殖民地繁荣的主要原因，是英国财富充溢，一部分流到（如果我可这样说）此等殖民地。但法国蔗糖殖民地繁荣的全部原因，却是殖民地人民的良好经营。法国移民，在这一点上，优于英国移民。这个优点，在奴隶的良好管理上最明白地显现出来了。

以上所述，是欧洲各国对所属殖民地的政策的大纲。

所以，关于美洲殖民地最初的建立及后此的繁荣（仅就内政方面说），欧洲政策，几乎没有什么值得夸耀的地方。

支配着最初计划建立此等殖民地的动机，似乎是痴想与不义。探求金银矿山，足见其痴想；贪图占有一个由从未损害欧洲人，而且亲切殷勤地对待欧洲最初冒险家的善良土人居住的国家，足见其不义。

后来建立殖民地的冒险家，似乎除了妄想寻觅金银矿山外，还有其他比较合理比较可称颂的动机，但就是此等动机，亦不是为欧洲政策增光。

英国的清教徒，因在国内受限制，逃往美洲以求自由，并在新英格兰建立了四个政府。英国的天主教徒，所受待遇更为不公允，亦逃至美洲，在马里兰建立了政府，教友派教徒，则在宾夕法尼亚建立政府。葡萄牙的犹太人受宗教法庭的迫害，财产被剥夺，而且被赶到巴西，他们以身作则地在原为流犯与娼妇居住的殖民地，传入了某种秩序与产业，并教他们栽种甘蔗。所以，在这些场合，使人民侨居美洲并从事耕作的，并不是欧洲各国政府的智慧与精明，而是它们的乱政与横暴。

欧洲各国政府，对于建立这种殖民地的一些最重要的计划和计划的实现，都没有一点功绩。墨西哥的征服，不是西班牙枢密院的计划，而是古巴总督的计划。而使此计划实现的，乃是大胆冒险家的精神。总督把这种任务交给一个冒险家，不久就懊悔，遇事加以掣肘，但不能使这计划失败。智利及秘鲁的征服者，甚至美洲大陆上西班牙一切其他殖民地的征服者，在征服此等地方时，除了得到西班牙国王允许并以他的名义，建设殖民地和加以征服外，不曾受到国家的任何奖励。这班冒险家，都是自己冒危险出费用的。西班牙政府，没对他们有什么贡献。至于英国政府，则对其所属一些最重要的北美殖民地的拓殖，也同样没有贡献。

但在此等殖民地已经建立，而且相当可观，足以引起母国政府的注意时，母国最初对它们颁布的一些条例，其目的总在于保证它独占此等殖民地的贸易，限制它们的市场，牺牲它们以扩大自己的市场，因此，与其说促进它们的繁荣，倒不如说加以压抑。不过，欧洲各国施行此种独占的方法，并不相同，这就是欧洲各国殖民政策大相径庭的一点。其中，最好的是英国的方法。但英国的殖民政策，也只在一定程度上不像其他国家的殖民政策那么褊狭、那么苛刻罢了。

这样说来，欧洲政策，究竟在什么方面有助于美洲各殖民地最初的建立及现在的繁荣呢？在一个方面，只在一个方面，有很大的帮助。它哺育了、造就了能够完成如此伟大事业，建立如此伟大帝国的人才。世界上，没有任何其他国家的政策，能够造就这种人才，实际上亦不曾造就此种人才。这些殖民地应当把它们富有积极进取心的建设者所受的教育与他们所以具有伟大眼光归功于欧洲政策。一些最大最重要殖民地，就其内政说，亦就只有这一点，应归功于欧洲的政策。

第三节　美洲的发现，和经由好望角到东印度的通路的发现，对于欧洲有什么利益

美洲殖民地从欧洲政策所得的利益，已如上述。欧洲从美洲的发现和拓殖所得的利益是怎样呢？

这些利益可分成二类。第一,作为一个大国,欧洲从此等大事件所得到的一般利益;第二,各殖民国从所属殖民地所得到的特殊利益,它们对所属殖民地都享有统治权。

作为一个大国,欧洲从美洲的发现和拓殖取得了以下的利益:(一)这大国的享乐用品增加了;(二)这大国的产业增大了。

输入欧洲的美洲剩余生产物,给这大陆居民提供了许多种类的商品,要不是由于美洲的发现和拓殖,他们是不可能有这些商品的,其中有的是便利品与有用物品,有的是装饰品,因此增加了他们的享乐用品。

显而易见,美洲的发现与拓殖,促进了以下各国的产业:(一)与美洲直接通商的国家,如西班牙、葡萄牙、法国、英国;(二)不直接与美洲通商,但以他国为媒介,把大量麻布及其他货物送到美洲的国家,如奥属法兰德斯和德国的某几省。这一切国家,显然都有比较广阔的市场,来销售他们的剩余生产物,因而必然受到鼓励来增加剩余生产物的数量。

这类大事件,对于不曾把自己生产的物品输出到美洲去的国家如匈牙利和波兰,是否也产生促进产业的作用,虽没有那么明显,但这类大事件的这个作用,却是无可怀疑的。美洲生产物,有一部分是在匈牙利和波兰消费;那里,对于新世界的砂糖、巧克力、烟草,亦有若干需要。这类商品的购买,必须用匈牙利和波兰产业产物或用若干此等产物购入的东西来购买。美洲的这类商品,乃是新的价值,新的等价物,输出到匈牙利和波兰,交换那里的剩余生产物。这类商品输到那里去,就给那里的剩余生产物开辟出一个新的较为广阔的市场,提高它的价值,因而促进它的数量的增加。所以，那里的剩余生产物，虽可能没有任何部分输出到美洲，但可输到其他国家，由其他国家用一部分美洲剩余生产物来购买。这种贸易原来是由美洲剩余生产物引起的，有赖于这种贸易，匈牙利和波兰的剩余生产物才找到了市场。

这类大事件，对于不曾把物品输到美洲而且没从美洲收到任何物品的国家，也可能起增加享乐用品和增进产业的作用。就是这些国家，也可能从那些与美洲通商因而增加了剩余生产物的国家收到更多的其他商品。这种更多的商品，必然增加它们的享乐用品，所以必然增进其产业。有更多新的等价物呈现在它们面前，来交换它们产业的剩余生产物了。这样就给这个剩余生产物创造了更广阔的市场，提高它的价值，因而促进它的数量的增加。每年投入欧洲大商场，并通过周转，每年分配给欧洲各国的商品总量，必由于美洲全部剩余生产物而增加。这个总量加大了，分归各国的数量亦会加大，这样就会增加它们的享乐用品，促进它们的产业。

母国专营的贸易，会减少母国特别是美洲殖民地的享乐用品和产业，至少加以阻抑，使不能照常发展。这是使人类大部分事务所赖而推动的大发条之一的活动受到阻抑的一种巨大力量。这种专营贸易使殖民地产物在一切其他国家腾贵起来，这样就减少殖民地生产物的消费，因而缩减殖民地的产业和一切其他国家的享乐用品与产业，因为享乐用品须付较高价格，享乐用品便减少，生产所得的价格较低，生产便减少。这种专营贸易，又使一切其他国家产物在殖民地腾贵起来，这样也就缩减一切其他国家的产业，并缩减殖民地的享乐用品与产业。这是一个障碍物，某些国家为了想象上的利益，妨碍了一切其他国家的享乐用品与产业，而殖民地所受的妨碍尤大。它不仅尽量排斥所有其他国家，使不能进入某一市场，而且尽量限制殖民地使仅能在某一市场贸易。封闭某一市场而开放其他一切市场，开放某一市场而封闭其他一切市场，这是完全两回事。但殖民地剩余生产物是欧洲从美洲的发现和拓殖得以增进享乐用品和产业的源泉，而母国的专营贸易却能大大损害这富足的源泉。

各殖民国家从所属殖民地得到的特殊利益，亦有二种。（一）各帝国从所属殖民地得到的一般利益；（二）那些据说由欧洲在美洲的殖民地这一非常特异的性质造成的特殊利益。

各帝国从所属领地得到的一般利益如下：（一）各领地所提供的保卫帝国的兵力；（二）各领地所提供的维持帝国民政的收入。罗马殖民地，有时同时提供了这两种利益。希腊殖民地，有时提供兵力，但几乎不曾提供任何收入。它们几乎不承认它们应受母市统治。在战时，它们通常是母市的同盟，但在平时，它们的人民几乎不是母市的属民。

欧洲在美洲的殖民地，从来不曾提供任何兵力来保卫母国。它们的兵力，不足以保卫它们自己；在母国加入战争时，它们不但不能助以兵力，而且往往使母国要大大分散其兵力，来保护所属殖民地。所以，在这一点上，一切欧属殖民地，与其说使母国强大，无宁说使母国削弱，一切都如此，没有一个例外。

只有西班牙和葡萄牙殖民地，提供了若干收入，以防卫母国或维持母国民政。至于欧洲其他各国，尤其是英国，对殖民地所课的税，能与平时所付的费用相等，已属罕见，若要支付战时殖民地所增加的费用，那就无论如何也是不够的。所以，这样的殖民地，对其母国，只是负担，不是财源。

所以，各母国从此等殖民地所得的利益，就只有后一种利益了，即据说，由具有美洲殖民地这种非常特殊性质的领地造成的利益。大家又认为，这一切特殊利益的唯一泉源乃是专营贸易。

这种专营贸易的结果，那一部分被称为列举商品的英属殖民地剩余生产物，就只能输往英国，不能输往任何其他国家了。后来，其他国家，不得不向英国购买。于是，这类物品，在英国必比在任何其他国家低廉，因此与任何其他国家比较，必然在更大程度上促进英国享乐用品的增加，也必然在更大程度上促进英国产业的增加。与任何其他国家比较，英国在以本国剩余生产物交换此等列举商品时，必然得到更好的价格。例如，英国的制造品，与任何其他国家同种制造品比较，能购得更大数量它所属殖民地的砂糖与烟草。所以，在英国制造品及他国制造品都用以交换英属殖民地砂糖及烟草时，这种优越的价格，就使英国制造业得到一种奖励，而其他各国，在这情况下，不能享有这种奖励。由于殖民地专营贸易减少了，至少是阻抑了，不能经营此种贸易的国家的享乐用品与产业，所以对于能经营此种贸易的国家，就提供一种显然比其他国家优越的利益了。

但这种利益，与其说是绝对的利益，无宁说是相对的利益；实施此种专营贸易的国家，享有优越的利益，与其说是由于奖励本国的产业与生产，使其发展超过贸易自由下自然会有的发展，倒不如说是由于阻抑其他各国的产业与生产。

例如，马里兰和弗吉尼亚烟草，就因为英国享有独占权，能以较廉的价格输入英国。至于法国，所需烟草的大部分，通常从英国转运，所以此等烟草在法国的价格较为昂贵。如果法国及欧洲一切其他国家，都能随时与马里兰和弗吉尼亚自由通商，那么此等殖民地的烟草，就不但能以比今日实际价格低廉的价格输入一切其他国家，而且能以更低的价格输入英国。但烟草市场既较往昔广大得多，其产量或可大大增加，以致栽种烟草的利润——据说今日还是稍稍超过自然的标准——降落到和栽种谷物的利润相同的自然水平。烟草价格可降落到，略低于今日的价格。于是，与今日比较，英国及任何其他国家，都能以同量商品，在马里兰和弗吉尼亚，购买较大数量的烟草，因而能在那里，以更好的价格售去它们的商品。所以此种烟草，如果由于丰饶低廉，能增进英国或任何其他国家的享乐用品或产业，那么在贸易自由的场合，就一定会比今日在这两方面有更大的成果。在这场合，英国就没有优于他国的任何利益。它也许要以比今日略低的价格购买其殖民地的烟草，因而以比今日略高的价格，售卖它本国的商品，但与他国比较，它既不能以较低的价格购买前者，亦不能以较高的价格售卖后者。它这时也许会得到一种绝对的利益，但一定会失去相对的利益。

但是，我们有充分理由可相信，英国为了要取得殖民地贸易上这种相对的利益，为了要实施尽量排斥他国分享殖民地贸易那一种惹人恶感的有害计划，不仅牺牲了它和一切其他国家本来能从此种贸易取得的绝对利益的一部分，而且使它自己几乎在一切其他贸易部门上，忍受一种绝对的不利和一种相对的不利。

在英国依据航海条例而独占殖民地贸易时，先前投在这种贸易上的外国资本不得不撤除出去。先前经营这贸易的一部分的英国资本，现今要经营这贸易的全部。先前以殖民地所需欧洲产物的一部分供给殖民地的英国资本，现今要以殖民地所需欧洲产物的全部供给殖民地了。但英国资本不能供给这所需的全部，于是由英国资本供给的商品，必然以很高价格在殖民地出售。而且，原先只购买殖民地剩余生产物一部分的资本，现在又用来购买其全部了。但这样的资本，绝不能依照和原价差不了多少的价格，把这全部买去，因此它所买的物品，又必然是以非常低廉的价格买的。但在资本的使用方面，商人能以非常昂贵的价格出售，而以非常低廉的价格购买，其利润必然是非常的大，必然大大超过其他贸易部门普通利润的标准。殖民地贸易利润的优越，必然把其他贸易部门资本的一部分吸引过来。资本这样的转移，必然逐渐增加殖民地贸易中资本的竞争，因而必然逐渐减少其他贸易部门中资本的竞争；必然逐渐减低前者的利润，因而必然逐渐提高后者的利润，使一切的利润，达到一个新的水平，这一个新水平，与旧水平不同，而且比旧水平略高。

这双重的结果——从一切其他贸易吸引资本；提高所有贸易的利润率，使略高于先前的利润率——不仅是此种独占权初立时所产生的结果，而且是有此种独占权以来所继续产生的结果。

第一，这种独占权，不断地从一切其他贸易吸引资本，使投入殖民地贸易。

自航海条例订立以来，英国财富虽有了很大的增加，但其增加，必定没和殖民地贸易的增加，保持同一的比例。一国的国外贸易，自然按其财富增加的比例而增加，其剩余生产物又自然按其全生产物增加的比例而增加。英国吞并了几乎所谓殖民地国外贸易的全部，而其资本，却没和殖民地国外贸易量按同一比例增加，所以如不能不断地从其他贸易部门吸取一部分原先投在那里的资本，并吸取比原先投在那里的更大的资本，就将无法经营。因此，自从航海条例订立以来，殖民地贸易不断增加，而其他许多国外贸易部门，尤其是对欧洲其他各国的国外贸易，却不断凋落。我国以供外销为目的的制造品，不像航海法未订立以前那样，适合于邻近的欧洲市场，或适合于较远的地中海周围各国的市场，而却有较大部分，适合于更远的殖民地市场，换言之，不适合于有许多竞争者的市场，而适合于享有独占权的市场。德克尔爵士及其他作家，研究其他国外贸易部门衰落的原因，说是赋税过重，课税方法不当，劳动价格昂贵，奢侈增加等等。其实，殖民地贸易的过度膨大，可以说是这原因的全部。英国的商业资本虽很大，但不是无限的；自航海条例订立以来，英国资本大大增加，但没和殖民地贸易以同一的比例增加，所以如不能不断地从其他贸易部门吸取一部分资本，因而使其他贸易部门在一定程度上衰落，那就无论如何也不能继续经营这种贸易。

应该指出，不仅在航海条例已使殖民地贸易的独占得以巩固以前，而且在殖民地贸易尚未盛大以前，英国就已经是个大商业国，其商业资本已经很大，而且每天都在增大。在克伦威尔当政时期，在对荷战争中，其海军比荷兰海军强大。在查理二世即位之初爆发的战争中，英国海军的实力至少和荷法二国联合海军相等，也许还要强大。这种优越的海军力量，现今似未增大，至少在荷兰海军对荷兰商业今昔都保持同一比例的场合是这样。但在这两次战争中，这强大海军力量，并不归功于航海条例。第一次战争中，这个条例，刚刚拟订计划；第二次战争爆发前，这个条例虽已制定完成，但时间不久，还不可能产生大的成效，而条例中建立殖民地专营贸易的部分，则尤少成效。与今日比较，那时的殖民地和殖民地贸易，都是不足道的。牙买加岛还是一个不适居住的荒岛，没有什么居民，更没有什么耕作。纽约和新泽西为荷兰占有；圣克里斯托弗有一半为法国所占领。安提瓜岛、南北卡罗来纳、宾夕法尼亚、乔治亚、诺瓦斯科夏还没殖民。弗吉尼亚、马里兰、新英格兰已经殖民，它们虽是极繁荣的殖民地，但在那时，欧洲或美洲也许没有一个人能预先料到，即使猜想，那里的财富、人口和改良后来会有那样急速的进步。在英国各殖民地中，当时的情形与今日情形相类似的只有巴巴多斯一个岛。殖民地贸易（即在航海条例订立以后若干时间内，英国仅占有此种贸易的一部分，因为航海条例在订立几年以后，才被严格执行），绝不能在当时成为英国贸易盛大的原因，亦不能在当时成为海军力量强大的原因。当时支持英国强大海军力量的贸易，是欧洲及地中海沿岸各国的贸易。但英国今日所享有的这种贸易，在当时怕就不够支持如此强大的海军力量。如果殖民地日益增长的贸易，任由一切国家自由经营，那么英国所得而占有的部分——可能有很大的一部分归于英国——定然是它原先占有的大贸易的附加部分。独占的结果，殖民地贸易增加了，但与其说增加了它原先占有的贸易，倒不如说引起了贸易方向完全的改变。

第二，这种独占权必然会提高英国各种贸易部门的利润率，使其超过一切国家都可自由与英属殖民地通商时的自然利润率。

由于殖民地贸易的独占，必然使大部分英国资本，违反自然趋势，流入殖民地贸易，所以殖民地贸易的独占，排斥一切外国资本，必然减少投在此种贸易上的资本的总量，使少于自由贸易下自然会有的资本量。但由于独占会减少这贸易部门中资本的竞争，所以必然会提高这贸易部门的利润率。由于它减少一切其他贸易部门英国资本的竞争，所以必然提高一切其他贸易部门的英国利润率。自航海条例订立以来，英国商业资本，在任一时期的状况与范围，不管是怎样，但在这状况延续的期间，殖民地贸易的独占，必然提高英国普通利润率，使英国这一贸易部门及一切其他贸易部门的利润率，高于没有这种独占的场合。如果英国普通利润率，从航海条例订立以来，已大大降落——确已大大降落——那么，要是没有这个条例所建立的独占权促其提高，它就一定会落得更低。

但是，什么使一国违反自然趋势，提高其普通利润率，必然使它的各种无独占权的贸易蒙受绝对的和相对的不利。

那使它蒙受绝对的不利，因为在此等贸易部门，它的商人如不以比原来更高的价格售卖外国输入品及本国输出品，就不能取得这较大的利润。他们的国家必须贵买贵卖，必须少买少卖，而它的享受和生产必然比它原来所能享受和生产的少。

那使它蒙受相对的不利，因为在此等贸易部门，不蒙受绝对不利的其他国家，和它比较，将处于较前更有利的地位，或处于不像从前那么不利的地位。于是，其他国家，能因此比它享受更多，生产更多。就是说，那便增大它们的优势，或减小它们的劣势。由于提高了它生产物的价格，它使其他国家的商人，能在国外市场上以比它低的价格出卖，因而把它不曾享有独占权的那一切贸易部门的商品，从外国市场排除出去。

我国商人常常埋怨说，英国工资高昂，是他们制造品在外国市场贱卖的原因，但关于他们资本利润的高昂，他们却三缄其口。他们常常埋怨他人的过分利得，但对他们自己的过分利得，却默然不发一言。英国资本利润的高昂，和英国劳动工资的高昂，在许多场合，一样起了提高英国制造品价格的作用，在若干场合，则前者尤有此种作用。

我们可恰当地说：英国资本，就在这情况下，有一部分，从我国未曾享有独占权的各种贸易部门，尤其是欧洲贸易和地中海沿岸各国贸易中，被吸引过去，有一部分，被排除出去。

一部分是这样被吸引过去的，殖民地贸易继续增大，一年一年总是感到经营殖民地贸易的资本的不足，造成殖民地贸易的高利润，这种高利润，把这些贸易部门的资本吸引过去。

一部分资本是这样被排除出去的，英国建立的高利润率使其他各国，在英国不享有独占权的一切贸易部门中，都处于优势。这种优势，把资本从这些贸易部门排除出去。

殖民地贸易的独占，把一部分原要投在其他贸易部门的英国资本吸引过去，它也使许多在殖民地无独占权时不会投在这些部门的外国资本流入这些部门。它使英国资本在这些贸易部门上的竞争减少了，因而使英国的利润率增高，超过应有水平。反之，它使外国资本的竞争增加，因而使外国的利润率减低到不应有的水平。这两种作用，显然使英国在其他贸易部门蒙受相对的不利。

也许有人说，什么都没像殖民地贸易对英国那么有利，而独占迫使较大部分的资本，投入这种贸易，这样就使这种资本转到对英国更有利的用途。

对于资本所属的国家，最有利的资本用途，乃是能够维持最大生产性劳动量和最能增加土地劳动年产物的用途。本书第二篇曾经指出，投在消费品国外贸易上的资本，所能维持的本国生产性劳动量，与其往返的次数，恰成比例。例如，一千镑资本，投在一年经常往返一次的消费品国外贸易上，所能继续雇用的本国生产性劳动量，等于一千镑每年所能维持的本国生产性劳动量。如果一年往返二次或三次，则所能继续雇用的本国生产性劳动量，等于二千镑或三千镑所能维持的本国生产性劳动量。所以，一般地说，对邻国进行的消费品国外贸易，比对远国进行的更有利。由于同一理由，一般地说，直接的消费品国外贸易，比迂回的消费品国外贸易更有利，这一点我们亦在第二篇指出了。

但殖民地贸易的独占，就其对英国资本用途的影响来说，却在一切场合，都迫使一部分资本，从近国的消费品国外贸易，流入远国的消费品国外贸易，而在多数场合，迫使一部分资本，从直接的消费品国外贸易，流入迂回的消费品国外贸易。

第一，在一切场合，殖民地贸易的独占，都迫使一部分英国资本，从近国的消费品国外贸易，流入远国的消费品国外贸易。

殖民地贸易的独占，在一切场合，都迫使一部分资本，从欧洲贸易及地中海沿岸各国贸易，流入更远的美洲贸易及西印度贸易。美洲贸易及西印度贸易，不仅因为距离较远，而且因为此等地方情况特殊，往返的次数较少。我们说过，新殖民地总感到资本不足。新殖民地的资本，总是比它们能够大大有利地用以改良土地和耕作土地的资本少得多。所以，它们总是不断需要自己资本以外的资本。为要弥补自己的不足，它们尽可能设法向母国借债，所以它们对于母国总负有债务。但殖民地人民借款的最普通方法，不是立据向母国富人借贷(虽然他们有时也这样做)，却是尽可能拖欠来往商人，即以欧洲货物供给他们的商人的款项。他们每年的还款，往往只达欠款的三分之一，有时还不及三分之一。于是，他们的来往商人，垫付给他们的全部资本，很少能够在三年以内归还英国，有时甚至不能在四年五年内归还。但是，五年才往返一次的英国资本一千镑，其能经常雇用的英国劳动也只及一年往返一次的英国资本一千镑的五分之一。这样，这一千镑资本一年内所能继续雇用的劳动量，仅等于二百镑资本一年内所能继续雇用的劳动量了。美洲移民，以高价购买欧洲的货物，以高利息购买远期的期票，以大佣钱调换短期的期票，虽可弥补其来往商人因他付款延期而蒙受的损失，甚或弥补这损失而有余，但这只能弥补其来往商人的损失，不能弥补英国的损失。在往返期间相隔很远的贸易中，商人的利润可能和在往返期间相隔很近而且往返次数很多的贸易中一样大，甚或更大；但他居住国的利益，他居住国所能继续维持的生产性劳动量，他居住国的土地和劳动的年产物，却必定因此而少得多。与欧洲贸易比较，甚至与地中海沿岸各国贸易比较，美洲贸易的往返期间相隔更远，而且更不确定、更不规则，西印度贸易尤甚，我想凡对这些贸易部门略有经验的人，都会毫不犹豫地承认这一点。

第二，在多数场合，殖民地贸易的独占，都迫使一部分英国资本，从直接的消费品国外贸易，流入间接的消费品国外贸易。

不能运送到英国以外任何市场去的列举商品，有几种在数量上大大超过英国的消费额，因此不得不以一部分输到其他各国。

但是，要这样做，不迫使一部分英国资本流入迂回的消费品国外贸易，那就无法办到。例如，马里兰和弗吉尼亚每年送到英国去的烟草，在九万六千桶以上，但英国消费额，据说却不过一万四千桶。于是，有八万二千桶以上的烟草，必须输出到法国、荷兰及波罗的海和地中海沿岸各国去。运这八万二千桶烟草到英国，再把它输出到其他国家，并从其他国家换回货物或货币的那一部分英国资本，就是投在迂回的消费品国外贸易上，而且必须投在这用途上，以售脱这个大的剩余。如果计算此种资本全部，要多少年才能回到英国，我们必须在对美洲贸易往返期间上，加上对其他各国贸易往返的期间。如若我国投在对美洲的直接消费品国外贸易上的资本，非三年四年不能回到英国，那么投在这迂回消费品国外贸易上的全部资本，就非四年或五年不能回到英国了。与一年往返一次的资本比较，如果前者能够继续雇用三分之一或四分之一的本国劳动量，那么后者就只能继续雇用四分之一或五分之一的本国劳动量了。在某几个输出港上，外国商人输出烟草，往往可赊欠。在伦敦港，通常以现钱售卖，通例是现秤现付。所以，在伦敦港，全部迂回贸易的最后往返期间，仅比美洲贸易的往返期间，多了堆栈停留不卖的期间；但这期间，有时也是够长的。倘若殖民地烟草不仅仅售给英国市场，那么输入我国的烟草，也许只不过我国国内所需之数。在这情况下，我国现在以这大量剩余烟草输到他国而用售得之款购回的供本国消费的物品，也许就要用本国产业的直接产物或本国若干制造品来购买。现在，我国产业的直接产物或制造品，几乎全部只供应一个大市场，但若经这种变化，那也许会供应很多较小的市场。英国现在经营一个大的迂回消费品国外贸易，但若经这种变化，那也许会经营很多小的直接消费品国外贸易。由于往返频繁，只需现在经营这一个大迂回消费品国外贸易的资本的一部分，也许只需一小部分，即不过三分之一或四分之一，就够经营很多小的直接消费品国外贸易，就可继续雇用等量的英国劳动，就可同样维持英国的土地和劳动的年产物。这样，这种贸易的各方面，就需要少得多的资本，就有大量剩余资本，可用于其他用途，即改良土地，增加制造业，扩张商业，至少也可以与投入这一切用途的其他英国资本相竞争，从而减低这一切用途的利润率，使英国在这一切用途上，对其他国家，占有比现今更优越的地位。

殖民地贸易的独占也迫使一部分英国资本，从消费品国外贸易，流入运送贸易，因而使多少用以维持英国产业的资本，有一部分用来维持殖民地的产业，有一部分用来维持其他各国的产业。

例如，用这八万二千桶剩余烟草每年再输出而每年购回英国的货物，并不完全在英国消费。其中，有一部分，例如从德意志和荷兰购回的麻布，必须运到殖民地去，专供它们消费。但是，那一部分英国资本，即用以购烟草而以烟草购麻布的那一部分英国资本，必不能再用来维持英国的产业，而全部被抽出去，一部分用来维持殖民地的产业，一部分用来维持那些以本国产业产物购买这种烟草的国家的产业。

此外，殖民地贸易的独占，迫使过大部分的英国资本，违反自然趋势，流入这种贸易，这似乎就完全破坏了英国一切产业部门间的自然均衡。英国产业，不和多数小的市场相适应，而却主要和一个大市场相适应。英国的贸易，不在多数小的商业系统进行，而却主要被引到一个大的商业系统上去。这样，它的整个工商业系统，亦变得比较不安全了，其政治组织的全部状态，也变得比较不健康了。英国在现今状态下，有些像一个不健全的机体，其中，有些重要生理器官长得过大，以致容易发生许多危险的疾病，那在各部分发展比较均衡的生理器官是不常有的。人为地造成的一个大血管过分的膨胀，并迫使过大部分的产业与商业流入这个血管，这样这大血管要是略有停滞，就会使全部政治组织陷于最危险的紊乱中。英国人民对于母国与殖民地决裂的恐惧，超过了他们对西班牙无敌舰队或法国侵袭的恐惧。这种恐惧，无论有没有道理，却使一般人，至少使各商人，都觉得应该把印花税法令废除。我们大部分商人往往认为，殖民地市场连续数年完全排斥英国商品，可预见得到，他们的贸易就会完全停止；我国大部分制造业者，也往往认为，这样一来，可预见得到，他们的事业就会完全破坏；我国大部分工人，也往往认为，可预见得到，他们会完全失业。但是，与大陆任何邻国绝交的可能，虽亦会使此等人民中，有一些预料会停止或中断其职业，但不会引起那么普遍的情绪。若干小血管内血液循环停滞，血液很容易流到大血管，不会引起任何危险性疾病。但是，任何大血管的血液要是停滞，其直接不可避免的结果，便是痉挛，半身不遂，乃至死亡。没有一种制造业，由于奖励金，或由于国内市场及殖民地市场的独占，不自然地过度膨胀，超过自然发展的程度，那么只要稍有停滞或中断，往往就会惹起骚扰与紊乱，使政府惊骇，国会狼狈失措。他们想，我国主要制造业者，如果有许多突然完全停止营业，定会引起很大的紊乱与骚扰。

将来无论什么时候，要把英国从这种危险中拯救出来，要使英国能够甚或强制它从这种过大的用途，撤回一部分资本，投在利润较少的用途上，要逐渐减缩一个产业部门，逐渐增大一切其他产业部门，要一步一步地，把一切产业部门，恢复到自然的、健全的，并为完全自由制度所必然建立、亦仅能由完全自由制度加以保持的比例，唯一的方策，似乎就是适度地、逐渐地放宽那给英国以殖民地贸易独占权的法律，一直到有很大程度的自由为止。立即开放殖民地贸易，使一切国家都可以进来经营，那不仅会引起一些暂时性困难，而且将使现今以劳动与资本经营这种贸易的人，有大部分蒙受大的永久的损失。不说别的，单说那输入八万二千桶烟草的船只，突然废而不用，就会受到重大的损失。这就是重商主义一切法规的不幸结果！这一切法规，不仅给政治组织造成了危险性很大的紊乱，而且这种紊乱，即使不引起（至少在短时间内不引起）更大的紊乱，也往往难于矫正。所以，殖民地贸易应怎样逐渐公开；什么限制应首先撤除，什么限制应最后撤除；完全自由与正义的自然制度应怎样逐渐恢复，这些问题，留待未来政治家和立法者运用智慧去解决吧。

一年多以来（从 1774 年 12 月 1 日以来），北美洲十二联邦完全排斥英国商品。在殖民地贸易中丧失了一个非常重要的部门，这在一般人想来，定会使英国人痛切地感到损失。幸而发生了五件不曾预见，而且不曾想到的事情，使他们没有这种感觉。（一）此等殖民地，相约不输入英国商品，为做好准备，曾把适合于它们市场的一切英国商品全部买尽。（二）西班牙船队，为着异常的需要，曾在这一年买尽德意志及北欧的许多商品，尤其是亚麻布。那许多商品，甚至在英国市场，亦常和英国制造品竞争。（三）俄罗斯与土耳其媾和，使得土耳其市场有了异常的需要。因为，前些时候土耳其在国难当中，而俄罗斯舰队又在爱琴海巡逻，土耳其市场非常缺乏供应品。（四）在过去若干时间，北欧对于英国制造品的需要，逐年增加。（五）波兰最近的被瓜分和平定，为这大国开拓了一个市场，使得英国制造品，除有北欧日益增加的需要外，又在这一年，加上了这个市场异常的需要。这五件事情，除第四件外，按性质说都是暂时的偶然的。假设不幸，这十二联邦长此继续排斥英国货物，那么英国对殖民地贸易中这么重要的一部分被排斥，仍会惹起一定程度的痛苦。但这种痛苦，因为来得渐缓，所以不像突然发生的痛苦那么难受。同时，英国的劳动与资本，也能发现新的用途与方向，使此种痛苦，不达到任何显著的高度。

殖民地贸易的独占，既使过大部分的英国资本，违反自然趋势，流入此种贸易，所以在一切场合，使英国资本，由近国的消费品国外贸易，改投到远国的消费品国外贸易，在多数场合，使英国资本，由直接的消费品国内贸易，改投到迂回的消费品国外贸易，在一些场合，又使英国资本，由一切消费品国外贸易，改投到运送贸易。总之，在一切场合，都使英国资本，由所雇生产性劳动量较多的方面，改投到所雇生产性劳动量少得多的方面。此外，它使那么大的部分的英国产业与商业，仅仅适合于一个特殊市场，这样就使英国产业与商业的全部状态，比其生产物能适合较多市场的场合更不确定、更不安全。

我们必须细心分别殖民地贸易的影响及殖民地贸易独占的影响。前者总是而且必然是有利的；后者总是而且必然是有害的。但因为前者是那么有利，所以，即使殖民地贸易被独占，而独占又是那么有害，就全体说，殖民地贸易，仍是有利，而且大大有利。不过，设若没有独占，其有利程度就要大得多。

在自然与自由状态下，殖民地贸易，给英国产业的邻近市场即欧洲市场与地中海沿岸各国市场所不能容纳的那一部分产物，开拓了一个虽是很远但却很大的市场。在自然与自由状态下，殖民地贸易，不会使英国从原来运销邻近各市场的产物中抽出任何部分，却会使殖民地不断提出新等价物来交换英国剩余生产物，从而奖励英国不断增加其剩余生产物。在自然与自由状态下，殖民地贸易，倾向于增加英国生产性劳动量，却不倾向于改变其原先的用途。在自然与自由状态下，殖民地贸易，得由一切其他国家进入竞争，这样就使新市场或新行业上的利润率不会上升到一般水平之上。新市场，用不着从旧市场吸取任何东西，就会创造（要是可以这样说）一个新生产物来供给自己。而这新产物就会构成一个新资本，来经营新行业，新行业同样用不着从旧行业吸取一点东西。

反之，殖民地贸易的独占，由于排斥其他国家的竞争，从而提高新市场及新行业上的利润率，势必从旧市场吸取产物，从旧行业吸取资本。增大殖民地贸易中我国的份额，是这种独占公开提出的目的。如果殖民地贸易中我国所占的份额，并不比没有独占时多，那就没有设立这种独占的理由。这种贸易的往返，比大部分其他贸易的往返为慢，而时间相隔也较久。要是迫使任何一国过大部分的资本违反自然趋势流入这种贸易，必使那里每年所维持的生产性劳动的总量，每年所生产的土地和劳动的生产物的总量，比原来的少。这样就使这国居民的收入，不及自然状态下的收入，因而减少他们的蓄积能力。那不仅在一切时候，使其资本不能照常雇用那么大的生产性劳动量，而且使其资本不能照常增加，这样就使它不能雇用更大的生产性劳动量。

但是，就英国说，殖民地贸易的自然良好结果，足以抵消独占的恶劣结果而有余，所以，虽有独占的害处，像现今进行的此等贸易，不仅有利，而且大大有利。由殖民地贸易所开拓的新市场与新行业，比因独占而损失的那一部分旧市场与旧行业大得多。由殖民地贸易而创造（如果可这样说）的新产业与新资本，在英国所能维持的生产性劳动量，比因资本从往返次数较多的贸易部门突然撤回而失去的生产性劳动量来得多。不过，要是像今日进行的那种殖民地贸易，对英国还有利，那不是由于独占，而是由于独占以外的其他原因。

殖民地贸易所开拓的新市场，与其说是欧洲原生产物的新市场，倒不如说是欧洲制造品的新市场。农业是一切新殖民地的适当业务；因为其土地低廉，故与他处相比，农业显得更有利。所以，殖民地富有土地原生产物，它们不但不要输入土地原生产物，而且通常有大量的剩余输出。新殖民地的农业，往往从一切其他职业拉取工人，或把工人拉住，使其不流入任何其他职业。留给必需品制造业使用的工人已经不多；装饰品制造业可使用的工人简直没有。所以，对于这两种制造品的大部分，它们都觉得，与其亲自制造，不如向他国购买更合算。殖民地贸易对于欧洲农业的鼓励，主要是间接的，即鼓励欧洲制造业，从而间接鼓励欧洲农业。殖民地贸易所维持的欧洲制造业，是欧洲土地生产物的一个新市场。我们说过，最有利的市场，即谷物和牲畜、面包和家畜肉的国内市场，在这情况下，赖美洲贸易而大大扩张了。

但是，西班牙和葡萄牙的先例，充分证明，富庶殖民地贸易的独占，并不能使任何国家建立制造业，甚或不能维持制造业。西葡两国，在没有任何大殖民地时，就是工业国了。但自它们占有世界上最富最沃的殖民地以来，便都不是工业国了。

在西班牙和葡萄牙，独占的恶影响，加上其他原因，也许几乎把殖民地贸易的自然良好影响抵消了。这些其他原因似乎是：其他各种独占；金银价值比其他大多数国家低；对输出品课以不适当的税，以致不能参加外国市场，对国内各地间货物的运输，课以不适当的税，以致缩小国内市场；最重要的是司法制度的不规则与不公平，常常保护有钱有势的债务人，使能避免受害的债权人的追索，并使国内劳动阶级不敢制造货物来供这班大人先生消费，因为，对于这班大人先生，他们不敢拒绝赊卖，而欠款能否归还，又极不确定。

反之，在英国，殖民地贸易的自然良好影响，加上其他原因，曾在很大程度上克服了独占的恶影响。这些其他原因似乎是：贸易的一般自由，那里虽有若干限制，但与任何其他国家比较，至少有相等的自由，也许有更大的自由；输出自由，本国产业的产物，几乎无论什么种类，又几乎无论输到什么国家，都能无税输出；更重要的是本国产业的产物，由本国这地运至那地，不需报告任何官厅，不需受任何盘问检查，换言之，得以享受毫无限制的自由；最重要的是平等而公平的司法制度，使最下级英国人民的权利，为最上级英国人民所尊重，使各个人能保有各自的劳动果实，这样就对各种产业，给予最大而且最有效的鼓励。

但是，设若英国制造业由于殖民地贸易而有所进步（事实上确曾如此），那不是靠了对殖民地贸易的独占，而是靠着独占以外的其他途径。独占的结果，不是增加英国制造品产量，而是改变英国制造品一部分的性质与形式，使其违反自然趋势，不再适合于往返频繁而期间相隔又很短暂的市场，却适合于往返迟缓而期间相隔又很久的市场。所以，其结果乃是改变一部分英国资本的用途，大大减少这部分资本所能维持的制造业的数量，因此不但没有增加英国制造业的总量，而且把它减少了。

所以，殖民地贸易的独占，像重商主义其他卑劣有害的方策一样，阻抑其他一切国家的产业，但主要是殖民地的产业，不但没有一点增加，反而减少那为着本国利益而设立的产业。

无论母国在特定期间有多少资本，这种独占必定会妨碍它的资本，使它不能维持本来能够维持的那么大的生产性劳动量，并使它不能给劳动大众提供本来能够提供的那么多的收入。由于资本只能由节省收入而增加，所以妨碍资本使不能提供本来能够提供的那么多的收入的独占，就必然妨碍资本，使不能按本来能够增加的速度增加起来，因而不能维持更大的生产性劳动量，不能给国内劳动大众提供更多的收入。一个很大的收入泉源，即劳动的工资，由于有了这种独占，必定在各个时候，都不像没有独占的场合那么富足。

独占提高了商业利润率，因而妨碍土地的改良。土地改良的利润，取决于土地现实生产额和加投资本后土地可能生产额之差。如果这差额所能提供的利润，比等量资本能从商业取得的利润大，那么土地改良事业，就从各种商业吸去资本。如果所提供的利润，小于商业利润，商业就从土地改良事业吸去资本。所以，凡是提高商业利润率的措施，就会使土地改良事业高的利润减低，或使其低的利润降得更低。在前一场合，使资本不流入土地改良的用途；在后一场合，把资本从这用途吸引出来。独占妨碍土地的改良，势必延迟另一个大的收入原始泉源——土地的地租——的自然增加。此外，独占提高利润率，势必提高市场利息率，使其达到不应有的水平。但与地租成比例的土地的价格，即通常按若干年地租而计算的买价，必随利息率上升而下降，必随利息率下降而上升。这样，独占在以下二方面妨害了地主的利益，即延迟地租的自然增加，并延迟与地租成比例的土地价格的自然增加。

诚然，独占提高商业利润率，因而稍稍增加我国商人的利得。但由于它妨碍资本的自然增加，所以不会增加国内人民从资本利润率所得收入的总额，而会减少这个总额。大资本的小利润，通常比小资本的大利润提供更大的收入。独占提高了利润率，但使利润总额不能增高到和没有独占的时候一样。

独占使一切收入的原始泉源，即劳动的工资、土地的地租和资本的利润，在很大程度上，不像无独占时那么富足。为了要促进一个国家一个小阶级的利益，独占妨害了这个国家一切其他阶级的利益和一切其他国家一切阶级的利益。

只有通过提高普通利润率，独占才能使任何一个阶级得利或能够得利。但是，一般说来，高的利润率对于国家所必然产生的各种坏影响，除上述外，还有一种更坏的影响；按照经验，这种坏影响和高的利润率分不开，而其有害作用，也许比上述各种坏影响合起来的作用还要大。高的利润率，随便在什么地方，都会破坏商人在其他情况下自然会有的节俭性。在利润很高时，俭朴似乎是多事，而穷奢极侈，似乎更适合于宽裕的境遇。但大商业资本所有者，必然是全国实业界的领袖和指导者。他们的榜样对国内全部勤劳民众生活方式的影响，比任何其他阶级的影响大得多。若雇主是小心的、节俭的，工人亦大都会如此；若主人是放浪的、随便的，那么佣工亦会按主人的榜样工作，亦会按主人的生活方式生活。这样，本来最会蓄积的人，都不能在手上有所蓄积了。维持生产性劳动的基金，不能因这些本来最会使这基金增加的人们的收入而有所增益。国家的资本不能增加，反而逐渐枯竭。国内所维持的生产性劳动量，一天少似一天。加的斯和里斯本商人异常的利润，曾增加西班牙和葡萄牙的资本吗？他们减轻了这两个乞丐般的国家的贫穷吗？促进了这两个乞丐般的国家的产业吗？这两个商业都市的商人的费用是那么大，以致异常的利润不但没有增加国家的总资本，而且不足保持原有的资本。我敢说，外国资本一天多似一天地闯进加的斯和里斯本的贸易中去。为了要把外国资本从自己资本日益不够经营的这种贸易中驱逐出去，西班牙人和葡萄牙人才一天甚似一天地加强这种不合理的独占。试比较加的斯及里斯本的商人习俗和阿姆斯特丹的商人习俗，你就会感到，受高利润影响的商人行为与性格，与受低利润影响的商人行为与性格，是怎样不相同啊。诚然，伦敦的商人，虽不像加的斯和里斯本的商人那样，一般都成为堂堂贵族，但与阿姆斯特丹的商人比较，却就一般是更不小心、更不节俭。但是，据说，大部分伦敦商人，比大部分加的斯和里斯本商人，富裕得多，而比大部分阿姆斯特丹商人，却略有逊色。伦敦的利润率，与前者比较，一般是低得多；与后者比较，一般是高得多。俗语说，“容易来，容易去”。随便什么地方，消费的一般情况，与其说受真实消费能力的支配，倒不如说受弄钱花费的难易程度支配。

这样，独占给唯一阶级带来的唯一利益，在许多不同方面妨害国家的一般利益。

仅仅为了要培育顾客而建立一个大帝国的计划，乍看起来，似乎仅仅适合于小买卖商人的国家。究其实，那种计划，对于小买卖商人的国家，也是全不相宜的，但适合于政府受小买卖商人支配的国家。这样的政治家，也只有这样的政治家，才会认为，用同胞的血与财宝来建设并维持这样一个帝国是有若干利益的。你对一个小买卖商人说，你卖给我一块地皮，我就会常常在你铺子里购买衣物，虽然你铺子里的卖价比别家铺子昂贵。他不见得会很踊跃地接受你的提议。但若另一个人卖给你这样一块地皮，并吩咐你要在那小买卖商人铺子里购买你所需的一切衣物，这小买卖商人对他便会非常感激。有些英国人在国内不能安居，英国给他们在远地购买了一块大地皮。诚然，其价格很小，不是今日的普通买价，即三十年年租，而只等于初次发现、踏勘海岸和夺取土地的各种费用。但土地是良好的、广阔的，耕作者得有大量土地耕作，有时又得自由随意在任何地方售卖其生产物，所以不过三四十年(1620—1660 年)，就变成了一个那么富庶繁荣的民族。于是，英国的小买卖商人及其他各种商人，都想长此独占这些人的光顾。他们不敢说，他们原来用一部分货币购买土地，嗣后又用一部分货币来改良土地，他们只向国会请愿，美洲殖民地人民将来只许向他们的店铺买卖：(一)殖民地人民所需的一切欧洲产货物，都得向他们的店铺购买；(二)殖民地人民要把他们认为适于购买的那些殖民地产物，全数卖给他们的商店。他们并不认为全部产物都适于购买，因为其中有若干部分输入英国可能妨害他们在国内经营的某些商业部门。这若干部分生产物，他们自然希望移民们尽量对外地售卖，愈远愈好；即因此故，他们提议，把这些生产物的销售市场限定在菲尼斯特海角以南各国。这种真正小买卖商人的提议，在有名的航海条例中定为一个条款了。

英国统治殖民地的主要目的，或更确切地说唯一目的，一向就是维持独占。殖民地不曾提供任何收入，来维持母国的内政，亦不曾提供任何兵力，来维持母国的国防；其主要利益，据说就是这种专营的贸易。此种独占，即是此等殖民地隶属我国的主要标志，亦是我国从这种隶属所得的唯一果实。英国一向用以维持这种隶属的费用，其实都是用以维持这种独占。在现今骚扰事件开始之前，殖民地按平时编制的一般军费，为二十联队步兵的给养，炮兵队及军需品的费用，和他们所需异常的食品，以及为警戒无限长的北美海岸及西印度海岸，并防范其他各国秘密出入船只而须不断维持的极大海军力量的费用。这平时编制的军费全部，是英国收入上一个负担，但同时也只是殖民地统治所费于母国的极小部分。如果我们要知道费用全数，我们必须在这平时编制每年军事费用之外，加上英国在各个时期为防卫殖民地所花费的款项的利息。尤其是上次战争的全部费用和这次战争以前的那次战争的费用大部分必须加上。上次战争纯然是殖民地战争，其全部费用，无论用在什么地方，用在德意志，或用在东印度，都应算在殖民地账上。总数在九千万镑以上，它不仅包含新债，而且包含每镑附加一先令的地税，以及每年动用的减债基金。1739 年开始的西班牙战争，主要是殖民地战争。其主要目的，是阻止殖民地与西班牙本土秘密通商的船舶的搜查。这全部费用，其实等于维持独占的奖励金。其公然提出的目的，虽为奖励英国制造业、发展英国商业，但其实际结果，却是提高商业利润率，使我国商人能以过大部分的资本，转投到往返较为迟缓而相隔时间较长的贸易部门。如果奖励金能阻止那两种事件，使不发生，那也许真值得发给这样一种奖励金。

所以，在现今的经营管理下，英国从统治殖民地，毫无所得，只有损失。

建议英国自动放弃它对殖民地的一切统治权，让它们自己选举地方长官，自己制定法律，自己决定对外媾和宣战，就等于提出一个从来不曾为世界上任何国家采纳亦永远不会为世界上任何国家采纳的议案。没有一个国家自动放弃过任何地方的统治权，尽管这个地方是怎样难以统治，尽管它所提供的收入与其所费相比是怎样微小。这种牺牲虽往往符合一国利益，但总会损害一国威信。更重要的也许是，这种牺牲，往往不符合其统治阶级的私人利益，因为他们对于许多有责任有利润的位置的处分权，将从此被剥夺，他们那许多获取财富与荣誉的机会，亦将从此被剥夺。占据最动乱不安而对人民最不利的地方，常能取得这种处分权与机会。所以，即使最爱作非非之想的人，也不会认真希望这种建议能被人采纳。但若真的被采纳，那么英国不仅能立即摆脱掉殖民地平时每年全部军事费用，而且可与殖民地订立商约，使英国能够有效地确保自由贸易，那与它今日享受的独占权相比，虽对商人不怎么有利，但对人民大众必更有利。这样，殖民地和母国，就像好朋友的分离，那么几乎为近来的不和所消灭的殖民地对母国的自然感情，就会很快地恢复。他们不仅会长此尊重和我们分离时所订定的商约，而且将在战争上、贸易上赞助我们，不再做骚扰捣乱的人民，却将成为我们最忠实、最亲切、最宽宏的同盟。古希腊殖民地与其所从出的母市，一方面有一种父母之爱，一方面有一种孝敬之心。我想，我们如果那样办，英国与其殖民地间同样的感情，亦会恢复起来。

一个省份，要有利于其所属的帝国，则在平时对国家所提供的收入，不仅要足够支付其平时编制的军费全部，而且要按比例提供收入来维持帝国总的政府。每一个省份，对于帝国总政府的经费的增加，都必须或多或少地有所贡献。若有任何个别省份，不按比例担负这种费用，那么帝国一些省份的负担，就显得不均。此外，依此类推，对全帝国非常收入的负担，亦应像平时经常收入一样，保持同一的比例。英国从殖民地取得的经常收入与非常收入，对于英帝国的全部收入，不曾保持这个比例，那是大家都会承认的。据说，独占增加英国人民的私人收入，因而增加他们的纳税能力，这样就补偿殖民地公共收入的不足。但是，我曾说过，这种独占，虽对殖民地是一项极苛重的赋税，虽可增加英国特定阶级人民的收入，但不增加人民大众的收入，而却减少人民大众的收入，因此不增加人民大众的纳税能力，而却减少人民大众的纳税能力。收入因独占而增加了的人，是一个特殊阶级，要他们超出其他阶级应纳的比例完税，既是绝不可能，亦是最大的失策，这我要在下一篇来说明。所以，从这特殊阶级，不能取得特殊收入。

殖民地可由其自己的议会课税，也可由英国议会课税。

殖民地的议会，似不可能由母国操纵，使它们能向当地人民征收足够的公共收入，以维持一切时期的本地民政和军政，又按适当比例负担英帝国总政府的经费。甚至是直接受君主监督的英国国会，也是经过了一个很长时期，才被置于这样的管理制度之下，或者说才使它提供足够的税收，以维持本国军民两政。君主只由于曾以军政民政官职大部分及支配此官职的权能大部分，分给国会中个别议员，才取得了对英国国会的这种控制。殖民地议会离君主很远，数目众多，分散各处，而组织又多样，所以，君主即使拥有同样的控制手段，亦难以如此控制，而且他并没有这种手段。他绝对不能把英帝国总政府的职位大部分或支配此职位的权能大部分，分给殖民地议会的主要成员，使他们甘冒不韪，向选民课征，以维持那总政府，这样总政府的薪俸，几乎全部都要分配给他们不相识的人。此外，英国政府又难免不知道各个议会中各个代表的相对地位，在企图作这样的控制时，难免触犯他们，难免犯了错误，这样就会使这种控制办法，对殖民地议会全不适用。

而且，殖民地议会，对于全帝国的国防经费及维持费，不可能是适当的判断者。此等事务，没委托殖民地议会考虑。这不是他们的任务，他们关于此等事务，亦不能经常得到情报。省议会，像教区委员会一样，关于所属地域的事务，能作适当的判断。但关于全帝国的事务，他们却无法作适当的判断。关于本省对全国所持的比例是怎样，或关于本省与他省的相对重要性和富裕程度，它们甚至不能作适当的判断，因为其他各省，并不受这省区议会的监督和指挥。全帝国的国防和维持所需要的是什么，每省所负担的部分是多少，只有一个议会能作适当的判断，即监督和指挥全帝国事务的议会。

于是，有人建议，向殖民地派征赋税，即各殖民地应纳的数额，由英帝国议会决定，而省议会则按各省情况，决定最适宜的抽取方法。这样，关于全帝国的事务，由监督和指挥全国事务的议会决定，而各殖民地当地的事务，仍可由其自己的议会决定。在这场合，殖民地虽不派代表出席英国议会，但我们可根据经验来判断，国会的派征不至于不合理。对于不派代表出席国会的帝国所属各地，英国议会从来没有加以过重的负担。根西及泽西二岛，虽无任何手段抵抗国会权威，但比别省却纳更少的赋税。国会虽企图行使它想象中的向殖民地征课的权利（无论有无根据），但迄未要求殖民地人民，按他们国内同胞应纳的正当比例纳税。此外，殖民地纳税，如果要按土地税的增减而比例增减，那么国会非同时对其自己选民课税，即不能对殖民地课税，在这种情况下，殖民地可以说实际上在国会里派有代表。

各省不按同一办法同一标准课税——如果我可以这样说——而由君主决定各省应纳数额，一些省份由君主决定抽收办法，另一些省份则由省议会决定抽收办法，这在其他帝国，也不乏先例。法国就有些省份，不仅纳税额由国王决定，而抽收办法，亦由国王决定。但对另一些省份，他仅仅决定数额，而由省议会决定抽收办法。依据派征赋税计划，英国国会对于殖民地会议，和法国国王对于有权组织议会而且据说又是治理得最好的那些省的议会，就几乎处在同样的地位了。

不过，按照这计划，虽然殖民地人民无正当理由可忧惧，他们对国家的负担，和他们国内同胞的负担比较，会超过适当的比例，但英国却有正当理由忧惧，殖民地对国家的负担不会达到这适当的比例。法国对于有权组织议会的那些省份的统治权已经巩固，但英国在过去若干时期内，却没有确立同样的统治权。殖民地议会，若不十分乐意（除非巧妙地加以控制，否则他们是不大会十分乐意的），仍有许多借口来逃避或拒绝国会最合理的派征。假定说，一次对法战争爆发了，必须立即征收一千万镑，来保卫帝国中心地。这个款项，必须由国会以某项基金为担保，支付利息，向人民贷借。这基金的一部分，国会提议在英国国内课税抽征，另一部分则向美洲和西印度各殖民地议会派征。殖民地议会离战地遥远，而且有时认为与这事件无多大关系，而这个基金的募集，部分又取决于殖民地议会的高兴，那么人民肯不肯立即根据这个基金的担保，而贷借款项呢？由这样一个基金所贷得的货币，也许不会多于英国国内课税被设想可以偿还的数额。这样，战时所借债务的全部负担，就会像往昔一样，总是落在大不列颠身上，换言之，落在帝国的一部分，不落在帝国的全部。自有世界以来，也许只有英国一国，开疆辟土，只增加其费用，从没增加它的资源。其他国家，大都以帝国防卫费绝大部分，课在自己的从属地方，从而解除自己的负担。英国却一向以这费用的几乎全部课在本国，从而解除从属地方的负担。要使大不列颠与法律一向认为是隶属大不列颠的殖民地享有平等的地位，国会在派征赋税计划上，似乎必须有手段，使其派征立即生效，不致为殖民地议会所逃避、所拒绝。至于这种手段是什么，却不是容易想得出来，而且是个未曾阐明的问题。

倘若英国国会，同时充分确立了不得殖民地议会同意即可对殖民地课税的权利，则此等议会的重要地位，马上就会终结，而英领美洲领导人物的重要地位，亦必跟着完结。人们所以要参与公共事务的管理，主要是因为参与公共事务的管理可以取得重要地位。自由政府组织是怎样安定、怎样持久，就看这个国家大部分的领导人（即这个国家的上层阶级），能如何保持或保卫其重要地位。所以，国内派别活动和野心活动，就在于此等领袖人物不断地互相攻击别人的重要地位，保卫各自的重要地位。美洲的领导人物，像一切其他国家的领导人物一样，想保持自己的地位。他们觉得或者想象，如果他们的议会——他们把它叫做国会，认为其权力与英国国会相等——大权旁落，仅仅成为英国国会的低声下气的臣仆或执行吏，他们自己的重要地位就大部分丧失了。所以，他们拒绝议会派征赋税的建议，像雄心勃勃、意气昂扬的人一样，宁愿剑拔弩张来保卫自己的重要地位。

当罗马共和国日趋衰微的时候，负有防御国家扩大帝国重任的罗马同盟国，都要求享有与罗马市民所享的同样特权。在共和国拒绝它们的要求时，内战就爆发了。在这样的战争中，罗马以此种特权，一个一个地给予大部分同盟国，而且按它们的独立程度给予。现在，英国的国会主张对殖民地课税，而殖民地则拒绝这种课税，因为他们未曾派代表出席国会。设若对要脱离联盟的各殖民地，英国都许其按所纳国税的比例，选举代表，而且由于纳税，允其自由贸易，使与他们本国同胞相等——其代表人数，随其纳税的增加而比例增加——那么各殖民地领导人物，就有了一种夺取重要地位的新方法，一个新的更迷人的野心对象了。这样，他们也许会希望，从英国政治界那国家彩票获得大奖，因为他们像其他人一样，对于自己才能及幸运自有妄想，不想从殖民地这小彩票获得小奖。明显地，这种方法，最能保持美洲领导人物的重要地位，满足他们的野心。除了用这种方法或其他同样方法，他们不见得会自动服从我们的。我们应当知道，若以流血的方法，强迫他们服从我们，那流出的每一点血，都是我们国民的血，不然就是愿为我们国民的人的血。有些人以为，时机一到，极易以武力征服殖民地，那实是非常愚钝的。现今主持所谓联合殖民地议会的人，自己感到一种为欧洲最大公民所不会感到的重要地位。他们由小买卖商人、商人、律师，一变而为政治家和立法者，给一个广大帝国，制定一个新政体。他们自夸，那将成为世界上自有国家以来最大而又最强的一个国家，也许真会如此。直接在联合殖民地议会工作的人，也许有五百，听这五百人号令的人，也许有五十万，他们都同样觉得，自己的重要性按地位的重要性而提高了。美洲政党中几乎每一个人，都想象自己现今的位置，不仅比过去优越，而且也比他们所预期的优越。除非有一种新的野心对象出现在他或其领袖面前，否则他若有一般人的志气，定会拼命护卫他的那个地位。

亨诺主席曾说，我们现今很有兴趣地读着关于同盟的许多小事件的记录，但当这些事情发生时，也许不被人看作极重要的新闻。他说，当时各人都认为他们有了相当重要的地位。那时流传下来的许许多多记录，有大部分，是由那些高兴记录那些事件的人们记下来的。他们自夸是那些事件中的重要角色。巴黎市当时曾顽强地保卫自己，曾为着抗拒最好而后来又是最为人爱戴的那位国王而忍受一次那么可怕的饥馑，这是世人所熟知的。那里市民的大部分或者说支配这大部分市民的人，因为预先看到，旧政府一旦恢复，他们的重要地位就会立即消灭，所以竭力为保卫自己的重要地位而战。除非我们能诱导我国殖民地同意和我们结合，否则它们亦会像巴黎市顽强抗拒其国王中最好的一个那样，抵抗母国中最好的一个母国。

古代没有代表制的观念。当一国人民在他国取得了市民权的时候，他们除了与他国人民一块儿投票、一块儿讨论，即无法行使这种权利。以罗马市民特权给予大部分意大利居民，就完全破坏了罗马共和国。这样，就无从判别，谁是罗马市民，谁不是罗马市民。这样，一个氏族，就不知道它自己的成员。这样，任何种类的暴民，都可能被引入人民议会，他们可能赶走真正市民，并俨然以真正市民自居，决定共和国事务。但是，即使美洲派五十个或六十个新代表出席国会，众议院的门房，亦不难判别，谁是国会议员，谁不是国会议员。所以，罗马组织，虽必然由于罗马与意大利同盟国的联合而遭受破坏，但英国组织却不会由于大不列颠与其殖民地联合而受丝毫损害。反之，其组织将因此而完善；没有这种联合，反会觉得不完善。讨论并决定帝国一切部分事务的议会，为要得到正确的情报，应当有各部分派出的代表。这种联合，能不能容易实行，执行时会不会发生困难，我不敢妄断，但我没有听见，不能克服的困难。主要的困难，可能来自大西洋两岸人民的偏见与成见，并非出于事物的本性。

住在大西洋这一岸的我们，不必忧惧美洲代表的众多，将打破组织的均衡，或过度地增加国王势力，或过度地增加民主势力。若美洲代表的人数，与美洲所纳的税成比例，那么受统治人数的增加，将与统治手段的增加，恰好成比例，而统治手段的增加，亦将与受统治人数的增加，恰好成比例。联合之后，君主势力与民主势力，仍必和联合之前一样，彼此间保持同程度的相对实力。

住在大西洋那一岸的人民，亦不必忧惧他们因离政府所在地遥远而可能遭受许多压迫。他们出席国会的代表，自始就该是很多的，他们的代表，必能保护他们，使其不受到这一切压迫。距离的远，不会削弱代表对于选民的依存性，前者仍必认为，靠后者选拔，才得议员一席，并从这一席取得好处。前者为要保持后者对他的好感，定会以国会议员的权力，申诉帝国这辽远地带民政或军政长官的违法乱纪行为。而且，美洲人民，亦似有若干理由认为，他们不会长此继续与政府所在地远隔。像那里一向在财富、人口和改良上那样快速的进步，也许只要一世纪，美洲的纳税额将超过不列颠的纳税额。帝国的首都，自然会迁到帝国内纳税最多的地方。

美洲的发现及绕好望角到东印度通路的发现，是人类历史上最大而又最重要的两件事。其影响已经很大了；但自有这二发现以来，只不过经历了二三百年，在这样短的期间内，其影响势不可能全部呈现出来。这两大事件，以后对于人类，将产生利益，或将引出不幸，人类的智慧，还不能预见。它们在一定程度上联合世界上最遥远的部分，使它们能互相救济彼此的缺乏，增加彼此的享受，奖励彼此的产业，其一般倾向似乎是有利的。不过，对于西印度及东印度两处的土人，这两事件本来能够产生的一切商业上的利益，却被它们所引起的不幸完全抵消了。这种不幸，与其说出自它们的本性，无宁说出自偶然。美洲及东印度通路被发现时，欧洲人的优越势力，使他们能为所欲为，在此等辽远地方，作出各种不合正义的事体。今后，此等地方的土人，也许会日渐强盛，欧洲人也许会日趋衰弱，使世界上各地的居民，有同等的勇气与实力。只有这样，才可引起相互的恐惧，从而威压一切独立国的专横，使它们能相互尊重彼此的权利。但最能建立此种同等实力的，似乎就是相互传授知识及改良技术了，但这种结果，自然会，或不如说必然会，伴随着世界各国广泛的商业而来临。

同时，这二发现的一个重要结果是，促进重商主义的发展，使其达到非此绝不能达到的那么显著、那么壮大的程度。这个主义的目标，与其说是由土地改良及耕作而富国，不如说由商业及制造业而富国，与其说由农村产业而富国，不如说由都市产业而富国。但这二发现的结果，欧洲商业都市，不仅成为世界极小部分的制造业者和运送业者（那极小部分，即是大西洋流过的欧洲各国及波罗的海和地中海周围各国），而且成为美洲许多繁荣耕作地区的制造业者，和亚洲、非洲、美洲各地的运送业者，并在若干方面，亦是这各地的制造业者了。这样就给他们的产业，开拓了两个新世界，每一个都比旧世界大得多广得多，其中一个市场，还在日益扩大起来。

诚然，占有美洲殖民地并直接与东印度通商的国家，在外表上享受这大商业全部。但其他国家，虽受那令人厌恶的旨在排斥它们的限制，却往往享受这大商业实际利益的较大部分，例如，西班牙和葡萄牙的殖民地，对于其他国家产业所提供的真实奖励，就比它们本国产业所受的鼓励大。单就亚麻布一项说，此等殖民地的消费，据说每年就在三百万镑以上，不过我不敢肯定有这么多。但这巨额的消费，几乎全部由法国、弗兰德、荷兰、德意志供给。西班牙和葡萄牙，仅仅供给了一小部分。以此巨量亚麻布供给殖民地的资本，每年在那些国家人民中间分配，并给他们提供收入。消费在西班牙和葡萄牙的，仅仅是这资本的利润，给加的斯和里斯本的商人维持最豪侈的浪费。

连一国所订立以保证其所属殖民地的专营贸易的条例，亦往往在较大程度上有害于此种条例所要惠益的国家，而在较小程度上有害于此种条例所要妨害的国家。对他国产业不正当的压迫，反过来（如果我可以这样说）落在压迫者头上，并以更大的程度破坏他们的产业。例如，根据此等条例，汉堡商人必须把要送到美洲去的亚麻布送往伦敦，并把要送到德国去的烟草，从伦敦带回，因为此等商人不能直接把亚麻布送到美洲，亦不能直接从美洲带回烟草。由于这种限制，此等商人也许不得不以稍稍低廉的价格售卖亚麻布，而以稍稍昂贵的价格购买烟草，其利润也许因此缩减若干。但是，即使我们假定，美洲还款不像伦敦那么准时——这绝不是事实——汉堡与伦敦贸易，商人资本的往返，也许要比直接与美洲通商，要快得多。这样，排斥汉堡商人，使不能直接与美洲通商，反使汉堡商人的资本，能在德意志继续雇用大得多的劳动量。这样虽可减少他个人的利润，却不会减少他的国家的利益。但对英国，情形就全然两样了。独占自然会吸引（如果我可这样说）伦敦商人的资本，使流入对自己更有利而对国家却更不利的用途，因为往返缓慢。

欧洲各国虽都企图用各种不正当方法独占所属殖民地贸易的全部利益，但没有一个国家，除了担负平时维持和战时保卫其对殖民地的统治权所开支的费用以外，能单独得到什么。由占有此等殖民地而产生的困难，应有尽有，由此等殖民地贸易而产生的利益，却不得不与其他国家分享。

乍看起来，对美洲大贸易的独占，似乎当然是一种无上价值的获得。在无辨别力的轻佻野心家看来，在纷杂的政争及战争中，那自然会作为一种很值得争夺的迷人的目标出现。但是，这目标的炫人外观，这贸易的巨大，使独占此种贸易具有有害的性质，换言之，独占使一种用途比大部分其他用途对国家利益更少，但却吸收了比自然状态下更大部分的国家资本。

第二篇说过，一国商业资本，自然会寻求（如果可这样说）最有利于国家的用途。倘若它投在运送贸易上，那么它所属的国家，将成为它所经营的各国货物贸易的中心市场。这资本所有者，必愿尽其所能，把这货物的大部分，在国内售脱。他这样就省免了输出的麻烦、危险与费用，并因此故，尽管在国内市场，所得价格比输出后所可望获得的价格小得多，而所得利润亦比输出后所可望获得的利润小，他总必愿意在国内市场售卖。所以，他当然尽其所能，设法使运送贸易变作消费品国外贸易。此外，他的资本如果投在消费品国外贸易上，他又必为了同一理由，愿意尽其所能，把他搜集来准备输到外国市场去的国内货物的大部分，在国内售脱，因而尽其所能，设法使消费品国外贸易变成国内贸易。各国的商业资本，都自然会寻求近的用途，而避开远的用途；寻求往返次数多的用途，而避开往返迟远的用途；寻求能雇用所属国或所在国最大生产性劳动量的用途，而避开仅能雇用所属国或所在国最小生产性劳动量的用途。总之，它自然会寻求在普通场合最有利于国家的用途，而避开在普通场合对国家最无利的用途。

此等远的用途，在普通场合，虽对国家较少利益，但若其中有某一用途的利润，偶然提高，足够抵消近的用途的好处，那么这种高的利润，就会把资本从近的用途吸引过来，一直到各种用途的利润，都回到适当的水平为止。不过，这种高的利润证明，在社会实际情况下，此等远的用途的资本，与其他用途的资本，稍稍不相称，而全社会的资本，不按最适当的方式，分配到社会内不同用途。它证明，有若干物品，违反应有的程度，以较廉的价格买入，或以较昂的价格卖出，市民中有某一阶级，多少受到压迫，以致违反应有的或自然会有的一切阶级平等状态，支付较多或收得较少。同量资本，投在远的用途上，和投在近的用途上，虽绝不能雇用相同的生产性劳动量，但远的用途和近的用途，也许同样为社会幸福所必需。有许多由远的用途经营的货物，就为许多近的用途经营所必需。但若经营此等货物的人的利润，超过了应有的水平，此等货物就将违反应有的程度，以较昂的价格售卖，即以稍稍超过自然价格的价格售卖。此种高价格，就会使一切从事近的用途的人多少受到压迫。所以，他们的利害关系，在这场合，就要求有若干资本，从此等近的用途撤回，而转入远的用途，以降低其利润，使达到适当水平，并降低他们所经营的货物的价格，使达到自然价格。在这异常的场合，公共的利害关系，必定要求有若干资本，从通常对公众较有利的用途撤回，能投到通常对公众较少利益的用途。在这异常的场合，亦像在一切其他通常的场合一样，个人的自然利害关系与倾向，恰好符合于公众的利害关系，使他们从近的用途撤回资本，改投入远的用途。

个人的利害关系与情欲，自然会使他们把资本投在通常最有利于社会的用途。但若由于这种自然的倾向，他们把过多资本投在此等用途，那么这些用途利润的降落，和其他各用途利润的提高，立即使他们改变这错误的分配。用不着法律干涉，个人的利害关系与情欲，自然会引导人们把社会的资本，尽可能按照最适合于全社会利害关系的比例，分配到国内一切不同用途。

重商主义一切法规，必然或多或少地紊乱这自然而又最有利的资本分配。但关于美洲贸易及东印度贸易的法规，则比其他任何法规，尤有这种结果。因为，这两大洲的贸易，吸收了比任何其他两个贸易部门所吸收的都要大的资本。不过，给这两个贸易部门造成紊乱的法规，却又不是全然相同的。二者都以独占为大手段，但独占的种类不同。这一种或那一种独占，似乎是重商主义的唯一手段。

对于美洲贸易，各国都尽其所能，企图独占其所属殖民地的全部市场，并完全排斥其他各国，使其不能与所属殖民地直接通商。在十六世纪的大部分时间，葡萄牙人企图以同样方法，控制东印度的贸易，他们声言他们拥有印度各海的唯一航行权，因为他们第一次发现这通路。荷兰人仍继续排斥欧洲一切其他国家，使不能与其所属香料产岛直接通商。这种独占，显然妨害欧洲一切其他国家，使它们不能经营本来可投资有利的贸易，并使它们不得不以比它们自己直接从产地输入时略高的价格，购买这专营贸易所经营的货物。

但从葡萄牙权力失坠以来，欧洲国家都不再要求航行印度各海的专营权了，印度各海的主要海港，现今开放，一切欧洲国家船只都可航行了。但除了葡萄牙及近来的法国，各欧洲国家的东印度贸易，都受一个专营公司的钳制。这一种独占，妨害了实行独占的国家。这国家大部分人民，不仅从此失去一种本来可投资有利的贸易，而且不得不以比全国人民都能自由经营这种贸易时略高的价格，购买这独占贸易所经营的货物。例如，自从英领东印度公司成立以来，英国其他居民，就不但不能从事这种贸易，而且须以较高的价格，购买他们所消费的东印度货物。这种独占，要使此公司，在售卖此等货物时，取得异常的利润；而且这样一个大公司处理事务，难免发生弊端，因而引起异常的浪费。这种异常的利润和异常的浪费，都得由本国购买者支付。所以，第二类独占的不合理，比第一类独占的不合理更为明显。

这两种独占都多少会破坏社会资本的自然分配，但未必以同样的方式破坏。

第一种独占，总是违反自然趋势，吸引着过大部分的社会资本，使流入享有独占权的特殊贸易。

第二种独占，随着不同情况，有时吸引资本，使流入享有独占权的特殊贸易，有时又排拒资本，使不流入这种贸易。在贫国，那当然是违反自然趋势，吸引过多的资本，使流入这种贸易；但在富国，那当然是违反自然趋势，排拒许多资本，使不流入这种贸易。

例如，东印度贸易，如果不受一个专营公司的钳制，像瑞典和丹麦那样的贫国，也许从来不会派一艘船到东印度去。这个专营公司的设立，必然奖励冒险家。他们的独占权，使他们在国内市场上能抵制一切竞争者，而在外国市场上，他们又和他国贸易者有同样的机会。他们的独占权，告诉他们，他们对大量的货物，可十拿九稳地收到大的利润，对大量货物，有得到大的利润的机会。没有这种异常的鼓励，这种贫国的穷商人，也许绝不会想把小资本冒险投在像东印度贸易那么遥远和那么不确定的事业。

反之，像荷兰那样的富国，也许会在贸易自由的场合，派遣比现今多得多的船只到东印度去。荷兰东印度公司有限制的资本，使许多本来会流入这种贸易的大商业资本，不流入这种贸易。荷兰的商业资本很多，所以不断流出，有时流到外国公债，有时流到外国商人与冒险家的私债，有时流到最迂回的消费品国外贸易，有时流到运送贸易。一切近的用途都充满着资本，投入近的用途略有利润可图的资本，全都投下了，荷兰资本，必然会流向最远的用途。假使东印度贸易是完全自由的，那也许会吸收这过剩资本的大部分。东印度提供了一个比欧洲、美洲合起来还更大更广的市场，来销售欧洲的制造品及美洲的金银和其他产物。

资本自然分配的扰乱，必然妨害产生这种现象的社会，不论是排拒资本，使其违反自然趋势，不流入一个特定贸易部门，或是吸引资本，使其违反自然趋势，流入这特定贸易部门。如果没有任何专营公司，荷兰对东印度的贸易，必比现在大，而它的一部分资本，不能投在最有利的用途上，当然是它很大的损失。同样，如果没有任何专营公司，瑞典和丹麦对东印度的贸易，将比现在小，也许竟不存在，而它们一部分资本，投在不适合它们现今情况的用途上，当然是它们很大的损失。按照它们现在的情况，宁可向他国购买东印度货物，尽管出价较昂，不应该从它们小额资本中，抽出那么大部分来经营那么遥远的贸易，因为那种贸易的往返是那么迟缓，所能维持的国内生产性劳动量是那么小，而在它们国内，生产性劳动是那么需要，有许多事未曾进行，有许多事还待进行。

所以，没有专营公司，虽有个别国家不能对东印度进行直接的贸易，但不能从此推定，这样的公司，应在那里设立，而只能从此推定，这样的国家，在这情况下，不应与东印度直接通商。葡萄牙的经验，充分证明，这样的公司，一般说来并不是经营东印度贸易所必需。因为，葡萄牙虽没有任何专营公司，却几乎享有了这贸易全部达一世纪以上。

据说，没有一个商人能有足够的资本来维持东印度各港的代理人或经理人，使这些人能为他们不时开往那边的船只备办货物。除非他们能够这样做，否则寻找待运货物的困难，往往使船期贻误，而由船期延误所引起的费用，不仅会吃掉冒险的利润，而且往往会产生很大的损失。这种说法，如果能够证明什么，所证明的就是，没有一个大贸易部门，能不借专营公司而经营，而这是违反一切民族的经验的。就一个大贸易部门说，任何一个私商的资本，也不够经营一切要经营主要贸易部门就必须经营的附属贸易部门。但在一国有资格经营某大贸易部门时，就自然有些商人投资经营这主要的部门，有些商人投资经营其附属部门。这一切贸易部门虽都有人经营，但全由一个商人资本经营的事例，却极少见。所以，一个国家，如果有资格经营东印度贸易，自然有一定部分的资本，分投在这贸易的一切不同部门。其中，有些商人觉得，为自己的利益，要住在东印度，投下资本，给住在欧洲的其他商人供给货物，由他们的船只运出。欧洲各国在东印度所获得的殖民地，若能从此等专营公司的手里，移归君主直接管理，那就至少对于殖民地所属国的商人，是安全而又便易的居住地。如果某个时候，某国自愿投于东印度贸易的那一部分资本，不够经营此贸易的各个部门，那就证明，在那时候，那个国家还没有经营这种贸易的资格，宁可向其他欧洲国家购买所需的东印度货物，尽管价格大些，不可直接从东印度输入此等货物。因这种货物价格高而引起的损失，很少会等于因从其他更必要、更有用或更适宜的用途抽出一大部分资本来经营东印度直接贸易而遭受的损失。

欧洲人虽在非洲海岸及东印度占有许多重要殖民地，但在这些地方，他们却没有建立像美洲各岛及美洲大陆那么多那么富庶的殖民地。非洲及几个统称为东印度的国家，都是野蛮民族居住的。不过此等民族，并不是像可怜的无用的美洲土人那么软弱那么无抵抗力；而且，和他们居住地的自然产出力相称，他们的人烟稠密得多。非洲或东印度最野蛮的民族，都是游牧民族，连好望角的土人也是游牧民族。但美洲各地的土人，除了墨西哥及秘鲁，只是狩猎民族。同样肥沃和同等面积的土地，所能维持的游牧人数与狩猎人数，相差很大。所以，在非洲及东印度，要想驱逐土人，并把欧洲殖民地推广至土人居住的大部分地方，那就比较困难。此外，已经指出，专营公司的精神，不利于新殖民地的增长，那也许是东印度殖民地不能有多大进步的主要原因。葡萄牙人经营非洲贸易及东印度贸易，未曾设有专营的公司；他们在非洲海岸的刚果、安哥拉，本格拉以及在东印度的果阿所建立的殖民地，虽由于迷信与各种恶政，未能充分发展，但总有些像美洲殖民地，有些地方葡萄牙人在那里已居住了好几世代。荷兰人在好望角、在巴达维亚的殖民地，现今算是欧洲人在美洲及东印度建立的最大殖民地了。这两个殖民地，都占有特别有利的地位。好望角的土人，全是野蛮的，像美洲土人一样无抵抗力。此外，那里又是欧洲和东印度间的半路客栈——如果可以这样说——欧洲船只的往返，都得在此停留若干时候。此等船只所需的各种新鲜食品、水果、葡萄酒，由那里供给。单有这点，就给殖民地的剩余生产物，提供了一个极广泛的市场。正如好望角是欧洲和东印度各地的半路客栈一样，巴达维亚是东印度各大国间的半路客栈，当印度斯坦到中国与日本通路的要冲，并几乎居于此通路的中点。而航行于欧洲与中国间的一切船只，亦几乎都在巴达维亚停泊。此外，巴达维亚又是所谓东印度国家贸易的中央主要市场；欧洲人经营的那一部分，不用说了，即东印度土人所经营的那一部分，亦如是。中国人、日本人、越南东京人、马六甲人、交趾支那人、西里伯岛人所航驶的船只，往往在此停泊。这种有利的地位，使这两个殖民地能够克服一切障碍，虽有专营公司的压抑精神，亦不能抑止它们的增长。这种有利的地位又使巴达维亚能够克服另一种不利情况，即巴达维亚也许是世界上气候最有碍健康的地方。

虽然英荷两国的公司，除了上述两殖民地，不曾建立任何大的殖民地，但曾在东印度征服了许多地方。在它们统治新属民的方法上，这种专营公司所固有的精神，最明显地表示出来。据说，在香料产岛上，荷兰人对于丰年所产的香料，恐其过多，不能提供他们认为满足的利润，往往把过多的部分加以焚毁。在他们未曾占有殖民地的岛上，他们对于采集丁香及豆蔻幼花绿叶的人，给予一种补助金；那种植物，天然生长在那里，但由于这种野蛮政策，现在据说几乎绝种了。据说，甚至在他们占有殖民地的岛上，他们亦大大减少了这类树木的数目。如果他们领岛上的产物，超过了他们市场所需，他们就害怕土人会把其中若干部分运到其他国家，于是，他们认为，保证独占的最上策，乃是使产物不超过他们市场所需。他们曾通过各种压迫行为，减少马鲁古群岛中若干岛的人口，使其人数只够以新鲜食品及其他生活必需品，供给他们自己的少数守备队和他们不时来运香料的船只。但是,即在葡萄牙那样的统治下,那些岛据说人烟还很稠密。英国的公司还不曾有充分时间在孟加拉建立这么完全的破坏制度。但他们政府的计划,却有这种趋势。我确信,公司分支机构的头脑往往命令农民掘翻罂粟良田以栽种稻米或其他谷物。其借口为防止粮食缺乏,而其真实理由,则是给他以机会,使能以较好的价格,售卖他手上的大量鸦片。有时,他却命令农民掘翻栽种稻米或其他谷物的良地以栽种罂粟,如果他预先看到,售卖鸦片可得异常的利润。公司的职员,为自己的利益,曾几次企图在一些最重要的国外和国内贸易部门中建立独占。如果允许他们继续这样做,他们早晚定会企图限制他们要想独占的特殊商品的生产,使其数量不超过他们所能购买的数量,而且使其数量能在售卖时给他们提供自己认为满足的利润。英国公司的政策,也许会在这情况下,在一世纪或二世纪内,像荷兰的政策一样,也完全有破坏性。

但是,对于作为他们所征服的国家的统治者的此等公司,再也没有比这个破坏性的计划,更直接违反此等公司的利益的了。几乎一切国家统治者的收入,都来自人民的收入。人民的收入愈大,他们土地劳动年产物愈多,他们能给统治者缴纳的数额亦愈大。所以,统治者的利益,在于尽可能增加此年产物。但是,如果这是一切统治者的利益,那么统治者收入主要来自土地地租的,如孟加拉统治者,这就更加是他的利益了。地租,必与生产物的数量与价值成比例,但生产物的数量与价值,必须取决于市场的范围。其数量,总会多少准确地适应有资力购买生产物的人的消费,而他们所愿给付的价格,总是和其竞争的热切程度成比例。所以,这样的统治者，为着自己利益，应给其国家生产物开拓最广泛的市场，准许最完全的贸易自由，以尽量增加购买者的人数及竞争；并因此故，不仅应废除一切独占，而且应废除以下限制，即限制本国生产物由这一地方到那一地方的运输，限制本国生产物到外国的输出，和限制能与本国生产物交换的任何商品的输入。这样，他就最能增加这生产物的数量与价值，因而，最能增加他享有的那一部分生产物，换言之，最能增加他自己的收入。

但是，商人团体，似乎不可能把自己看作统治者，甚至在他们成为统治者以后，也不会这样看。他们仍然认为，自己的主要业务是贸易，即购买以后再售卖；他们不可思议地认为，统治者的地位，仅是商人地位的一个附属物，前者应为后者服务，就是说，要使他们在印度能以较廉价格购买，并在欧洲售卖，能得到较好利润。为要达到这目的，他们企图从他们所统治国家的市场上，尽可能驱逐一切竞争者，至少把所统治国家的剩余生产物减少一部分，使仅足供给他们自己的需要，换言之，使他们在欧洲售卖能得到自己认为合理的利润。这样，他们作为商人的习惯，几乎必然，也许是不知不觉地，使他们在一切一般场合，宁可获得独占者小的暂时的利润，不愿获得统治者大的永久的收入，而且逐渐使他们，像荷兰人处置马鲁古那样，处置他们所统治的国家。作为统治者的东印度公司的利益在于，运至印度境内的欧洲货物，尽可能以最低价格出售，而从印度输出的印度货物，尽可能以最好价格或最高价格在欧洲售卖。但他们作为商人的利益，则与此相反。作为统治者，他们的利益，与所统治国家的利益恰相一致。作为商人他们的利益与所统治国家的利益就直接相反。

这样一个政府的倾向，就其对欧洲的管理说，基本上也许是无可矫正的错误，就其对印度的统治说，更是这样。这个统治机构，必然等于一个商人协会。商人的职务，无疑是极可尊敬的，但这个职务，在世界上任何国家，都没带有一种本来会威压人民，不用暴力就够使人民自愿服从的权威。这样一个商人协会，只能用武力，来命令人民服从，所以，他们的政府，必然是凭武力执行命令和专横的政府，但他们的本来职务，是商人的职务。他们的本来职务，是受主人委托，售卖欧洲货物，并买回在欧洲市场售卖的印度货物。就是说，尽可能以高价售卖前者，以廉价购买后者，从而尽可能在他们买卖的特定市场，排除一切竞争者。所以，就公司的贸易说，统治机构的倾向，和管理机构的倾向，是相同的。它要使政府从属于独占的利益，因而阻抑当地剩余生产物至少其若干部分的自然生长，使仅足够供应这个公司的需要。

此外，一切行政人员，都或多或少地为自己打算经营贸易，要加以禁止，亦无效果。此等行政人员，既有经营贸易的手段，其办公地点，又在一万哩以外，几乎全然不受主人监视，要命令他们立即放弃一切为自己打算的营业，永远放弃一切发财的希望，而满足于主人所认可的一般的、不大可能增加的而且通常只与公司贸易所得真实利润相称的薪俸，那真是再蠢没有。在这情况下，禁止公司人员为自己打算而贸易，除了使上级人员能借口执行主人命令来压迫不幸的下级人员以外，就再不会有其他的结果了。此等人员，自然会竭力效法公司的公贸易，而设立同样有利于他们个人贸易的独占。如果听任他们为所欲为，他们将公开地、直接地建立这种独占，并禁止一切其他人民，使不能经营他们要经营的那种货物的贸易。这也许是建立独占的最好而又是最不压迫人的方法。但若欧洲命令来到，禁止他们这样干下去，他们就会秘密地、间接地建立这样的独占，那对国家就有更大的害处。如果有人干涉他们以代理人为媒介而秘密经营或至少不公开承认是他们经营的贸易部门，他们就会使用政府的全部权力，并颠倒是非曲直，加以钳制或破坏。但公司人员的私贸易，自比公司的公贸易能推广到多得多的商品种类。公司的公贸易，仅限于欧洲的贸易，仅包含国外贸易的一部分，而公司人员的私贸易，却可推广到一切国内外贸易部门。公司的独占，仅会阻抑在贸易自由时要输到欧洲去的那一部分剩余生产物的自然生长。公司人员的独占，却将阻害他们要经营的一切产物，即指定供作国内消费或输出的一切产物的自然生长，结果会损坏全国的耕作事业，减少全国居民的人数。这样就会使公司人员所要经营的各种产物，甚至生活必需品，减少到他们能够购买和按他们预期获得利润而售卖的数量。

此等人员，由于他们所处地位的性质，一定会使用比他们主子更苛酷的手段，来维持他们自己的利益，而危害他们所统治国家的利益。这国家属于他们的主子，他们的主子当然要相当注意属国的利益。但这国家不属于此等人员。他们主子的真实利益，如果他们能够了解的话，是与属国的利益恰好一致的；如果主子压迫属国，那主要是由于无知和卑陋的重商偏见。但此等人员的真实利益并不与属国的利益一致，所以，即使有最完全的知识，也未必会使他们不压迫属国。从欧洲发出的条例，虽甚脆弱，但在多数场合，都有善意。而在印度的工作人员，其所订条例，虽有时更为聪明，但也许更少善意。这真是个奇怪的政府，其人员都想尽可能快地离开这个国家，并尽可能快地和这政府脱离关系。在他们离去而财产亦全部搬出之后，虽有地震把那个国家毁掉，也与他们的利害无关。

以上所述，并不是诋毁东印度公司人员的一般品格，更不是诋毁任何个别人员的品格。我所要责备的，是政治组织，是这些人员所处的地位，并不是这些人员的品格。他们的行为，正符合他们的地位；厉声咒骂他们的人，其行为亦不见得更好。马德拉斯及加尔各答协议会，在战争及商议上，就有好几次的行动，其果断与明智，有如罗马共和国最盛时代的罗马元老院。此等协议会成员的职业，与战争及政治有很大的距离。但是，仅仅他们的地位，无需教育、经验甚或榜样，似乎就可陶冶他们的地位所要求的伟大品质，使他们具有能力与德行，他们自己也许还不知道自己有这种能力与德行。所以，他们的地位，如果在某些场合诱使他们干出那样宽宏、高洁、出人意料的行为，那么他们的地位，在其他场合促使他们干出和上述多少不相同的行为，亦是毫不足怪的。

所以，无论就那一点说，这种专营公司，都是有害的；对于设立此种公司的国家，它总会多少带来困难，而对于不幸受此种公司统治的国家，它总会多少带来祸害。

第八章 关于重商主义的结论

重商主义提出的富国两大手段，虽是奖励输出和阻抑输入，但对于某些特定商品，则所奉行的政策又似与此相反，即奖励输入和阻抑输出。但据称，其最后目标总是相同，即通过有利的贸易差额，使国家致富。它阻抑工业原料和职业用具的输出，使我国商人处于有利地位，并使他们在外国市场上能以比其他各国货物价格低的价格出售他们的货物。它提出限制几种价值不大的商品的输出，使其他商品在数量和价值上都有大得多的输出。它又提出奖励工业原料的输入，使我国人民能以较廉的价格把这些原料制成成品，从而防止制造品在数量和价值上较大的输入。至少，在我国的法律全书中，我不曾看到奖励职业用具输入的法令。制造业发展到相当高的程度的时候，职业用具的制作，就成为许多极重要制造业的目标。对这种工具的输入给予任何奖励，当然大大妨碍这些制造业者的利益。所以，这样的输入，不但不被奖励，而且往往被禁止。例如，羊毛梳具，除了从爱尔兰输入，或作为破船货物或捕获货物输入，就依据爱德华四世第三年的法令而禁止了。伊丽莎白女王第三十九年，重申了这种禁令；此后的法令，继续禁止，使此种禁止成为永久的禁止。

工业原料的输入，有时得到免税的奖励，有时得到奖励金。

羊毛从若干国家输入，棉花从一切国家输入，生麻、大部分染料和大部分生皮从爱尔兰或英领殖民地输入，海豹皮从英领格林兰渔场输入，生铁和铁条从英领殖民地输入，以及其他几种工业原料输入，若按正当手续呈报海关，即可得到免除一切课税的奖励。这种免税条例，以及许多其他商业条例，也许都是我国商人和制造业者，出于私人利害关系，硬要立法当局制定的。但这些规定，是完全正当的、合理的；要是符合国家的需要，可把这种规定推广到一切其他工业原料，那是一定有利于人民大众的。

可是，由于大制造业者的贪欲，这种免税，有时竟大大超过可正当地看作加工原料的范围。乔治二世第二十四年第四十六号法令规定，外国黄麻织纱每输入一磅，仅纳轻微的税一便士。先前，帆布麻织纱输入一磅须纳六便士，法国和荷兰麻织纱输入一磅须纳一先令，一切普鲁士产的麻织纱输入一百磅须纳二镑十三先令四便士。但我国制造业者，仍不长久满足于这样的减税。于是，乔治二世第二十九年第十五号法令，即规定输出每码价格不超过一先令六便士的不列颠和爱尔兰麻布得领奖励金的法令，免除了对黄麻织纱输入所课轻微的税。其实，由亚麻制成麻织纱的各种操作，比由麻织纱制成麻布的操作，需要使用大得多的劳动量。且不说亚麻栽种者和亚麻梳理者的劳动，要使一个织工有不断的工作，至少须有三个或四个纺工；制造麻布所需要的全部劳动，有五分之四以上，是用在麻织纱制造上面。而我国的纺工，都是可怜人，通常是妇女，散居国内各地，无依无靠。但我国大制造业者取利润的方法，不是售卖纺工的制品，而是售卖织工的完全制品。他们的利益，在于以尽可能高的价格售卖完全制品，所以他们的利益，也在于以尽可能低的价格购买原材料。为使自己的货物能以尽可能高的价格出售，他们硬要立法当局对他们自己的麻布的输出，发给奖励金，对一切外国麻布的输入，课以高的关税，对法国输入的供国内消费的某几种麻布，一律禁止。为要以尽可能低的价格购入贫纺工的制品，他们奖励外国麻织纱输入，使与本国出品竞争。他们一心一意要压低自己所雇织工的工资，正如他们要压低贫纺工所得一样。所以，他们企图提高完全制造品价格或减低原料价格，都不是为着劳动者的利益。重商主义所要奖励的产业，都是有钱有势的人所经营的产业。至于为贫苦人民的利益而经营的产业，却往往被忽视、被压抑。

麻布输出奖励金及外国麻织纱输入免税条例，颁布时原以十五年为期，以后经过二次延长，延续到今日，但将于 1786 年 6 月 24 日国会议期终结时满期失效。

工业原料得享受奖励金而输入的，主要是从我国美洲殖民地输入的原料。

最初发给的这类奖励金，乃是在现世纪初叶，对美洲输入的造船用品所发给的奖励金。所谓造船用品，包括适于建造船桅、帆桁、牙樯的木材、大麻、柏油、松脂、松香油。但船桅木材输入每吨二十先令的奖励金，大麻输入每吨六镑的奖励金，也推广到苏格兰输入英格兰的船桅木材。这两种奖励金，按原有金额无变更地继续发给，一直到满期之时为止。即大麻输入奖励金，于 1741 年 1 月 1 日国会议期终结时满期失效，船桅木材输入奖励金，于 1781 年 6 月 24 日国会议期终结时满期失效。

柏油、松脂、松香油输入奖励金，在其继续有效期间内，经过了若干变更。原来，柏油和松脂每吨输入得奖励金四镑；松香油每吨输入得奖励金三镑。后来，柏油每吨输入奖励金四镑，仅限于按特殊方法制造的柏油，其他的良好纯洁的商用柏油，减为每吨四十四先令。松脂奖励金减为每吨二十先令；松香油奖励金减为每吨一镑十先令。

按照时间的先后，第二次发给的工业原料输入奖励金，便是乔治二世第二十一年第三十号法令对英国殖民地蓝靛输入所发给的奖励金了。在殖民地的蓝靛仅值上等法国蓝靛价格的四分之三时，按这法令，领得了每磅六便士的奖励金。这个奖励金的发给，亦是有限期的，但曾经数次延期，并减至每磅四便士，将于 1781 年 3 月 25 日国会议期终结时满期失效。

第三次发给的这一类奖励金，乃是乔治三世第四年第二十六号法令对英国殖民地大麻或生亚麻输入所发给的奖励金了（在这期间，我国有时讨好北美殖民地，有时和它争执）。这个奖励金，以二十一年为期，从 1764 年 6 月 24 日至 1785 年 6 月 24 日。每七年分为一期。第一期每吨奖励金八镑；第二期六镑；第三期四镑。苏格兰气候不宜于种麻，虽亦种麻，但产量不多，品质较劣，故不得享受此种奖励金。如果苏格兰亚麻输入英格兰，亦可得奖励金，那对联合王国南部本地的生产，就未免是太大的妨害了。

第四次发给的这一类奖励金，乃是乔治三世第五年第四十五号法令对美洲木材输入的奖励金了。期限为九年，从 1766 年 1 月 1 日至 1775 年 1 月 1 日。每三年分为一期。第一期，每输入好松板一百二十条，得奖励金二十先令；其他方板每五十立方呎，得奖励金十二先令。第二期，每输入好松板一百二十条，得奖励金十五先令;其他方板每五十立方呎,得奖励金八先令。第三期,每输入好松板一百二十条,得奖励金十先令;其他方板每五十立方呎,得奖励金五先令。

第五次发给的这一类奖励金,乃是乔治三世第九年第三十八号法令,对英国殖民地生丝输入的奖励金了。限期二十一年,从1770年1月1日至1791年1月1日。每七年分为一期。第一期,每输入生丝价值一百镑,得奖励金二十五镑;第二期,得奖励金二十镑;第三期,得奖励金十五镑。但养蚕造丝,需要那么多的手工,而在北美,工价又是那么高,所以连这样大的奖励金,也不可能产生任何大的效果。

第六次发给的这一类奖励金,乃是乔治三世第十一年第五十号法令,对英国殖民地酒桶、大桶、桶板、桶头板输入的奖励金了。限期九年,从1772年1月1日至1781年1月1日。三年一期,第一期,输入各物一定量,得奖励金六镑;第二期,得四镑;第三期,得二镑。

第七次即最后一次发给的这一类奖励金,乃是乔治三世十九年第三十七号法令,对爱尔兰大麻输入的奖励金了。限期为二十一年,即从1779年6月24日至1800年6月24日,每七年分为一期。这和美洲大麻及生亚麻输入的奖励金,全是一样,而每一期的奖励金标准,亦是一样,但不像对美洲那样,奖励金不推广到生亚麻。爱尔兰生亚麻输入的奖励金,对不列颠这种物品的栽种,是太大的妨害了。在对爱尔兰大麻输入发给奖励金时,不列颠议会和爱尔兰议会之间的感情,并不比以前不列颠和美洲的感情好,但我们总希望,前者是在比后者更顺适的情况下发给的。

同时，这几种商品，若从美洲输入，我们就给以奖励金，若从任何其他国家输入，我们即课以高的关税。我国美洲殖民地的利害关系，与祖国的利害关系，被认为是一致的。他们的财富，被认为是我们的财富。据说输到他们那里去的货币，会由于贸易差额，全部回到我们这里来，我们无论怎样在他们身上用钱，亦不致使我们减少一个铜板。无论就那一点说，他们的都是我们所有，用钱在他们身上，等于用钱来增进我们自己的财产，对本国人民有利。这样一个主义的愚妄，已为经验所充分暴露，我们无须多说一句话来暴露它的愚妄。如果我国美洲殖民地，真是大不列颠的一部分，此种奖励金便可认为是对生产的奖励金，但依然要受这类奖励金所要受的一切非难，但不受其他的非难。

工业原料的输出，有时由于绝对禁止而受到妨碍，有时由于高的关税而受到妨碍。

我国呢绒制造者，说服国会，使它相信，国家的繁荣，依存于他们这种业务的成功与推广，他们在这一点上，比任何其他种类制造业者都更成功。他们不仅从绝对禁止外国呢绒输入，取得了一种妨害消费者的独占，而且从禁止活羊及羊毛输出，取得了一种妨害牧羊者及羊毛生产者的独占。我国保证岁入的法律，有许多被人适当地指斥说，对那些在法律未颁布前被认为无罪的行为科以严厉处罚，实过于苛酷。但我敢说，连最苛酷的岁入法律，与我国商人和制造业者吵吵闹闹地硬要国会颁布，以支持他们那种荒谬的、不正当的独占权的某几种法律比较，亦会使人觉得平和宽大。像德拉科的法律一样，支持那种独占权的法律，可以说是用血写成的。

伊丽莎白第八年第三号法令规定，输出绵羊、小羊、公羊者，初犯没收其全部货物，监禁一年，在某一市日，截断其左手，钉在市镇上示众；再犯，即宣告为重罪犯人，判处死刑。此法律的目的，在于防止我国的羊种在外国繁殖。查理二世第十三年及第十四年第十八号法令，又宣布输出羊毛亦犯重罪，输出者须受重犯罪人那样的刑罚，货物亦被没收。

为着国家的人道名誉，我们希望这两种法律都不实施。第一种，据我所知，虽至今尚未明令撤除，法学家霍金斯认为至今还是有效，但那法律，也许在查理二世第十二年第三十二号法令第三节中，实际被取消了。查理二世的法令，虽没有明白取消前法令所规定的刑罚，却规定了一种新刑罚，即凡输出或企图输出羊一头，科罚金二十先令，并没收这头羊及其所有者对船只的部分所有权。第二种法律，则由威廉三世第七年、第八年第二十八号法令第四节明白撤废了。这法令宣称："查理二世第十三年及第十四年颁布的禁止羊毛输出法令，把羊毛输出看作重罪。因为刑罚过于苛重，犯罪者的控诉，未能按法办理。该法令关于该犯罪行为定为重罪一节，着即明令撤销，宣告无效。"

但是，这个较和缓法令所制定的刑罚，以及先前法令所制定而未经这法令撤除的刑罚，都还是十分严酷。除了没收货物，输出者每输出或企图输出羊毛一磅，须科罚金三先令；这大抵比其原价高四倍乃至五倍。而且，犯此罪的商人或任何人，不得向任何代理人或其他人，索取债务或要求清还账目。不问其财产如何，不问其能否交付这样重的罚款，法律总想使他完全破产。但人民大众的道德，还没败坏到像法律制定人那样，所以我未曾听到过有人利用这个条款。倘若犯此罪的人，不能在判决后三个月内交付罚款，即处以七年的流刑，未满期逃归，作为重犯处罚，不得享受僧侣的特典。船主知罪不告，船只及其设备没收。船长水手知罪不告，所有动产和货物没收，并处三个月的徒刑，后又改定为六个月的徒刑。

为要防止输出，境内羊毛贸易，全部受到极苛刻极烦琐的限制。羊毛不得装在箱内、桶内、匣内，只可用布或皮革包装，外面写着三吋长的大字"羊毛"或"毛线"，否则没收货物及其盛器，每磅罚三先令，由所有者或包装者交纳。除了在日出及日落之间的时候，羊毛又不可由马或马车搬运，也不可在离海边五哩以内由陆路搬运，否则没收货物及车马。邻近海岸的小邑，得于一年内，对由小邑或经过小邑而运出或输出羊毛的人，提出控诉，如羊毛价不及十镑，则科以罚金二十镑，如在十镑以上，则科以三倍原价及三倍诉讼费的罚金。对居民中任何二人执行裁判，裁判所得向其他居民课税来偿还，像在盗窃的场合一样。倘有人私通小邑官吏，以求减免罚金，则处以徒刑五年；任何人都可告发。这种法规，全国通行。

肯特及萨塞克斯二郡，限制尤为烦琐。距海岸十哩以内的羊毛所有者，必须在剪下羊毛后三天内，以所剪的数量及藏所，书面报告最近的海关。在其中任何部分迁移以前，又须以羊毛的捆数、重量，买者姓名住址，及移运地址，作同样的报告。在这二郡内，凡居在距海十五哩内的人，在未向国王保证，不以这样购得的羊毛的任何部分再售给距海十五哩内任何他人以前，不得购买任何羊毛。倘若未作这样的报告和保证，即以羊毛向这二郡的海边输运，一经发觉，就没收其羊毛，犯者科罚金每磅三先令。倘若未作这样的报告，即以羊毛存放于距海十五哩内者，查封没收其羊毛；倘在查封后，有人要求领还，必须对国库提出保证，在败诉时，除了其他一切处罚，还须交付三倍的诉讼费。

在境内贸易受这样的限制时，我相信，沿海贸易绝不会很自由。羊毛所有者，要输运或企图输运羊毛到海岸任何港埠，从那边由海道运至海岸上其他港埠，那么在他输运羊毛距出口港五哩以内的地方以前，须先到出口港报告羊毛包数、重量及记号，否则没收羊毛，并没收马、马车或其他车辆；其他各种禁止羊毛输出迄今还有效的法律，当然也定有各种罚则。但威廉三世第一年第三十二号法令，却又是那么宽大，它宣称："若于剪毛十日后，将羊毛真实捆数及存地，亲自向最近的海关提出证明，并在羊毛迁运前三日，亲自向最近的海关说明其意图，就可把羊毛从剪毛地点运回家来，尽管剪毛地点，是在距海五哩以内的地方。"向沿海输运的羊毛，必须保证在登记的某港口起运上陆，倘若没有官吏在前，即行上货，则没收其羊毛，并科以每磅三先令的通常罚金。

我国呢绒制造者，为要证明他们对国会要求施行这样异常的限制，是完全正当，竟然说英国羊毛具有特殊品质，比任何其他国家的羊毛都好；说他国的羊毛，不掺入若干英国羊毛，就不能造出有相当质量的制造品；说精良呢绒，非由英国羊毛，不能织成；说英国若能完全防止本国羊毛输出，就能独占几乎全世界呢绒业，没有谁能和他竞争，他就可随意抬高价格，售卖呢绒，并在短期间内，依最有利的贸易差额，取得非常大的财富。这种学说，像大多数其他为许多人民所确信的学说一样，过去为多数人民所盲目信从，而且至今仍为他们所信从。至于一般不懂得呢绒业或未曾研究呢绒业的人，却是几乎全体相信。其实，英国羊毛，不但不是制造精良呢绒所必需，而且全不适合于制造精良呢绒。精良呢绒，全由西班牙羊毛织成。并且，把英国羊毛搀到西班牙羊毛中去织造，还会在一定程度上，减低呢绒的质量。

本书曾经说明，此等法规，不仅使羊毛价格，减低到现时应有价格以下，而且使其大大低于爱德华三世时代的实际价格。英格兰苏格兰合并，此法规即通行于苏格兰。据说，苏格兰羊毛价格因此跌了一半。《羊毛研究报告》的作者约翰·斯密，是一位极精明、极聪明的作者。他说，最好的英国羊毛在英国的价格，一般比阿姆斯特丹市上极劣羊毛通常售卖的价格低。这些法规公开提出的目的，是把这商品的价格，减至自然应有的价格之下；毫无疑问，它们曾产生预期的效果。

也许有人认为，价格这样的降低，由于阻害羊毛的生产，必然大大减低这商品的年产额，虽不比从前低，但比现今状态下市场要是公开自由任其价格上升到自然应有水平时所会有的产额低。但我总相信，其年产额虽多少会受这种法规的影响，但不可能大受影响。羊毛的生产，不是牧羊者使用其劳动及资本的主要目标。说他从羊毛希图利润，不如说他从羊肉希图利润。在多数场合，羊肉的平均或普通价格，可以补偿羊毛平均或普通价格的不足。本书曾经说过（第一篇第十一章）："不论何种规定，如果能降低羊毛及羊皮价格，使低于自然应有的程度，那么在进步和耕作发达的国家，就必然稍能提高羊肉的价格。无论是大牲畜或小牲畜，只要是在改良的耕地上饲养，其价格必须足够支付地主的合理地租和农民的合理利润，所谓合理的利润，即有理由可希望从改良的耕地上取得的利润。如果不够，其饲养不久就会停止。羊毛羊皮如不够支付这种价格，那就必须由羊肉支付。前者所付愈少，后者所付必愈多。这种价格，究竟是怎样由羊的各部分分担，地主与农民是不关心的。他们所关心的，只是付足了价格没有。所以，在进步及耕作发达的国家，他们作为消费者，虽因这种规定可提高食品价格，不免受若干影响，但作为地主与农民，他们的利益，却不大受这种规定的影响。”所以，照这样推论下去，在进步及耕作发达的国家，羊毛价格这样的降低，不致引起这商品年产额的减少。不过，由于它使羊肉价格升涨，所以可能稍稍减低这种家畜肉的需要，从而稍稍减低此种家畜肉的生产。但即是这样，其影响似乎亦不很大。

不过，对于年产量，其影响虽不很大，但对于品质，其影响却也许有人认为是非常的大。英国羊毛的品质，虽不比从前低，但比现今农耕状态下所应有的程度低，也许有人认为，品质的低，几乎与价格的低成比例。羊毛的品质，既取决于羊种、牧草及羊毛生产全过程中羊的管理与清洁，而牧羊者对于此等事件的注意，又一定要看羊毛价格对所需要的劳动和费用，能提供怎样的赔偿，这是大家可以想象得到的。但羊毛的优劣，在很大程度上，取决于羊的健康、发育与体躯；改良羊肉所必要的注意，就某几点说，亦就很够改良羊毛了。所以，英国羊毛价格虽低，但其品质，据说，即在现世纪中，亦有相当的改良。价格要是好些，改良也许会大些；价格的低贱，虽然阻碍了这种改良，但却没有完全阻止这种改良。

所以，此等规定的粗暴，对羊毛年产量及其品质的影响，似没达到人们所预期的那么大（但我认为它对质的影响可能大于对量的影响）；羊毛生产者的利益，虽在一定程度上受伤害，但总的说来，其伤害并不像一般所想象的那么大。但是，这种考究，绝不能证明，绝对禁止羊毛输出是正当的，只不过充分证明，对羊毛输出课以重税，不会是不正当的。

一国君主，对其所属各阶级人民，应给予公正平等的待遇；仅仅为了促进一个阶级的利益，而伤害另一阶级的利益，显然是违反这个原则的。这种禁令，正是仅仅为了促进制造业者的利益而伤害了羊毛生产者的利益。

各阶级人民，都有纳税以支持君主或国家的义务。每输出羊毛一托德即三十八磅，课税五先令甚或十先令，就给君主提供很大的收入。这种课税，也许不像禁止输出有那么大的减低羊毛价格的作用，所以对羊毛生产者利益的损害程度，会少一些。对于制造业者，它提供了足够大的利益，因为他虽然必须以比禁止输出的场合高的价格购买羊毛，但与外国制造业者比较，他至少能够少付五先令或十先令的价格，而且还可省免外国制造业者所必须支付的运费及保险费。要想出对君主能提供很大收入，同时又对任何人都不会引起困难的赋税，那几乎是不可能的。

这种禁令虽附有防止输出的各种罚则，并没有防止羊毛的输出。大家都知道，每年输出仍是很大的。外国市场与本国市场羊毛价格上很大的差额，对于秘密输出是那么大的引诱，以致严酷的法律也不能加以防止。这种不合法的秘密输出，除了秘密输出者外，对任何人都无利。但是，课有赋税的合法的输出，既给君主提供收入，又可省免其他更苛重、更难堪的赋税的征收，对国内各阶级人民都可有利。

漂白土，由于被认为是呢绒制造及漂白所必需，故其输出所受的处罚，几乎和羊毛的输出相同。烟管土，虽公认和漂白土不相同，但由于很类似，而且因为漂白土有时可作为烟管土输出，亦受同样的禁止与处罚。

查理二世第十三年和十四年第七号法令规定，靴、鞋或拖鞋除外，一切生皮鞣皮都禁止输出；这法律给我国靴匠和鞋匠以一种妨害牧畜业和鞣皮业的独占。此后，法律又规定，鞣皮业对每重一百一十二磅鞣皮纳轻微的税一先令，即可摆脱此种独占。他们即以不加制造的鞣皮输出，亦可于输出时，收回所纳国产税的三分之二。一切皮革制造品，都得免税输出；输出者还可收回所纳国产税全部。我国牧畜者，却仍继续受旧时独占权的害。牧畜者散居国内各地，彼此隔离，要团结起来，强迫他们同胞接受他们的独占、或摆脱他人可能强加在他们身上的独占，在他们都是极其困难的。各种制造业者，都住在大都市，所以能够很容易团结起来。连牛骨亦禁止输出；在这点上，制角器和制梳那二种不重要的行业，亦得享受一种妨害牧畜业者的独占。

以禁止或课税方法，限制半制成品的输出，并不是皮革制造业所特有的。在一件物品还要加工才合于直接使用与消费时，我们的制造业者便以为那应当由他们来完成。羊毛线与绒线和羊毛一样，禁止输出，受同样的处罚，甚至白呢绒输出，亦须纳税；我国染业在这点上，取得了一种妨害呢绒业的独占。我国的呢绒制造者，虽有力防御他们自身，但大部分大的呢绒制造者，兼营染业。所以，用不着防御了。表壳，钟壳，表针盘，钟针盘，都禁止输出。我国制表者和制钟者，似乎都不愿这一类制作品的价格因外国人的竞购而抬高。

爱德华三世、亨利八世和爱德华六世的一些法令，规定一切金属都禁止输出。铅锡列为例外，或因为此二金属极为丰饶。而其输出，又为当时王国贸易相当大的部分。威廉和玛利第五年第十七号法令，为要奖励开矿，允许由不列颠矿物制造的铁、铜和黄铜的输出，不受禁止。铜块无论产自本国或产自外国，后来威廉三世第九年和第十年第二十六号法令都允许输出。未加工黄铜，即所谓枪炮金属、钟铃金属或货币鉴定人金属（shroff-metal），却仍继续禁止输出。各种黄铜制造品都得免税输出。

不完全禁止输出的工业原料，往往在输出时课以重税。

乔治一世第八年第十五号法令规定，英国一切货物，无论是英国生产或制造的，按以前法令，在输出时须纳税的，都得免税输出。但下述各货物，却作为例外，即明矾、铅、铅矿、锡、鞣皮、绿矾、煤炭、梳毛机、白呢绒、菱锌矿、各种兽皮、胶、兔毛、野兔毛、各种毛、马匹、黄色氧化铅矿。这些物品，除了马匹，都是工业原料，半制成品（可视为要进一步加工的材料），或职业用具。这法令，依然要这些货物纳以前所须缴纳的税，即旧补助税及百分之一出口税。

这法令又规定，有许多染色用的外国染料，得于输入时免纳一切税。但后来输出时，须纳一定的税，但不能算重。似乎我国染业者，一面认为，奖励此等染料输入，于己有利，一面又认为，稍稍阻害其输出，于己亦有利。但是，商人为了贪欲而想出的此种令人注目的巧妙手法，却似乎在这里失其所望了。因为它必然使输入者注意，不超过国内市场需要而输入。结果，国内市场上，这类商品的供给，总是不足，这类商品的价格，总是比输入自由输出亦自由的场合高些。

依照上述法令，西尼加胶或阿拉伯胶，列在染料之内，亦得免税输入。在再输出时，要纳轻微的税，一百一十二磅不过三便士。当时，法国独占西尼加附近生产这种染料的国家的贸易；英国市场不容易从生产地点直接输入来供应。于是，乔治二世第二十五年规定，西尼加胶，得从欧洲各地输入（那与航海条例的本旨大相违背）。但此法令的目的，不在于奖励这种贸易，所以违反英国重商政策的普通原理，于其输入时，每一百一十二磅课税十先令，而在输出时，又不许退还任何部分。1755 年开始的战争的胜利，使英国像从前的法国一样，对那些国家也享受专营贸易的特权，和议一成立，我们的制造者即要乘此良机，建立一种有利于他们自己但有害于这商品生产者及输入者的独占。所以，乔治三世第五年第三十七号法令规定，从英王陛下非洲领土输出西尼加胶，只许输往不列颠；像对我国美洲殖民地和西印度殖民地各列举商品一样，加上了同样的限制、规律、没收及处罚。诚然，其输入，一百一十二磅只纳轻税六便士，但其再输出，一百一十二磅须纳重税三十先令。我国制造业者的意旨，要把这全部产量运到英国来，而且，为要使自己能以自定的价格购买这商品，又规定其中任何部分，除非负担大的费用，不能再输出。事实上，这样的费用，就够阻害它的输出了。他们在这里，像在其他许多场合一样，都是受着贪欲的驱使，但结果同样大失所望。这种重税，是秘密输出的引诱。这种商品，有许多是由英国和非洲，秘密输往欧洲各制造国，尤其是荷兰。因此，乔治三世第十四年第十号法令，把此输出税减为每一百一十二磅纳五先令。

按旧补助税所依据的地方税则，海狸皮一件估定为六先令八便士；1722 年以前，海狸皮每件输入所纳的各种补助税和关税，约等于这地方税的五分之一，即一先令四便士。在输出时，除了旧补助税的一半即仅仅二便士外，都可退还。一种这样重要的工业原料，在输入时，须课这样的关税，被认为太高；于是，在1722年，地方税减为二先令六便士，输入税亦减为六便士。但输出时，亦仅能退还此额的一半。那次胜利的战争，使英国占领了产海狸最多的地方，而海狸皮又为列举商品之一，所以，其输出，就限于从美洲运至英国市场了。我国制造业者不久就想利用这机会。1764年，海狸皮一件输入税减为一便士，输出税则提高至每件七便士，并不得退还任何输入税。同法令又规定，海狸毛或海狸腹部输出，每磅须纳税一先令六便士，但对海狸皮输入税则无所变改，由英国人用英国船输入的，所纳的税仍在四先令与五先令之间。

煤炭，可视为工业原料，亦可视为职业用具，故其输出，课有重税，现在(1783年)是每吨纳税五先令以上，或每纽卡斯尔煤衡量纳税十五先令以上。这在许多场合，简直高于炭坑所在地的商品原价，甚或高于输出港的商品原价。

但真正职业用具的输出，一般不是通过高关税，而是通过绝对禁止来限制。于是，威廉三世第七年和第八年第二十号法令第八条规定，织手套和长袜的织机或机械禁止输出，违则不仅把输出乃至企图输出的织机或机械没收，而且须科罚金四十镑，一半归于国王，一半归于告发人。同样，乔治三世第十四年第七十一号法令规定，棉制造业、麻制造业、羊毛制造业和丝制造业使用的一切用具禁止输出，违则货物没收，犯者科罚金二百镑，知情不报又以船供其运输的船长，亦须科罚金二百镑。

当死的职业用具的输出受到这么重的处罚时，活的职业用具即技工自不能听其来去自如。所以，乔治一世第五年法令第二十七号规定，凡引诱英国技工或制造业工人到外国去执行职业或传授职业者，初犯科罚一百镑以下的罚金，处三个月徒刑，并继续拘禁，到罚金付清之时为止；再犯即随法庭意旨，科以罚金，处十二个月徒刑，并继续拘禁，到罚金付清之时为止。乔治二世第二十三年第十三号法令，加重了这种处罚，即初犯科罚金五百镑，处十二个月徒刑，并继续拘禁，到罚金付清之时为止；再犯科罚金一千镑，处二年徒刑，并继续拘禁，到罚金付清之时为止。

按照上述二法令中前一个法令，某一个人如被证明曾勾引某一技工，或某一技工如被证明受人引诱或答应或订约为上述目的前往外国，那么这样的技工，必须向法庭提出不出国的合式的保证，而在未向法庭提出此种保证以前，得由法庭拘禁。

若有某一技工，竟自出国了，并在外国执行其职业或传授其职业，则在英王陛下的驻外公使或领事的警告下，或在当时阁员的警告下，必须在接警告后六个月内回国，并继续住在本国，否则即从那时候起，被剥夺一切国内财产的继承权，亦不得作国内任何人的遗嘱执行人或财产管理人，更不得继承、承受或购买国内任何土地。他自己所有的动产及不动产，也被国王没收，作为外国人看待，不受国王保护。

我国自夸爱护自由。无须说明，此等规定和此等夸大的自由精神是多么矛盾。十分明显，这种自由，在这场合，为了商人和制造业者琐细的利益而被牺牲了。

这一切规定可称颂的动机，是推广我国制造业。但推广的方法，不是改良自己的制造业，而是阻抑我们邻国的制造业，并尽可能消灭一切可恶竞争者的捣乱性竞争。我国制造业者认为，他们应当独占本国同胞的技能才干。通过限制某些职业在一个时间内所得雇用的人数，并规定一切职业须有长时间的学徒时期，他们企图局限各职业的知识，使仅为少数人所掌握，而且愈少愈好，他们又不愿这少数人中有一些人到外国去传授技能给外国人。

消费是一切生产的唯一目的，而生产者的利益，只在能促进消费者的利益时，才应当加以注意。这原则是完全自明的，简直用不着证明。但在重商主义下，消费者的利益，几乎都是为着生产者的利益而被牺牲了；这种主义似乎不把消费看作一切工商业的终极目的，而把生产看作工商业的终极目的。

对于凡能与本国产物和制造品竞争的一切外国商品，在输入时加以限制，就显然是为着生产者的利益而牺牲国内消费者的利益了。为了前者的利益，后者不得不支付此种独占所增加的价格。

对于本国某些生产物，在输出时发给奖励金，那亦全是为了生产者的利益。国内消费者，第一，不得不缴纳为支付奖励金所必要征收的赋税；第二，不得不缴纳商品在国内市场上价格抬高所必然产生的更大的赋税。

有名的与葡萄牙签订的通商条约，通过高的关税，使我国消费者不能向邻国购买我们本国气候所不宜生产的商品，但必须向一个遥远的国家购买这种商品，虽明知该国这种商品的品质较差。国内消费者，为了使本国生产者能在比较有利的条件下输出某几种产物到这一个遥远国家去，不得不忍受此种困难。这几种产物的强迫输出在国内市场上引起的增高价格，亦得由消费者支付。

但为管理我国美洲殖民地和西印度殖民地而订立的许多法

律，比我国所有其他通商条例，都更严重地牺牲国内消费者的利益，以顾全生产者的利益。一个大的帝国建立起来了，而其建立的唯一目的，便是造成一个顾客之国，使他们只能向我国各生产者的店铺购买我国所能供给的各种物品。我国生产者由此种独占取得的仅是价格稍稍的提高，而我国消费者要负担全部费用，以维持这个帝国，护卫这个帝国。为了这个目的，仅仅为了这个目的，我国在最近二次战争中，用去了二亿镑以上，借债一亿七千万镑以上，至于前此各次战争用费，还不算在里面。单单这一项借款的利息，不仅大于由殖民地贸易独占据说所能得到的异常的利润的全部，而且大于这贸易的价值的全部，换言之，大于每年平均输出到殖民地的货物价值的全部。

谁是这重商学说体系的设计者，不难于确定。我相信，那绝不是消费者，因为消费者的利益全被忽视了。那一定是生产者，因为生产者的利益受到那么周到的注意。但在生产者中，我们的商人与制造业者，又要算是主要的设计者。在这一章所讨论的商业条例中，我们制造者的利益，受到了最特别的注意。消费者或不如说其他生产者的利益，就为着制造业者的利益而被牺牲了。

第九章　论重农主义即政治经济学中把土地生产物看作各国收入及财富的唯一来源或主要来源的学说

关于重商主义，我觉得有详细说明的必要。但政治经济学中的重农主义，却不需要这么长的说明。

据我所知，把土地生产物看作各国收入及财富的唯一来源或主要来源的学说，从来未被任何国家所采用；现在它只在法国少数博学多能的学者的理论中存在着。对于一种未曾、也许永远不会危害世界上任何地方的学说的谬误，当然不值得长篇大论去讨论。不过，对于这个极微妙的学说，我将尽我所能，明确说出它的轮廓。

路易十四有名的大臣科尔伯特，为人正直，而且勤勉异常，有渊博的知识，对于公共账目的检查，又富有经验，极其精明。总之，在各方面，他的能力都使他对于公共收入的征收与支出，能搞得井井有条。不幸，这位大臣抱有重商主义的一切偏见。这种学说，就其性质与实质说，就是一种限制与管理的学说，所以，对于一个惯于管理各部公务，并设置必要的制裁与监督，使各部事务不逾越其适当范围，而又勤苦工作的事务家，是很合脾胃的。他对于一个大国的工业及商业所采用的管理方式，与管理各部公务的方式一样；

他不让各个人在平等自由与正义的公平计划下，按照各自的路线，追求各自的利益，却给某些产业部门以异常的特权，而给其他产业部门以异常的限制。他不仅像欧洲其他大臣一样，更多地鼓励城市产业，很少鼓励农村产业；而且他还愿意压抑农村产业，以支持城市产业。为了使城市居民得以廉价购买食物，从而鼓励制造业与国外贸易，他完全禁止谷物输出；这样就使农村居民不能把其产业产品的最重要部分，运到外国市场上去。这种禁令，加上旧日限制各省间谷物运输的各省法规，再加上各省对耕作者的横征暴敛，就把这个国家的农业，压抑得不能依照自然趋势，按其肥沃土壤和极好气候所应有的发展程度而发展了。这种消沉沮丧的状态，在全国各地都多少感觉到了；关于发生这种状态的原因，有许多方面业已开始探讨。科尔伯特鼓励城市产业过于鼓励农村产业的办法，似乎是此中原因之一。

谚语说，矫枉必须过正。主张把农业视为各国收入与财富的唯一来源的这些法国学者们，似乎采用了这个格言。由于在科尔伯特的制度中，和农村产业比较，城市产业确是过于受到重视，所以在这些重农主义学者的学说中，城市产业就必定受到轻视。

他们把一般认为在任何方面对一国土地和劳动的年产物有所贡献的各阶级人民，分为三种。第一种，土地所有者阶级；第二种，耕作者、农业家和农村劳动者阶级，对于这一阶级，他们给以生产阶级这一光荣称号；第三种，工匠、制造者和商人阶级，对于这一阶级，他们给以不生产阶级这一不名誉的称号。

所有者阶级，所以对年产物有贡献，是因为他们把金钱花在土地改良上，花在建筑物、排水沟、围墙及其他改良或保养上，有了这些，耕作者就能以同一的资本，生产更多的生产物，因而能支付更大的地租。这种增高的地租，可视为地主出费用或投资改良其土地所应得的利息或利润。这种费用，在这个学说中，称为土地费用。

耕作者或农业家所以对年产物有贡献，是因为他们出费用耕作土地。在重农主义体系中，这种费用称为原始费用和每年费用。原始费用包括：农具、耕畜、种子以及农业家的家属、雇工和牲畜。在第一年度耕作期间（至少在其大部分期间）或在土地有若干收获以前所需的维持费。每年费用包括：种子、农具的磨损以及农业家的雇工、耕畜和家属（只要家属中某些成员可视为农业雇工）每年的维持费。支付地租后留给他的那一部分土地生产物，首先应该足以在相当期间内，至少在他耕种期间内，补偿他的全部原始费用并提供资本的普通利润；其次应该足以补偿他全部的每年费用，并提供资本的普通利润。这两种费用，是农业家用于耕作的两种资本；倘若这两种资本不经常地回到他手中，并给他提供合理的利润，他就不能与其他职业者处在同等地位经营他的业务；他为了自身的利益，必然会尽快地放弃这种职业，而寻求其他职业。为使农业家能继续工作所必需的那一部分土地生产物，应视为农业的神圣基金，倘若地主加以侵害，就必然会减少他自己土地的产物，不要多少年，就会使农业家不但不能支付此种苛酷的地租，而且不能支付应当支付的合理地租。地主应得的地租，只是把先前用于生产总产物或全部产物所必需的一切费用完全付清之后留下来的纯产物。因为耕作者的劳动，在付清这一切必要费用之后，还能提供这种纯产物，所以在这种学说中，这个阶级才被尊称为生产阶级。

而且由于同一理由，他们的原始费用和每年费用，在这种学说中，亦被称为生产性费用，因为这种费用，除了补偿自身的价值外，还能使这个纯产物每年再生产出来。

所谓土地费用，即地主用来改良土地的费用，在这种学说中，亦被尊称为生产性费用。此等费用的全部及资本的普通利润，在还未通过增高的地租完完全全还给地主以前，这增高的地租，应视为神圣不可侵犯的，教会不应课以什一税，国王亦不应课以赋税。不然，就会妨害土地的改良，从而妨害教会自身的什一税的未来增加，也妨害国王自身的赋税的未来增加。因为在良好状态下，此等土地费用，除了再生产它自身全部价值以外，还能在若干时间以后，使纯产物再生产出来，所以在这种学说中，它亦被称为生产性费用。

在这种学说中，被称为生产性费用的，就只有这三种，即地主的土地费用，农业家的原始费用及每年费用。其他一切费用，其他一切阶级人民，即使一般认为最生产的那些人，亦因为这个缘故，被视为是完全不生产的。

按人们一般的见解，工匠与制造者的劳动，是极能增加土地原生产物的价值的，但在这种学说中，工匠和制造者却特别被视为完全不生产的阶级。据说，他们的劳动，只偿还雇用他们的资本并提供其普通利润。这种资本乃是雇主垫付给他们的原材料、工具与工资，是被指定用来雇用他们、维持他们的基金。其利润乃是被指定用来维持他们的雇主的基金。他们的雇主，垫付他们以他们工作所需的原材料、工具及工资，也同样垫付他自己以维持他自己所需的费用。他所垫付的这种维持费，通常和他在产品价格上所希冀的利润成比例。倘若产品价格不够偿还他为自己而垫付的维持费，以及为劳动者而垫付的原材料、工具与工资，那他就显然没有偿还他所投下的全部费用。所以制造业资本的利润，并不像土地的地租一样，是还清全部费用以后留下的纯产物。农业家的资本，像制造者的资本一样，给资本所有者提供利润，但农业家能给他人提供地租，制造者却不能够。所以用来雇用并维持工匠、制造业工人的费用，只延续——如果可以这样说——它自身价值的存在，并不能生产任何新的价值。这样，它是全无生产或不生产的费用。反之，用来雇用农民或农村劳动者的费用，却除了延续它本身价值的存在，还生产一个新的价值，即地主的地租。因此，它是生产性费用。

商业资本和制造业资本，同样是不生产的。它只能延续它自身价值的存在，不能生产任何新价值。其利润，不过是投资人在投资期间内或收得报酬前为自身而垫付的维持费的补偿，换言之，不过是投资所需用费的一部分的偿还而已。

工匠和制造业工人的劳动，对于土地原生产物全年产额的价值，不能有什么增加。诚然，他们的劳动，对于土地原生产物某特定部分的价值，确有很大的增加，但他们在劳动时要消费原生产物其他部分。他们对这部分的消费，恰好等于他们对那部分的增加。所以，无论在那一个时间，他们的劳动，对全部的价值，也没有一点的增加。例如，制造一对花边的人，有时会把仅值一便士的亚麻的价值，提高到三十镑。乍看起来，他似乎把一部分原生产物的价值，增加了约七千二百倍，但其实，他对原生产物全年产额的价值，毫无所增。这种花边的制造，也许要费他二年劳动。花边制成后，他所得的那三十镑，只不过补还这二年他给自己垫付的生活资料罢了。他每日、每月或每年的劳动，对于亚麻所增加的价值，只不过补偿这一日、一月或一年他自身消费掉的价值。所以，无论在什么时候，他对土地原生产物全年产额的价值，都没有一点的增加。他继续消费的那部分原生产物，总是等于他继续生产的价值。被雇在这种费用多而又不重要的制造业上的人，大部分都是非常贫穷的。这种现象，可使我们相信，他们制造品的价格，在普通场合，并没有超过他们生活资料的价值。但就农业家及农村劳动者的工作说，情形就不相同了。在一般情况下，他们的劳动，除了补还他们的全部消费，和雇用并维持工人及其雇主的全部费用外，还继续生产一个价值，作为地主的地租。

工匠、制造业工人、商人，只能由节俭来增加社会的收入与财富，或按这种学说的说法，只能由克己，即自行剥夺自己生活资料基金的一部分，以增加社会的收入或财富。他们每年所再生产的，只是这种基金。所以，倘若他们每年不能节省若干部分，倘若不能每年自行剥夺若干部分的享受，则社会的收入与财富，就丝毫不能因他们的劳动而有所增加。反之，农业家及农村劳动者却可享受其自己生活资料基金全部，同时仍可增加社会的收入与财富。他们的劳动，除了给自己提供生活资料以外，还能每年提供一种纯产物；增加这种纯产物，必然会增加社会的收入与财富。所以，像法国、英国那样以地主和耕作者占人民中大部分的国家，就能由勤劳及享乐而致富。反之，像荷兰、汉堡那样以商人、工匠和制造业工人占人民中大部分的国家，却只能由节俭与克己而致富。境况如此不同的国家，利害关系也极不相同，所以普通国民性也极不相同。在前一类国家中，宽大、坦白和友爱，自成为普通国民性的一部分。在后一类国家中，自会养成褊狭、卑鄙和自私心，厌恶一切社会性娱乐与享受。

不生产阶级，即商人、工匠、制造业工人的阶级，是由其他两阶级——土地所有者阶级及耕作者阶级——维持与雇用的。这一阶级工作的材料，由他们供给，这一阶级的生活资料基金，由他们供给，这一阶级在工作时所消费的谷物和牲畜，亦由他们供给。不生产阶级一切工人的工资以及他们一切雇主的利润，最终都须由地主及耕作者支付。这些工人和这些雇主，严格地说，是地主和耕作者的佣人。他们与家仆的区别，仅为一在户外工作、一在户内工作。这两种人依赖同一主人出资来养活。他们的劳动，都是不生产的，都不能增加土地原生产物总额的价值。它不但不能增加这总额的价值，还是一种必须从这总额中支付的支出。

不过，对于其他二阶级，这个不生产阶级，不仅有用，而且是大大有用。有了商人、工匠和制造业工人的劳动，地主与耕作者才能以少得多的自己劳动的产物，购得他们所需的外国货物及本国制造品。要是他们企图笨拙地、不灵巧地亲自输入或亲自制造这些东西，那就要花大得多的劳动量。借着不生产阶级的帮助，耕作者能专心耕作土地，不致为其他事务分心。专心的结果，耕作者所能生产的产品便更多了。这种更多的产品，能够充分补偿他们自己和地主雇用并维持这一不生产阶级所费的全部费用。商人、工匠和制造业工人的劳动，就其本身性质说，虽是完全不生产的，但间接有助于土地生产物的增加。他们的劳动，使生产性劳动者专心于原有职业，即耕作土地，因而增进生产性劳动者的生产力。耕耘这一业务，往往由于不以耕耘为业的人的劳动，变得更简易，变得更好。

就任何一点说，限制或阻害商人、工匠及制造业工人的产业，都不是地主及耕作者的利益。这一不生产阶级越自由，他们之间各种职业的竞争越激烈，其他二阶级所需的外国商品及本国制造品，就将以越低廉的价格得到供给。

压迫其他二个阶级，也不可能是不生产阶级的利益。维持并雇用不生产阶级的，乃是先维持耕作者再维持地主以后剩留下来的剩余土地生产物。这剩余额越大，这一阶级的生计与享乐，必越得到改进。完全正义、完全自由、完全平等的确立，是这三个阶级同臻于最高度繁荣的最简单而又最有效的秘诀。

在荷兰和汉堡那样主要由商人、工匠和制造业工人这一不生产阶级构成的商业国家中，这一类的人，也是这样由地主及土地耕作者来维持和雇用的。但其中有一区别，亦只有一区别，即这些地主与耕作者，大部分都离这些商人、工匠和制造业工人非常的远，换言之，供后者以工作材料和生活资料基金的，乃是其他国家的居民，其他政府的人民。

但这样的商业国，不仅对其他各国居民有用，而且大大有用。其他各国居民，本应在国内找得商人、工匠和制造业工人，但由于国家政策的某种缺点，不能在国内找到他们。有了商业国，这种极其重要的缺陷，就在一定程度上得到填补。

对此等商业国的贸易或其所供给的商品征课高关税，以妨害或抑制此等商业国的产业，绝不是有田地的国家——如果我可以这样说——的利益。这种关税，提高这些商品的价格，势必减低用以购买商业国商品的它们自己土地的剩余生产物或其价格的真实价值。这种关税的唯一作用是，妨害此等剩余生产物的增加，从而妨害它们自己土地的改良与耕作。反之，准许一切此等商业国享有贸易上最完全的自由，乃是提高这种剩余生产物价值，鼓励这种剩余生产物增加，并从而鼓励国内土地改良及耕作的最有效方策。

这种完全的贸易自由，就以下一点说，也是最有效的方策。它在适当期间，供他们以国内所缺少的工匠、制造业工人及商人，使得他们在国内感到的那种最重要缺陷，在最适当、最有利的情况下得到填补。

土地剩余生产物不断增加，到了相当时期，所创造的资本，必有一部分不能按普通利润率投在改良土地或耕作土地上。这一剩余部分，自会改用于在国内雇用工匠与制造业工人。国内的工匠与制造业工人，能在国内找得他们工作的材料和生活资料基金，所以，即使技术与熟练程度远不如人，亦能立即与商业国同类工匠及制造业工人，以同样低廉的价格，作成他们的产品，因为此等商业国同类工匠与制造业工人，必须从很远很远的地方运来所需的材料与生活资料。即使由于缺少技术与熟练程度，他们在一定时间内，不能和此等商业国同类工匠及制造业工人，以同样低廉的价格，作成他们的产品，但也许能够在国内市场上，以同样低廉的价格出售他们的产品，因为此等商业国同类工匠及制造业工人制造的货物，必须由很远很远的地方运来。而且，在他们的技术与熟练程度改进了的时候，他们很快就能以更低廉的价格出售他们的产品。于是，此等商业国的工匠与制造业工人，将在那些农业国的市场上遇着竞争者，不久以后，就不得不贱卖，被赶出市场。随着技术与熟练程度的逐渐改进，此等农业国制造品的低廉，将使其制造品在适当时期，推广到国内市场之外，即推销于许多国外市场，并在那里，按同样的方式，逐渐把此等商业国的许多制造品排挤出去。

农业国原生产物及制造品不断增加，到了相当时期，所创造的资本，必有一部分不能按普通利润率，投在农业或制造业上。这一部分资本，自会转投在国外贸易上，把国内市场上不需要的过剩的原生产物及制造品，运到外国去。在输出本国生产物时，农业国商人，亦将比商业国商人处于更有利地位，像农业国工匠及制造业工人，比商业国工匠及制造业工人，处于更有利地位一样。后者必须在远地寻求货物、原料与食品，前者能在国内找得这些东西。所以，即使他们航海技术较为低劣，他们亦能和商业国商人，以同样低廉的价格，在外国市场上出售他们的货物。如果有同等的航海技术，就能以更低廉的价格出售了。因此，在国外贸易这一部门，他们不久就能和商业国商人竞争，并在相当期间，把此等商人全部排挤出去。

所以，按照这个宽宏制度，农业国要培育本国的工匠、制造业工人与商人，最有利的方法，就是对一切其他国家的工匠、制造业工人与商人给予最完全的贸易自由。这样就能提高国内剩余土地生产物的价值，而这种价值的不断增加，就将逐渐建立起来一笔基金，它在相当时期内，必然把所需的各种工匠、制造业工人及商人培育起来。

反之，倘若农业国以高关税或禁令压抑外国人民的贸易，就必然在两个方面妨害它本身的利益。（一）提高一切外国商品及各种制造品的价格，必然减低用以购买外国商品及各种制造品的本国剩余土地生产物的真实价值；（二）给予本国商人、工匠与制造业工人以国内市场的独占，就提高工商业利润率，使高于农业利润率，这样就把原来投在农业上的资本的一部分吸引到工商业去，或使原要投在农业上的那一部分资本，不投到农业上。所以，这个政策在两个方面妨害农业。（一）减低农产物的真实价值，因而减低农业利润率；（二）提高其他一切资本用途的利润率。农业因此成为利益较少的行业，而商业与制造业却因此变得更有利可图。各个人为了自身的利益，都企图尽可能把资本及劳动从前一类用途改投到后一类用途。

农业国通过这种压制政策，虽能以比在贸易自由情况下稍大的速度（这大有疑问）培育本国的工匠、制造业工人及商人，但这是在其尚未十分成熟以前，过早地把他们培育起来（如果可这样说）。过速地培育一种产业，结果就会压抑另一种更有价值的产业。对于仅能补偿所投资本并提供其普通利润的产业，如以过于急速的方法加以培育，结果就会压抑另一种产业，即除了补偿资本并提供其利润以外，还能提供一种纯产物作为地主地租的产业。过于急速地鼓励全不生产的劳动，必然压抑生产性劳动。

至于按照这个学说，土地年产物全部是怎样在上述那三个阶级之间进行分配，不生产阶级的劳动为什么只补还它所消费的价值，而不增加那全额的价值，则由这一学说的最聪明、最渊博的创始者魁奈，用一些数学公式表明出来了。在这些公式中，他对第一个公式特别重视，标名为《经济表》。他想象在最完全的自由状态下，因而是在最繁荣的状态下，在年产物能提供最大量纯产物，而各阶级能在全部年产物中享有其应得部分的情况下，他用第一个公式把想象的这种分配的进行方式表述出来。接着，有几个公式，又把在有各种限制及规章条例的状态下，在地主阶级和不生产阶级受惠多于耕作者阶级的状态下，在这两个阶级侵蚀生产阶级应得部分的状态下，他所想象的这种分配的进行方式，表述出来。按照这个学说，最完全自由状态所确立的自然分配，每一次受侵蚀，每一次受侵害，都必然会不断地多少减损年产物的价值与总和，因而使社会收入与财富逐渐减少。减少的程度，必按照侵蚀程度，必按照自然分配所受的侵害程度，而以较速或较缓的程度，日益加剧。这些公式，把这学说认为必和这自然分配所受不同侵害程度相适应的不同减少程度，表述出来。

有些有思想的医生，以为人体的健康只能靠食物及运动的正确养生方法来保持，稍有违犯，即将按违犯程度的比例而引起相等程度的疾病。但经验似乎告诉我们，在各种不同的养生方法下，人类身体常能保持最良好的状态，至少从表面上看是这样，甚至在一般认为很不卫生的情况下，也能保持健康。其实，人体的健康状态，本身就含有一种未被发觉的保卫力量，能在许多方面预防并纠正极不良卫生方法的不良结果。魁奈自己就是一个医生并且是个极有思想的医生，他似乎对于国家亦抱有同样的概念，以为只有在完全自由与完全公平的正确制度下，国家才能繁荣发达起来。他似乎没有考虑到，在国家内，各个人为改善自身境遇自然而然地、不断地所作的努力，就是一种保卫力量，能在许多方面预防并纠正在一定程度上是不公平和压抑的政治经济的不良结果。这种政治经济，虽无疑会多少阻碍一国趋于富裕繁荣的发展，但不能使其完全停止，更不能使一国后退。如果一国没有享受完全自由及完全正义，即无繁荣的可能，那世界上就没有一国能够繁荣了。幸运的是，在国家内，自然的智慧对于人类的愚蠢及不公正的许多恶影响，有了充分的准备，来做纠正，正如在人体内，自然的智慧有充分准备，来纠正人类的懒惰及无节制的不良结果一样。

但是，这种学说最大的谬误，似乎在于把工匠、制造业工人和商人看作全无生产或全不生产的阶级。这种看法的不适当，可由下面的话来说明。

第一，这种学说也承认这一阶级每年再生产他们自身每年消费的价值，至少是延续了雇用他们和维持他们的那种资财或资本的存在。单就这一点说，把无生产或不生产的名称加在他们头上，似乎很不妥当。只生一男一女来代替父母、延续人类而不能增加人类数目的婚姻，不能称为不生儿育女的婚姻。诚然，农业家与农村劳动者，除补偿维持他们和雇用他们的资财以外，每年还再生产一种纯产物，作为地主的地租。生育三个儿女的婚姻，确比仅生育两个儿女的婚姻更有生产力，而农民与农村劳动者的劳动，确比商人、制造业工人与工匠的劳动更有生产力。但是，一个阶级的更多的生产，绝不能使其他阶级成为无生产或不生产的。

第二，无论怎样说，把工匠、制造业工人与商人，和家仆一样看待，似乎是完全不适当的。家仆的劳动，不能延续雇用他们和维持他们的基金的存在。他们的维持与雇用，全由主人出费用；他们所搞的工作，在性质上并没有偿还这种费用的可能。他们的工作，大都是随生随灭的事务，不固定在亦不实现在任何可卖商品上，以补偿他们工资及维持费的价值。反之，工匠、制造业工人与商人的劳动，却自然而然地固定在并实现在可卖商品上。因此，在讨论生产性和非生产性劳动那一章中，我把工匠、制造业工人及商人，归到生产性劳动者内，而把家仆归到无生产或不生产的劳动者内。

第三，无论根据何种假设，说工匠、制造业工人和商人的劳动，不增加社会的真实收入，都似乎是不妥当的。例如，即使我们假定（像这种学说所假定的一样），这一阶级每日、每月或每年所消费的价值，恰好等于他们每日、每月或每年所生产的价值，亦不能因此便断言，他们的劳动，对社会的真实收入，对社会上土地和劳动的年产物的真实价值，无所增加。例如，某一工匠，在收获后六个月时间，做成了值十镑的作业，那么即使他同时消费了值十镑的谷物及其他必需品，他实际上亦对社会的土地和劳动的年产物，增加了十镑的价值。在他消费半年收入即价值十镑的谷物及其他必需品时，他又生产了一个等价值的产品，使他自己或别人能购买相等的半年收入。所以，这六个月时间所消费及所生产的价值，不等于十镑，而等于二十镑。诚然，无论在什么时候，只存在着这十镑的价值，但若这价值十镑的谷物及其他必需品，不为这工匠所消费，而为一兵士或一家仆所消费，那么在六个月终，还存在的那一部分年产物的价值，就比这工匠劳动的场合要少十镑的价值了。所以，即使他所生产的价值，无论在什么时候，都没有超过他所消费的价值，但无论在什么时候，市场上货物实际存在的价值，都赖有他的生产，能比没有他生产的场合大。

此种学说的拥护者往往说，工匠、制造业工人与商人的消费，等于他们所生产的价值。在他们这样说时，其意思也许只是，他们的收入，或指定供他们消费的基金，等于他们所生产的价值。如果他们的话表达得确切些，如果他们只说，这一阶级的收入等于这一阶级所生产的价值，读者们也许更容易想到，这一阶级从这个收入节省下来的东西，必会多少增加社会的真实财富。但为了要说出一种像是议论一样的东西，他们不得不照他们本来的说法来说了。然而，即使假定事情真如他们所假设一样，那种议论亦是非常不得要领的。

第四，农业家及农村劳动者，如果不节俭，即不能增加社会的真实收入即其土地和劳动的年产物，这和工匠、制造业工人及商人是一样的。任何社会的土地和劳动的年产物，都只能由两种方法来增加。其一，改进社会上实际雇用的有用劳动的生产力；其二，增加社会上实际雇用的有用劳动量。

有用劳动的生产力的改进，取决于：（一）劳动者能力的改进；（二）他工作所用的机械的改进。因为工匠及制造业工人的劳动，能比农业家和农村劳动者的劳动-实行更细密的分工，使每个工人的操作更为单纯，所以就工匠及制造业工人说，这两种改进都能达到高得多的程度。因此，在这方面，耕作者阶级并不比工匠及制造者阶级处于优越地位。

任何社会实际雇用的有用劳动量的增加，必完全取决于雇用有用劳动的资本的增加；这种资本的增加，又必恰好等于收入（资本管理人的收入或资本出借人的收入）的节省额。如果商人、工匠和制造业工人，真如这一学说所设想的那样，自然而然地比地主及耕作者更有节俭储蓄的倾向，那么他们也就更能够增加本社会所雇用的有用劳动量，因而更能够增加本社会的真实收入即土地和劳动的年产物。

第五，即使一国居民的收入，真如这一学说所设想的那样，全由其居民劳动所能获得的生活资料构成，在其他一切条件都相等的场合，工商业国的收入，亦必比无工业或无商业的国家的收入大得多。一国通过商业及工业每年能从外国输入的生活资料量，就比其土地在现有耕作状态下所能提供的多。城市居民，虽往往没有田地，亦能靠自身的劳动得到大量的他人土地原生产物，不仅获得工作的原料，而且获得生活资料基金。城市与其邻近农村的关系，往往即是一个独立国家与其他独立国家的关系。荷兰就是这样从其他国家得到他们生活资料的大部分。活牲畜来自霍耳斯廷及日兰德；谷物来自几乎欧洲各个国家。小量的制造品，能购买大量的原生产物。所以，工商业国自然以小部分本国制造品来交换大部分外国原生产物；反之，无工商业的国家，就大都不得不费去大部分本国原生产物，来购买极小部分的外国制造品。前者所输出，仅能维持极少数人，供应极少数人使用，但所输入，却为多数人的生活资料及供应品。后者所输出，是多数人的供应品及生活资料，但所输入的却只是极少数人的供应品及生活资料。前一类国家的居民，总能享用比其土地在现有耕作状态下所能提供的多得多的生活资料。后一类国家的居民，却只能享用少得多的生活资料。

这一学说虽有许多缺点，但在政治经济学这个题目下发表的许多学说中，要以这一学说最接近于真理。因此，凡愿细心研讨这个极重要科学的原理的人，都得对它十分留意。这一学说把投在土地上的劳动，看作唯一的生产性劳动，这方面的见解，未免失之褊狭；但这一学说认为，国民财富非由不可消费的货币财富构成，而由社会劳动每年所再生产的可消费的货物构成，并认为，完全自由是使这种每年再生产能以最大程度增进的唯一有效方策，这种说法无论从哪一点说，都是公正而又毫无偏见的。它的信徒很多。人们大都爱好怪论，总想装作自己能理解平常人所不能理解的东西；这一学说与众不同，倡言制造业劳动是不生产的劳动，也许是它博得许多人赞赏的一个不小的原因。在过去数年间，他们居然组成了一个很重要的学派，在法国学术界中，取得了经济学家的名称。他们的作品，把许多向来不曾有人好好研究过的题目，提到大众面前讨论，并使国家行政机关在一定程度上赞助农业，所以对于他们的国家，他们确有贡献。就因为他们这种说法，法国农业一向所受的各种压迫，就有好几种得到了解脱。任何未来的土地购买者或所有者都不得侵犯的租期，已由九年延长到二十七年了。往昔国内各省间谷物运输所受各省的限制，完全废除了；输出谷物到外国的自由，在一切普通场合，亦由王国的习惯法所确认了。这个学派有许多著作，不仅讨论真正的政治经济学，即讨论国民财富的性质与原因，而且讨论国家行政组织其他各部门。这些著作，都绝对遵循魁奈的学说，不加任何修改。因此，他们的著作大部分都和他的学说相同。对于这学说，曾作最明白、最连贯的阐述的，乃是曾任马提尼科州长的里维埃所著《政治社会的自然与基本制度》那一小册子。这整个学派，对于他们的大师的称扬，不下于古代任何哲学学派对其创立者的称扬。不过，这学派的大师自己倒是非常谦虚、非常朴质的。有一位勤勉而可尊敬的作者米拉波说，“从有世界以来，有三个大发明在极大程度上给政治社会带来安定，这些发明，与其他丰富和装饰政治社会的许多发明无关。第一，是文字的发明，只有它使人类能把其法律、契约、历史和发明照原样传达下去。第二，是货币的发明，它使各文明社会联结起来。第三，是《经济表》，它是其他二种发明的结果，把这二者的目标弄得齐全，使它们完善了；这是我们这个时代的大发现，而我们的子孙将从此获得利益。”

近代欧洲各国的政治经济学，比较有利于制造业及国外贸易，即城市产业，比较不利于农业，即农村产业；其他各国的政治经济学，则采用不同的计划，比较有利于农业，比较不利于制造业及国外贸易。

中国的政策，就特别爱护农业。在欧洲，大部分地方的工匠的境遇优于农业劳动者，而在中国，据说农业劳动者的境遇却优于技工。在中国，每个人都很想占有若干土地，或是拥有所有权，或是租地。租借条件据说很适度，对于租借人又有充分保证。中国人不重视国外贸易。当俄国公使兰杰来北京请求通商时，北京的官吏以惯常的口吻对他说，“你们乞食般的贸易！”①。除对日本，中国人很少或完全没有由自己或用自己船只经营国外贸易。允许外国船只出入的海港，亦不过一两个。所以，在中国，国外贸易就被局限在狭窄的范围，要是本国船只或外国船只能比较自由地经营国外贸易，这种范围当然就会大得多。

制造品常常是体积小价值大，能以比大部分原生产物更小的费用由一国运至他国，所以在所有国家，它们都是国外贸易的主要支柱。而且在幅员不像中国那么广大而国内贸易不像中国那么有

① 参看《北尔游记》中的兰杰日记，第2卷第258、276、293等页。

利的国家，制造业亦常需要国外贸易来支持。设无广阔的国外市场，那在幅员不大仅能提供狭小国内市场的国家，或在国内各省间交通不方便而国内某地生产物不能畅销国内各地的国家，制造业就没有好好发展的可能。必须记住，制造业的完善，全然依赖分工，而制造业所能实行的分工程度，又必然受市场范围的支配，这是我们曾经说过的。中国幅员是那么广大，居民是那么多，气候是各种各样，因此各地方有各种各样的产物，各省间的水运交通，大部分又是极其便利，所以单单这个广大国内市场，就够支持很大的制造业，并且容许很可观的分工程度。就面积而言，中国的国内市场，也许并不小于全欧洲各国的市场。假设能在国内市场之外，再加上世界其余各地的国外市场，那么更广大的国外贸易，必能大大增加中国制造品，大大改进其制造业的生产力。如果这种国外贸易，有大部分由中国经营，则尤有这种结果。通过更广泛的航行，中国人自会学得外国所用各种机械的使用术与建造术，以及世界其他各国技术上、产业上其他各种改良。但在今日中国的情况下，他们除了模仿他们的邻国日本以外，却几乎没有机会模仿其他外国的先例，来改良他们自己。

古埃及和印度政府的政策，似亦比较有利于农业，比较不利于其他一切职业。

古埃及和印度，都把全体人民分成若干阶级或部族，由父至子，世袭某一特定职业或某一种类职业。僧侣的儿子，必然是僧侣；士兵的儿子，必然是士兵；农业劳动者的儿子，必然是农业劳动者；织工的儿子，必然是织工；缝工的儿子，必然是缝工；余可类推。在这两国，僧侣阶级占最高地位，其次是士兵；而农业家及农业劳动者阶级，在地位上都高于商人及制造者阶级。

这两国的政府都特别注意农业的利益。古埃及国王为使尼罗河灌溉各地而兴建的水利工程，在古代是很有名的；其遗迹至今还为旅行者所赞赏。印度古代各王公为使恒河及许多河流灌溉各地而兴建的同种工程，虽不如前者有名，但是一样伟大。所以，这两国虽亦间有粮食不足情况，但都以粮食丰饶而闻名于世。那里虽都是人烟极其稠密，但在一般丰年，他们都能输出大量谷物到邻国去。

古埃及有畏海的迷信；印度教不许教徒在水上点火，因而不许教徒在水上烹调任何食物，所以实际上就等于禁止教徒作远海的航行。埃及和印度人都几乎完全依赖外国航业，来输出他们的剩余生产物。这样的依赖，必然限制市场，所以必然阻害剩余生产物的增加。而且，它对制造品增加的阻害，在程度上必然大于对原生产物增加的阻害。与最重要部分的土地原生产物比较，制造品需要大得多的市场。一个鞋匠一年可制造三百多双鞋，但其家属一年也许不会穿坏六双。所以，他至少要有五十家像他那样的家属来光顾他，不然，他自身劳动的全部产物即无法售脱。在任何一个大国，即使人数最多的那一类工匠，在国内居民中所占比例，很少在五十分之一或百分之一以上。但在英国和法国那样的大国，据一些作家计算，以农业为职业的人数占全国居民二分之一，据另一些作家计算，则为三分之一，但据我所知，没有一个作家计算为五分之一以下。英法两国的农产物，大部分在国内消费，那么照此等计算，每一家农民，只需一家、两家至多四家像他那样的家属来光顾，就可售脱他的全部劳动生产物。所以，农业和制造业比较，更能在市场有限这个不利情况下来维持自己。诚然,在古埃及和印度,外国市场的狭窄,在一定程度上由内地航运的便利得到补偿,内地航运十分有利地给本国各地各种生产物开拓了全国性的市场。而且,印度幅员很大,所提供的国内市场亦很大,足够支持许多种类制造业。但在古埃及,则幅员很小,不及英国,所以国内市场总是很小,不能维持许多种类制造业。以此之故,孟加拉,即通常输出谷物最多的印度一个省,所以引人注意,与其说因为它输出了许多谷物,无宁说因为它输出了许多种类制造品。反之,古埃及虽亦输出若干制造品,尤其是精麻布及其他某几种货物,但终以输出大量谷物而闻名于世。有一个长时期,它是罗马帝国的谷仓。

中国和古埃及的各君主,以及印度各时代割据各王国的君主,其收入全部或绝大部分都是得自某种地税或地租。这种地税或地租,像欧洲的什一税一样,包含一定比例的土地生产物(据说是五分之一),或由实物交付,或估价由货币交付;随各年收获丰歉的不同,租税也一年不同于一年。这样,此等国家的君王,当然特别注意农业的利益,因为他们年收入的增减,直接取决于农业的盛衰。

古希腊各共和国和古罗马的政策,重视农业,而不重视制造业和国外贸易;但是,与其说他们直接地、有意识地奖励前一种职业,无宁说他们妨害后一类职业。希腊古代各国,有些完全禁止国外贸易,有些把工匠及制造业工人的职业,看作有害于人类的体力与精神,使人们不能养成他们在军事训练和体育训练中所要养成的习惯,使人们不能忍受战争的劳苦和战争的危险。这种职业被认为只适宜于奴隶,不许国家自由市民从事经营。即使像罗马、雅典那样的国家,虽然没有这种禁令,但事实上,人民大众还是不许经营今日通常为下层城市居民所经营的各种职业。这一类职业，在雅典和罗马，全由富人的奴隶经营。此等奴隶，为其主人的利益，经营此等职业。这些富人既有财富和权力，又得到保护，所以贫穷的自由市民，要想在市场上以其产品与此等富人的奴隶的产品竞争，那几乎是办不到的。可是，奴隶很少能独出心裁，一切最重要的节省劳动、便易劳动的改良办法，无论是机械方面或是工作安排与分配方面，都是自由人发现的。如果有一个奴隶提出这一类的改良办法，其主人往往认为此等提议是懒惰的表示，是奴隶想以主人为牺牲而节省自己的劳动。这样，可怜的奴隶不但不能因此得到报酬，也许还要因此受责骂，甚至受惩罚。所以，与自由人经营的制造业比较，奴隶经营的制造业，同量作业通常需要更大的劳动量。以此之故，后者的产品，通常必比前者的产品昂贵。孟德斯鸠曾说，与邻近的土耳其矿山比较，匈牙利的矿山虽不更为丰饶，但总能以较小的费用开采，因而能获取较大的利润。土耳其的矿山由奴隶开采，土耳其人所知道使用的机械只是奴隶的手臂。匈牙利矿山由自由人开采，并使用许多节省劳动、便易劳动的机械。关于古希腊和古罗马时代制造品的价格，我们知道得很少，但我们从这很少的一点知识中可以知道，精制造品似乎是非常昂贵的。丝与金以等重量相交换。当时，丝并非欧洲的制造品，全是从东印度运来的；长程运输，或可在一定程度上说明其价格的昂贵。但据说，当时贵妇人亦往往以同样高的价格，购买极精致的麻布，而麻布则大都是欧洲的制造品，至远亦不过是埃及的制造品。所以，此种高价的原因，就只是生产麻布的劳动所费很大，而此种劳动所费很大的原因，又只是所用机械过于粗笨。此外，精制呢绒的价格虽不这么昂贵，但比现今的价格高得多。普林尼告诉我们，按一种方式染的呢绒，一磅值一百迪纳里，即三镑六先令八便士，而按另一种方式染的呢绒，一磅值一千迪纳里，即三十三镑六先令八便士。必须记住，罗马磅仅含今日常衡量十二盎斯。诚然，这样的高价，似乎主要起因于染料。但若呢绒本身价格不比现在高得多，那么这样昂贵的染料，大概不会用在呢绒上面。这样，附属物与主要物价值间的不均衡，就显得过于巨大了。再据同一作者所说，一种放在靠近桌子的长椅上的毛织枕垫的价格，是难以令人置信的。有些值三万镑以上，有些值三十万镑以上。这样高的价格，也没说是起因于染料。亚巴斯诺博士说，古时时髦男女的服装，并不像今天有那么多的花样。我们在古代雕像中，只能看出极少式样的服装，就可证实他的议论。但他从此推论，他们的服装，总的说来，必较今日低廉。这个结论，却似乎不甚妥当。在时装衣服所费很大时，花样必定很少，但在制造技术及制造业的生产力已经改良，以致任何服装所费都不很大时，花样自会多起来。富人们在不能以一件价格昂贵的服装来炫耀自己时，就自然竭力以许许多多各色各样的服装来炫耀他们自己了。

前面已经说过，任何一国的贸易，都以城乡之间的贸易为最大而最重要的部门。城市居民的工作材料及生活资料基金，仰给于农村的原生产物，而以一定部分制成了的、适于目前使用的物品送还农村，作为原生产物的代价。这两种人之间的贸易，最终总是以一定数量的原生产物，与一定数量的制造品相交换。前者愈昂贵，后者必愈低廉；在任何一个国家，提高制造品价格，就会减低土地原生产物价格，因而就会妨害农业。一定数量的原生产物或其价格所能购买的制造品量愈小，这一定数量的原生产物的交换价值必愈小，对地主改良土地和农民耕作土地以增加其产量的鼓励，亦必愈小。此外，在任何一个国家，减少工匠及制造业工人，就会缩小国内市场，即原生产物的最重要市场，因而就会进一步妨害农业。

所以，为了增进农业而特别重视农业，并主张对制造业及国外贸易加以限制的那些学说，其作用都和其所要达到的目的背道而驰，并且间接妨害他们所要促进的那一种产业。就这一点说，其矛盾也许比重商主义还要大。重商主义为了鼓励制造业及国外贸易，而不鼓励农业，虽使社会资本一部分离去较有利益的产业，而支持较少利益的产业，但实际上，总算鼓励了它所要促进的产业。反之，重农学派的学说，却归根到底实际上妨害了它们所爱护的产业。

这样看来，任何一种学说，如要特别鼓励特定产业，违反自然趋势，把社会上过大一部分的资本拉入这种产业，或要特别限制特定产业，违反自然趋势，强迫一部分原来要投在这种产业上的资本离去这种产业，那实际上都和它所要促进的大目的背道而驰。那只能阻碍，而不能促进社会走向富强的发展；只能减少，而不能增加其土地和劳动的年产物的价值。

一切特惠或限制的制度，一经完全废除，最明白最单纯的自然自由制度就会树立起来。每一个人，在他不违反正义的法律时，都应听其完全自由，让他采用自己的方法，追求自己的利益，以其劳动及资本和任何其他人或其他阶级相竞争。这样，君主们就被完全解除了监督私人产业、指导私人产业、使之最适合于社会利益的义务。要履行这种义务，君主们极易陷于错误；要行之得当，恐不是人间智慧或知识所能做到的。按照自然自由的制度，君主只有三个应尽的义务——这三个义务虽很重要，但都是一般人所能理解的。第一，保护社会，使不受其他独立社会的侵犯。第二，尽可能保护社会上各个人，使不受社会上任何其他人的侵害或压迫，这就是说，要设立严正的司法机关。第三，建设并维持某些公共事业及某些公共设施（其建设与维持绝不是为着任何个人或任何少数人的利益），这种事业与设施，在由大社会经营时，其利润常能补偿所费而有余，但若由个人或少数人经营，就绝不能补偿所费。

这些义务的适当履行，必须有一定的费用；而这一定的费用，又必须有一定的收入来支付。所以，在下一篇，我将努力说明以下各点。第一，什么是君主或国家的必要费用，其中哪些部分应由对全社会的一般课税来支付，哪些部分应由对社会内特殊部分或特殊成员的课税来支付。第二，应由全社会支付的费用，将用各种什么方法向全社会课税，而这各种方法的主要利弊怎样。第三，近代各国政府几乎都用这种收入的一部分来作抵押以举债，其理由及原因何在，此种债务对社会真实财富即土地和劳动的年产物的影响又怎样。所以，下一篇自然而然地分作三章。

第五篇

论君主或国家的收入

第一章　论君主或国家的费用

第一节　论国防费

君主的义务，首在保护本国社会的安全，使之不受其他独立社会的暴行与侵略。而此种义务的完成，又只有借助于兵力。但平时准备兵力和战时使用兵力的费用，则因社会状态不同以及进化时期不同，而大不相同。

就最低级最粗野的狩猎民族说，人人都是狩猎者，人人亦都是战士。现今北美土人，就是如此。当他为保护社会，或为社会复仇而去战场打仗时，他也是以自己的劳动维持自己，像在家中时一样。在这种状态下，当然既没有君主，也没有国家。他的社会，无须为他上战场，或无须为他在作战期间的生活负担何种费用。

就比较进步的游牧民族的社会状态，如鞑靼人和阿拉伯人的社会状态说，情况也大抵相同。在那种社会中，各个人是游牧者，同时也是战士。他们通常在篷幕中，或在一种容易移动的有篷马车中生活，没有一定住所。整个部落或整个民族，每年因季节不同，或因其他偶发事故，时时迁移。当他们的畜群，把一个地方的牧草吃尽了，他们便移住另一地方，又从那地方移往第三地方。他们在干燥季节，迁往河岸；在阴湿季节，又退回高地。当他们奔赴战场时，并不把牲畜交给老人妇女儿童看护，也不把老人妇女儿童抛在后边，而不予以保护和供养。他们全民族在平时就过惯了流浪的生活，所以一当战争，人人都很容易变为战士。不管作为军队进军时，或作为游牧民游牧时，他们的生活方式，总大抵一样，虽然目的有不同。战争起来，他们一同作战，所以每个人都尽其所能来动作。鞑靼妇女参加战争，那是我们时常听到的。他们如果战胜了，敌方全种族所有的一切，都成了他们的胜利报酬；如果战败了，就一切都完蛋，自己的牲畜乃至妇女儿童，全都成了战胜者的战利品。连大部分没有战死的战士，也不得不为得到当前的生活资料而服从征服者。其余的一部分人，通常被逐四散，四处逃亡。

鞑靼人或阿拉伯人的日常生活，日常操习，在可为其参加战斗作准备。他们普通的户外游戏，如竞走、角力、要棒、投枪、拉弓等等，俨然就在从事战争。他们在实际作战时，也如平日一样，由自己所领带的牲畜维持生活。这些种族，是有酋长或君主的，但酋长或君主不曾为了训练他们作战，负担什么费用。在作战的时候，掠夺的机会，就是他们所期待的或所要求的唯一报酬。

狩猎者的队伍，通常不过二三百人。因为狩猎所能提供的生活资料，既不确定，许多人如长久住在一块，必无法维持。游牧者不同，他们的队伍，有时会达到二三十万人。只要他们的进行不受阻碍，他们能够由牧草吃尽了的甲地域，迁到牧草完全没有损耗的乙地域；他们共同一起进军的人数，就似乎可无限制地增加。因此，狩猎民族对其邻近的文明国民，没有什么可怕；而游牧民族，就非同小可。所以，最不可怕的，无过于印第安人在美洲进行的战争；最可怕的，无过于鞑靼人在亚洲屡次进行的侵略。修昔底德说:“无论是欧洲是亚洲,都不能抵抗团结起来的塞西亚人”。他这个断言,是一切时代的经验证明了的。塞西亚或鞑靼的旷野,广漠无垠,没有大自然的屏障。那里的居民,往往在一个征服者部落或种族的酋长的统治下团结起来。而他们结合的象征,总是亚洲许多地方遍被蹂躏,变为荒地。另一个大游牧民族,即阿拉伯不毛沙漠的居民,除在穆罕默德及其直接后继者的统治下结合过一次外,从来不曾团结一起。他们那次的结合,与其说是征服的结果,无宁说是宗教热情的结果;但他们那次结合的象征,也同于上述。假若美洲的狩猎民族都成了牧羊者群,那么,邻近他们的欧洲各殖民地居民,就一定不能像现在这样平平稳稳地生活下去。

在比较更进步的农业社会,即在没有对外贸易,除了几乎全在各自家中制造为自己使用的粗劣用品的制造业外,没有其他制造业的农业社会里,每个人也都是战士,或可以很容易地成为战士。从事农业工作的人,一般是整天都在露天之下,受尽日晒雨打风吹。这种困苦的日常生活,正可锻炼他们,使他们能熬受战争的苦难。其实,农业上有若干工作,就与战时的一部分困难工作非常类似。比方说,农民在农场上,非掘凿沟渠不可,而有了这套本领,他们便可从容地在战场上构筑战壕与围墙。农民的平常消遣,也像游牧人民的游戏一样,俨然是从事战争。但由于农民不像游牧者那样闲暇,所以不像游牧者那样经常地从事这些游戏,他们虽也都是兵,却不像游牧者那样精于战斗本领。可是,照他们的样子,训练他们使能上阵打仗,很少要使君主或国家破费。

不过,农业是有固定性的。哪怕开化最浅、耕作最幼稚的农民,也必须有一个固定住所。这固定住所一旦放弃,势必蒙受大损失。所以农耕民族的作战,就不能像狩猎民族游牧民族那样,全体出动。他们至少要把老人妇女儿童留在后方,照料住所。可是,其他符合兵役年龄的男子则当全赴战场,小民族往往都是如此。在一切国家,符合兵役年龄的男子,就一般推算,约占全人口四分之一或五分之一。假使战争在播种期后开始,收获期前终了,农民及其主要劳动者即使全部离开农场,亦不会蒙受大的损失。在这个期间,农场上虽有必须进行的业作,但他们相信,有老人妇女儿童就很可以把这事情做好。所以,短期从事战役,他们尽可不要报酬;他们成为战士,既不需要君主或国家花很大的训练费用;他们实际作战,也不需要君主或国家花很大的维持费用。古代希腊各邦市民,在第二次波斯战争发生以前,似即依这种方式从事兵役。伯罗奔尼撒人,在伯罗奔尼撒战争发生以前,也还是依这种方式从事兵役。据修昔底德观察:伯罗奔尼撒人大概在夏季离开战场,回去办理收获。罗马人在各国王统治下乃至共和国初期,亦是采取这种办法。直到维伊之围以后,他们才开始把维持在前方作战的人的费用加在那些留在家乡的人身上。以后罗马帝国没落了,它的废墟上,又建立了欧洲各王国。这些王国,在可适当地叫做封建法制定以前及既经制定了以后若干期间,许多大领主,连同他们的直接属民,往往是以自己的费用服事国王。他们在战场上,如在家庭中一样,也是以自己的收入支持自己;他们从未由国王那里领到何等俸金或报酬。

在更为进步的社会里,上战场作战的人,以自己的费用维持自己就全不可能了。这其中有两种原因:一是制造业的进步,一是战争技术的改良。

就农民从事远征说，只要那远征是播种期后开始，收获期前终了，他们在作业上这样的中断，就不致大大影响其收获。因为，即使他们不加入劳动，大自然可替他们进行一大部分的残余工作。可是，征役对于一般技术工人，那就非同小可了。比如说，铁匠、木匠、织工吧，他们一离去作业的场所，其唯一收入源泉马上就要枯竭。他们的一切工作，都要仰仗自己，大自然不给予一点帮助。所以，他们这种人如为国家服兵役，就无法自己维持，而不能不由国家给养。这样看来，一国大部分居民如是技术工人及制造业者，则大部分服兵役的人就不能不由他们中间征集，因而，他们在服兵役期间，也就不能不由国家的费用维持。

加之，战争的技术已渐渐发达成为一种错综复杂的科学。战争的行为，已不是初期社会那种简单随便的小格斗小争夺；而战争的时间更没有一定，往往连续争战几次，每次说不定要继续大半年。这时，从事征役的人民，至少在战斗继续期间，是有仰赖国家维持的必要的。一个人平时不论所执何业，如果要他长期服兵役，长期自费支持，那就未免是一个过重的负担。所以，第二次波斯战争以后，雅典的军队似乎大体上就已采用了佣兵制度，一部分由本国人民编成，也有一部分由外国人编成，但全是以国家费用支给薪饷。罗马自维伊之围以来，其军队在留在前方的期间亦受有相当报酬。以后在各封建政府统治下，大领主及其扈从服兵役的义务，在一定时间后，普遍是以付若干货币作抵，这货币就是用以维持那班顶替他们服役的人。

在文明社会里，服兵役人数与人民总数的比例，必然要比未开化社会中小得多。文明社会维持兵士的费用，统由那些非兵士的劳动者负担。这些劳动者，不但要维持兵士，而且要按照各自的身分，维持他们自身乃至他们的行政司法官吏。因此，兵士的数目就不能超过这些劳动者除了维持他们自身及国家官吏外所能维持的限度。在古代希腊小农业国家中，全体人民中有四分之一或五分之一自认为兵士，时时从役战场。但在近代文明各国，一般推算，兵士的人数不能超过全体居民百分之一，过此，即不免负担太重，危及国家经济。

战场上军队概由君主或国家供养以后好久，为作战而练兵的费用，才成为国家的一项大的开支，在此以前，似乎不见得怎样繁重。古代希腊各共和国的军事训练，是国家加在各个自由市民身上的教育的必要部分。各都市似乎都备有一公共广场，就在这广场里面，各教师在国家官员监督下，对青年施以种种军事教练。这种简单设施的费用，似乎构成希腊各共和国为训练市民作战所付的费用的全部。古代罗马也有所谓运动场教练，那与古希腊的竞技场教练，具有同一目的。后来封建各政府，也曾为这目的，颁发许多命令，规定各区市民，必须演习箭术及受其他军事训练，但似乎结果不那么圆满。由于所委任执行这些命令的官吏缺乏责任心及其他原因，这种命令，似乎往往成为一纸具文。在那些政府的更迭消长中，军事训练在人民大众中似乎逐渐废而不行。

在古希腊、罗马各共和国存在的整个时期，在封建政府成立以后相当长的期间，兵士的职业不是一种独立的、可判然区划的职业，不构成某市民阶级的唯一的主要工作。一切人民，不论其平日依靠何种职业或业务谋生，在普通的场合，他总觉得他也同样适合于做一个军人，而在非常的场合，又觉得有充当军人的义务。

然而在一切技术中，战争的技术确是最高尚的；所以改良进步的结果，这种技术也就必然成为一切技术中最复杂的了。战争技术在某特定时期能够发展到怎样完善的程度，固然是由机械技术，及其他必然与战争技术相关联的若干技术状态决定的，但是，要使其发展至十分完善程度，那还有成为特种市民的主要或唯一职业的必要；并且，和其他技术改良一样，这种技术的改良，也有分工的必要。不过，他种技术的分工，是个人精明的必然结果，因为他发觉要增进自己的利益，与其从事几种职业，不如专精一种特定职业。至于兵士职业与其他职业分开，使成为一种独立的专门职业，却非出于个人的打算，而是出于国家的智慧。在太平无事时，一个不待国家特别奖励而把自己大部分时间花在军事训练上的市民，无疑的，他会在军事知识上取得很大的进步，此外还可得到很大的乐趣，但对于自身的利益，那却没有一点增进。只有国家的智慧，才能使他为自己的利益，花费大部分时间来从事这种特殊工作。不过有许多国家，即在非有这种智慧即难以继续存立的时候，往往仍然没有这种智慧。

游牧民多余暇，幼稚农业状态下的农民，也有一些空闲时间，至于手艺工人或制造业者，则全无闲暇。关于武艺的训练，第一种人就是把大部分时间花费在它上面，都于自己无损。第二种人把一部分时间花费在它上面，也不会蒙受大损失。第三者的情况却大不同。他费去一小时，即有一小时的损失。为他自身的利益计，他自然而然地会完全漠视这教练。并且，技术进步，制造业进步，必然会引起农耕上的种种改良，使得农民和城市的工人一样，没有闲暇。于是，农民自然而然地也和市民一样忽视军事训练，大多数人都养成了不好战的习性。然而在另一方面，由农业改良而产生的财富，或者说，由这些改良蓄积下来的财物，却又不免诱起邻国的觊觎和侵略。事实上，勤勉而因此富裕的国家，往往是最会引起四邻攻击的国家。所以，国家对于国防如不采取新的手段，人民的自然习性是会使他们全然失去自卫能力的。

在这种情况下，国家对于国防军备的设施，似只能采取两种方策。

第一，它可不管国民的利益怎样，资质怎样，倾向怎样，用一种极严厉的法令，施以强迫军事训练；凡在兵役年龄内的一切市民，或其中的一定人数，不管他们从事何种职业，非在一定限度上与兵士的职业结合起来不可。

第二，它可维持并雇用一部分公民，不断施以军事训练，使兵士的职业，脱离其他职业，而确然成为一个独立的特殊职业。

假使国家采取前一方策，那么，这个国家的兵力，就是所谓民兵；如采取后一方策，那么，这个国家的兵力，就是所谓常备军。进行军事训练是常备军的唯一主要职业。国家给予他们的生活费或饷金，即他们日常生活的主要和经常来源。至于民兵军事训练，则只是临时的工作，他们日常生活的主要和经常来源，得由其他职业赢得。在民兵，普通工人、工匠、商人的性质多于兵士的性质；在常备军，则军人的性质多于一切其他职业的性质。这两种区别，似乎就是这两种军人本质上的区别。

单就民兵说，亦分有若干种类。有的国家对于捍卫国防的公民，只施以军事训练，却不曾编为队伍，换言之，没有编为各个独立的部队，没在各自正式和固定的官长下从事操练。在古希腊罗马各共和国，各公民留在家乡的时候，多半是单独地、分开地，或和所喜欢的伴侣一同操演，不到实际作战时期，不属于任何特定部队。在其他国家则又不同。它们的民兵，不但要操演，而且编为队伍。在英国，在瑞典，乃至在近代欧洲设有这种不完全兵备的一切国家，每个民兵都有其所从属的特定部队，都有其正式和固定的官长。在战时固不待言，在平时亦是如此。

火器未发明以前，一个军队的优越程度，是要看其中各个兵士使用武器的熟练和技巧程度而定。体力和动作的敏捷最为重要，通常以此决定战斗的命运。使用武器的熟练和技巧，与今日的剑术同，不是夹在大众之中能够学成的。要获得那种武艺，只有各人进特定的学校，从特定的教师，单独学习或和与自己本领相同的特别朋友一起学习。火器发明以来，体力和敏捷，甚至使用武器的特别技巧和熟练，虽然不是全无用处，但比较以前，不重要得多了。新式火器的性质，虽然不会把笨拙者提高到和熟练者立于同一水准，但比较以前，却使他们更接近于同一水准。同时，人们一般认为，使用这新式火器所必要的一切技巧和熟练，可夹在大部队中学习获得。

决定近代军队战斗命运的，与其说是兵士使用武器的技巧和熟练，倒不如说是纪律、秩序和迅速服从命令。近代的火器是有声响的，是有烟气的，是会使人一听到炮声，而且往往早在距战斗开始还很久之前，就感到随时会遭遇目不能见的死神的。所以，往往战斗一经开始，这纪律、秩序和服从性就难于保持。古代的战斗情况，迥不相同。除人的叫吼声外，没有声响，没有烟气，也没有看不见的负伤和致死的原因。在致死的武器实际接近以前，在他附近有没有这种武器,各人都看得很清楚。在这种情况下,一支军队只要对使用武器的熟练和技巧有相当把握,则维持纪律和秩序,就不但在战斗开始时,即在战斗全过程中,或者直到两军胜负判然时为止,都必定比在使用火器场合容易得多。不过,纪律、秩序和迅速服从命令,那是要在大队一起操练的军队才能获得的。

可是,民兵不论用什么方法教练或训练,训练好了的民兵,总远不及纪律良好训练得宜的常备军。

在使用武器的熟练上,一周或一月训练一回的兵士,绝不及每日或隔日训练一回的兵士。军队使用武器的熟练,虽可以说在近代没有往昔那样重要,但举世公认的普鲁士军队的优越,据说就是得力于他们更善于使用武器。这证明,即在今日,这种熟练,亦还是极其重要的。

一种兵士,仅仅每周或每月听长官指挥一次,其余一切时间,都可自由处理自己的事务,在任何方面不必对长官负责。另一种兵士,其全部生活及行动,每日都在长官指挥之下,甚至每日起床上床,至少到营舍睡觉,都要依长官的命令。就这两种兵士比较起来,对于长官的敬畏程度,对于服从命令的迅速程度,前者是绝不如后者的。所以,就所谓手法训练说,换言之,就操纵和使用武器说,民兵往往不及常备军。就纪律说,换言之,就迅速服从命令的习惯说,民兵更远远不及常备军。可是,在近代战争中,立即服从命令的习惯,比操纵武器的本事,重要得多。

跟随平时所惯于服从的酋长作战的民兵,像鞑靼及阿拉伯的民兵那样,是最好的民兵,他们尊敬长官和立即服从命令的习惯,最与常备军接近。苏格兰高地的民兵,当其在自己酋长指挥下活动时，也具有这种优点。不过，他们不是到处流浪的牧人，而是有固定住所的牧人，他们在平时没有追随酋长由一个地方转移到其他地方的习惯。所以，和鞑靼人阿拉伯人比较，他们到战时是不大愿意同酋长驰赴远方的，也是不大愿意长久留在战争场所的。他们一获得战利品，马上就渴望回家，酋长的权威，不一定能够制止他们。这就是说，讲到服从，他们是远不及鞑靼人、阿拉伯人的。此外，此等高地居民，一向过惯了固定的生活，在野外的时候少，所以他们不像鞑靼人、阿拉伯人那样惯于军事训练，不如鞑靼人、阿拉伯人那样善于使用武器。

不过，我们要注意一点，无论何种民兵，只要作过几回战，就可以成为一个十足的常备军。因为他们每日操练武器，不断在长官的指挥之下，所以不久就获得了常备军那样迅速服从命令的习惯。未赴战场以前，他们是做什么的，这是没有什么关系的，只要作过几次战，他们就必然会获得常备军的一切优点。所以美洲的战争，如果再延长一点，美洲的民兵，无论就那一点说，都可以和那支在前次战争中所显示的武勇并不稍差于法国和西班牙最顽强老兵的常备军相抗衡。

知道了这个区别，我们就可依历史的事实，来证明有纪律的常备军对于民兵，有无比的优越性。

有史可稽的最初出现的常备军之一，就是马其顿王腓力普率领的军队。他常与色雷斯人战，与伊里奥人战，与色萨利亚人战，乃至与马其顿邻近的希腊各都市战。历次战争的结果，他渐渐把他最初也许是民兵的军队，化成了一个受有严格训练的常备军。就在和平时候——这种时候很少也不很长——他也是小心地把军队保留下来，不予解散。后来，经过长久激烈战争之后，希腊各主要共和国的勇敢而精练的民兵，被他打败了，征服了。接着，稍一接触，大波斯帝国羸弱而缺乏训练的民兵，也被他征服了。希腊各共和国和波斯帝国的没落，就是常备军对于民兵持有无比的优越性的结果。这可以说是历史中有相当明确详细记录的第一次人类事务的大革命。

迦太基的没落，和代之而起的罗马的兴隆，那是人类历史中的第二次大革命。这两个有名共和国的一切消长变动，都可由同一原因说明。

从第一次迦太基战争终了，至第二次迦太基战争开始，迦太基的军队，不断从事战争，相继由三个大将即哈米尔卡尔、其婿哈斯德拉巴及其子汉尼巴率领。他们最初惩创了自己国内叛变的奴隶，接着镇定了非洲叛乱的各民族，最后又征服了西班牙大王国。到了汉尼巴率领军队，由西班牙向意大利进攻时，他的军队必然由这历次战争受到了常备军的严格训练。当时罗马人虽不是完全过着和平生活，但他们那时没有经历像样的战争，他们的军事训练，自然不免大大弛缓。所以罗马军队在特雷比阿、在斯雷米阿以及在肯尼地方，与汉尼巴的军队会战，那是以一种民兵对抗常备军。这一情况，也许比任何其他情况更有力地决定这几次战争的命运。

汉尼巴留在西班牙的常备军，对于罗马派去抵御它的民兵，也具有同样的优越性，所以这常备军在他的弟弟小哈斯德拉巴指挥下，不到几年，就把罗马的民兵，通通逐出西班牙了。

汉尼巴没有从本国得到充分的供给。同时，久役战场的罗马民兵，又渐渐在战争过程中，成了训练有素操练纯熟的常备军。在对比上，汉尼巴所固有的优越日益低降。小哈斯德拉巴后来认为有必要领他在西班牙所统率的全部或几乎全部的常备军，往意大利支援他的兄长。在进军中，据说被向导者指错了路。他踬躅在生疏的国土里面，猝不及防地受到另一支同样精练或更精练的常备军的袭击，结果全军覆没。

当哈斯德拉巴由西班牙退去后，罗马大将西皮阿所遭遇的抵抗，不过是一些劣于自己军队的民兵。他一气把那些民兵打败了、克服了，而他自己的民兵，在战争过程中，自然而然地成了训练有素操练纯熟的常备军。后来，这种军队，派往非洲，非洲抵抗它的，不过是一些民兵。这时，为防御迦太基计，汉尼巴的常备军，有被召回的必要。那些屡战屡败的垂头丧气的非洲民兵，也加入该常备军。在查马会战中，这些民兵构成汉尼巴的军队的大部分。而这相互敌对的两大共和国的命运，就由那一次战斗的结局决定了。

从第二次迦太基战争告终，直到罗马共和国没落，罗马的军队可以说是十足的常备军。当时马其顿的常备军，对它抵抗。在战争声威达于顶点的时候，罗马军队尚须经过两次大战争及三次大会战，才能征服这小小王国。假使马其顿的最后国王不肯示弱，恐怕征服这小国还更要困难呢。上古世界一切文明国家的民兵，如希腊的民兵，叙利亚的民兵，埃及的民兵，对于罗马的常备军，都只作微弱的抵抗。其他野蛮国家的民兵，则抵抗比较激烈。米斯里德斯由黑海、里海以北各国率领来的塞西亚或鞑靼民兵，是罗马在第二次迦太基战争后碰到的最可怕的劲敌。帕斯阿及日耳曼的民兵，亦很可钦佩。他们曾有几次把罗马军队打得落花流水。可是就大体说，罗马军队如果好好指挥，这般民兵究竟不是它的敌手。

罗马人对征服帕斯阿、日耳曼不肯彻底做下去的，那恐怕是因为他们认为帝国已经够大了，无须乎再加上两个野蛮国家。古代帕斯阿人，似乎为塞西亚或鞑靼系属的民族，始终保持着很多的祖先风习。和塞西亚人或鞑靼人一样，古代日耳曼人也是一种流浪的游牧民族。他们平时由酋长率领着在各地迁流；战时依旧由同一酋长率领着进行争斗。他们的民兵，正与塞西亚或鞑靼的民兵同其种类。说不定，他们还是前两者的后裔。

罗马军队纪律松弛的原因，不一而足。而纪律过于严峻，恐怕也是原因之一。在他们非常强盛时，既已打得天下无敌，那坚重的盔甲，就当作不必要的重荷而抛开了，那烦难的教练，就视为不必要的劳作而疏忽了。加之，罗马各皇帝治下的那些常备军，特别是戍守边疆防备日耳曼人及班诺尼亚人的常备军，他们简直是各皇帝的危害势力；它们屡屡反对皇帝，拥立自己的将军。为要减弱这些常备军的危害程度，据某些作家说，是德奥克里希恩大帝，又据其他作家说，是康士但丁大帝，首先把总是由两三军团合成的大部队的屯驻边境的常备军，召回内地，然后再化分为小部队，散驻各省的都市，非有用武逐敌必要，即不许其移动。军队常川驻在商业及制造业都市，兵士们自身就渐渐变成了商人、技工或制造业者。市民的性质，于是渐渐超过军士的性质而占优势。这一来，罗马的常备军，就逐渐颓废了，成为腐败、疏忽、无训练的民兵，后来日耳曼和塞西亚民兵入侵，西罗马帝国就抵挡不住了。那时，各皇帝没有办法，就开始雇用那些国家中的某些国家的民兵，抵抗另一些国家的民兵，这样才多维持了一些时候。西罗马帝国的没落，是古代史中比较保有明确详细记录的人类事务上的第三次大革命。这革命的原因，就是野蛮国民兵对于文明国民兵的无比的优越，也就是游牧者国家的民兵对于由农夫、技工及制造业者组成的国家的民兵的无比的优越。这里，民兵所战败的，大都不是常备军，只是在训练与纪律方面不及他们的民兵。希腊民兵战败波斯民兵是如此，后来瑞士民兵战败奥地利和勃艮第民兵亦是如此。

西罗马帝国没落了，在它废墟上建立起来的是日耳曼民族和塞西亚民族的国家。这些民族移迁新土后，他们的兵力依然在若干时期内保持原来的性质，它是由牧人及农夫组成的民兵，在战时即由平时所惯于服从的酋长带往战场作战。所以，他们是经过了相当训练，具有相当纪律的。但是，随着技术及产业的进步，酋长的权威逐渐衰微了，大多数人民能匀出来受训练的时间也比较减少了。封建式的民兵训练逐渐荒废，纪律亦日趋松弛。为纠正这缺陷，就逐渐着手建立起了常备军。并且，编制常备军的方策，一经为某文明国所采用，其他文明国就有立即仿行的必要。因为他们知道：他们自己的民兵，非这样编成的常备军的敌手，要想国防安固，只有采用这种方策。

常备军的士兵，纵使从未上过阵，从未经过炮火，也往往显得有老兵那样的勇气，而且，一开始上阵作战就配得上和最顽强最有经验的老兵见个高低。1756 年，俄罗斯军队攻打波兰，俄罗斯军队所表现的武勇，简直可以与欧洲当时最顽强最老练的普鲁士兵士相颉颃。然而俄罗斯帝国前此二十年是国泰民安的；它那时军队中曾上过阵的兵士，绝不很多。1739 年，西班牙战争爆发，当时英国享受了二十八年的太平。可是，它的常备兵士并不为这长期和平所腐化，在攻打喀他基那时，他们所表现的武勇尤为特出。这一战役，是他们在这次不幸战争中第一次的不幸冒举。和平日子过久了，将官们说不定有时会忘却他们的技能，但管理得法的常备军，如果不忘训练，似乎绝不会忘却其武勇的。

一个文明国的国防，如果仰仗民兵守卫，它将随时有被邻近野蛮民族征服的危险。亚洲各文明国往往被鞑靼人征服的事实，充分证明了野蛮国民兵对于文明国民兵的自然优越性。有纪律有训练的常备军，较任何民兵为优。只有富裕的文明国家，才能好好维持这种军队；亦只有这种军队，才能保卫这种国家不受贫困野蛮邻国的侵掠。所以，一国要永久保存其文明，甚或要相当长久保存其文明，只有一个方法，那就是编制常备军。

有了好纪律的常备军，一个文明国才能抵御外侮；同样，有了好纪律的常备军，一个野蛮国才能突然地而且相当地文明化。常备军凭其威力，可以把君主的法令，推行到一个帝国的最僻远地方，可以使在没有常备军威力的情况下即无政治可言的国家，维持相当程度的正规统治。凡小心考察过俄罗斯彼得大帝变法图强的各种设施的人，他一定会发觉那各种设施的枢纽，就是正规常备军的建设。这常备军，是大帝执行和维持其他一切规章的工具。俄罗斯帝国此后得以享有相当的秩序与和平，不能不说是这种常备军之赐。

有共和主义思想的人，往往担心常备军会危及自由。当拥兵大员的利益与国家宪法的维持不一定有何等关联时，这危险性的确存在。例如，凯撒的常备军破坏了罗马共和国；克伦威尔的常备军解散了英国成立已久的议会。不过，一国的军权，如握在君主手里，各军队的主要将官，如是这国的贵介与华族，换言之，全国兵力，如果都是由那些由于自己享有民政权力的最大部分，所以本身的最大利益在于支持民政权力的这种人指挥，则常备军对于自由绝无危险。反之，在某种场合，它说不定还有利于自由。君主有了常备军护持，他就自以为安全了，无须乎要像近代一些共和国所行的那样，监视各市民的细微行动，时时疑忌市民扰乱和平。如果一国行政长官，尽管国内的主要人民愿意予以支持，但群众的每一不满，都会使其安全感到威胁；或如果哪怕是一个小小的纷扰，也有可能不到几小时就掀起大的革命，那么为防微杜渐起见，政府就不得不使用权力，来镇压一切对自己表示的不平不满。反之，一国君主如果感到支持自己的，不但有可靠的贵族，且有精练的常备军，那么，就是最粗暴、最无稽、最放肆的抗议，也不至引起他的不安。他可以平心静气地宽恕这抗议，或竟置之不问。并且，他既意识到了他自己地位的稳固，他会自然而然地倾向于这样做。所以，接近于放肆的自由，只有在君主有精练的常备军保障的国家，才可见到；亦只有在这种国家，才无须为公共安全而付与君主以压抑任何放肆的自由的绝对权力。

总之，君主的第一义务，就是策本国社会的安全，使其不受其他独立社会的横暴与侵侮。这种义务的实行，势必随社会文明的进步，而逐渐需要越来越大的费用。原来在平时在战时都无须君主支出何等费用的社会的兵力，随着社会进步的过程，初则在战时要君主出钱维持，后则在平时亦非君主出钱维持不可。

火器发明后，战争技术起了大变化。于是，平时训练一定兵额，战时使用一定兵额，所需的费用，都进一步增加。军队所使用的武器与弹药，都比以前更贵。与矛及弓箭比较，短枪是更贵的武器，与弩炮或石炮比较，大炮或臼炮也是更贵的武器。近代阅兵所消费的火药，放射出去，就不复返，这更非巨额的费用不可。至于往时，阅兵所投的矛，所放的箭，均很容易收回，并且其价值极微。与弩炮石炮比较，大炮臼炮不仅为高价的机械，且为非常笨重的机械。这笨重机械，制造起来，要较大的费用，制成后运往战场，也要较大的费用。此外，近代大炮的作战效力，非往昔石弩可比，所以要给一个都市设防来抵御这大炮的攻击，哪怕只是几个星期也困难得多，因而，其所需费用也浩大得多。近代，有种种原因使国防费用日益增大。在这方面，事物自然推移的不可避免的结果，又被战争技术上的大革命促进不少，而引起这个大革命的，似乎不过是一个偶发事件，即火药的发明。

近代战争火药费用的浩大，显然给能够负担此浩大费用的国家提供了一种利益，而使文明国家对野蛮国家立于优胜的地位。在古代，富裕文明国家很难防御贫穷野蛮国家的侵略；在近代，贫穷野蛮国家却很难防御富裕文明国家的宰割。火器的发明，乍看起来，似对文明的持久与继续有害。但实际上，乃对文明的持久与继续有利。

第二节　论司法经费

君主的第二个义务，为保护人民不使社会中任何人受其他人的欺侮或压迫，换言之，就是设立一个严正的司法行政机构。这种义务的实行，因社会各时期的不同而有费用大小的差异。

在狩猎民族的社会，几乎谈不到有什么财产，即使有，也不过值两三日劳动价值的财产罢了。那种社会，当然用不着何等固定的审判官，或者何等经常的司法行政机构。没有财产的人们，其所互相毁伤的，顶多不过是彼此的名誉或身体。而且，被人杀害，被人殴辱，被人诽谤的人，虽然感到痛苦，而杀人者，殴辱人者，诽谤人者，却得不到什么利益。可是损害财产情形就不同了。加害于人者所得的利益，往往与蒙受伤害者所遭的损失相等。能够激使人们去毁伤他人身体或名誉的，唯有嫉妒、怨恨、愤怒等情绪，而且大多数人并不常受这些情绪的支配。哪怕最恶的人，也不过偶然受这些情绪的影响。此外，这些情绪的满足，对某种人无论是如何愉快，但因为它不带来任何实际的和持久的利益，所以大多数人总是宁愿慎重克制，不轻求其满足。即使社会上没有司法官存在，保护人们不受这些情绪发作的侵害，人类依着他的本性，也还能在相当安定状态下共同生活。可是，富者的贪欲与野心，贫者厌恶劳动贪图眼前安乐的性情，却在足以激发侵害他人财产的情绪。并且这情绪在作用上远为牢固，在影响上远为普遍。有大财产的所在，就是有大不平等的所在。有一个巨富的人，同时至少必有五百个穷人。少数人的富裕，是以多数人的贫乏为前提的。富人的阔绰，会激怒贫者，贫人的匮乏和嫉妒，会驱使他们侵害富者的财产。那些拥有由多年劳动或累世劳动蓄积起来的财产的人，没有司法官保障庇护，哪能高枕而卧一夜哩。富者随时都有不可测知的敌人在包围他，他纵没有激怒敌人，他却无法满足敌人的欲望。他想避免敌人的侵害，只有依赖强有力的司法官的保护，司法官是可以不断惩治一切非法行为的。因此，大宗价值财产的获得，必然要求民政政府的建立。在没有财产可言，或顶多只有值两三日劳动的价值的财产的社会，就不这样需要设立这种政府。

一个民政政府，必先取得人民的服从。民政政府的必要程度，既是逐渐随财产价值的增大而增大，所以使人民自然服从的主要原因，也是逐渐随财产价值的增长而发展。人民何以会形成这种服从性，或者说，在有任何民政机构以前，何以若干人就对他们的大部分同胞有支配权力，这似乎有四种自然原因或情况。

这四种原因中的第一原因，就是下述种种的优越：个人资质的优越，体力的优越，容貌的优越，动作敏捷的优越，智慧的优越，道德的优越，正义性的优越，刚毅性的优越，克制性的优越，等等。肉体上的品质，必须有精神上的品质来支持，否则在社会的任何时期，都不够从而取得多大的威权。一个非常有力的人，单凭体力，不过能使两个弱者服从他。同时一个有智慧有道德的人，却能取得非常大的权威。可是，精神上的品质，我们不能用眼睛看得出来，它们总有争议的余地，而且往往是争议对象。一个社会，野蛮也好，文明也好，当它规定关于等级和服从的法则时，从没认为可适当地以这些目不可见的品质为标准，而总是以那些明显的具体事物为依据。

促成服从的第二原因，就是年龄的优越。老年者如果没有老迈到衰朽不堪，那就总比有同等身分、同等财产及同等能力的年轻者，能到处博得人们更大的尊敬。在北美土人那种狩猎民族中，年龄是身分及优先地位的唯一基础。他们所谓父，是长上的称呼；所谓兄弟，是同等者的称呼；所谓子，是下级的称呼。在文明富庶的国家，如果一切方面平等，那么，除年龄外，再没有其他可以规定身分的标准，于是通常都以年龄规定身分。在兄弟姊妹间，年长者占第一位。当承继父产时,例如名誉称呼一类不可分割而必须全部归一人占有的东西,大抵总是付与年长者。年龄这种优越的性质,是分明的,显而易见的,毫无争议的余地。

促成服从的第三原因,就是财产的优越。富人在一切社会,虽都有大的声势,但在财产最不平等的野蛮社会,则有最大的声势。鞑靼一个酋长保有的牲畜,增殖起来,足可养活一千人,而其所增殖除了用以养活一千人外,再也没有其他用途。因为,在他那种未开化的社会状态中,他没有可能把自己消费不了的原生产物换得何等制造品、小装饰品或玩具。由他维持的一千人,既然要靠他生活,所以,在战时,不能不服从他的命令,在平时,亦不能不服从他的管辖。他于是就必然成了他们的统帅,成了他们的裁判官。他的酋长地位,就是他的财富优越的必然结果。在文明富庶的社会中,一个人尽管比别人拥有大得多的财产,但他也许还支配不到十多个人。他的财产,增殖起来,也许能够维持一千人,也许实实在在维持了一千人,但这些人对由他取得的一切,都支付了应付的代价;没有换得等价物,他亦不会给他们一点什么。所以,自认为完全靠他生活的人既然没有,他的权威所及就不过若干家仆。但是,就在文明富裕社会里面,财产的权威,依旧非常的大。和年龄的权威比较,和个人资质的权威比较,财产的权威,往往是大得多的。这种事实,早已引起财产不平等社会内一切时期中人们的经常不满。狩猎民族社会,属于社会第一个时期,这时期没有财产不平等的可能。普遍的贫乏,造成了普遍平等的局面。年龄的优越,个人资质的优越,就是权威和服从的薄弱基础,还是唯一的基础。游牧民族社会,属于社会第二时期。这时期财产有异常不平等的可能,由财产造成的权威，以这时为最大，因而权威与服从的判分，也以这时为最确定。阿拉伯酋长的权威，非常的大，鞑靼可汗的权威，可以说达到完全专制独裁的程度。

促成服从的第四原因，就是门第的优越。这种优越，是以先代财产上的优越为前提的。任何家族，都是旧时传衍下来的。王侯的祖先，虽说更为人所知道，但与乞丐的祖先比较，在数目上却不见得更多。古老的世家在任何地方都意味着它在昔日拥有巨大的财富，或者说其上几代因财富而获得巨大的声誉。暴发户的势力，到处总不如世家势力那么受人尊敬。人们对于篡夺者的憎恶，对于旧日王族的敬爱，在很大程度上是基于人们自然而然地轻蔑前者敬慕后者的心理。武官是甘心服从素日指挥他的上官的，一旦他的下级升到他的上位去，他就简直忍受不了。同样，人人都情愿服从他们自己或他们祖先所服从过的家门，如一向不比他们优越的家门，忽然变做他们的支配者，他们就难免愤愤不平。

门第的显贵，既是生于财产上的不平等，那么，在财产平等、家世也差不多平等的狩猎民族中，就根本没有这种显贵存在。固然，在那种社会中，贤明勇敢者的儿子，与愚昧怯懦者的儿子比较起来，即使本领相等，也多少更受人尊敬些。但这种差别，毕竟是很有限的。一个全靠智慧德行保存其家世荣誉的大家门，我相信，世上一定少有。

门第的显贵，在游牧民族中，不但有存在的可能，而且实际上也存在着。他们通常既不知道奢侈物品，当然就没有由滥费耗去大财产的事。所以，财富继续保持在同一家族手里的长久，以在这种民族中为最，因此，依着祖先的权势荣誉而受人尊敬的家门的众多，亦以在这种民族中为最。

门第与财产，分明是使一个人高于另一个人一等的两大要素。它们又是个人显贵的两大来源，因此也是人类中自然而然地有发号施令者又有听人命令者的主要原因。在游牧民族中，这两者的作用，可说是发挥尽致了。保有多数羊群的大牧羊者大畜牧者，因有巨大的财富，且有许多人靠他生活而受人尊敬；因出身高贵、门第光荣而受人崇拜。结果，他就对同群或同族中其他牧羊者或畜牧者，有一种自然的权威。与其他任何人比较，他都能团结更多的人，归他支配，而他的兵力，也就更大。在战时，宁愿结集于他旗帜下的人，也比较结集于他人旗帜下的为多。他就这样凭着门第和财产，自然获得了一种行政权力。不但如此，因为与他人比较，他能团结并支配更多的人，于是，对于那些人中间的危害他人的分子，他就最能够强迫其赔偿损害。于是，凡属自己没有防御能力的人，自然要求他保障。任何人，如果感到自己被他人迫害了，也自然会向他陈诉。他对这些纠纷所作的干涉，比别人所作的更容易使被告者服从。于是，他又凭着门第和财产，自然获得一种司法权力了。

财产上的不平等，开始于游牧时代，即社会发达的第二期。接着，它就带来了人与人之间过去不可能存在的某种程度的权力和服从，而因此又带来了保持权力和服从所必要的某种程度的民政组织。这种演进，似乎是自然而然的，甚至与上述那必要的考虑无关。不过，那种必要的考虑，此后对权力和服从的维持与保护确有极大的贡献，那是无疑的。特别是富者，他们当然愿意维护这种制度，因为只有这种制度才能保持他们既得的利益。小富人联合起来，为大富人保障财产，因为他们以为，只有这样，大富人才会联合起来，保障他们的财产。一切牧人感到：他们小畜群的安全，全靠那最大一个牧者的大畜群的安全，他们的小权力的保持，全靠这最大一个牧者较大的权力的保持。并且，要使比他们地位低的人服从自己，他们自己就得好好服从他。这样，他们就构成了一种小贵族。这些小贵族感觉到：要他们的小君主保障自己的财产，支持自己的权力，他们自己就得保障小君主的财产，支持小君主的权力。就保障财产的安全说，民政组织的建立，实际就是保护富者来抵抗贫者，或者说，保护有产者来抵抗无产者。

可是，这君主的司法权力，不但对于他毫无所费，而且在一长时期中成为他的一种收入源泉。要求他裁判的人，总愿意给他报酬；礼物总是随求随到。君权确立以后，犯罪者除赔偿原告损失以外，还得对君主缴纳罚金。因为被告麻烦了君主，搅扰了君主，且破坏了君主的和平，科以罚金，乃罪有应得。在亚洲的鞑靼政府下，在颠覆罗马帝国的日耳曼民族和塞西亚民族所建设的欧洲各政府下，无论就君主说，或就君主以下在特定部落、氏族或领地行使特定裁判权的酋长或诸侯说，司法行政，都是一大收入源泉。这司法裁判的职权，原先常由君主酋长等自己行使。此后因为感到不便，才委任代理人、执事或裁判官行使。不过代理人仍有对君主或酋长本人提供关于司法收入的收支的报告的义务。我们试读亨利二世给予其巡回裁判官的训令，[①]就可明白，那些巡回裁判官巡行全国的任务，不过是要替国王征集一项收入。当时的司法行政，

① 参阅蒂勒尔所著《英国史》。

不但会对君主提供一定的收入，而且获得这种收入，还是他希望由司法行政取得的主要利益之一。

司法行政像这样成为一种敛财的组织，结果，自不免生出许多弊害。比如，以大礼物来请主持公道的人，得到的往往不止公道；以小礼物来请主持公道的人，得到的往往说不上公道。而且，为要使礼物频频送来，行使司法权者往往多方迁延，不予判决。为要勒取被告的罚金，他往往把实在无罪者，判为有罪。司法上的这些弊害，我们一翻阅欧洲各国古代史，就知道是司空见惯，毫不稀奇。

司法上的职权，如是君主或酋长自己行使，无论如何滥用，亦无法矫正，因为他是最有权势的，任何人都不够资格责问他。可是，这职权如由代理者行使，那就有矫正的余地。代理者如犯了某种不正当行为，而且又单是为了他自己的利益，君主未必总是不愿意惩罚他，或强制他矫正错误。但代理者所行的不正，如是为了君主的利益，换言之，如是为了献媚于任命他重用他的人，那在大多数的场合，就俨如君主自行不正一样，无法得到补救。所以，一切野蛮国的司法行政，特别是往昔建立于罗马帝国废墟上的欧洲各国的司法行政，都长期陷于极度的腐败状态，即在最好国王的统治下，也谈不到什么公正、什么平等，而在最坏国王的统治下，那就是一塌糊涂了。

在牧羊民族中，所谓君主或酋长，不过是他们集团中或民族中最大的牧羊者或畜牧者。他同他治下的小牧人或臣民，同是靠着自己的畜群生活。在刚脱离游牧状态，而比游牧状态还没有很大进步的农耕民族，如特洛伊战争时代的希腊各部族，以及初移居罗马帝国废墟上的日耳曼人和塞西亚人的祖先，所谓君主或酋长，也不过是国中最大的地主；他的生活，完全像一般地主的生活一样，完全是仰赖自己私有地的收入，换言之，就是仰赖近代欧洲所谓御地的收入。在平时，他的臣民，除了要请求他运用权力，制裁强豪的压迫，都无需贡献他一点什么。他在这种场合领取的礼物，就算是他的全部经常收入，或者说，除了异常紧急的场合外，这就是对于他的支配权的全部报酬。荷马告诉我们，阿格默农因友谊关系，以希腊七个都市的主权赠与阿基利斯，并说，阿基利斯从那七都市可能收得的唯一利益，就是人民所奉敬的礼物。这种礼物，这司法行政的报酬，或者说，司法手续费，只要它构成君主由其主权获得的全部经常收入，那就不能希望他把这全部收入放弃，甚至不好意思提议要他这样放弃。提议请他把这礼物确实规定一下，那也许是可以的，而实际上，也曾这样提议过。但是，君权无限，纵使好好规定了、确定了，要防止他不越出规定范围，即使不说是不可能的，亦是极其困难的。所以，一任这种状态继续下去，由任意的不确定的礼物所造成的司法行政上的腐败，就简直无可救药了。

但后来，当许多原因，就中比较重要的是国防费不断增加，使得君主私有土地的收入，不够国家开支行政费用时，当人民为自己安全计，得完纳各种赋税，以应付这些费用时，似乎才一般规定，不问何等理由，君主或君主的代理者及审判官，均不得领取任何礼物。这样看来，礼物要予以有效的规定和确定是比较困难，全然废除倒似乎还容易些。审判官定有薪俸，这薪俸，被想象为可抵偿其先前在礼物报酬中享有的份额；同时，君主征有赋税，这赋税被想象为可补偿其前此从司法方面所得收入而有余。从此，审判算是免费了。

然而认真说来，无论哪个国家，都不能说审判是免费的。至少，诉讼当事人，总不能不报酬律师和辩护士，否则，他们执行职务，就会比实际情况还要不满意。每年付给律师、辩护士的手续费，就各法庭总计起来，恐怕要比审判官的薪俸多得多。审判官的薪俸，虽然由国王付给了，但在任何地方，诉讼事件的必要费用都没有大减。不过，禁止审判官向诉讼当事人领取礼物或手续费，与其说是为了减少费用，无宁说是为了防止腐败。

审判官是一个有名誉的官职，报酬虽再少，想干的人依旧多。比审判官职位较低的治安推事，论工作是异常麻烦的，论报酬大抵毫无所得，然而大多数的乡绅，却唯恐弄不到手。大大小小的一切司法人员的薪俸以及司法行政的一切费用，即使处理不很经济，亦不过占国家全部费用的一极小部分。这情况不限于哪一国，各文明国家都是如此。

此外，也不难从法院手续费里支付全部司法经费。这种办法，不会使司法行政陷于何等实际的腐败危险，而国家收入项下却可省去一笔——虽然是小小的——开支。可是，法院手续费，如有一部分要划归权力极大像君主这样的人，而且构成他的收入的相当大的部分，则这种手续费就很难有效地规定。但如果享有这手续费的主要人物，不是君主，而是审判官，那就极其容易，法律虽不能常常叫君主遵守某种规定，但对于审判官，却不难使其遵守规定的章程。法院手续费，如管理得、规定得很严密精细，并在诉讼的一定期间，全部缴入出纳机构，待诉讼决定之后而不在决定之前，才按照一定比例，分配给各审判官，那么，和废止这种手续费比较，征收这种手续费，也就同样不会有何等腐败的危险。这种手续费，可能完全足够开销全部司法费用而不至惹起诉讼费用显著的增加。不到一个案件判决终了，审判官不得支取这手续费，这在案件的审理和判决上，可激励全体法院人员的勤勉。在审判官员数非常多的法院，如果各人应分这手续费的份额，以他们各人在法院或审判委员会审理案件所花的时间及日数为标准，这更可激励各个审判官的勤勉。公家的事务，办好才给酬，并且按勤勉的程度决定酬额，这样才能办好。法国各高等法院所征收的手续费，构成审判官最大部分的报酬。就等级与权限说，土鲁斯高等法院，是法国第二个大法院。该院审判官每年由国会领到的薪俸，在减除一切扣除额后，不过一百五十利弗，约合英币六镑十一先令。这个金额，等于当地七年前一个仆役每年普通的工资。上述手续费的分配，也是以各审判官的勤劳为标准。一个精勤的审判官，可得到足供安乐生活的收入，虽然其数额也有限。至于怠惰的审判官，那就只能得到比薪俸多一些的收入。就种种方面观察，这些法国高等法院，也许不是顶令人满意的法院，但却从未受到人们的非难，好像也从未有人怀疑其腐败。

英国各法院的主要费用，最初似乎也是取给于法院手续费。各法院都尽可能兜揽诉讼事件，哪怕本来不是归自己管辖的案件，也乐于受理。例如，单为审理刑事案件而设的高等法院，居然接受民事案件，而以原告声称被告对他所行不义是犯了非法侵害罪或轻罪为受理的口实。王室特别法院的设立，本来单是为了征收国王收入和强制人民偿清对于国王的债务的。但它后来居然受理关于一切其他契约上的债务的诉讼，以原告陈诉被告不偿还对他的债务，所以他不能偿还对国王的债务这个理由为根据。由于这种种的假托，结果许多案件，究竟归哪个法院审理，全由诉讼当事人选择，而各法院要想为自己方面多多招徕诉讼案件，也在审理上力求迅速公平。英国今日的法院制度，是值得赞赏的，但一探其究竟，恐怕在很大程度上须归因于往昔各法院法官的相互竞争，对一切不正当行为，各个力求在自己法院就法律许可的范围内给予最迅速最有效的救济这个事实。普通法院对于违反契约的行为，原不过责令赔偿损害。平衡法院作为一种债权法院，首先毅然强制履行特殊约定。当破坏契约的性质是不肯偿付货币时，对这损害的唯一赔偿方法，就是责其偿还。这里，偿还就等于履行特殊约定，因此，在这种场合，普通法院所能给予的救济是充分的。但在其他场合，普通法院的救济则有所不够，如果一个租地人，控诉地主非法夺回其租地，那他得到的损害赔偿，绝不等于占有土地，所以，这类案件，在一段时期中，都由平衡法院审理，使普通法院蒙受不小的损失。为要把这类案件拉回自己审理，据说普通法院后来发明了假扣留土地的令状，这令状对于不正当剥夺土地侵占土地的事件，是最有效的救济方法。

由各法院对受理的诉讼案件收印花税，用以维持各该院法官及其他人员，这种办法也足以提供司法行政费而不会对社会的一般收入增加负担。不过，审判官在这一场合，可能为了要尽量增加印花税收入，而在各案件上增加各种不必要的手续。近代欧洲的习惯，大都是以辩护士及法院书记所写的公文用纸的页数决定他们的报酬，而每页的行数，每行的字数，又都有规定。所以，辩护士及法院书记，为增加其报酬，往往故意增加许多不必要的语句。其结果，我相信欧洲一切法院公文的文字变得陈腐不堪。同样的诱惑说不定会使诉讼的手续形式发生同样的腐化。

但是，无论司法行政费用是由司法方面自行设法筹措，或司法人员的定额薪俸是由其他财源开支，管理这财源的责任，支付这薪俸的责任，总无须委诸行政当局。这财源有的是出于地产的地租，法院既由这地租维持，那管理地产的责任，就不妨由它们各自分别负担。这财源也有是出自一定数额的货币的利息，法院既由这利息维持，出贷那货币的责任，也就不妨让它们各自分别负担。苏格兰有一种巡回法院，其法官的薪俸，就有一部分——虽只不过一小部分——是出自一定额货币的利息。但是，像这样一种财源，是必然缺乏安定性的。以不安定的财源，充当一种应当永久维持的机构的经费，似乎不大妥当。

司法权和行政权的划分，原始似乎是由于社会进步、社会事务因而增加的结果。社会事务日益加多，司法行政变得那么麻烦复杂，于是担当这任务的人，就不能再分心注意到其他方面。同时，担当行政职责的人，因为无暇处理私人诉讼案件，所以，就任命代理人代为处理。当罗马帝国隆盛时，大执政官政务繁忙，万难分身过问司法行政，于是就有代行这种职务的民政官的任命。后来，罗马帝国没落了，它的废墟上建立了欧洲各王国。这些王国的君主及大领主们，都视自己执行司法行政为一种过于烦难而且有失身分的任务。因此，他们通通委任代理者或审判官去执行，借以推脱这项任务。

司法权如不脱离行政权而独立，要想公道不为世俗所谓政治势力所牺牲，那就千难万难了。肩负国家重任的人，纵无何等腐败观念，有时也会认为，为了国家的重大利害关系，必须牺牲个人的权利。但是，各个人的自由，各个人对于自己所抱的安全感，全赖有公平的司法行政。为使各国人感到自己一切应有权利，全有保障，司法权不但有与行政权分离的必要，且有完全脱离行政权而独立的必要。审判官不应由行政当局任意罢免，审判官的报酬也不应随行政当局的意向或经济政策而变更。

第三节　论公共工程和公共机关的费用

君主或国家的第三种义务就是建立并维持某些公共机关和公共工程。这类机关和工程，对于一个大社会当然是有很大利益的，但就其性质说，设由个人或少数人办理，那所得利润绝不能偿其所费。所以这种事业，不能期望个人或少数人出来创办或维持。并且，随着社会发达时期的不同，执行这种义务所需的费用的大小也非常不同。

除上述国防及司法行政两方面所必需的公共设施和公共工程外，与其性质相同的其他设施和工程，主要为便利社会商业，促进人民教育的公共设施和工程。教育上的设施，可区别为两种：一是关于青年教育的设施，一是关于一切年龄人民的教育的设施。凡此种种设施和工程所需的费用，该如何最妥善地支付，在本章这一节分作以下三项研究。

第一项　论便利社会商业的公共工程和公共设施

便利一般商业的

一国商业的发达，全赖有良好的道路、桥梁、运河、港湾等公共工程。这类工程的建造和维持费用，显然，在社会各不同发达时期极不相同。一国公路的建设费和维持费，显然必随其土地和劳动的年产物的增加而增加，换言之，必随公路上所搬运货物的数量及重量的增加而增加。桥梁的支持力，一定要适应可能通过它上面的车辆的辆数和重量。运河的深度及水量，一定要适应可能在河上行驶的货船的只数及吨数。港湾的广阔，一定要适应可能在那边停泊的船舶的只数。

这类公共工程的费用，似乎不必在通常所谓国家收入项下开支。在许多国家，国家收入的征收和动用都是委之于行政当局的。这类工程的大部分不难如此管理，使它们自身提供足以支付自己费用的特别收入，而无须增大社会一般收入的负担。

例如，在大多数的场合，公路、桥梁、运河的建筑费和维持费，都可出在对车辆船舶所收的小额通行税；港湾的建筑费和维持费，都可出在对上货卸货船只所收的小额港口税。此外，为便利商业而铸造货币的设施，在许多国家，不但能开支自己的费用，而且能对君主贡献一笔小收入，即铸币税。另一设施，即邮政局，几乎在一切国家，除提供本身的开支外，还给君主带来一项极大的收入。

车辆通过公路或桥梁，船舶通过运河或港口，如果按照其重量或吨数的比例缴纳通行税，那么，它们就可以说是恰恰按照其所加于各该公共工程的损耗的比例支付其维持费。似乎要维持这些公共工程，不能想出比这更公平的方法。况且，这通行税虽由贩运者支付，他只不过暂时垫支，结果仍是转嫁在货物价格上，由消费者负担。同时，因为有了这类公共工程，货物的运输费大大减少了，消费者虽然担负了这通行税，却比在没有这类公共工程因而没有通行税的场合，能购得较便宜的货物，因为货物价格由通行税抬高的程度，究竟不及其由运费低廉而降低的程度。所以，最后支出这税额者由于课征该税而得到的利益，超过由于完纳该税而蒙受的损失。他的支出，恰和他所得的利益成比例，实际上，不过是他的利得中之一部分。他必须舍弃这一部分来取得其余部分。征税的方法，我看再不能比这更公平了。

就车辆而论，如果以重量为标准，对极尽奢华的车辆和对四马大马车、驿递马车等等所课的通行税，略高于对不可缺少的车辆如二轮运货马车、四轮马车等等所课的税，那就可使懒惰与虚荣的富人，不觉困难地对贫民的救济有所贡献，换言之，使运往国内各地的笨重货物的运费减低若干。

公路、桥梁、运河等等，如由利用它们的商业来建造和维持，那么，这种工程，就只能在商业需要它们的地方兴建，因而只能在宜于兴建的地方兴建。此外，建造的费用，建造的堂皇与华丽规模，也必须与该商业的负担能力相称，就是说，必须适度。宏壮的大道，断不能在无商业可言的荒凉国境内建造，也断不能单为通达州长或州长所要献媚的某大领主的乡村别墅而建造。同样地，不能在无人通过的地方或单为增益附近宫殿凭窗眺望的景致，而在河上架设大桥。这类事情，在公共工程建设费不由该工程本身提供的收入支给而由其他收入开支的国家，有时亦有发生。

欧洲许多地方的运河通行税或水闸税，是个人的私有财产，这些人为保持这利益，自竭力维护这运河。如果不加以相当的整饬修理，航行就会成为不可能，而他们由通行税收得的全部利益，也就将跟着消失。如果运河的通行税，交给那些利不干己的委员们征收，他们对于产生这通行税的工程的维持，一定不会像个人那样注意。兰格多克运河，是由法国国王及兰格多克州拿出一千三百万利弗建造的；一千三百万利弗，按每马克银合二十八利弗的前世纪末叶法国货币价值计算，约合英币九十万镑。这个大工程完成时，人们觉得最妥善的维护方法，就是把这运河的全部通行税，赠给设计并监督这工程的技师里格，叫他不断加以修理。这项通行税，现已成了里格后代子孙的一大宗收入。因此他们对于这运河的经常修理非常注意。假使当时没有想出这妥善的方法，而把通行税交给一般利不干己的委员们管理，那么这通行税全部，恐怕都要消费在徒事装饰的开销和不必要的开销上，而这工程最重要的部分则任其趋于塌毁。

可是，维护公路的通行税，却不能随便赠与个人，作为他个人的收入。因为，运河不加修理，会变得完全不能通航，但公路不加修理，却不会完全不能通行。因此，收取公路通行税者，尽管全不修理这道路，这道路却依然可以给他提供一样多的通行税。所以，维持这一类工程的通行税，应当交由委员或保管员管理。

在英国，人们对这些保管员在管理这种通行税方面所有的弊病，时有责言，在许多场合，那些责言都是非常允当的。据说，有许多收通行税道路所征的税额，往往比好好修理这些道路所必要的费用额多两倍以上，然而工程却是用极潦草方法进行，而且有时竟然全没进行。不过，我们应注意一件事：以通行税充当修路费用的制度，并未成立很久，所以，即使没有做到尽善尽美的地步，也毫无足怪。卑污而不适当的人物，为什么常常被任为管理者；对于他们的行为，对于他们的滥征通行税，为什么没有设立监督机构，加以检查和制止，这一切缺陷，都可由一件事实说明和辩解，即以通行税修理公路的制度，尚在草创时期，多假以时日，议会当不难逐渐采取贤明措施，予以矫正。

据一般人的想象，英国各种收税道路所收的通行税，大大超过了修理道路所需的数额。据几位大臣考察，多余的数额如果不滥动用，很可充为国家他日紧急费用的一大财源。有人说，收税道路由政府管理，比由保管员管理，所费少而收效大。对于修补道路，政府有兵士可用，兵士是有正规饷金的，只需略增少额货币报酬就行。至于保管员所能雇用的工人，则不外一些工资劳动者，他们的生活资料，全仰给工资。所以有人主张，通过自己管理收税道路，政府可不必增加人民负担而增添五十万镑[①]大收入；收税道路将会和现在的邮政一样，提供国家一般的费用。

政府管理收税道路所可得的收入，虽未必能如创拟这计划者所预期的那么巨大，但可由此获得一大宗收入那是无疑的。不过，这计划本身似乎有若干极重大的缺点。

① 自本书第一版、第二版刊行以来，我有很好理由相信，英国征收的道路通行税，全部还不能产生五十万镑的纯收入；在政府管理之下，这个金额实不够修理王国的五条主要道路。

第一，国家如把取自收税道路的通行税，看作供应急需的一个财源，那么，这种通行税将要随着想象上的急需所需要的程度而增大，而按照不列颠的政策，这些通行税一定会非常迅速地增加。一个大收入能够这样不费力地取得，势必会使政府动不动就向这收入动念头。如果撙节得宜，是否就能从现行通行税省出五十万镑，虽是疑问，但如把这通行税增加两倍，就可能省得一百万镑，增加三倍，就可能省得二百万镑，那是毫无疑问的①。而且，这样一大宗收入的征收，并无需任命一个新的收税官吏。但是，税路之设，在于便利国内一般商业，设使通行税像这样不断增加起来，那么原以利商的，却成为商业的大病。国内由一地运往他地的笨重货物运输费，将迅速增加，其结果，这类货物的市场，将大大缩小，这类货物的生产，将大受妨害，而国内最重要的产业部门，说不定要全归消灭。

第二，按照重量比例而征收的车辆通行税，如其唯一目的在于修理道路，这种税就非常公平；如是为了其他目的，或为了供应国家一般的急需，那么这种税，就非常不公平。道路通行税用以修理道路，各车辆可以说就是恰恰按照其对道路所损耗的程度的比例，完纳税金。反之，道路通行税如还有其他用途，即以资助国家其他急需，那对于各车辆所征的税额，就不免要超过其所加于道路的损耗的程度。况且，由于这税使货物价格按货物重量的比例，而不是按货物价值的比例而升高，所以主要负担这种课税的人，不是价值高而重量轻的商品的消费者，却是粗劣笨重的商品的消费者。因

① 我现在有种种理由，相信上面推测的金额未免过大。

此，不论国家打算以这税收应付何等急需，其结果，供应这急需的人，不是富者而是贫者，不是最能担当这负担的人，倒是最没有能力担当这负担的人。

第三，设使政府对于损坏的公路漫不修理，我们要强制其适当地划出通行税的一部分充当此项用途，将会比现今还更困难。以修缮道路为唯一目的并取自人民的一大收入，可能竟然完全没有划出任何部分来修缮道路。如果对于今日卑贱贫困的税路管理者，有时尚不易强制他们矫正所犯的错误，那么，换一般富裕者有权势者来管理税路，要强制他们矫正错误，恐怕比我们现在所假设的场合还要困难十倍。

法国修理公路的基金，放在国家行政当局直接管理之下。该基金的一个组成部分，是法国大部分地方乡下人民每年为修理公共道路所应提供的一定日数的劳役，另一个组成部分是国王在国家一般收入中决定不用于其他开支而专用于修路的那一部分收入。

按法国以及欧洲大多数国家的旧法律，乡下人民的劳役，向来由地方长官指挥监督；地方长官对于国王的枢密院，无何等直接从属关系。但依据现行法令，乡下人民提供的劳役，以及国王为某特定地域或特定税区修理道路的任何基金，全归州长管理；州长由枢密院黜陟任免，接受枢密院的命令，并不断与枢密院保持联络。随着专制政治的发展，行政当局逐渐并吞国家的一切其他权力，所有指定作为公共用途的一切收入，全都揽归自己管理。但法国的大驿路，即联络国内各主要都市的道路，一般都整饬可观；在若干州境内，这些道路比英国大部分道路宏壮得多。可是，我们英国所称为十字路，就是说，乡下的大部分道路，却全未进行修理，有许多地方，重载车辆已不能通行，而在若干地方，甚至骑马旅行也有危险，唯有骡是安全可靠的运载工具。一个崇尚虚饰的朝廷的骄矜大吏，往往乐意经营壮丽堂皇的工程，例如王公贵人时常经过的大道。后者的赞赏，不但使他感到光荣，甚或有助于增进他在朝廷上的地位。至于偏在乡村的许许多多小工程，既不足以壮观瞻，又不足以邀声誉，除了实际上有极大的效用以外，没有其他可取的地方。这样，无论就那一点说都似乎是过于琐细不值一顾的工程，怎能叫堂哉皇哉的大吏注意呢；所以，在这种人的管理下，这种小工程总是受漠视的。

在中国，在亚洲其他若干国家，修建公路及维持通航水道这两大任务，都是由行政当局担当。据说，朝廷颁给各省疆吏的训示，总不断勉以努力治河修路；官吏奉行这一部分训示的勤惰如何，就是朝廷决定其黜陟进退的一大标准。所以，在这一切国家中，对于这些工程都非常注意，特别在中国是如此。中国的公路，尤其是通航水道，有人说比欧洲著名的水道公路要好得多。不过，关于那里的水道公路工程的报告，大都得自少见多怪的旅行者和无知好谎的传教士。假使这些工程，是经过比较有识者的考察，假使这些报道，是比较忠实的目击者的叙述，那么，那里的水道公路工程恐怕就不值得我们如此惊异。柏尼尔关于印度这类工程的报告，就远没有其他大惊小怪的旅行者的记述那么夸张。法国对于大公路，即常常成为朝廷及首都人士谈话资料的联络各地方的通衢，无不惨淡经营，而其余一切支道横道，则漫不经意。亚洲各国的情形，说不定也是这样吧。加之，中印各国君主的收入，几乎都是以土地税或地租为唯一源泉。租税征收额的大小，取决于土地年产物的多寡。所以，君主的利益与收入，与国境内土地的垦治状况，以及土地产物数量的多寡，土地产物价值的大小，必然有极大的直接关系。要尽可能地使这种生产物又丰盈又有价值，势须使它获有尽可能广泛的市场。要做到这样，必须使国内各地方的交通既极自由，又极方便，极便宜。而维持这种交通状态，唯有兴筑最好的通航水道与最好的道路。然在欧洲，各国君主的主要收入并非仰给于土地税或地租。固然，欧洲一切大的王国，主要收入的大部分，也许归根结底也要依靠土地生产物，但这依赖不是直接的，而且不像亚洲各国那样明显。因为这样，欧洲各国君主不像亚洲君主那样急于增进土地生产物的数量和价值，换言之，那样急于维持良好的水道及公路，以开拓土地生产物的广泛市场。因此，即使在亚洲某些地方，浚河修路庶政，行政当局办得成效卓著，如传闻所说（据我所知，至少含有若干疑问），在欧洲现状下，要想任何地方行政当局把那种事情弄得相当的好，恐怕是没有希望的了。

一项公共工程，如不能由其自身的收入维持，而其便利又只限于某特定地方或某特定区域，那么，把它放在国家行政当局管理之下，由国家一般收入维持，总不如把它放在地方行政当局管理之下，由地方收入维持，来得妥当。比如，伦敦市上的照明与铺路费用，如由国库开支，那街上所点的灯，所铺的石，能做到现在这样完善，其费用，能像现在这样撙节么？况且，这费用，如非取给于伦敦各特定街坊、特定教区、特定市区的居民所提供的地方税，那势必要从国家一般收入项下开支，其结果，王国中不能受到这街灯利益的大部分居民，就要无端分摊这负担了。

地方政府和州政府管理地方收入和州收入，固然有时不免发生弊病，但是，这种弊病若与管理和花费一个大帝国收入所时常发生的弊病相比，实在算不了什么。况且，与后者所生的弊病比较，前者的弊病，容易矫正多了。在英国，在地方或州治安推事管理之下，乡下人民为修葺公路，每年所必提供的六日劳役，也许不尽用得其宜，但从没有发生惨酷压制的事情。在法国，此项劳役，归州长管理，但不一定比英国用得适当，而强征勒索的举动，往往极尽惨酷暴戾之能事。法国人所谓强迫劳役制，成了悍吏鱼肉人民的主要工具；设某教区或某村社不幸为悍吏所嫉恶，悍吏往往就借此以施惩罚。

便利特殊商业的

上述公共设施和公共工程，其目的在于便利一般商业。若求某些特殊商业的便利，则有待于特别的设施，且须有一项特别的额外费用。

与野蛮未开化国家通商，常需要特别保护。普通堆栈或行店的设备，绝不能保障非洲西部海岸贸易商人的货物。为防止地方土人的劫夺，对于积货场所，不得不在一定程度上建筑防御工事。印度人本来是温和驯谨不过的，但因印度政府漫无秩序，所以，欧洲人贸易其间，亦有作同样警戒的必要。英法两国的东印度公司在印度所拥有的几个最早堡垒，就是借口防备暴力、保护生命财产而获准建筑的。一国有了强固的政府，自不容外人在本国领土内建筑堡垒，在这种场合，就有互派大使、公使或领事的必要。自己国民间发生争讼，公使或领事可依从本国习惯予以处决；自己国民与驻在国国民间发生争讼，他可凭外交官的资格，比任何私人更有权力出来干涉。他所能给他的国人的保护，自比他们所能从任何私人获得的强得多。国家常常专为商业上的利益，需要在外国派驻使馆，本来无论就战争或同盟关系说，都不需在这些外国设立使馆的。首先使英国在君士但丁派驻大使的原因，是土耳其公司的商业。英国派驻俄罗斯的最早的大使馆，完全是起因于商业上的利益。欧洲各国人民因商业利害关系不断发生的冲突，恐怕就是使欧洲各国即在平时亦在一切邻国永久派驻公使的原因。这个前所未闻的制度，其开始发生，似乎不过在十五世纪末或十六世纪初，也就是说，不过在商业开始扩展到欧洲大部分国家，欧洲各国开始注意到商业利益的时候。

国家为保护某一商业部门而开支的特别费用，如通过向该商业部门抽征适当的税来弥补，当不失为公允。例如，在商人开始营业时，征以小额的营业税，或更公平的，对商人从特定国家输入或向特定国家输出的货物，抽若干成特定的税。据说，最初建立关税制度，就是为了支付保护一般贸易免受海盗抢劫的费用的。但是，如果认为保护一般贸易用去的用费，理应取给于课在一般贸易上的税，那么，为保护特殊贸易用去的特别费用，照理也应取给于对该贸易所课征的特殊税收。

保护一般贸易，常被视为国防的重要事件，因而也就成了行政当局一部分必尽的义务。结果，一般关税的征收及应用，就往往委诸行政当局。特殊贸易的保护，既是一般贸易保护的一部分，所以也是行政当局应尽义务的一部分。如果国家的行动，总是前后一致的，则为保护特殊贸易而征收的特殊税收，自当同样委诸行政当局管辖。然而，事实上，并不如此。无论就这方面或其他方面说，各个国家的行动常是矛盾的。欧洲大部分商业国家，就有若干商人集团，说服了立法机构，把行政当局这方面的义务，以及必然与这义务相关联的一切权力，统统交给他们执行。

此等公司自担费用，创办政府也许有所顾虑，不敢贸然尝试的某些部门的商业，就这一点说，它们对该部门商业的创建，容或有所助益。但最终它们全无例外地或成为累赘或成为无用，而其经营，不是失当，就是范围过于狭窄。

这种公司有两类，其一为，没有共同资本，凡具有相当资格的人，都可缴纳若干入伙金，加入组织，但各自的资本由各自经理，贸易危险，亦由各自负担，对于公司的义务，不过是遵守其规约罢了。这种公司，称为合组公司。又其一为，以共同资本进行贸易，各股员对于贸易上的一般利润或损失，都按其股份比例分摊。这种公司，称为合股公司。这些合组公司或合股公司，有时拥有专营的特权，有时又不拥有这种特权。

所谓合组公司，在一切方面，都与欧洲各都市普遍通行的同业组合相类似，而且与同业组合同为一种扩大的独占团体。一个都市的任何居民，如果他不先从同业组合方面取得自由营业权，他就不能从事参加同业组合的一切行业。同样，在大多数场合，一国的任何人民，如不先成为这公司的一员，那么，他就没有法律上的权利经营合组公司任何一部门的国外贸易。这种独占权的强弱，与公司入伙条件的难易相应，也与公司董事权力之大小——即彼等有多大权力能把公司控制得使大部分贸易只有他们自己和他们的亲友可以经营——相应。最初，合组公司的徒弟所享的特权，与其他公司徒弟所享的特权一样。凡在公司服务了相当年限的学徒，不用交什么入伙金，或只需交比平常人少得多的入伙金即可取得公司成员的资格。只要法律不加制止，组合的普通精神，就横溢于一切合组公司中。只要容许它们依照其自然倾向行动，它们总是巧立种种苛刻规章，企图约束有关贸易的经营，从而把竞争限制于尽可能少的人数之间。但当法律不许它们这样做的时候，它们就变成完全无作用、完全无意义的东西。

对外贸易的合组公司，现今在英国还存有下面五个，即汉堡公司（昔日称为商人冒险家公司），俄罗斯公司，东方公司，土耳其公司及非洲公司。

汉堡公司的入伙条件，据说今日十分容易。公司董事没有权力把有关贸易加以繁琐的约束。至少他们没有使用这种权力。不过，这还是最近的事，以前不是这样。在前世纪中叶，该公司的入伙金，有时须五十镑，有时须一百镑。据说，那时候公司的行为，非常专横。1643 年、1645 年、1661 年，英格兰西部毛织业者及自由贸易者，曾以该公司凭着独占者的地位，阻止贸易，压迫国内制造业者，诉于国会。这种呈诉虽不曾使国会采取什么行动，但该公司却因此大吓一跳，把它向来的行动改正不少。自那时起，至少没有人再控诉它。俄罗斯公司的入伙金，由威廉三世第十年及第十一年第六号法令减为五镑；东方公司的入伙金，由查理二世第二十五年第七号法令减为四十先令，同时，各该公司在瑞典、丹麦、挪威乃至波罗的海北岸一切国家的专营特权，统予取消。国会这两条法令，大概是由该两公司的行动激成的。在国会未颁布此等法令以前，约西亚·柴尔德曾称此两公司及汉堡公司极端专横。他并说，当时本国与各该公司特许状所包括国家间贸易状态所以不振，正是各该公司经营失当的结果。现在，它们也许没有那么专横，但它们确是没有用处了。没有用处实是合组公司应得的最好赞词，就上述三公司的现状说，它们通通可承受这赞词而无愧。

土耳其公司的入伙费，年二十六岁以下者二十五镑，二十六岁以上者五十镑。凡非纯粹商人不得加入。此种限制，实把一切店员和零售商都排斥在外。又据该公司章程，凡属英国运往土耳其的制造品，非经该公司船舶装载，不许输出。该公司船舶，例由伦敦一港启碇，因此，英国对土耳其贸易，就局限于这个奢华的港口了。经营此项贸易，也局限于伦敦附近居民了。该公司的另一章程又规定，凡定居伦敦市二十英里以外，没有取得该市市民权者，不得加入该公司。这种限制，连同前一限制，必然把一切没有取得伦敦市民权者都排斥在外。该公司船舶的上货及启碇日期，既通由该公司董事决定，所以这些董事很容易以自己及有特殊关系友人的货物装满船舶，而以托运过迟为借口，拒绝他人的货物。在这种情况下，该公司无论就哪一点说，都可以说是严密的、专横的垄断组织。这种种弊害，惹起乔治二世二十六年第十八号法令的颁布。依此法令，不论年龄大小，不论是否纯粹商人，也不论是否取得伦敦市民权，凡属情愿入伙者，一律缴纳入伙费二十镑，即可取得公司成员的资格。并且，除禁止输出的货物外，这些入伙的人，得自由从英国任何港口，输送任何英国货物往土耳其任何地方；除禁止输入的货物外，都得自由输入一切土耳其货物，不过，他们须缴纳普通关税和为支付该公司费用而征收的特定税，须服从英国驻土耳其大使与领事的合法训示，须遵照公司方面正式制定的章程。为防范此等章程流于苛暴，上述法令又规定，此法令通过后，凡公司所订章程，设使该公司中任何七个伙员感到压迫，得向贸易殖民局（该局的此种权能，现由枢密院所组织的委员会执掌）呈请修改。但此种呈请，须在该章程制定后一年内提出。此外，此法令通过以前公司所制定的任何章程，如有七个伙员感到压迫，也可呈请修改，但须在该法令实施后一年内提出。然而在一大公司中，各伙员未必一一都能凭一年的经验，发现各种章程的弊害。如果某一章程的弊害，他们中有几个在限定期间以后才发现，那么，就连贸易局、枢密院委员会也无法挽救了。况且，像一切同业组合的章程一样，一切合组公司大部分章程的目的，不在于压迫已经加入的伙员，而在于阻碍外人的加入。除规定很高的入伙费外，它们还可使用其他许多方策以达到这个目的。他们不断要求自己的利润增高，愈高愈好，因而，不断要市上对于他们输出输入的存货，感到不足，愈不足愈好。要做到这层，就只有限制竞争，妨碍新冒险者从事同一贸易。就说二十镑的入伙费吧，对于一个想永久继续从事土耳其贸易的人，二十镑也许不够阻碍他的意向；但是对于一个只想试做一次土耳其贸易的投机商人，二十镑就够使他裹足了。不论何种职业，久于其业者，纵未缔结何等组合，他们也自然会联成一气，设法抬高利润。要使商业利润降低至相当水准，唯一的方法，就是让一般投机冒险者不时起而竞争。英国对土耳其贸易，在某种限度上，虽由国会这个法案开放了。但在许多人看来，那实在距离自由竞争局面还远。土耳其公司开支了一名大使两三名领事的维持费，其实，公使领事，同为国家官吏，应由国家收入维持，而对土贸易，亦当对国王治下一切臣民开放。况该公司为此目的及其他目的而征收的各项杂税，若提归国有，当不止维持这几个驻外官吏。

据约西亚·柴尔德的考察，驻外官吏虽常由合组公司维持，但合组公司从未在其所与贸易的国家维持任何堡垒或守备队。反之，合股公司却常常在这种国家维持堡垒或守备队。看来前者实比后者远不宜于承当这个任务。第一，合组公司董事，对于该公司一般贸易的繁荣，并无何等特别利害关系，而维持堡垒和守备队的目的在于维护这个繁荣。公司一般贸易的衰退，对他们私人的贸易倒有不少利益。因为，公司一般贸易衰退，竞争者自减少，于是他们自己就能贱买贵卖。合股公司董事的情况，则与此正相反。他们个人的利得，统包含在他们管理的共同资本所生的共同利润中，离开公司的一般贸易，他们就没有贸易。他们私人的利害关系，与一般贸易的繁荣，和保障这繁荣的堡垒或守备队的维持，紧相结合。因此，就维持堡垒或守备队所必要的不断和仔细的注意说，和合股公司董事相比，他们似乎更会保持这种注意。第二，合股公司董事，手中常掌管有一大宗资本，即公司方面的股本。堡垒守备队如有设置、增补、维持的必要，他们当然随时可以划出一部分资本，拿来应用。至于合组公司董事，他们并没有掌管什么共同资本；除了一点临时收入，如公司入伙金，及课于公司贸易上的组合税以外，没有其他资金可以动用。所以，对于堡垒和守备队的维持，即使他们和合股公司董事一样，有利害的关系，作同样的注意，但也很少有同等资力，使其注意成为有效。至于驻外官吏的维持，那就无须什么注意，费用亦轻而易举，就合组公司的性质和能力说，都更为相称。

然在柴尔德的时代以后许久，即 1750 年间，一个合组公司又设立了，即是现时的非洲贸易商人公司。英政府最初曾令该公司负担非洲沿岸由布兰角至好望角间一切英国堡垒和守备队的维持费；最后，又令该公司只负担鲁杰角好望角间一切堡垒和守备队的维持费。政府关于设立这公司的法案（乔治二世第二十三年第三十一号法令），似乎有两个明显目标。第一，对于合组公司董事自然会有的压迫精神和独占精神，加以抑制；第二，极力强迫他们去注意本来不会注意的一件事，即维持堡垒与守备队。

关于第一个目标，该法案限定入伙费为四十先令，并限定该公司不得以合股经营的身分，自己出来从事贸易，不得以公印借入资本；对于一切缴纳入伙费的英国人民，都当任其在各地自由贸易，不得巧立限制。公司的管理权，操于集驻伦敦的由委员九人组成的委员会。委员每年由伦敦、布里斯托尔和利物浦三市的公司伙员中各选三名，任何委员都不得连任三年以上。委员有不当行为，贸易殖民局（现由枢密院委员会接管）在听了他本人的辩护后得免其职。该委员会不得由非洲输出黑奴，亦不得运非洲货物入英国。但因他们须负责维持驻在非洲的堡戍，所以由英国向非洲输出的各种与这任务有关的货物及军需品不在禁止之列。他们由公司领取的钱，不得超过八百镑。如果开销在伦敦、布里斯托尔、利物浦三市的办事人员和经理人薪俸与伦敦事务所房租以及其他一切杂费后还有余剩，则可用以报酬他们自己的辛劳，至于如何分配，那听他们自行决定。一切规定如此严密，照理该可切实限制独占行为，而充分达到第一项目标了。然揆之实际却不如此。依乔治三世第四年第二十号法令，举凡桑尼加堡垒及其属地，统由非洲贸易商人公司管理。但至翌年,(依乔治三世第五年第四十四号法令)公司方面不但要把桑尼加及其属地,就连由南巴巴利的萨利港至鲁杰角全海岸的管理权,亦须统统移归国王支配。该法令并宣称:凡属国王的臣民,都可自由进行非洲贸易。这个法令的宣布,当然是因为该公司有限制贸易建立某种不当的独占的嫌疑。在乔治二世第二十三年法令的那种严密规定之下,我们很难设想他们怎能够这样做。但是,我曾在下院的议事录(这议事录并不总是完全确实的)中看到他们受到这种控告。委员会的九位委员,既都是大商巨贾,各堡戍及殖民地的大小官员,又仰承他们的鼻息,那么,他们在商务上及事务上有所嘱托,那些官员很可能特别注意。这一来,就无形树立了一种独占的场面。

对于第二个目标,该法令规定:堡戍维持费,每年由国会付与该公司一万三千镑。公司委员会对此金额的使用,每年须向国库主计提出报告,国库主计再向国会报告。但国会对于国家的岁用,往往数百万镑,亦漫不注意,这区区一万三千镑的使用,当然不会使它注意。况且,就国库主计的职务和教育而论,堡戍费用得当与否,他不见得能悉其底蕴。不错,王国海军舰长或海军部委派的将官,可以调查堡戍实情,向海军部报告,但海军部对该委员会似乎没有直接管辖权,也没有权力纠正被调查者的行动,而舰长一类人物,对于筑垒这门科学,并不见得总是有高深的造诣的。这些委员如非侵吞公款,即欲加罚,顶多不过罢免官职;我们知道,委员这官职的任期,再长不过三年,而其报酬又极有限,要使罢免的顾虑成为一种强制他们的动力,使他们经常想到那对自己并无其他利益的守戍事务,那怎能办到呢?为修缮几内亚海岸卡斯尔角的堡垒,议会曾几度支出了临时金额，有人控诉该委员会由英格兰运去砖石，由这样长途运去的砖石，据说质量很差，以致用那砖石修筑的墙，有推倒再筑的必要。鲁杰角以北的堡戍，不但维持费出于国家，即管辖权亦直隶于行政当局之下。但该角以南的堡戍费用，至少一部分亦出自公家，而其管辖权却别有所属，此真令人百思不得其解。直布罗陀及米诺卡守戍的设备，其本来目的或口实，在于保护地中海贸易。此等守备队的维持及管理，从未责成土耳其公司，而始终由行政当局管辖。统治领域的广大，在很大程度上是该行政当局声威所系，所以，这领域防御上的必要设置，他们当然不会不问，实际上，直布罗陀及米诺卡守戍的管理，一向并未疏忽。虽米诺卡曾二度被夺，而且现在大概永无恢复希望，但人们从未把这归咎于该行政当局管辖上的怠慢。不过，我不愿被人认为我是在暗示，这些糜费浩大的要塞，对原来所以把它们从西班牙手中夺过来的目的来说至少是必要的。夺取这些要塞，没有什么意义，反之，却只使英国见弃于其自然的同盟者西班牙，并使波旁王室的两大支流结成超过血缘关系的更紧密更永久的同盟罢了。

股份公司的设立，或经国王敕许，或由议会通过。它的性质，不但与合组公司不同，即与私人合伙公司，亦有许多点不同。

第一，在私人合伙公司中，非经全公司许可，伙员不得把股份让渡给他人或介绍新伙员入伙。但伙员如欲退出，得预先声明，经过一定时间提回股本。股份公司则不然。股份公司不许股东要求取出股本，但转卖股票，从而介绍入新股东，却无须公司同意。股票价值，体现在市场上的价格。这价格时有涨落，因此，股票所有者的实际股金，就与股票上注明的金额，常有出入。

第二，私人合伙公司在营业上如有亏空，各伙员对其全部负债，都负责任。反之，股份公司在营业上的亏空，各股东不过就其股份范围内，负其责任罢了。

股份公司的经营，例由董事会处理。董事会在执行任务上固不免受股东大会的支配，但股东对于公司业务多无所知，如他们没有派别，他们大抵心满意足地接受董事会每年或每半年分配给他们的红利，不找董事的麻烦。这样省事而所冒危险又只限于一定金额，无怪许多不肯把资产投于合伙公司的人，都向这方面投资。因此，股份公司吸收的资本通常超过任何合伙公司。南海公司的营业资本，在某一个时期，曾达到三千三百八十万镑以上。英格兰银行的分红股本，现在，计达一千零七十八万镑。不过，在钱财的处理上，股份公司的董事为他人尽力，而私人合伙公司的伙员，则纯是为自己打算。所以，要想股份公司董事们监视钱财用途，像私人合伙公司伙员那样用意周到，那是很难做到的。有如富家管事一样，他们往往设想，着意小节，殊非主人的光荣，一切小的计算，因此就抛置不顾了。这样，疏忽和浪费，常为股份公司业务经营上多少难免的弊窦。唯其如此，凡属从事国外贸易的股份公司，总是竞争不过私人的冒险者。所以，股份公司没有取得专营的特权，成功的固少，即使取得了专营特权，成功的亦不多见。没有特权，他们往往经营不善，有了特权，那就不但经营不善，而且限制了这种贸易。

现在非洲公司的前身，即皇家非洲公司。该公司取得的专营特权，是根据国王颁给的特许状，未经议会通过。因此，在民权宣布后不久，非洲贸易就开放于全国人民。哈德逊湾公司的法律根据与皇家非洲公司同，其特许状亦未经议会通过。南海公司在它作为贸易公司的期间，始终享有一种经议会确认过的专营特权。现今和东印度进行贸易的联合商人公司也是如此。

非洲贸易开放后不久，皇家非洲公司自知非私人冒险者的竞争敌手，于是不顾民权宣言，竟把这些私人冒险者称为无执照营业的私商而加以迫害。1698 年，对私人冒险者几乎一切部门的贸易均课以百分之十的税，税款由公司充作堡垒及守备队维持费。但尽管有这种重税，公司在营业上仍不能和私人竞争。公司的资本及信用着着减退。至 1712 年，公司负债累累，使议会认为，为公司及债权人的安全，有必要制定以下法案，即公司债务的偿付日期以及关于债务的其他必要协定，只需公司债权人（就人数言，就价值言）三分之二以上的决议，就对全体债权人有约束力。1730 年，公司的业务陷于极度混乱。就连维持它的堡垒和守备队，亦无能力。然设立这公司的唯一目的或口实，却就是维持这些堡垒和守备队。议会见此情形，决定每年拨款一万镑，作这用途。此款自那年度起一直拨至该公司解散的年度止。1732 年，该公司因多年对西印度黑奴贸易都是亏损，决定从此中止，而把已经由非洲海岸买得的黑奴转卖于美洲私人贸易者，把公司中的雇役，用以从事非洲内地的金沙、象牙、染料的贸易。但这范围缩小的贸易，其经营并不比先前范围广泛的贸易更为得手。公司的业务，依然日形衰退，无论就那一点说，都达到破产的状况。议会知无可挽救，下令把它解散。其堡垒及守戍，则责成现今在非洲贸易商人所组织的合组公司管理。在皇家非洲公司设立之前，先后组织进行非洲贸易的，已有三家股份公司，它们都没有成功。它们都持有特许状，该特许状虽未经议会确认，但在当时被认为确赋有专营特权。

在上次战争中，哈德逊湾公司受到不小的打击。可是在此以前，它却远较皇家非洲公司幸运。它的必要费用很少。它在各居留地及住所——该公司说得好听地称此为堡垒——所维持的人的总数，据说不过一百二十名。但人数虽少，在该公司货船未到以前，却足够把装满货船所必需的数量的毛皮及其他货物收积妥当。当地海口结冰期长，船舶很少能停泊七八周以上；因此，预先积货，成为必要。哈德逊湾贸易不做到这层就无法经营，而私人冒险者想做到这层，非十数年莫办。所以，该公司资本虽据说不到十一万镑，然已足够使它把特许状所许可的那虽然广阔但却是贫乏的地带的全部或将近全部的贸易和剩余生产物，都垄断无余。私人贸易者从来没有企图到那种地方与公司竞争，所以，该公司在法律上，虽不一定拥有专营特权，而在实际上，却已享受了专营贸易的利益。加之，该公司所有的少额资本，据说，是由极少数股东集成。一个只有少数股东小额资本的股份公司，其性质实与私人合伙公司相近，从而在经营上，几乎能和合伙公司同样谨慎、同样注意。处在这样有利的地位，哈德逊湾公司在上次战争前贸易相当成功，是毫无足怪的。不过，该公司获得的利润，似乎没有达到多布斯所想象的那个程度。《商业上历史和年代的推断》著者安得生，是一个比多布斯远为率直而公平的作者，他研究多布斯关于该公司数年中输出输入的全部报告，并参酌该公司所冒的大危险和所付的大开支以后，认为该公司的利润，并不值得羡慕，或者说，并不大大超过普通的贸易利润，如果真有超过的话。他这样的论评，是很恰当的。

南海公司从没有维持什么堡垒或守戍，因而完全不须负担其他国外贸易公司所通常负担的一大费用，不过，该公司股本额过大，股东数极多，因之，在整个业务经营上，不免失之迂愚、疏忽和浪费。至于它招股计划的诡诈与无节制，那非现在讨论的主题，而且已为人所深悉，不说了。就它的商业计划说，与招股计划比较，也好不了许多。该公司首次经营的贸易，就是把黑奴输往西领西印度。它对于这项贸易（由尤特雷特条约所认可的所谓阿西思托约定的结果），取得了一种专营的特权。但是，特权虽然取得了，但这项贸易不见得会有多大的好处。在该公司以前，经营同一贸易、享有同一特权的葡萄牙及法国两公司，早已经倒闭了。该公司有鉴于此，要求并得到准许每年派遣一定吨数的船舶，直接与西领西印度通商，以为弥补。无奈该公司所派船舶，航行十次当中，只有一次（即1731年加洛林皇后号的航行）获了巨利，其余九次，几乎多少都有损失。该公司的代理店及代理人都把营业的不成功归罪于西班牙政府的强夺与压迫。但大部分，恐怕是由于代理店及代理人的浪费与掠夺吧。据说：他们中好几个在一年时间内，就发了大财。1734年，该公司以营业利润微薄为理由，请求英王许其变卖贸易权与船只，许其等价卖给西班牙国王。

1724年，该公司开始经营捕鲸业。对于这项业务，它没有独占权，不过，在它经营的期间，并无其他英国人搀入。该公司的船舶，曾航行格林兰八次。就中，仅有一次得利，其余均遭损失。在最后第八次航行终了时，即该公司拍卖其船只、积藏商品、渔具时，才发现这一部门包括资本及利息的全部损失达二十三万七千镑以上。

1722年，该公司请求议会，把全部贷与政府的三千三百八十万镑巨资，划分作两个相等的部分：一半即一千六百九十多万镑，作为政府的公债，与其他公债同，不得由董事用以偿付和弥补该公司商业经营上的债务或损失，其他一半，依旧作为贸易资本，得用以偿付和弥补债务或损失。它这种请愿，议会认为合理采纳了。1733年，该公司再向议会陈请，把贸易资本的四分之三作为公债，仅留其余四分之一充当营业失败的补偿资本。到这时为止，该公司所保有的公债及贸易资本两者，因政府几度的偿还，已各减少了二百万镑以上，因而，这所谓四分之一，就不过三百六十六万二千七百八十四镑八先令六便士了。1748年，该公司由于亚琛条约，放弃前此依阿西恩托约定从西班牙国王取得的一切权利，而换得相当等价。这一来，该公司与西领西印度之间的贸易，就告终结。它的残余贸易资本，全化为公债，于是该公司再也不是一个贸易公司了。

可是，我们应注意一件事：南海公司所期望能多多获利的唯一贸易，就是每年派遣船只到西领西印度进行的贸易。但当它经营这种贸易时，无论在国外市场，或在国内市场，都不是没有竞争者的。在卡塔赫纳，在贝洛港，在拉维拉克鲁斯，该公司碰着了西班牙商人的竞争，他们把该公司船舶装出的同种欧洲货物，由加的斯运往那些地方。在英国，该公司又碰着了英国商人的竞争，举凡该公司输入的西领西印度货物，他们也由加的斯输入。不错，西班牙及英国商人的货物，要付较重的税，但该公司人员的疏忽、浪费和贪污，恐怕是一种更高的重税吧。至于说，如果私人贸易者能够公开地、正当地和股份公司竞争，股份公司还能经营国外贸易得利，那就违反我们一切的经验了。

旧的英国东印度公司于1600年根据女王伊丽莎白的特许状设立。在它最初十二次的印度航行中，只有船舶是共有的，贸易资本还是各个人的，仿佛是以一种合组公司的形式在进行贸易。在1612年，各个人的资本才合并为共同资本。该公司持有专营特许状。这特许状虽未经议会确认，但当时被认为具有真正的专营特权，所以经营许多年，该公司从未受其他商人的侵扰。它的股本，每股为五十镑，总额仅七十四万四千镑。这个资本不很大，而公司的营业规模也不很大，不致惹起经营上怎样的疏忽、浪费或贪污。所以，虽然荷兰东印度公司的陷害，和其他的意外事变，使它蒙受了很大损失，但在许多年间，它的营业却很成功。不过，随着时日的推进，当一般人对于自由的原理渐有理解时，这由女王发给而未经议会确认的特许状，能否赋予专营特权日益成为疑问。对于这个问题，法院的决定并不一律，随政府权力的消长与各时代民意的变迁而时有变动。私人贸易者日益侵入公司特权范围。到查理二世晚年，在詹姆士二世整个统治时期和在威廉三世初年，该公司都是在困难中过日子。1698年，有人向议会建议，愿以年息八厘贷给政府二百万镑，其条件为购买公债者得设立一个有专营特权的新东印度公司；旧东印度公司亦向议会提出同一性质的建议，愿贷给政府七十万镑(约与该公司的资本额相等)，年息四厘。当时王国的国家信用正处于这样的状态，即以年息四厘借入七十万镑，倒不如付八厘息借入二百万镑来得便利。新公债应募者的建议被容纳了，结果，就出现了一个新东印度公司。不过，旧东印度公司的贸易权利，得继续至1701年。同时，该公司曾以它会计的名义，极巧妙地认买了新公司股本三十一万五千镑。给予认购二百万镑公债者以东印度贸易特权的议会法案，由于用词的含混，关于应募者的资本应否合为共同资本一点，不很明白。于是，应募仅及七千二百镑的少数私人贸易者，坚持各别地自用自己资本、自担危险责任进行贸易的权利。至1701年止，旧东印度公司亦有使用其旧资本独立经营贸易的权利。并且，在这个时期前后，该公司和其他私人贸易者一样，也有使用其投入新公司的三十一万五千镑的资本单独经营贸易的权利。新旧二公司与私人贸易者间的竞争，以及两公司彼此间的竞争，据说几乎使它们全归毁灭。1730年，有人向议会提议，主张把印度贸易置于一个合组公司管辖之下，使其相当开放。这个建议，东印度公司极力反对；他们以非常激烈的词句，陈述那时候上述竞争所演成的可悲结果。他们说，上述竞争，使印度土货价格，高到不值采购，而在英国市场，该货物价格，又因存货过多，跌到无利可获。可是，供给丰足，英国市场上印货会大跌特跌，使一般大众获得廉价购物的利益，这一点是无可置疑的。至于说求购者多，印度市上土货会大涨特涨，却不尽可信。由竞争促起的非常需求，在印度的贸易大洋中，不过涓涓一滴而已。况且，需求增加，起初或许会提高价格，但终必引起价格的跌落。因为购买的竞争，会奖励生产，会增大生产者间的竞争。各生产者为使自己的产品，能以比他人产品为低的价格出售，会实行在其他情况下连想也没去想的新的分工和新的技术改良。该公司诉说的悲惨结果，即消费的便宜和对生产的奖励，正是政治经济学所要促进的结果。但是，他们垂泣而诉说的竞争，毕竟没有继续好久。1702年，这两个公司通过三方协约（其中一方是女王）在某种程度上合并起来。1708年，又依据议会法案，完全合为一体，而成为今日所谓东印度贸易商人联合公司。该法案又附一条款，规定各独立私人贸易者，得继续营业到1711年米迦勒节为止。同时授权该公司董事对这些独立私人贸易者发出通知，以三年为期，收买其七千二百镑的小资本，从而把该公司的全部资本变为共同资本。此外，该法案还规定：该公司的资本，由于对政府的新贷款得由二百万镑增加至三百万镑。1743年，该公司又贷与政府一百万镑，不过，这项借款非来自股东，而是由公司发行公司债得来，所以未增加股东得以要求分红的资本。但这一百万镑，对公司营业上的亏损和债务，与其他三百万镑同，也负担责任，所以，总算是增加了公司的贸易资本。自1708年，或者至少自1711年以来，该公司由于摆脱了一切竞争者，完全掌握英国在东印度的独占贸易。贸易经营很得手，股东逐年都由利润分有适度的红利。在1741年爆发的对法战争中，庞迪彻里地方的法国总督杜不勒，别具野心，以致东印度公司卷入战涡和印度土王的政争中。经过无数次显著的成功及无数次显著的失败后，该公司竟把那时它在印度的主要殖民地马德拉斯丢掉了。嗣后，亚琛条约成立，马德拉斯复归于该公司。这时，该公司派在印度的人员，似充满了战斗及征服精神；后来，从未放弃这精神。在1755年爆发的法兰西战争中，英国的兵力，在欧洲迭获胜利。该公司的兵力，在印度亦交好运，捍御马德拉斯，占领庞迪彻里，收复加尔各答，并获得一个富裕而广大的领土的收入。这收入在当时，据说，每年有三百万镑以上。该公司安然享有这收入好几年。但1767年，政府以该公司占领的领土及其收入属于国王的权利而提出要求，公司于是同意此后每年偿付政府四十万镑，作为这权利的报酬。在这时以前，公司分派的红利，已逐渐由百分之六增至百分之十。就全资本三百二十万镑计算，红利已增加了十二万八千镑，换言之，每年红利额，已由十九万二千镑增加至三十二万镑。但这时候，公司又企图把红利进一步增至百分之十二点五。这如果实行，公司每年分派给股东的金额，就要等于每年提供政府的金额，即四十万镑。可是，当公司与政府所订协定就要实施的那两年中，议会相继制定的两法案不许红利再有增加。这些法案的目的，在使公司方面加速偿还其所负债务。该公司当时的债务，已达六七百万镑了。1769 年，公司与政府所订协约，议定延期五年，并约定在这五年中，公司得逐渐把红利增加至百分之十二点五，但一年之中至多只许增加百分之一。这样，红利增加到极限时，亦不过使公司每年付给股东及政府的金额，两者合计加多六十万八千镑。前面说过，公司最近占领地的总收入，每年计有三百余万镑。依 1768 年东印度贸易船克鲁登敦号提出的报告，除去军事维持费及其他费用，纯收入亦达二百零四万八千七百四十七镑。此外，公司方面据说还有其他收入，那收入一部分出自土地，而大部分则出自殖民地所设的海关，其总额亦不下四十三万九千镑。至于当时公司的营业利润，据公司董事长在下院的证言，每年至少有四十万镑；据公司会计的证言，每年至少有五十万镑；不论怎样，再少也会等于每年分给股东的最高红利额吧。有这么大的收入，公司应当有能力每年增付六十万八千镑，同时并提供一项减债基金，以备急速偿还债务。然至 1773 年，公司债务不但未见减少，却反形增大。未完的国赋达四十万镑；未缴的关税，欠英格兰银行的借款，由印度方面向其开出而经其鲁莽地承兑的待付的汇票，这三者共达一百二十余万镑。这些债务所引起的困难，使公司不得已一下子减低股息至百分之六，此外更乞怜政府，请其第一，豁免年纳四十万镑的成约；第二，贷款一百四十万镑，以救立刻破产的危急。拓殖领地哪，增加岁入哪，该公司的财产是增大了，但财产愈大，对于公司人员，就似乎愈成为更大浪费的口实，并且愈好从中舞弊了。议会为要探知其真相，乃着手调查公司人员在印度的行动，以及公司在欧印两方面的一般业务状况。调查的结果，对公司管理机构的组织，国内也好，国外也好，都实行几种极关重要的变革。在印度方面，该公司的主要殖民地，如马德拉斯、孟买、加尔各答，以前相互独立，今则置于同一总督统治之下，辅佐总督的，有四名顾问组成的评议会。第一任总督及顾问，通由议会指派，常驻在加尔各答。加尔各答现成为英国在印度的最重要殖民地，与以前的马德拉斯同。加尔各答的裁判所，原为审理该市及其附近地方的商业上案件而设立，后因帝国版图扩大，其司法管辖权亦随之扩大。此次变革，缩小该裁判所的权限，使还其本来面目，而新设一最高法院代替它，由国王任命审判长一人及审判官三人组成。关于欧洲方面，以前股东出股五百镑，即该公司每股的原来价格，就有权在股东会投票。现在限定，必须出股一千镑，才有这资格。此外，凭这资格取得的投票权，如股票非由承继而由自己购买得来，以前只需在购买后六个月就能行使，现在这个期限已延长至一年。还有，以前公司的二十四名董事，每年改选一次，现在也改变了，每个董事四年改选一次，但在二十四名董事中，每年有六个旧董事出去，有六个新董事进来，出去的董事，不能再选为次年的新董事。有了这些改革，料想股东会及董事会应能较郑重地、稳健地执行任务，不再像从前那样疏忽随便。然而，无论怎样变革，要使他们这般人好好注意促进印度的繁荣，哪能做到呢。他们大多数人的利益，与印度的利益，简直漠不相关。在一切方面，他们不但不配统治一个大帝国，而且连参加这种统治也不配。有大财产的人，有时甚至小有产的人，往往只因为要取得股东大会的投票权，才购买一千镑的东印度公司股票。有了这投票权，纵不能自己参加印度的掠夺，也可参加印度掠夺者的任命。这任命权力，固然是操于董事会，但董事会本身，多少不免要受股东势力左右：股东不但选举董事，而且有时否决董事会关于派驻印度人员的任命。假若一个股东能享有这权力几年，因而可在公司方面安插若干故旧，那他慢说对股息不大注意，恐怕连对他投票权所根据的股份的价值也是满不在乎的，至于那投票权所给予他权力来参加统治的大帝国的繁荣，他哪里会放在心上呢。不论怎样的君王，按照事物的本性揣度起来，对于被统治者的幸福或悲惨，对于领土的改进或荒废，对于政府的荣誉或耻辱，总不会像这个商业公司的大部分股东这样漠不关心吧。议会依据调查结果，制定种种新规，但这些法规与其说减少了这漠不关心的程度，倒不如说增大了这漠不关心的程度。例如，下院决议案宣称：当公司把所欠政府债务一百四十万镑还清，所欠私人债务减至一百五十万镑时，到那时，也只有到那时，得对股本分派八厘股息；此外，该公司留在本国的收入及纯利，当分作四部分，就中三部分交入国库，充当国家用途，其余一部分，则留作偿还债务及供应公司不时急需的基金。但是，在全部纯收入和利润都归自己所有，得由自己自由支配的时候，公司还是弊窦丛生，颟顸不治；今分去其四分之三的纯收入和利润，更把所保留的四分之一部分置于他人监督之下，须得他人许可方准动用，那要公司事务财政较前改进，怎能做到呢。

就公司方面说，分派八厘股息后，与其依下院决议案规定，把一切余剩部分，交给声气不相投的一群人手中，倒不如让公司的雇用人员和隶属人员随便滥用了，任意侵吞了，还比较痛快。此外，公司雇用人员和隶属人员可能在股东会里占那么大的势力，以致股东有时竟对贪污舞弊直接违犯自己权益的人，反加援手。就大部分股东说，他们有时甚且把拥护自己权益这件事，看得较轻，把拥护侵犯这权益的人的事体，看得较重。

因此，1773 年的规定，不能澄清东印度公司统治的混乱局面。有一次，公司因一时措施得当，在加尔各答金库中，积存了三百多万镑。可是，尽管以后它的支配或掠夺范围，更加扩大，伸到印度好几个最富裕、最肥沃的地区，但它所获的一切，都是照旧滥费了，葬送了完事。到海德·阿利侵入，公司发觉完全没有准备，无法阻止与抵抗。由于这些混乱，今日（1784 年）公司已陷于前此未有的困境。为救济当前破产危难，又迫而向政府恳求援助。关于改善该公司业务经营，议会中各党派提出种种计划。这些计划，似都同意一点，即该公司不配统治它所占有的领地。这实是一向就非常明了的事实。就连该公司自身，也认为无统治能力，因而想把领地让给政府。

在僻远而野蛮的国境里面拥有设置要塞和守备队的权利，必然与当地宣战媾和的权利分不开的。拥有前一权利的股份公司，曾不断行使后一权利，且常常要求把后一权利明白地给予它们。它们行使这种权利怎样不得当，怎样随便，怎样残酷，从最近的经验，我们知道得再清楚没有了。

一批商人自出费用，自冒危险，在野蛮异域树立新的贸易，政府许其组成股份公司，并于经营得手时，给以若干年的独占权利，那是没有什么不合理的。实在说，政府要报酬这种冒险费财而且异日会造福大众的尝试，也只有这是最容易、最自然的方法。像这样一种暂时的独占权利，和给予新机器发明者对这机器的专利权，给予新著述的著作者对该著述的出版权，可依同一原理加以辩护。不过，限定的时期既满，独占是应当取消的。如果堡戍仍有维持必要，自应移归政府，由政府偿以相当代价，而当地贸易，则让全国人民自由经营。设公司长久独占，其结果将无异于对全国其他人民加以不合理的负担。这负担有二种。第一，听人民自由贸易，有关货物的价格必廉，行使独占，这些货物的价格必贵。第二，对大多数人民可能是便于经营、利于经营的一种事业，现在人民弄得不能染指。他们受这负担，乃是为着最不足道的目的，即不过使某公司能维持其怠慢、浪费，乃至侵吞公款的雇员罢了。由于这些人员的胡为乱搞，公司分派的股息，很少超过其他自由事业的普通利润率，且往往落在这普通利润率以下很多。吾人就往事推断，股份公司如未取得独占权利，恐怕是无法长久经营任何国外贸易的。在一个地方购入货物，运往另一地方出售图利，而在这两地方都有许多竞争者，这样就不但需要时刻留心注意需求情况的偶然变动，而且需要时刻留心注意竞争情况或需求所从满足的供给情况的大得多、频繁得多的变动；运用巧妙的手腕和正确的判断力，使各色货物的数量，都能适应需求、供给和竞争各方面的变动情况，这是俨然从事一种不断变化着的战争，非不断注意着警惕着，就无胜利希望，然而股份公司的董事先生们，我们那能期望其有这种持久力呢。所以，东印度公司，当债款既已偿却，专营特权亦取消时，议会虽制定法案，许其仍以股份公司资格，在东印度与其他商人共同竞争，但在这种情形下，私人冒险者的警惕与注意，十之八九会不旋踵间就使公司卷于从事印度的贸易。

莫雷勒修道院院长为法国有名著作家，对经济学很有研究。他曾列举 1600 年以后，在欧洲各地设立的国外贸易股份公司，一共有五十五家；据他说这些公司都取得有专营特权，但都因管理失当，全归失败。他举出的这五十五家，就中有两三家不是股份公司，而且未遭失败，被他弄错了。可是还有几个失败了的股份公司，他没有列出。

一个股份公司没有取得专营特权而能经营成功的贸易，似乎只有这种性质的贸易，即所有营业活动，都可简化为常规，或者说，方法千篇一律，很少变化或毫无变化。这类事业，计有四种：第一，银行业；第二，水火兵灾保险业；第三，建修通航河道或运河；第四，贮引清水，以供城市。

银行业的原理，虽不免几分深奥，但其实际业务，却可一一定为成规，以资遵守。设贪图眼前厚利，大胆投机，置成规于不顾，总是极其危险，而且往往陷银行于无可挽救的境地。但是，以股份公司与私人合伙公司比较，前者实比后者更能遵守成规。因此，股份公司就似乎很适于银行的营业，无怪欧洲主要银行，都是股份公司的性质。在这些公司当中，有许多并未取得专营特权，而其经营却非常兴旺。英格兰银行，亦全无特权可言，有之，唯议会限定其他银行的组成，股东不得过六人以上。爱丁堡两银行全为股份公司，并无任何独占权利。

由火灾水灾乃至战祸发生的危险，其价值虽不能很正确地计算出来，但可大概地估计出来，使得能够在某种程度上订出严密规则和一定方法。所以，没有特权的股份公司，有可能顺利地经营保险业；如伦敦保险公司，如皇家贸易保险公司，都是没有取得何等特权的。

通航河道或运河一度修造成功了，其管理即非常简单容易，可定出严密的规则与方法，甚至进行修造河道也是如此。修一里价多少，建一闸价多少，都可与承包人订立合同规定。他如修造那引导清水供给城市的运河、水槽或大水管，也可作如此说法。这些事业由股份公司出来经营，即使未取得特权，亦可大获其利，而实际也往往如此。

但是，设立股份公司，只因为这样能经营成功，或者说，让一群特定商人享受其邻人享受不到的权利，只因为这样他们能够繁荣，那是绝对不合理的。要使股份公司设立完全合理化，必其事业的经营，可以定出严密规则及方法，同时还附有其他两个条件：第一，那种事业的效用，必显然比大部分的一般商业更大和更普及。第二，其所需资本，必大于私人合伙公司所能筹集的数额。凡以不很大资本即能举办的事业，纵使其效用特大，亦不能成为设立股份公司的充分理由。因为，在这场合，对于那种企业所产出的东西的需要，可很容易由私人企业者出来供给。就上述四种事业说，这两个条件都同时具备。

银行业管理妥当，其效用既大且周，本书第二篇已详细说明了。但如果一家公共银行的设立，其目的在于维持国家信用，即当国家有特别急需时，对政府垫付某一税收全部，其数也许达数百万镑，而该税收又须一两年后才能收入，这种银行所需资本，当不是私人合伙公司所筹集得来的。

保险业能予个人财产以很大的保障。一种损失本来会使个人趋于没落的，但有了保险业，他这损失就可分配给许多人，叫全社会分担起来毫不费力。不过，保险业者要想与他人以保障，他自己就必须有很大的一宗资本。伦敦两保险股份公司设立以前，据说，检察长处有一名单，开列一百五十个私人保险业者的姓名，他们全都开业不到几年就失败了。

通航水道、运河以及供给城市自来水的各种必要工事，很明显的，不仅有很大、很普遍的效用，同时，其所需巨大费用，亦常非个人财力所及。

总之，股份公司的设立，必具上述三个条件，才可算为合理。具有这三个条件的事业，我除上述四者外，再也不能想出其他的来。就说伦敦的英国制铜公司、熔铅公司以及玻璃公司吧。言其效用，并不见得怎样大，怎样特别，言其费用，也并不是许多个人的财力难以举办。至于这些公司所经营的业务，是否能定出严密法则及方法，使其适于由股份公司管理，以及它们是否有它们自己所夸称的可获厚利的理由，那在我却不敢佯言知道。矿山企业公司早就破产了。爱丁堡英国麻布公司的股票，近来虽没有从前低落得那么厉害，但较其票面价格，却是相差太远。我们更说其他基于爱国心即为着促进国家某特殊制造业而设立的股份公司吧；这种公司往往因为经营失当，以致减少社会总资本，而在其他各点上，同样是利少害多。它们董事的意图即使非常正直，但他们对某些特定制造业的不可避免的偏爱(这些制造业的当事人蒙蔽他们、欺骗他们)必定会妨害其他制造业,必定会使在其他情况下必会存在的适当产业与利润间的自然比例,多少受到破坏,而这自然比例,乃是一国一般产业的最大而最有效的奖励。

第二项　论青年教育设施的费用

由本身收入开支本身费用的事业,并不限于前述道路运河等等;对于青年教育的设施亦是如此。生徒付给教师的学金或谢礼,自然构成这一类的收入。

即使教师的报酬,不全取自这自然收入,那也不一定就要由社会的一般收入来开支;在许多国家,行政当局操这收入的征集和运用之权。就大部分欧洲说,普通学校及专门大学的基金,并不仰给社会一般收入,就是有的话,其数目亦极其有限。教育经费到处都是主要来自地方收入,来自某项地产的租金,或来自指定专作这项用途的专款的利息。这专款或由君主自己拨给,或由私人捐助,交由保管人管理。

这些捐赠财产,曾对教育设施的促进有所贡献么?曾激励教师的勤勉,增进教师的能力么?曾改变教育的自然过程,使其转向对个人对社会双方都较有用的目标么?对于这种种问题,只作大概的答复,我想是不会怎样困难的。

不论在哪种职业,操这职业的大部分人所作努力的大小,总是与他们不得不作这努力的必要性的大小相称。这种必要性,因人的境况而不同。一个人的职业报酬,如果是他所期望的财产或甚至是他的普通收入及生活资料的唯一源泉，那这必要性对他就最大。他为取得这财产或甚至为糊口，一年中必须作一定量有一定价值的工作。如果竞争是自由的，各人相互排挤，那么相互的竞争，便会迫使每人都努力把自己的工作弄得相当正确。当然罗，在某些职业，只有成功才可获得伟大目标，这个情况，有时会诱使一些意志坚强雄心远大的人去作努力。但是，最大的努力，却明明用不着大目标来敦促。哪怕是卑不足道的职业吧，竞争和比赛，亦可使胜过他人成为野心的目标。竞争和比赛往往引起最大的努力。反之，单有大目的而没有促其实现的必要，很少足够激起任何巨大的努力。在英国，精通法律，能使人到达许多极大野心的目标，但生长于富贵家庭的人，在这种职业上露其头角的，究竟有几个呢？

一个普通学校或专门学校如果有了一宗捐助的基金，教师勉励的必要，就必然要减少若干。教师的生计，要是按月由一定的薪俸维持，那就明明仰给于与其教学成绩和名望毫不相关的基金。

有些大学，教师的薪俸，仅占其报酬的一部分，往往为极小的一部分，其余大部分，则出自学生的谢礼或学费。在这场合，教师孜孜教诲的必要，虽不免减少一些，但却不会完全消失。教学的名望还是重要的。此外，他还得关心学生对于他的敬爱、感谢及好评，而博得这种种好感，除了做得配受这些好感而无愧外，别无其他方法，就是说，除了尽自己的能力和勤勉履行各项任务外，再也没有其他方法。

在其他大学，教师被禁止领受学生的谢礼或学费，而他的薪俸，就是他由这种职务取得的全部收入。在这场合，教师的义务与利益，立于尽可能对立的地位了。每一个人的利益，在于能过着尽可能做到的安逸生活。如果对于某种非常吃力的义务，无论他履行与否，其报酬完全一样，那他的利益至少是通俗意义上的利益，就是全然不去履行义务。设或这时有某种权力，不许他放弃职务，那他就会在那种权力容许的范围内，尽量敷衍了事。如果他生性活泼，喜欢劳动，那他与其把活动力使用在无利可图的职务上，不如找点有利可图的事做。

教师应当服从的权力，如掌握在法人团体即专门学校或大学的手，而他自己又为这学校或法人团体中的一员，其他成员大部分亦同为教师或可为教师者，那么这些教师们，彼此间就会宽大为怀；各个人以容许自己疏忽义务为条件，而宽宥同辈疏忽其义务。他们会把这样做看作共同的利益。最近许多年来，牛津大学一大部分教授，简直连表面上装作教师，也不装了。

如果教师们服从的权力，不掌握在他们自己所属的法人团体之手，而掌握在外部的人物如主教、州长或阁员之手，那么，他们想全然忽略其义务，就不大做得通。不过，这些大人先生能够强制教师尽其义务的，也只是使他们上一定时间的课，或者在一周或一年内，作一定次数的演讲。至于演讲的内容如何，那依然要看教师的勤勉，而教师的勤勉，又视其所以要努力的动机的强弱为转移。况且，这种外部来的监督，动辄流于无知和反复无常，其性质往往是任意的、专断的。行使监督的人，既未亲自登堂听讲，又不一定理解教师所教的学科，求其能精明地行使这监督，那是很难得的。加之，这种职务所产生的傲慢，往往使他们不留意怎样行使其职权，使他们没有正当理由地、任性地谴责教师，或开除教师。这一来，必然要减低教师的品格，教师原来是社会上最受尊敬的人，现在却成为最卑贱、最可轻侮的人了。为要避免这随时可以发作的不好待遇，他就非仰仗有力的保护不为功，而获得这保护的最妥方法，并不是执行职务能力或勤勉，而是曲承监督者意志的阿谀，不论何时，准备为这种意志而牺牲他所在团体的权利、利益及名誉。谁要是在一个相当长的期间，注意法国大学的管理，定可看到，像这种专横的外加的监督，自然会生出什么结果。

如果有什么事情，要一定人数的学生进入某专门学校或大学，而不论教师的学问如何、名望如何，那么，教师学问好名望高的必要，就不免因此而减少一些。

艺术、法律、医学、神学各科毕业生的特权，如果只要在某些大学住满一定年限就能获得，那必然要使一定数量学生，去住这些大学，不管教师学问如何、名望如何。毕业生的特权，也算是一种徒弟制度。正如其他徒弟制度有助于技术上及制造上的改良，这种徒弟制度，同样有助于教育上的改良。

研究费、奖学金、贫学津贴那一类的慈善基金，必然会使一定数量学生，贸然到某些大学学习，而不问其名誉如何。仰赖这慈善基金的学生，如能自由选择其最喜欢的大学，这种自由，说不定会惹起各大学间一定程度的竞争。反之，如果规定连各大学自费生，不得本学校许可，也禁止转入他校，那么，各学校间的竞争，就十之八九要消灭了。

如果各学院以科学艺术传授学生的导师或教师，不由学生自由选择，而由校长指派；如果教师怠慢、无能或无行，学生未经申请许可，不得由甲教师改换乙教师，这种规定，不但会使同一学校内各导师各教师间的竞争，大大减少，而且会使他们全体勤勉任教以及注意各自学生学习情况的必要性，也大大减少。像这类的教师，纵使领受了学生非常优厚的报酬，也会像那些全未受学生报酬或除薪俸以外毫无其他报酬的教师那样，怠于职守，荒误学生。

如果教师是一个有理性的人，当他自己意识到，他向学生讲的，都是一些无意义或近似无意义的话，他一定会感到不快。此外，当他看到学生大部分对于他的授课，不来听讲，或来听讲而明显地表示轻蔑、嘲弄态度，他也一定会感到不快。因此，如果他必须作一定次数的演讲，纵无其他利益，他亦必为了这些心理，而苦苦耐耐地求其相当完善。不过，他可能采用几种取巧的办法，这些办法会有力地削弱这一切激励勤勉的动机。他有时可对所教的学科，不自加说明，而把关于那种学科的书籍拿来讲读；如果那种书籍是用死的外国语写成的，他就用本国语向学生译述；而更不费力的方法，就是叫学生解释，自己听着，间或加插几句话进去，这样，便可自吹地说他是在讲授了。这种轻而易举的事，只要极有限的知识和勤勉就够了，既不致当面遭到轻蔑或嘲弄，也可避免讲出真正迂愚、无意义乃至可笑的话。同时，还有学校的规则，可使教师强制学生全部规规矩矩地经常到堂，并在他讲授的全部时间中，维持一种最有礼貌的、最虔敬的态度。

专门学校及大学的校规，大体上不是为了学生的利益，而是为了教师的利益，更恰当地说是为教师的安逸而设计出来的。在一切场合，校规的目的，总在维持教师的权威。不论教师是疏忽其职务，或是履行其职务，学生总得对教师保持虔敬的态度，好像教师在履行职务上已尽了最大的勤勉和能力那样。这似乎是根据这一前提，即教师有完全的智慧和德行，而学生则是大愚，而且有最大的弱点。但教师果真履行了他们的职务，大多数学生是绝不会疏忽他们自己的义务的，我相信从来没发生过和这相反的事例。讲授果真值得学生到堂倾听，无论何时举行，学生自会上堂，用不着校规强制。对于小儿，对于极年轻的孩童，为要使他们获得这幼年时代必须取得的教育，在某种程度确有强制干涉之必要。但学生一到了十二三岁以后，只要教师履行其职务，无论哪一部分的教育，都不必要加以强制干涉。大多数青年人都是非常宽大的。只要教师表示自己要竭力使他们得点益处，那就慢说疏忽轻蔑教师的教导，就连教师在履行职务上有很多的过误，他们也会原谅的。有时，他们甚至会当着大众隐蔽教师很多的怠慢。

未有公立机构的那一部分教育，大抵教得最好，这是值得注意的。青年进击剑学校或舞蹈学校，固然未必都学得很精，但没有不学会如何舞剑、如何跳舞。马术学校的好结果，通常没有如此显著，这就因为马术学校费用浩繁，在大多数地方都是由公家办理的。文科教育中最重要的有三部分，即诵读、书写和算术。迄今学习这三者，进私立学校的还比进公立学校的普遍。但学习者却都能够学得所必要学得的程度，学习失败了的，几乎没有一个。

就英国说，公共学校固不免腐败，但和大学相比，却要好多了。在公共学校，青年学到或至少可能学到希腊语和拉丁语。即是说，教师所声明要教的功课或教师应该教的功课，实际都会教给青年。但在大学，青年既没学到这些法人团体所应该教给他们的科学，亦找不到学习这些科学的适当手段。公共学校教师的报酬，在许多场合，有一大部分，而在某种特殊场合，几乎全部都是出自学生的谢礼或学费。这种学校是没有何等排他特权的。一个人要取得毕业学位，并无须缴纳在公共学校学过一定年限的证书。如果在考试时候，他显出已经了解公共学校所教的东西，那就不问他是在什么学校学这东西。

我们可以说，普通归大学教授的那部分功课，都没有教得很好。但是没有这些大学，这部分的功课恐怕就完全教不成，而就个人说，就社会说，又不免要痛感到教育上缺乏了这个重要的部分。

现在欧洲各大学，一大部分原是为教育僧侣而设立的宗教团体，创办者为罗马教皇。在创建之初，学校中所有的教师和学生，都完全置于教皇直接保护之下，而拥有当时所谓僧侣特权。有了这特权，他们就只服从宗教法庭，而不受大学所在国民事法庭的约束。在这种学校里面所教的，当然要适合于其设立的目的，所以一大部分课程，如不是神学，就是单为学习神学而预备的学问。

当基督教初由法律认为国教时，转讹的拉丁语，简直成了西欧全部的普通语。因此，教堂中举行礼拜，教堂中诵读的圣经译文，全用这转讹的拉丁语，也就是说，用教堂所在国的普通语。自颠覆罗马帝国的野蛮民族侵入后，拉丁语逐渐在欧洲各地不大通行了。但是，最初导入宗教形式和仪节并使其合理化的环境，虽早经改变，而人民的虔敬，却自然把这些既定的宗教形式和仪节保存下来。因此，拉丁语虽然在各地没有多少人了解，教会举行礼拜，却依旧使用这种语言。于是，有如在古代埃及一样，在欧洲，行使着两种不同的语言，即僧侣的语言和人民的语言，神圣者的语言和凡俗人的语言，有学问者的语言和无学问者的语言。僧侣在执行祭务当中，既必须知道几分这神圣的、有学问的语言，所以拉丁语自始就成了大学教育的一个重要部分。

至于希腊语和希伯来语的情况，却不是这样。所谓绝无错误的教会布告，曾宣称以拉丁语译成的圣经，即普通称为拉丁语圣经，与希腊语及希伯来语的原书，同为神的灵感所口授，因而，有同等的权威。这一来，希腊语和希伯来语的知识，对于僧侣就非必不可少的了。于是，这两种语言的研究，很久未成为大学普通课程的必要部分。我敢断定：西班牙的若干大学，从未把研究希腊语，作为普通课程。最初的宗教改革者们，发现新约全书的希腊语原书，甚至旧约全书的希伯来语原书，比拉丁语圣经对他们的主张更有利。不难设想，拉丁语的圣经译文，已逐渐形成了适合于支持天主教教会的东西。于是，他们开始暴露拉丁译文的许多谬误，而罗马天主教的僧侣们，则迫而出来辩护或说明。但是，辩护也好，说明也好，对于希腊和希伯来语没有若干知识，一定行不通，所以关于这两者的研究，逐渐被拥护宗教改革教理和反对宗教改革教理的多数大学列入学校课程中了。希腊语的研究，与各种古典的研究是有密切关系的。搞古典研究的，虽然最初主要只是天主教教徒及意大利人，但到宗教着手改革教理的那个时候，这就成为时尚了。因此，在多数大学中，在修哲学前，要先修希腊语，学生学习了若干拉丁语后就读希腊语。至于希伯来语，则因与古典研究无何等关系，除圣经外，再也没有一部用希伯来文写成的有价值的书籍。所以，这种文字的研究，总是在哲学研究了之后，当学生进行研究神学时才开始教授。

最初，各大学的课程中，只要求有希腊语拉丁语初步知识。直到现在，有的大学还是如此。另外一些大学则认为，学生对这两种语言，至少两者之一，该有初步知识，所期在于继续研究。关于这进一步的研究,目下已成了各地大学教育中极重要的一部分。

古代希腊哲学,分有三个部门,即物理学或自然哲学、伦理学或道德哲学及论理学。这样的区分,似乎完全合理。

自然的伟大现象,天体的运行,日蚀月蚀,彗星,雷电及其他异常的天文现象;植物动物的发生、生活、成长及死灭等等,必然会刺激人类的惊异心,所以自然会唤起人类的好奇心,促使他们探究其原因。最初,迷信企图把这一切惊异的现象,归因于神的直接动作,借以满足这种好奇心。往后,哲学努力根据比神的动作更为习见、更为人类所易知的原因去说明它们。这些伟大现象,因为它是人类好奇心的最初对象,所以说明此伟大现象的科学,自然在哲学中成为最初开拓的部门。历史上留有若干记录的最早哲学家,似乎就是一些自然哲学家。

不论在哪个时代和哪个国家,人们总会相互注意性格、意向及行动,总会共同同意,规定并确认关于人们生活行动的许多高尚规则及准则。到了写作流行,许多聪明人或自作聪明的人,就自然要努力来增加这些既经确立和受人敬重的准则并表示他们自己对于某种行为为正当、某种行为为不正当的意见。他们的做法,有时是采用比较虚假的寓言形式,如所谓《伊索寓言》;有时又采用比较单纯的箴言形式,如《所罗门金言》,提西奥尼斯及弗西里迪斯的诗,以及希西奥德某一部分作品等。他们在一个长期内,一味是这样增加智慧及道德的准则,而从未企图按一种极明确、很有组织的次序,把它们整理起来。至于使用一个或几个可从而推断它们的原则,有如从自然的原因推断其结果那样,把它们联结综合起来,那就更谈不到。把各种不同的观察,用若干普通原则联结起来,成为一个有系统的整列，这种优异的做法，最初出现在自然哲学方面的若干古代简浅论文中。往后，与此相类似的事情，亦渐在道德方面出现。日常生活的各准则，像在自然现象的研究一样，也按某种有组织的次序整理起来了，并且也用少数共同原理联结综合起来了。研究并说明这些起联结作用的原则的科学，称为道德哲学。

各不同作家，给予自然哲学及道德哲学以各种不同的体系。但是支持他们那些体系的议论，往往全无根据，至多不过是极其无力的盖然论罢了。有时，他们的议论，不过是诡辩，除不正确的、暧昧的日常说法外，没有其他根据。不论在何时代，思辨体系的采用，都只是关于琐细得不能对有常识的人的意见起决定性作用的推论，也就是关于没有什么金钱上利害的事情。诡辩对于人类意见，除关于哲学及思辨方面的事件外，几乎没有何等影响，可是对哲学及思辨方面的意见，它的影响往往最大。各自然哲学体系及道德哲学体系的拥护者，自然要努力暴露异己者议论上的弱点。在他们相互讨论异己者的议论当中，必然会想到盖然的议论和论证的议论的差异，似是而非的议论和决定性的议论的差异；由这精审严核引起的种种观察，必然会产生一种科学，讨论正确的和错误的推论的一般原理，这科学就是论理学。就其起源说，论理学是较迟于物理学及伦理学的，但在古代大部分——虽非全部——哲学学校中，论理学通常总是先于其他二者的教授。那时候似有这种想法，要使学生在物理伦理这种非常重要的主题上从事推论，当然不能不预先教他们如何理解正确推论和谬误推论的差异。

古代哲学分作三部分，而在欧洲大部分大学中则改变过来，分作五部分。

在古代哲学中，凡关于人类精神或神的性质的教示，通通是物理学体系的一部分。至于这精神或神的本质，不论由什么构成，都是属于宇宙大体系的部分，也就是能产生许多最重要的结果的部分。人类理智关于这两部分所能论断、所能推测出来的一切，似乎成为说明宇宙大体系如何起源、如何运行的科学的两章——无疑是极关重要的两章。但在欧洲各大学中，哲学只作为神学的附属部分教授，所以对于这两章，自然要比哲学的其他部分教得详细些。这两章逐渐地大大扩充起来，更细分为许多的章节，结果，在哲学体系中，为我们得知极少的精神学说，就与我们得知极多的物体学说占有同样长的篇幅。于是，这两个学说，被视为判然各别的两种科学。所谓形而上学或精神学，因此被放在与物理学相对立的地位，它在这两种科学之中，不但被看作比较崇高的科学，而且就某一特定职业说，被看作比较有用的科学。在这种情况下，恰合于实验及观察的主题，也就是在那上面小心注意便可引出极多有用的发现的主题，几乎全没有人留意了。反之，与这正相对立的主题，即除少许极其简单及几乎是一见就明白的真理外，任凭怎么注意也只能发现暧昧的、不确定的东西，而因此只能产出狡智和诡辩的那种主题，却大被人研究着。

当上述两种科学这样被放在相对立的地位时，两者间的比较和对照，自然会生出第三种科学，即所谓本体学，或讨论其他二种科学的主题的共同特质及属性的科学。但是，假若各学派的形而上学或精神学，有大部分是狡智与诡辩，那本体学这种无聊的科学——有时亦称为形而上学——就全部是狡智与诡辩。

不仅被视为个人，而且视为一个家族、国家乃至人类社会的一员的人，其幸福与至善何在？古代道德哲学的目的，就是企图研究这个。在古代道德哲学，人生的各种义务，都被视为是为了人生的幸福与至善。但是，当教授道德哲学和自然哲学单是为了神学的时候，人生的各义务，却被视为主要是为了来生的幸福。在古代哲学，德行的尽善尽美，被认为必然会使有这德行的人今生享到最完全的幸福。而近代哲学的观点，却认为尽善尽美的德行，往往或几乎总是与今生幸福有矛盾。天国只有由忏悔、禁欲或者修道僧的苦行和自卑才可跨进；一个人单凭慷慨、宽大、活泼的行动，是不能进入天国的。良心学及禁欲道德，简直占了各学校道德哲学的大部分，而哲学一切部门中最重要的部分，就这样成了其中最被曲解的部分了。

因此，欧洲有一大部分大学的哲学教育，就是依着以下程序：第一，教论理学；第二，教本体学；第三，教那讨论人类灵魂和神的性质的精神学；第四，教一种变质的道德哲学，即被认为与精神学说、人类灵魂不灭学说以及由神的裁判而在来生予以赏罚的学说直接发生关联的学问；最后，通常教以简单粗浅的物理学，以结束全部课程。

欧洲各大学对古代哲学课程内容所作的修改，通通是以僧侣教育为目的，使哲学成为神学研究的比较适当的入门。但其所增添的狡智与诡辩，以及由这修改而导入的良心学与禁欲道德，无疑没使哲学更适宜于绅士或一般世人的教育，或者说，对于他们悟性的发达或感情的改善，并不见得更有作用。

在今日欧洲一大部分大学中，这种哲学课程，依然由教师在或大或小程度上教授着，看各大学的组织使教师在这方面勤勉的必要性的大小以为定。在那些最富裕、有最多捐赠基金的大学，导师们往往以教授这变质的课程的零篇断片为满足，而且，即对这零篇断片，一般还是教得非常马虎肤浅。

近代关于哲学若干部门的改善，虽无疑有若干部分已在大学中实行，但还有一大部分未在大学中实行。大多数大学虽然作了这些改善，然不肯赶快地加以采用。那些被推翻的体系和陈腐的偏见，虽然已经为世界各地所不容，而若干这些学术团体，仍在一段很长时间中，愿意充当它们的避难所；它们隐藏在那里，并得到保护。大概最富裕、有最多捐赠基金的大学，采用这些改善最迟，也最不愿意对行之已久的教育计划，作任何显著的变动。比较贫困的大学，教师们衣食的大部分都依存于自己的名声，他们不得不更加注意世界时代的思潮，因此，在这些大学中，改善的采行，显得比较容易。

但是，欧洲公共学校及大学，虽然其设立原是仅为某种特定职业而实施的教育，即僧侣职业的教育，虽然它们对于这种职业认为必要的科学，也并没有十分用心地教授学生；但它们却逐渐把几乎一切人民的教育，特别是绅士及有钱人家子女的教育，吸引到它们这边来。在人的幼年时期及认真地着手事务，即在其余生中经营事务那个时期之间，介有一个很长期间。这期间的有利的消费，在当时似乎没有比进大学还好的方法。然而各公共学校各大学所教授的大部分东西，对于学生后来经营的事务，却并不是最适当的准备。

在英国，青年人刚在学校卒业，不把他送入大学，却把他送往外国游学，这件事已经一天一天成了流行的风尚。据说，青年人游学归来，其智能都有很大的增进。一个由十七八岁出国至二十一岁归来的青年人，归国时比出国时大三四岁，在这年龄，在三四年之中，智能要是没有很大的发展，那才是怪事。他在游学中，一般获得一两种外国语知识。不过这种知识，很少足够使他说得流利，写得通顺。另一方面，他回国之后，一般变骄傲了，更随便，更放荡，更不能专心用功、勤奋做事。如果他不到外国，留在家中，在这短期之中，绝不会变得如此。这样年轻时的漫游，远离两亲及亲戚的督责、管理和控制，而把一生最宝贵的韶光消磨于极放荡无聊的生活，以前的教育在他内心形成的一切有用习惯，必然不但不能坚固确立，却反减弱了，或全行消失了。像这样全无意义的早期漫游的习尚，所以流行，不外乎社会对于各大学的不信任，而无其他原因。为人父亲者，不忍见到他的儿子在自己面前，无所事事地、漫不经意地堕落下去，所以不得已，暂时把他们送往外国。

近代教育上若干设施的结果，就正是这样。

在其他时代及国家间，似乎实行有各种各样的教育方法和教育设施。

就古代希腊各共和国说吧，当时各自由市民，通在国家官吏指导之下，学习体操及音乐。体操的用意，在于强健肉体，尖锐勇气，并养成堪耐战时疲劳和危险的能力。据一切记录，希腊的民兵，是世界过去最良民兵之一；所以，这一部分公家教育，无疑完全达到了它要企图达到的目的。至于其他一部分教育，即音乐教育，其用意是什么，至少据那些对这种设施留有记述给我们的哲学家及历史学家的意见，乃在于使人通人情，使人的性情柔和，并使人有履行社会生活及个人生活上一切社会义务、道德义务的倾向。

古代罗马有称为演武场的体操教练，那与希腊称为体育馆的体操教练，具有同一目的，并且也似同样收到了好的效果。但在罗马人间，没有与希腊的音乐教育相类似的东西，可是，罗马人的道德，无论在个人生活上，或在社会生活上，都不比希腊人差，而就整个说，且远较希腊人为优。罗马人在个人生活上优于希腊人的地方，曾由最通晓两国国情的著者坡里比阿及哈里卡纳萨的狄奥尼西阿两人予以证明。至于罗马人社会道德的优越，则可由希腊及罗马全史内容得到实证。党派间的争执，不发脾气，不走极端，这是自由民族社会道德上最关重要的事情。希腊人各党派，动不动就流为横暴，表演流血惨剧。反之，在罗马人，他们至格拉奇时代为止，却从未因党争而掀起流血事故。格拉奇时代以后，则罗马共和国实际上已算解体了。这样，不论柏拉图、亚里士多德及坡里比阿具有怎样值得尊重的权威，也不论孟德斯鸠支持此权威有怎样聪明的理由，似乎希腊人的音乐教育，对改善道德并未著成效。罗马人没有音乐教育，其道德总的来说且比希腊人为优。往时这些哲人对于其祖先所定制度的尊敬，说不定曾导使他们只从古代习俗中寻找政治的智慧，这习俗是由他们的太古社会一直继续流传下来，未曾中断地传到社会有显著文化的时期。音乐及舞蹈二者，是几乎一切野蛮民族的大娱乐，同时也是使他们各人适于款待友伴的大艺能。在今日非洲海岸的黑人中是如此，在古代居尔特人及斯堪的纳维亚人中是如此，而据荷马所说，在特洛伊战争以前的古代希腊人中亦是如此。当希腊各民族组织各小共和国的时候，此等艺能的研究，在一个长时期成为当时人民公共教育、普通教育之一部分，那是很自然的。

以音乐体操教授学生的教师们，在罗马，甚至在那法律、习俗为我们熟知的希腊共和国的雅典，似乎都不是由国家供给薪俸，不是由国家任命。为战时捍卫国家计，国家要求各自由市民受军事训练。但进行军训的教师，则让市民自己去寻求，国家除了备置一公共广场，作为市民教练操演的运动场所外，再也没有为此目的做一点什么。

在希腊罗马各共和国初期，除上述种种科目外，教育上其他科目，就是读、写及当时的算术。对于这些技能，富人往往在家庭内请家庭教师教授。而贫穷市民，一般到以教读为职业的教师所设的学校去学习，这些人大抵为奴隶，或由奴隶解放了的自由人。但是，不论在家庭学习，或往学校学习，教育的这一部分，都是由各个人的父母或保护者处置，国家不曾加以何等监督或指导。据索伦所制定的法律，为亲者如忽视其义务，不使子女习得有用的职业，则子女亦得免除其为亲养老的义务。

当文化进步，哲学修辞学成为流行科学的时候，社会上比较上流的人物，常为了学习这流行学术，而把子弟送往哲学家及修辞学家所设的学校。可是，对于这等学校，国家没给予支持，在一个长期内，国家只予以默认而已。很久很久，哲学及修辞学的需要是这么小，最初以此两者之一为专业的教师们，竟不能在任何一都市，找到恒久的工作，而不得不由一个地方跑到另一地方。埃利亚的曾诺、普罗塔哥拉斯、戈吉阿斯、希皮阿斯以及其他许多学者，都过着这种生活。后来需要增加，教授哲学及修辞学的学校，就由流动的变为固定的。雅典首开其端，接着其他若干城市，亦有同类学校的设立。可是，国家对于这种学校，除了有的拨给一特定场所作为校址外，再也不作进一步的奖励。这些学校的校址，有时也有是私人捐赠的。柏拉图的学园，亚里士多德的讲学地，斯多噶学派创建者基齐昂的芝诺的学府，似乎都是国家所赐与。但伊壁鸠鲁的学校，则由他自己的花园改作。至马卡斯·安托尼阿斯时代为止，无论何等教师，都不曾从国家领得薪俸，或者说，教师除由学生奉送的谢礼或酬金以外，再无其他任何报酬。鲁西安告诉我们：这个嗜好哲学的皇帝，曾以奖励金给予一位哲学讲师，但这种奖励金似乎在他死后就停发了。毕业于这等学校，并没有什么特权；想从事某项特定职业或事业，亦没有在这些学校修学的必要。对于这些学校效用的舆论，如不能吸引学生前来，那学生就不会来了，因为法律既不强制任何人进这等学校，也不给进了这等学校的人什么好处。学校的教师对于学生是没有管辖权的。教师除了凭其优越德行、优越才能所能博得对学生的自然权威以外，再也没有其他权威可言。

在罗马，关于民法的研究，没成为大部分市民的教育的一部分，而只为少数特定家族的教育的一部分。想求得法律知识的青年，并无一个可入的公家学校；他们除了时常与了解法律的亲戚故旧过从外，再也没有其他的研究手段。值得指出，十二铜表的法律，有许多虽然是由古代某希腊共和国的法律抄来的，但法律并不曾在希腊的任何一个共和国发展成为一种科学。在罗马，法律老早就成为一种科学了。凡具有通晓法律名声的市民，都会博得显著的荣誉。在古代希腊各共和国，特别在雅典，普通的法院都是由许多的无秩序的人民团体组成的。他们所作的判决，几乎常是胡乱的，常是决定于一时的宗派意见或党派精神的。可是，他们不正当裁判的坏名誉，既由五百人、一千人或一千五百人（希腊有的法院，包括有这么多的人数）分担，落到任何一个人身上的，就不见得怎么厉害。反之，罗马就不是如此。罗马的主要法院，例由一个裁判官或少数裁判官构成，判决要是草率或不公，裁判官的人格，特别是在公审的场合，就要大受损害。所以，遇到有疑问的案件，这些法院因渴望避免世人的非难，自然常常力图以本法院或其他法院各前任裁判官所留的先例或判例作护符。罗马法就因为这样对于惯例或判例的留意，而成为这样有规则、有组织的体系流传至今日。其实，任何他国的法律，凡法院作了同样的留意，都产生了同样的结果。就性格说，罗马人是比希腊人优越的，坡里比阿及哈里卡纳萨的狄奥尼西阿斯，曾极力主张此说。但是罗马人所以有这优越，与其说是由于这两位著者提出的种种情况，倒不如说是由于这较好的法院制度。据说，罗马人特别著名的，是他们对于誓约的尊重；当然哪，惯在办事勤奋、消息灵通的法院前发誓的人，比那惯在无纪律的无秩序的集会前发誓的人，定会更尊重自己的誓言。

与现代任何国民比较，希腊人罗马人关于行政上及军事上的能力，至少，总该可以说是不相上下的。我们的偏见，也许把他们那种能力估价过高。但是，除了关于军事的训练，国家对于这能力的形成，似乎不会尽什么力量，因为我怎么也不相信希腊音乐教育，对于这才能的形成有什么重大的影响。不过，它们比较上流的人民，如要学习当时社会情况视为必要或有益的一切技术及科学，并不难找到教师。对于这种教育的需要，促成了它总必促成的东西的产生，就是说，促成了满足此需要的才能的产生。此外，无拘束的竞争所激起的竞争心，更使此才能达到极高的完善程度。古代哲学家似乎比近代的教师更能够诱发听讲者的注意，控制听讲者的意见和心机，并对听讲者的行动、言论，予以一定的格调和风格。近代公家教师所处的环境，使他们多少不必关心自己在特定业务上是否有名望，是否已成功。他们的勤勉，便不免多少因此受到阻害。加之，他们所得的薪俸，把那些想与他们竞争的私人教师，放在如下所说的那种境地，即好比一个未得到任何奖励金的商人，想与那得到了很多奖励金的商人竞争。假使前者以将近同一价格出卖其货物，他就不能得到同一的利润，纵不破产没落，至少，贫穷乞丐的命运是避免不了的。假使他把货物过于高价出售，顾客就必极其有限，因而，他的境遇也不会改善好多。况且，在许多国家中毕业的特权，对于多数从事有学问的职业的人，对于大多数需要这种学问的教育的人非要不可，至少有了这特权，就非常便利。但是，这特权的获得，又只有去听公家教师的讲授。私人教师虽最有教授能力，学生虽然最小心地听他们的讲授，但不能由此取得可凭以要求这特权的资格。由于这种种原因，讲授大学普通课程的私人教师，在近代一般人看来，是学者中最卑不足道的。真有本领的人要找职业，这要算最可鄙最无利益的职业了。这样，普通学校及专门大学的捐赠基金，不但使公家教师的勤勉精神堕落了，并且使优良的私人教师也不容易找到。

假使公家的教育机构全然没有，那么，没有相当需要的体系或科学，或者说，按当时情形为非必要的、非有用的或非流行的体系或科学，便全然不会有人教授。一种以前认为有用但已经被推翻或流为陈腐的科学体系，或一种大家都信其为无用，为卖弄学问，为胡说的科学，私人教师一定不会从教授它得到好处。像这种体系，这种科学，只能存续于教育机构这种法人团体。在那里，教师的繁荣与收入，大部分与其名声无关，且全然与其勤勉无关。如果全然没有公家教育机构，一个绅士奋其勤勉能力，受了当时所提供的最完全的教育之后，那他与世人谈论普通问题，我敢断言绝不会一无所知的。

对于女子教育的公家机构，是全然没有的，因此，女子教育的普通课程中，便全没有无用的、不合理的或者幻想的东西。女子所学的，都是她的双亲或保护者判定她必须学习，或者学了对她有用的课程，而别无其他东西。她所学的一切，无不明显地具有一定的有用目的：增进她肉体上自然的丰姿，形成她内心的谨慎、谦逊、贞洁及节俭等美德；教以妇道，使她将来不愧为家庭主妇等等。女子在她的整个生涯中，会感到她所受教育的各部分，差不多没有一个不对她有某种方便或利益。若在男子则不然，他们所受的尽管是极辛苦极麻烦的教育，可是一生由这种教育得到了何等方便或利益的人却不多见。

因此，我们可以反问：国家对于人民的教育，不应加以注意么？如果有注意的必要，那么，对各等级人民，国家所应注意的，是教育的哪些部分呢？而且，它应该怎样注意呢？

在某种场合，政府尽管不注意，社会的状态，必然会把大多数人安排于一种境地，使他们自然养成那为当时环境所需要、所容许的几乎一切的能力和德行。在其他场合，因为社会状态，不能把大多数人安排在那种境地，所以为防止这些人民几乎完全堕落或退化起见，政府就有加以若干注意的必要。

分工进步，依劳动为生者的大部分的职业，也就是大多数人民的职业，就局限于少数极单纯的操作，往往单纯到只有一两种操作。可是人类大部分智力的养成，必由于其日常职业。一个人如把他一生全消磨于少数单纯的操作，而且这些操作所产生的影响，又是相同的或极其相同的，那么，他就没有机会来发挥他的智力或运用他的发明才能来寻找解除困难的方法，因为他永远不会碰到困难。这一来，他自然要失掉努力的习惯，而变成最愚钝最无知的人。他精神上这种无感觉的状态，不但使他不能领会或参加一切合理的谈话，而且使他不能怀抱一切宽宏的、高尚的、温顺的情感。其结果，对于许多私人日常生活上的平常义务，他也没有能力来作适当的判断。至于国家的重大和广泛的利益，他更是全然辨认不了的。除非费一番非常大的力量，教他在战时如何捍卫国家，否则无法做到。他的无变化生活的单调性质，自然把他精神上的勇气销毁了，使他看不惯兵士们的不规则、不确定和冒险的生活。就是他肉体上的活动力，也因这种单调生活毁坏了，除了他既经习惯了的职业外，对于无论什么职业，他都不能活泼地、坚定地去进行。这样看来，他对自身特定职业所掌握的技巧和熟练，可以说是由牺牲他的智能、他的交际能力、他的尚武品德而获得的。但是，在一切改良、文明的社会，政府如不费点力量加以防止，劳动贫民，即大多数人民，就必然会陷入这种状态。

在普通所谓野蛮社会，即猎人社会，牧人社会，甚至在制造业未发达及国外贸易未扩大的幼稚农业状态下的农夫社会，情形就不是这样。在这些社会中，各人工作的多式多样，使他不得不奋其能力，不得不随时想些方法，去对付不断发生的困难，发明定会层见叠出，人的心力也不会陷于呆滞无作用的状态，像文明社会几乎全体下级人民的智力都无作用的状态那样。我们在前面说过：这所谓野蛮社会中的每个人，都是一个战士，并且，在某种程度上都是政治家。关于社会的利益，关于他们统治者的行动，他们都能作相当的正确判断。酋长在平时是怎样的裁判官，在战时是怎样的指挥者，几乎各个人都是明白的。不过，有一点，在未开化社会，没有人能获得在文明状态下有些人所具有的大巧大智。在未开化社会，各个人的职业，虽非常多样，但社会全体的职业，却并没有好多样。每个人几乎都在做或能够做人人所做或能做的一切，每个人也具有相当程度的知识、技巧和发明才能，但没有一个人具有很大程度的知识、技巧和发明才能。不过，以他们所具有的那种程度，去对付社会的全部单纯业务，大概是够了的。反之，在文明社会，虽然大部分个人的职业，几乎没有何等变化，但社会全体的职业，则种类多至不可胜数。这各种各样的职业，对于那些自己未从事何等特定职业，有闲暇有意志去研讨他人职业的人，可以说提供无限的研究对象。像这样又多又杂的对象的观察，必然会迫使观察者不断运用心思，比较着、组合着，从而使他的智能，变得异常敏锐，异常广泛。可是，他们这少数人如不碰巧占据非常特殊的地位，他们这大能力，纵然对自身是一种光荣，对社会的善政和幸福，却可能没有多少贡献。尽管这少数人有大能力，但人类一切高尚性格，在大多数人民间，依然可能在很大程度上消失了。

在文明的商业社会，普通人民的教育，恐怕比有身分有财产者的教育，更需要国家的注意。有身分有财产的人，他们大概都是到十八九岁以后，才从事他们想从而扬名的特定事业、职业或艺业。在此以前，他们是有充分时间，来取得那能使他们博得世人尊敬或值得世人尊敬的一切知识；至少，他们有充分时间来准备自己，使他们在日后能获得这一切知识。他们的双亲或保护者，大概都十分切望他们能有这样智能，在大多数场合，对于必需费用的支出，是毫不踌躇的。如果他们不总是受到适当的教育，那由于费用不足的少，普通都是由于费用的不当；由于教师不足的少，普通都是由于教师马虎与无能，或由于在当前情况下不易找到或无从找到更好的教师。此外，有身分有财产者消磨其大部分生涯的职业，并不像普通人民的职业那样单纯，那样不变。他们的职业，几乎全都是极其复杂的；用手的时候少，用脑的时候多。从事这种职业者的理解力，是不大会因为不用脑力而流于迟钝的。况且，他们这种人所从事的职业，又不大会使他们终日忙碌，他们大多有很多空闲时间，来对他们在早年已打有相当基础、或已养成多少嗜好的各种有用的或作为装饰用的知识作进一步的钻研，从而完全掌握。

普通人民，则与此两样。他们几乎没有受教育的时间。就是在幼年期间，他们的双亲，也几乎无力维持他们。所以一到他们能够工作，马上就须就职谋生。他们所就的职业，大概都很单纯，没有什么变化，无须运用多少的智力。同时，他们的劳动，又是那样没有间断，那样松懈不得，他们哪有闲暇做旁的事情，想旁的事情呢？

不过，无论在哪种文明社会，普通人民虽不能受到有身分有财产者那样好的教育，但教育中最重要的几部分如诵读、书写及算术，他们却是能够在早年习得的；就是说，在这个期间，就是预备从事最低贱职业的人，亦大部分有时间在从事职业以前，习得这几门功课。因此，国家只要以极少的费用，就几乎能够便利全体人民，鼓励全体人民，强制全体人民使获得这最基本的教育。

国家可在各教区各地方，设立教育儿童的小学校，取费之廉，务使一个普通劳动者也能负担得起，这样，人民就容易获得那基本教育了。这种学校教师的报酬，不可全由国家负担，国家只宜担负其一部分；因为全部甚或大部分由国家负担了，教师马上便会习于怠惰。在苏格兰，这种教区学校的设立，几乎叫全体人民都会诵读，使一大部分人民都会写算。在英格兰，慈善学校的设立，亦曾收得同一的效果。不过，因为没有设立得像苏格兰教区学校那么普遍，所以其效果亦没有那么普遍。假使这些小学校所教的儿童读物，比现在普通所用的，更有教育意义一点；假使普通人民的儿童有时在学校学习的但于他们全无用处的一知半解的拉丁语取消不教，而代以几何学及机械学的初步知识，那么，这一阶级人民的文化教育，也许就会达到所可能达到的最完善程度。没有一种普通职业，不提供应用几何学及机械学的原理的机会，从而，没有一种普通职业，不逐渐使普通人民能了解这些原理——这些原理是最高尚最有用的科学的必要入门。

普通人民的儿童中，有些在学业上较为优良。国家对于这种儿童，设能给以小奖赏或小荣誉奖章，必能奖励这最基本部分教育的获得。

国家如果规定，在取得加入某种同业组合权利以前，或在有资格在自治村落或自治都市中经营某种职业以前，一切人都得受国家的考试或检定，那么，国家就几乎能强制全体人民必须求得这最基本部分的教育。

希腊罗马各共和国，维持全体人民的尚武精神，就是依着这个方法，便利人民，奖励人民，强制人民受军事上及体操上的教练。为便利人民，使人民容易习得这教练计，各共和国都备有一定的学习和实练场所，并对一定的教师，给予在这场所教授的特权。不过，这等教师，似乎没有由国家领取薪俸，也没有取得何等排他的独占权。他们的报酬，完全出自学生。在公立体育馆或演武场习得这教练的市民，对于从私人教师习得这教练的市民，并不享有何等法律上的特权，如果后者也学得一样好的话。为鼓励这项学习起见，各共和国对成绩特别优异的学生，给予小奖赏或小荣誉奖章。在奥林匹克运动大会或地峡运动大会或纳米安运动大会竞技获赏的，不但获赏者本人有光荣，其家族及亲戚全体都有光荣。凡属共和国的市民，只要召集，都得在共和国军队中服务一定年限。这义务，就很够强制一切市民学习军事教练及体操教练了，因为不学习这些教练，军队服务的工作一定是干不了的。

治化改进，军事教练，便须由政府费相当气力予以支持，否则不免日渐松懈，从而大多数人民的尚武精神，同时随着衰退；关于这种趋势，近代欧洲事例提示得十分明显。各个社会的安全，总多少依赖大多数人民的尚武精神。固然在近代，没有精练的常备军，单靠尚武精神，也许是不够防御社会、保障社会的。但是各公民如都具有军人精神，那所需的常备军就可减去不少。况且，普通对有常备军会危害自由的忧虑，无论这个危害是真的危害或只是想象的危害，也必会因市民具有军人精神，而减少许多。这尚武精神、军人精神，一方面在外敌侵略时，可以大大便利常备军的行动；另一方面，假使不幸常备军发生违反国家宪法的事故，它又可以大大地加以阻止。

就维持大多数人民的尚武精神说，希腊及罗马往时的制度，似乎比近代所谓民兵制度有效多了。前种制度，简单得多。制度一经确立，即可自行其是，而以最完全的活力维持下去，政府的注意，几乎是全然用不着的。至于要在相当程度上维持近代民兵的复杂规则，就须政府不断的和费力的注意；政府不注意，这规则就不免完全被忽视，或者完全废而不用。加之，古代制度的影响远为普遍。在那种制度下，人民全体，都会使用武器。近代则恐怕除瑞士外，各国由民兵规则施教的范围，都不过及于国民中的最小部分。但是，一个不能防御自己或为自己复仇的怯懦者，分明缺乏了人类资性中最重要的一部分。这样，在精神方面的残废或畸形无异于某一最重要肢体折毁了、失用了的人在肉体方面的残废与畸形。而且，两者之中，前者显然是更不幸，是更可怜。因为，苦乐的感觉，全生于心，其受影响于肉体的健全或不健全即残废或完全的少，而受影响于精神的健全或不健全即残废或完全的多。哪怕在社会的防御上已用不着人民的尚武精神，但为防止怯懦必然会引起的这种精神上的残废、畸形及丑怪在人民之间蔓延传播，政府仍应加以最切实的注意。这好像癞病及其他讨厌的、令人不愉快的疾病，虽不会致死，或没有危险，但为防止在大多数人民之间传播，政府仍应加以最切实的注意。这注意，纵使除防止社会的这种大害外，没有何等其他公共利益，亦势在必行。

同样的说法，可适用于那常常使文明社会一切下级人民的理解力失去作用的无知和大愚钝。一个人不能适当使用人的智能，假如说是可耻的话，那就比怯懦者还要可耻。那是人性中更重要部分的残废和畸形。国家即使由下级人民的教育，得不到何等利益，这教育仍值得国家注意，使下级人民不至陷于全无教育的状态。何况，这般人民有了教育，国家可受益不浅呢。在无知的国民间，狂热和迷信，往往惹起最可怕的扰乱。一般下级人民所受教育愈多，愈不会受狂热和迷信的迷惑。加之，有教育有知识的人，常比无知识而愚笨的人，更知礼节，更守秩序。他们各个人都觉得自己的人格更高尚，自己更可能得到法律上、长上的尊敬，因而他们就更加尊敬那些长上。对于旨在煽动或闹派别的利己性质的不平之鸣，他们就更能根究其原委，更能看透其底细；因此，反对政府政策的放恣的或不必要的论调，就愈加不能欺惑他们了。在自由国家中，政府的安全，大大依存于人民对政府行动所持的友好意见，人民倾向于不轻率地、不任性地判断政府的行动，对政府确是一件非常重要的事。

第三项　论各种年龄人民的教育经费

对各种年龄人民的教育设施，主要是宗教教育的设施。这一种教育，其目的与其说是使人民成为今世的优良公民，倒不如说是为人民作来世生活及更好世界生活的准备。讲授这种教义的教师的生活费，也同其他普通教师一样，有的专靠听讲者的自由贡献，有的则来自经国家法律认可的某些财源，如地产、什一税、土地税、薪水等。他们的努力，他们的热心和勤勉，在前一场合，似乎比后一场合要大得多。就这一点说，新教的教师们，要攻击成立悠久的古旧体系，往往占有不少的便宜；因为，旧教牧师，赖有圣俸，往往不大注意维持大多数人民的信仰和归依的热情；他们懒惰惯了，甚至不能奋发起来，保护他们自身的教会。富有捐赠财产的成立悠久的国教，它的牧师们，常常成为博学及文雅的人，具有绅士或足使他们博得绅士所受的尊敬的品质。但另一方面，他们易于丧失那些使他们对下级人民有权威和感化力的好的和坏的品质，而这些品质，也许就是使他们的宗教得成功为国教的本来原因。这些牧师，当遇着一群勇敢的克孚众望但也许是愚而无知的狂信者的攻击时，就像亚洲南部懒惰的、柔弱的、饱食的国民碰着了活泼、坚忍而苦饥的北方鞑靼人的侵略一样，全然无以自卫。在这种紧急场合，这些牧师通常所采取的唯一手段，就是申诉于行政长官，称反对他们的新教徒扰乱公安，而加以迫害、扑灭或驱逐。罗马天主教教士迫害新教徒，就是这样假手行政长官；英格兰教会迫害非国教派，也是这样假手行政长官。其实，一个既经被认为国教而安安静静地渡过了一两世纪的宗教，遇有某种新宗教对其教义教律加以攻击而自己无法作有力的抵抗时，一般都是请政府出面阻止。在这些场合，就学问文章说，也许有时国教派方面占优势，但新起的反对派，总是更长于收买人心，更长于拉拢新信徒的一切技术。在英国，这些技术，早被那些拥有巨额捐赠财产的国教教会的牧师们抛在一边了。现在培养这些技术的，主要只有反对国教派及美以美派教徒。不过，在许多地方，反对国教派教师，曾靠自由捐赠、信托权利及其他逃避法律的行为，得到了独立的生活资料，他们的热情和活动力，似乎已因此大大减少了。他们很多已变成非常有学问、非常机敏及非常高尚的人物，他们一般已经不是非常孚众望的传道者。就今日说，比反对国教派牧师更得人心的，乃是那些学问远不如反对国教派牧师们的美以美派教徒。

在罗马教会中，下级牧师出于有力的利己动机，他们的勤勉和热心，比任何成立悠久的耶稣教教会的牧师活跃得多。许多教区牧师的生活资料，很大部分是得自人民自愿的贡献，而秘密忏悔又给予他们许多机会，来增加这种收入源泉。托钵教团的生活资料，全都出自这种贡献。他们很像那些轻骑快步的军队，不行掠夺，就没有给养。教区牧师有类似那些一部分以薪俸一部分以学生所交束修为报酬的教师，而这报酬的获得，就常需多少依赖其勤勉和名声。托钵教团，有类似那些专靠勤勉以换得全部资料的教师，因此，他们不得不用尽能够促进普通民众皈依的种种技术。据马基弗利尔观察，在十三世纪及十四世纪，圣多米尼克及圣佛兰西斯二大托钵教团的设立，曾把人民对天主教教会日益衰微的信仰和皈依复活了起来。在罗马天主教各国，这皈依精神，全赖修道僧及贫苦的教区牧师的支持。至于那些教会大人物，尽管他们具有绅士及通达世故的人的一切艺能，有时且具有学者的艺能，并对于维持下级牧师的必要纪律也十分注意，但关于人民的教育却没有几个肯费神去干的。

有一位现代最著名的哲学家兼历史学家说："一个国家的大多数技术及职业，都具有这样性质，在促进社会利益的同时，并对某些人有用或适合于某些人。国家在这场合，除在一种技术刚刚传入的时候，所定立的规则，应听任该职业自由，把鼓励该职业的任务，交给从它收获好处的个人。工艺制造者知道了他们的利润来自顾客的光顾，他们是会尽可能增加其熟练与勤劳的。事物如未受有害的干涉所扰乱，那无论何时，商品的供给都会与其需求保持差不多相称的比例。"

“不过，还有些职业，对国家虽属有用，甚至必要，但在个人，却无何等利益或快乐。关于这类职业的从事者，最高权力自不得不予以不同的待遇。为维持其生活计，它得予以公家的奖励。为防止其自然流于怠慢计，它得对那种职业给以特别荣誉，或严定阶级以为升降，或采取其他敦劝方策。从事财政、海军及政治的人，都是这一类人的实例。”

“乍看起来，我们可能自然地认为：牧师、教士的职业属于第一类的职业，和法律家及医师的职业一样，对于他们的奖励，我们可以把它安然委托那些信仰其教义并从其精神上的服务及帮助得到利益或安慰的人们的施舍。他们的勤勉，他们的注意，无疑都会由于这个附加的动机而增加。他们职业上的技巧，他们支配人民思想的机智，亦必由于不断增加的实践、研究和注意，而日有进益。”

“但是，我们把这事体更仔细考察一下，就会知道：牧师们这种利己的勉励，就是一切贤明的立法者所要防止的。因为，把真的宗教除外，其余一切宗教都有极大的害处，而且都有一种自然倾向，把迷信、愚想及幻想，强烈地灌输到真的宗教里面，使其陷于邪道。各宗教上的从业者，为要使他自己在信徒眼中更显得高贵神圣，总是向信徒宣说其他一切宗派如何横暴可厌，并不断努力造作新奇，以鼓舞听众弛懈了的信心。至于所授教义中所含的真理、道德或礼节，他们却不注意，而最适合于扰乱人心的教理，却全被采取了。为吸引光顾的人，各反国教徒的集会不惜以新的勤勉、新的技巧，激动俗众的情绪，骗取俗众的轻信。结果，政府将发现：不为教士们设定定俸表面像是节省，而所付代价却是昂贵的。并且，实际上，政府要与心灵指导者结成最适宜、最有利的关系，就是给他们固定薪俸，用贿赂引诱其怠惰，使他们感到除了防止羊群误寻新的牧场而外，其他进一步的任何活动都是多事。这样，宗教上的定俸制度，通常在最初虽是生于宗教的见地，但结果却说明是有利于社会的政治上的利益。”①

但是，给予牧师、教士以独立的给养，不论利弊如何，定立此制者，恐怕很少考虑到这些利弊。宗教上争论激烈的时代，大概也是政治上斗争激烈的时代。在这时候，各政治党派都发觉，或者都想象：与相争各教派的某一教派同盟，必有利益。不过，要做到这层，又只有采纳或赞成那特定教派的教理。某特定教派若幸而站在胜利的政党那一边，它就必然要共享其同盟者的胜利。借着同盟者的赞助和保护，它马上会在一定程度上使一切敌对教派沉默而屈服。这些敌对教派，大概都是与胜利党的政敌结为同盟，它们因此也就成了胜利党的敌人。这样，这特定教派的教士，既完全成了战场上的支配者，对于大多数人民的势力与权威，达到了最高顶点，他们的权力于是变得足够威压自党的领袖及指导者，而且足够强制政府，使其尊重他们的见解和意向。他们对于政府的第一个要求，一般是为他们镇压并制服一切敌对的教派。第二个要求，一般是给予他们以独立的给养。他们既然大有造于政治方面的胜利，要求分享若干胜利品，那于理似无不合。加之，人心反复无常，要他们一味迎合民众的心理，借以取得生活资料，在他们已经觉得可厌了。所以，当这个要求提出时，他们纯是为自己的安逸和快乐打算，至于将来会如何影响他们教会的势力和权威，他们却没有多费

① 见休谟著《英国史》第 4 卷，第 29 章。

考虑。在政府方面，要答应这个要求，就只有把宁愿归自己取得归自己保留的一些东西给予他们。所以，对于这种要求，政府很少立即批准。不过，在需要面前，政府总是要屈服下来，虽然政府往往几经延搁，推三拉四，才屈服下来。

但是，假若政争不曾要求宗教的援助，而胜利的党派，博得胜利时，又不曾特别采用任何教派的教理，那么，这个政党，对于一切不同的教派，就会平等看待，一视同仁，让各人去选择自己认为适当的牧师和宗教。在这种场合，无疑会有许许多多的教派出现。各种不同的会众，几乎都会自成一个小教派，或者抱有自己的若干特殊教理。这时，充当教师的人，要保持现有教徒，并增加教徒数目，他定会感到有大卖气力并使用一切技术的必要。可是，这种必要，是其他一切教师具有同感的，人人大卖气力，人人使用一切技术，因此任何一个教师或任何一教派教师的成功，都不会过大。宗教教师利己的、积极的热心，只在社会只容许一个教派的场合，或一个大社会全体只分成为两三个教派，而各教派的教师，又在一定纪律、一定服从关系下协力共作的场合，才会发生危险与麻烦。如果一个社会分为二三百乃至数千小教派的势力范围，那其中就不会有一个教派的势力能够搅扰社会，而他们教师的热心，也就全然无害于事了。在这种场合，各宗派教师见到围绕他们四周的，敌人多于朋友，于是就不得不注意到那常为大教派教师所漠视的笃实与中庸；大教派教师所以如此，因为大教派的教理，有政府为其支援，博得广大王国或帝国几乎一切居民的尊敬，而教师们的周围，因此就布满了门人、信徒及低首下心的崇拜者，没有一个反对的人。小教派教师，因为觉察到自己几乎是独立无助，通常不得不尊敬其他教派的教师；他们彼此相互感到便利而且适意的这种互让，结果可能使他们大部分的教义，脱去一切荒谬、欺骗或迷妄的夹杂物，而成为纯粹的、合理的宗教。这样的宗教，是世界各时代贤智之士最希望见其成立的宗教，然而成文法律，从来未曾使其成立，而且将来恐怕亦没有一个国家能看到其成立；其原因是，关于宗教的成文法律，一向总是多少受世俗的迷信及狂热的影响，而今后恐怕还要常常受此影响。这种教会管理方案，更适当的说，这个教会无管理方案，就是所谓独立教派。这教派无疑是一个极其狂热信徒的教派，英国于内战终结时，有人建议在英国成立。它要是成立，虽然其起源是极其非哲学的，但到今日也许会使一切宗教教义，都出现最和平的气质和最适中的精神了。宾夕法尼亚是实施了这个方案的地方。虽然那里教友派占最多数，但其法律对于各教派，实是一视同仁，没有轩轾。据说，那里就产生了这种合理的和平气质和适中精神。

对各教派平等待遇，不分轩轾，纵使不能使一个国家中各教派全体或甚至一大部分，产生这种和平气质和适中精神，但教派的数目，如果十分繁多，而且每个教派的势力，都小到不够搅扰社会治安，那么，各教派对于各自教理的过度热心，就不会产生很有害的结果，反之，却会产生若干好的结果。政府方面，如果断然决定，让一切宗教自由，并不许任何教派干涉其他教派，那就用不着担心它们不会迅速自行分裂，而形成十分多数。

在各文明社会，即在阶级区别已完全确立了的社会，往往有两种不同的道德主义或道德体系同时并行着。其一称为严肃的或刻苦的体系，又其一称为自由的或者不妨说放荡的体系。前者一般为普通人民所赞赏和尊敬；后者则一般为所谓时下名流所尊重和采用。不过，依我想，对于轻浮这种恶德——容易由大繁荣、由过度的欢情乐意生出的恶德——所加非难的程度如何，实构成了这两个相反主义或体系间的主要区别。像放肆，甚至扰乱秩序的欢乐，无节制的寻欢逐乐，破坏贞节，至少是两性中的一方面破坏贞操等等，只要不至于败坏风化，不流于虚妄或不义，自由的或放荡的体系，大概就会非常宽大地予以看待，而且会毫不踌躇地予以宽恕或原谅。至于严肃的体系则不然，这些过度的放荡行为，都是其所极度憎恶与嫌厌的。轻浮的恶德，对于普通人总会招致毁灭。哪怕一个星期的胡行与滥费，往往就足使一个贫穷的劳动者，永远沦落，并驱使他陷于绝望的深渊，从而铤而走险，干犯大逆。所以，普通人民中比较贤明而良善的，老是极度厌恶这些放荡行为。经验告诉他们，这些行为会马上给他们这种境遇的人以致命打击。反之，数年的放荡及浪费，却不一定会使一个上流人没落。他们很容易把某种程度的放荡，看作属于他们财产上的一种利益；把放荡而不受谴责或非难，看作属于他们地位上的一种特权。因此，与他们同一阶级的人，就不大非难这放荡，而只加以极轻微的责备，或者全不责备。

差不多一切教派，都是在普通人民间创始的，它们从普通人民吸引其最初和最多数的新的皈依者，因此，严肃的道德体系，不断为这些教派所采用，其中虽不无例外，但为数极少。这个体系，就是各教派最易博得那些他们首先向其提出改革旧教理方案的那阶级人民的欢心的体系。为要博取这些人的信任，许多教派，也许大多数教派，甚至多方努力，变本加厉地改进这严肃体系，一直做到有几分愚蠢、几分过度的程度。此过度的严格，往往比任何其他事情更能博得普通人民的尊敬和崇拜。

有身分有财产的人，就其地位说，是社会中显赫的人物。他的一举一动，社会都在注意，而他因此就不得不注意他自身的一切行动。社会尊敬他到什么程度，和他的权威与名望有很大的关系。所以，凡社会上污名失信的事，他都不敢妄为；他得小心翼翼地注意社会对于他这种有身分有财产的人一致要求的那种道德，不管这种道德是自由的或是严肃的。反之，一个地位低下的人，就不同了。他说不上是什么社会的显赫人物。当他在乡村中的时候，他的行为，也许有人注意，所以他自己也许非当心自身行为不可。在这种情况下，而且只在这种情况下，才可以说他有他的名声，行为不正，就会损及名声。但当他一走进大的社会，他马上就沉于卑贱和黑暗中了。他的行为，再也没有人观察注意了，于是他就任情而动，不加检点，委身于一切卑劣的游荡和罪恶。这是常有的事。一个人想从其微贱地位脱出，想惹起一个体面社会对他行为的注意，那顶有效果的方法，无过于做一个小教派的信徒。一做了某教派的信徒，他马上就会受到几分从来不曾受过的尊重。为了教派的名誉，一切教友都要留心观察他的行为；如果他做出了寡廉鲜耻的事，或者他所做的，大大违反了同门教友所相互要求的严肃道德律，他就要受那老是被看作一种极其严峻的惩罚，即开除教籍，虽然这惩罚不带有民法上的结果。因此，在小教派普通人民的道德上，几乎常是特别有规则有秩序的，比在国教要严肃得多。实在说，这些小教派的道德，往往却未免过于严格，过于不合人情，使人觉得讨厌。

可是，国家对于国内一切小教派道德上的任何不合人情及严肃到可厌程度的缺陷，不须使用暴力，只需依两种极容易而有效的方法就可矫正。

第一种方法，是由国家强制国内有中等乃至中等以上的身分及财产者，几乎全都从事科学及哲学的研究。国家不应当给教师定额薪俸，以养成其怠惰。国家甚至可对较高深较困难的科学，设定一种检定或考试制度，不论何人，他在就某种自由职业以前，或在被提名候选某种名誉的或有酬的职务以前，都须经过这检定或考试。国家如对这一阶级的人，强迫其研究学问，就不需要费神替他们供给适当的师资。因为他们自己马上会找到比国家为他们供给的教师还要好的教师。科学是对于狂妄及迷信之毒的大消毒剂。一国上流社会人士，从这些毒害救出之后，一般下级人民，也就不致大受其害了。

第二种方法，是增进民众的娱乐。俗众的迷信及狂妄，常起于心中的忧郁或悲观情绪。一大部分人民的这种情绪，不难由绘画、诗歌、音乐、舞蹈，乃至一切戏剧表演消除。所以，为着自己利益，在不流于伤风败俗的范围内，专以引人发噱，叫人解闷，而从事这些技艺的人，国家当予以奖励，或者完全听其自由。煽动俗众的狂信者，总是恐惧公众娱乐，厌恶公众娱乐。由娱乐引起的快适与乐意，与最适合他们的目的，最便于他们的煽动的心理，是全然相反的。加之，戏剧表演，常会揭穿他们的奸诡手段，使其成为公众嘲笑的目标，有时甚至使其成为公众憎恶的目标。因此，戏剧一项，比其他任何娱乐，更为他们所嫌忌。

一国法律，如对于国内一切宗教的教师，一视同仁，不分畛域，则这些教师与君主或行政当局，就不必要保持有何等特定的或直接的从属关系，而同时君主或行政当局，也不必要在他们职务的任免上，有所处置。在这种情况下，君主或行政当局对待他们，亦可如对待其他人民一样，唯一任务，就是维持他们彼此之间的和平，即阻止他们相互的迫害、侵侮或压迫，此外，便无其他关注的必要了。但是，一国如有国教或统治的宗教存在，那情形就完全两样。在那种场合，君主如对于该宗教的大部分教师，没掌握有一种有力的控制手段，他就永无安全的日子。

一切国教，其教士都组织有一个大的法人团体。他们协力共作，以一种计划，一贯精神，追求他们的利益，有如在一个人指导下一样，而实际上也常常是在一个人指导之下。作为法人团体，他们的利益，与君主的利益从来不相同，有时正直接相反。他们的大利益，在于维持他们对于人民的权威。这权威，基于两种设想：第一，设想他们所谆谆教谕的全部教义，乃是确实而又重要的；第二，设想要由永远的悲惨解脱，则有以绝对信仰，采用这全般教义的必要。假使君主不自识相，敢对他们教义中甚至最细微的部分，表示嘲笑或怀疑，或是对其他嘲笑怀疑教义者，居然以人道精神，曲加保护，则这些同君主没有何等从属关系的教士，就认为有失体面，而宣布君主渎神，同时并使用一切宗教上的恐怖手段，使人民的忠顺，从他移向另一个比较驯服的君主。假使君主对于他们的任何要求或侵夺行为表示反对，危险也同样的大。一个君主如敢于像这样反对教会，他的反逆之罪是坐定了，此外，无论他如何严肃声明他的信仰，以及他对于一切教会认为君主应当恪遵的教义的谦抑服从，大概还不免要加以异端伪道的罪名。宗教的权威胜过其他一切权威。宗教所提示的恐怖，可以克服其他一切恐怖。所以，国教教会的教师，如要宣传颠覆君权的教义，那君主就只有凭借暴力，即凭借常备军的武力，才能维持其权威。有时就连这常备军，也不能予以永久的保障，因为兵士如果不是外国人——外国人充当兵士的很少——而是从本国人民间募集来的——大概常是如此——，那么，这些兵士，不久也恐怕会为那种教义所腐化。我们知道，在东罗马帝国存续的期间，希腊教士，不知曾在君士坦丁惹起了多少次革命；往后几百年间，罗马教士也曾在欧洲各地惹起了许多次动乱，这些事实充分证明了，一国君主如没有控制国教或统治宗教教师的适当手段，他的地位，就该是如何危险，如何不安定。

宗教信条，以及一切其他有关心灵的事件，很明显地都非尘世君主所得管辖；君主纵使有资格好好保护人民，却很少被人相信有资格好好教导人民。所以关于上述教条及有关心灵的事件，他的权威，往往抵不过国教教会教士们结合起来的权威。可是，社会的治安和君主自己的安全，常依存于教士们关于这些事件认为应当宣传的教义。君主既不能以适当的压力和权威，直接反抗教士们的决定，所以君主必须有影响他们决定的能力。影响的方法，唯有使教士阶级大多数人有所恐惧而又有所希求。褫职或其他处罚，是他们所恐惧的；升迁禄位，是他们所希求的。

在一切基督教会中，牧师的圣俸，可以说是他们终身享受的一种不动产。其享有，非凭授予者一时的高兴；只要行为端正，即不得任意褫夺。这个财产的保有，如果不是这么稳固，稍稍开罪于君主达官，即有被褫夺的危险，那么，他们对于人民的权威，就不能维持了。人民会视他们为从属宫廷的雇佣，对于他们教导的真诚，没有何等信心。但是，假若君主滥用暴力，借口他们过于热心散布朋党的或煽动的教义，竟行褫夺他们终身享有的不动产，那么，他这种迫害，只不过使被迫害的牧师及其教义，陡增十倍的声誉，因而对于君主自身，陡增十倍的烦难与危险。几乎在一切场合，恐怖手段，总是治国治人的一种坏工具，绝不可用以对付那些对于独立自主哪怕只有一点点要求权利的人。企图恐吓这种人，只有刺激其恶感，坚定其反抗；这反抗如果处置稍为宽大一点，也许很容易使其缓和下来，或者完全放弃。法国政府常用暴力强迫议会或最高法院公布不孚众望的布告，然很少成功。可是，它通常所用的手段，即把一切顽强不服者通通监禁起来，却可算是十分厉害的了。斯图亚特王室各君主，有时也用与此相类似的手段，来控制英国议会的若干议员，但那些议员也是同样地顽强不屈。因此，他们不得不改弦更张了。英国议会今日是在另一种方法上被操纵着。约在十二年前，奇瓦塞尔公爵曾对巴黎最高法院，进行一个极小的实验，由那个实验充分表示了一件事，即采用英国今日使用的方法，法国一切最高法院，可更容易加以操纵。但这种实验，没有继续进行下去。因为，强制与暴力，虽是政府的最坏最危险的工具，而权术与劝说，虽总是最容易最安全的工具，但人类似乎生来就是傲慢的，除非他们不能或不敢使用坏的工具，他们总是不屑使用好的工具。法国政府很能够而且敢于使用暴力，所以不屑使用权术与劝说。不过，根据一切时代的经验，我相信，以强制和暴力，加诸国教教会受人尊敬的牧师，其危险和导引毁灭的可能，实有过于把强制和暴力加诸任何其他阶级的人民。牧师有他们的权利，有他们的特权，有他们个人的自由，只要他们与其本阶级中的人结有良好关系，即在最专制的政府下，与其他约有同等身分及财产者比较，其权利和自由，是更受人尊重的。在巴黎宽大温和的专制政府是如此，在君士坦丁猛烈狂暴的专制政府亦是如此，而在此两极间各种不同程度的专制政府，亦莫不如此。但是，牧师阶级虽难以暴力强制，却与其他阶级同样容易操纵。君主的安全，社会的治安，似在很大程度上依存于君主操纵他们的手段，而这手段似乎完全在于他提升他们的权力。

旧时基督教教会的制度，各主教领区的主教，通由主教所辖都市的牧师及人民共同选举。人民这种选举权，并不曾保有多久；而且就在保有该权利的时候，他们多半也是唯牧师们的马首是瞻；牧师们在这类有关心灵的事件上，俨然是以人民自然指导者自居了。不过，这样操纵人民，也是一种麻烦的事，牧师们不久就厌倦了，他们觉得，主教由他们自己选举比较容易得多。同样的，修道院院长，亦由院中修道士选举，至少大部分修道院的情况是如此。主教领区内的一切下级有俸圣职，通由主教任命，主教认为适当的，即授予职务。这样，教会一切升迁权力，就全掌握在主教手中了。在这种场合，君主对于他们的选举事项，虽然也拥有一些间接势力，虽然教会关于选举乃至选举的结果，有时也请求君主同意，但是君主毕竟没有直接或充分手段操纵他们。因此，每一个牧师的野心，就自然使他要阿谀本教会中人，而不阿谀君主，因为只有他们才能满足其升迁期望。

罗马教皇最先逐渐把几乎欧洲大部分的主教职、修道院院长职（或即所谓主教公会有俸圣职）的任命权，拿到手中。其次，又以种种奸计及口实，把各主教领区内大部分下级有俸圣职的任命权，拿到手中。这一来，所留给主教的，除仅仅足使其维持对所管辖牧师们的权力外没有什么了。同时，由于这种安排，君主的境况，也弄得比先前更坏。欧洲各国的牧师们，这样简直编组成了一种宗教军。这种军队虽散处各国，但它的一切活动、一切动作，都可由一个首领指挥，并在一种划一的计划下进行着。每个特定国家中的牧师，可视为这军队的一个支队；而各支队的动作，又容易得到四周其他支队的支持和援助。每个支队，不仅对于各自驻在国及给养他们的国家的君主是独立的，而且还隶属于一个外国君主。这个外国君主随时可叫他们反戈转向该特定国家的君主，并使用其他一切支队为其声援。

这种武力的可怕，就我们想象得到的，可以算无以复加了。往时，当欧洲技艺及制造业未发达之前，牧师们的富有，使他们对普通人民拥有诸侯对其家臣、佃户及扈从的同样权力。诸侯在其领地上，拥有一种司法权；依同一理由，牧师们在皇族及私人基于错误的虔敬而捐赠教会的大所有地上，亦确立了一种类似的司法权。在此等大所有地范围内，牧师们或其执事，不仰仗君主或其他任何人的支持和援助，就能够维持和平；但是，没有牧师们的支持及援助，哪怕是君主或其他任何人，在那里都维持不了和平。因此，有如俗世大领主在其特定领地及庄园所保有的司法权一样，牧师们的司法权，就与国王的法院独立，而划在国家司法管理范围以外了。牧师们的佃户与大领主的佃户同，几乎全是可自由退租的佃户，完全依靠其直接隶属的主人。所以，牧师们一旦有了争斗，要他们参加，他们就得应召前往。牧师们的收入，计有两种：其一是这些所有地的地租，其二是从什一税得到的欧洲所有国家的一切土地地租的一大部分。这两种地租,大半都以实物缴纳,如谷物、葡萄酒及牲畜等。它们的数量,大大超过牧师们自己所能消费的限度。当时既无艺术品或制造品可资交换,他们对于这大量的剩余,就除了像诸侯处置其剩余收入一样,大宴宾客,大行慈善以外,再也没有其他有利的使用方法。因此,往时牧师们款客和施舍的规模,据说是非常大的。他们不但维持了几乎所有国家的全部贫民的生活,并且,许多无以为生的骑士绅士们,也往来于各修道院之间,假皈依之名,收款待之实。若干特殊修道院院长的扈从,往往与最大领主的扈从同样的多。把一切牧师们的扈从合计起来,也许比一切领主共有的扈从还多。各牧师间的团结,在程度上大大超过凡俗领主间的团结。前者是在一种正规的纪律和从属关系下,服从罗马教皇的权威,后者不然,他们彼此间几乎常在相互猜忌,并且同在嫉视国王。所以,虽然把佃人和扈从合计起来,牧师们所有的,比凡俗大领主少;而单就佃人说,也许少得多,但牧师们的团结力量,却使他们更为人所恐惧。此外,牧师们的款待和慈善,不但给予了他们支配一支大的世俗力量的权力,同时并大大增加了他们精神武器的力量。他们已由这博施济众的善举,博得了一般下级人民最高的尊敬和崇拜,这些人民,许多是不断由他们赡养的,几乎全体都有时由他们赡养的。一切属于或有关这个有那么大人望的阶级的事物,它的所有物,它的特权,它的教义,必然在普通民众眼中成为神圣的了;而对于这些神圣事物的侵犯,不论真伪,通是罪大恶极。这样,如果君主抵抗其治下少数大贵族的同盟,常常感到困难,那就无怪其抵抗治下的牧师们的联合力量,更感到困难;何况这种联合力量,还有各邻国的同一力量为其声援呢！在此种情况下，君主有时不得不降服，倒不足奇怪；君主常能抵抗才是怪事。

古代牧师们的完全不受世俗司法权支配的特权（在我们今日看来，是最不合理的），例如，英格兰所谓牧师的特权，正是这种事势的自然结果或更正确地说是必然结果。一个牧师不论所犯何罪，他的教会如有保护他的意向，并表示犯罪证据不够处罚神圣人物，或说所加于神圣人物的惩罚过严，那么，君主这时想执法惩治那位牧师，该是多么危险呢！在这种情况下，最好的办法，莫如让那位犯罪者，由教会法庭去审判他。为他们全教会的名誉计，该法庭必尽可能抑制教会中每一个牧师：犯大罪，固所不许；即惹起世人恶感的丑行，亦在所必禁。

在第十世纪、十一世纪、十二世纪、十三世纪以及这前后若干时期的情况下，罗马教会组织，可以说是反对政府权力和安全，反对人类自由、理性和幸福（这种种，只有在受到政府保护的地方，才能发扬）的旷古未有的可怕团结。在这种制度下，极愚蠢的迷信幻想，得到如此多数私人利己观念的支持，以致任何人类理性的攻击，都不能动摇它。因为，理性虽然也许能够揭穿某些迷信妄想，使普通人也能明白其无稽，但理性绝不能瓦解那基于利己心的结合。设使教会组织没有碰到其他对头，只有无力的人类理性对之施展攻击，它是一定会永远存在的。然而这个广大牢固的组织，这个为一切人类智慧德性所不能动摇尤其不能颠覆的组织，却由于事物的自然趋势，先变成了萎弱，然后部分毁灭，而照现在的倾向，不到几百年，恐怕还要全部瓦解。

技艺、制造业及商业逐渐的发达，是大领主权力瓦解的原因，也是牧师们在欧洲大部分的世俗权力全部瓦解的原因。像大领主一样，牧师们在技艺、制造业及商业的生产物中，找到了可用以交换自己所有的原生产物的东西，并且由此发现了自己可以消费其全部收入的方法。自己既能完全消费自己的所有物，不必分许多给旁人，所以他们的施与，逐渐缩小范围，他们的款待，也不像先前那样慷慨、那样丰盛。其结果，他们先前那么多的扈从，由渐渐减少以致全部散去。为要过着大领主那样的生活，为要满足其虚荣和无意识的欲望，这些牧师也想由他们的所有地，获取较多的地租。但是，要增加地租，只好答应跟租地人缔结佃租契约，这一来，租地人大体上就脱离他们而独立了。从此，使下级人民要听牧师们支配的利害关系，一天天衰微，一天天瓦解。和那使该阶级人民受大领主支配的利害关系的衰微与瓦解比较，前者的衰微与瓦解，还要来得迅速。这是因为大部分教会的采地，远不如大领主领地之多，因此，每个采地的所有者，自己消费其全部收入就更快更容易。在十四世纪十五世纪的大部分时期，封建诸侯的势力，在欧洲大部分达于极点。但牧师们的世俗势力，即他们曾一度拥有对大多数民众的绝对支配权，却在这时就非常衰微了。教会这时在欧洲大部分的势力，几乎就只剩下了心灵上的权威；甚且连这心灵上的权威，也因牧师们慈善不行，款待中辍，而非常薄弱了。下级人民对于这一阶级，再也不视为是他们苦恼的安慰者和贫穷的救济者了。在另一方面，富有牧师们的虚荣、奢侈与耗费，又惹起这般下级人民的愤激和嫌恶，因为一向被视为贫民世袭财产的东西，现在竟被这些牧师为自己寻乐而浪费了。

在这种情况下，欧洲各国君主力图挽回他们曾一度享有的支配教会重要圣职的势力。他们一方面恢复各主教领区副主教及牧师选举主教的旧权利，一方面恢复各修道院修道士选举院长的旧权利。这种旧制度的重建，就是十四世纪英格兰制定的若干法令，特别是所谓有俸圣职铨叙条例的目的，也是十五世纪法国颁发的基本诏书的目的。依据这条例或诏书，要使选举发生效力，进行选举须先得君主的同意；被选的人物，亦须得君主的同意。这样，选举虽在想象上仍是自由的，但君主的地位，必然会使他掌握有种种间接手段，来支配其属下牧师。在欧洲其他地方，亦设有与这同一倾向的规定，但罗马教皇任命教会重要圣职的权力，在宗教改革前，似乎在英法两国，被限制得最厉害而且最普遍。以后在十六世纪时，罗马教皇与法国国王间成立了一种协定；根据这协定，法国对于法国教会一切重要圣职（即所谓主教大会圣职），有了绝对推荐权。

自基本诏书及上述协定成立以来，法国一般牧师对于教皇命令的尊敬，就不及其他天主教国家了。每当君主与教皇有所争议，他们几乎常是站在君主一边。这样看来，法国牧师们对于罗马教皇的独立，主要就是由于这基本诏书和协定了。在比较前些时代，法国牧师们极忠心于教皇，与他国牧师们原非两样。当克培王室第二君主罗伯特被教皇逐出教会时，教皇的处置虽极不正当，但法王的从臣，据说就把法王食桌上的食物投掷于狗。他们拒绝吃罪王所触秽了的一切东西。不难推测，法王左右居然这样做，必是由当时国内牧师的指使。

对于教会重要圣职任命权的要求（为了拥护这种要求，教皇宫廷常使基督教国家若干最有力君主的王位发生动摇，甚至于倾覆)，就是这样在欧洲各国，甚至在宗教改革以前，被抑制了，被变更了，或者完全放弃了。随着牧师们对人民的势力的减少，国家对牧师们的势力日益加大。因此，牧师们搅扰国家治安的势力和意向，就大非昔比了。

引起宗教改革的争论开始在德国发生的时候，罗马教会权威就是处于这种倾颓状态。该争论不旋踵间就传播到欧洲各地。新教义到处大受欢迎。传播这新教义者，以一般人攻击既定权威时所常具的那样热烈奋发精神，从事宣传。就其他方面说，新教教师，也许不比许多拥护旧教的牧师们更有学识，但大体上，他们对于宗教的掌故似乎比较熟悉，也比较知道旧教权威所由树立的思想体系的起源与沿革，所以在一切论争上，他们总占优势。他们的态度是严肃的，普通人民把他们循规蹈矩的行动，和自己大多数牧师们的浪漫生活对照起来，就分外觉得他们可敬了。加之，博取名望及吸收信徒的种种技术，这般新教教师，都比其反对者高明得多，反对者为教会的骄子，自视不凡，他们视这些为无所用的技术，早把其抛在脑后。新教义的理论，使某些人欢喜它；新教义的新奇，使很多人欢喜它；新教对旧教牧师们的憎恶和轻侮，使更多的人欢喜它。不过，使最大多数人民欢喜它的，还是宣传新教义者到处谆谆教诲这教义的雄辩，那有时虽不免流于粗野下流，然而是热诚的、热情的、狂热的雄辩。

新教义的成功，几乎到处都是极大的。当时与罗马教皇宫廷发生龃龉的君主，一凭着这教义，就不难把自己领域内的教会颠覆下来；教会是失了下级人民的尊敬和崇拜的，大抵都不能有所反抗。德意志北部有若干小君主，因一向受罗马教皇宫廷轻视，曾有些对不起他们的地方，因此，他们就在自己领土内进行宗教改革。克雷蒂恩二世及阿普索大主教特诺尔的暴虐无道，使卡斯塔瓦斯·瓦萨能够把他们逐出瑞典；教皇要袒护这暴君及主教，所以卡斯塔瓦斯·瓦萨在瑞典进行宗教改革，并未发现什么困难。往后，雷蒂恩二世又在丹麦被废，因其行为不改，也像在瑞典时招人厌恨。但教皇还是袒护他；于是继登王位的霍斯泰恩的腓勒德烈为报复教皇，仿卡斯塔瓦斯·瓦萨的前例实行宗教改革。柏恩与久里克政府，原是和教皇无特别争执的，但因少数牧师一时的越轨行为，以致这两地方人民憎恶轻视其全阶级；在这种事故发生不久，宗教改革就极容易在这两个地方完成了。

在这种危机四伏的状态下，教皇宫廷不得不苦心孤诣地求好于法兰西及西班牙的有力君主。后者在当时为德国的皇帝。仗着他们的援助，教皇宫廷才得在很大困难与很大流血惨剧之下，把他们领土内的宗教改革运动全然镇压住，或者大大地阻止了。对于英格兰国王，教皇宫廷也分明是有意拉拢的，但在当时的情况下，因为怕得罪了更有力的西班牙国王兼德国皇帝查理五世，这友好终未结成。英王亨利八世原不尽信革新的教义，但因这教义已在国内一般流行了，所以他就乐得顺水推舟，镇压领土内一切寺院，消除一切罗马教会权威。他虽做到这里就停止，没有更进一步，但那些宗教改革的拥护者，却已有几分满意了。往后英王嗣子继位，政权却操在这般宗教改革论者之手，亨利八世未竟之功，就由他们毫不费力地完成了。

有的国家，其政府是薄弱的，不得民心的，且未十分稳固的。像苏格兰就是如此。那里的宗教改革运动，不但有力推翻罗马教会，并且同样有力推翻那企图支持罗马教会的国家。

宗教改革的信奉者，散布在欧洲各国了。但他们之间，迄未有一个最高法庭，像罗马教皇宫廷或罗马全体教会会议那样，能够解决一切信奉者间的争议，并以不可抗拒的权威，给他们规定正教的正确范围。所以，一国宗教改革的信徒，如同另一国宗教改革的信徒的意见发生龃龉，因为没有共同裁判官可向其诉请，所以那争论从未得到解决；而他们彼此之间，又发生这类争论很多。在各种争论中，关于教会的统治及教会职务的任命这两者，也许和市民社会的和平与福利最有关系。因此，在一切信徒之间，就产生了两个主要党派或教派，即路德派和喀尔文派。新派原亦分有不少的宗派，但其教理与教律，曾在欧洲各地，由法律加以规定的，却只有这两个宗派。

路德的信奉者与所谓英格兰教会，都多少保存了监督制度的形式，牧师之间，树立有一定的从属关系，一国领土内一切主教职及其他主教会议牧师职的任免权，通给与君主，这一来，君主就成为教会的真正主脑了。至于主教领区内下级牧师职的任免权，虽仍操在主教手里，但君主及其他新教拥护者，不但有推荐权，而且这种推荐权还受着鼓励。这种教会管理组织，从开头即对于和平及良好秩序有利，对于对君主的服从也有利。所以，不论何国，这种教会管理组织一经确立，就从来没有成为何等骚扰或内讧的根源。特别是英格兰教会，它自夸对于所信奉的教理忠心恪守，始终没有例外，这的确不是没有理由的。在这种教会管理制度之下，牧师们自会努力博取君主、宫廷及国中贵族巨绅的欢心，因为他们所期待的升迁，就为那般人的意向所左右。为讨那般人的欢心，无疑的，他们有时流于下流的曲谀和阿附，但他们通常都很考究那最值得尊敬从而最易博得有身分有财产者的敬重的技巧，如各种有用的及增添风致的学识哪，风度容态的端详自在哪，社交谈吐的温恭旷逸哪，公然轻蔑一般狂信者的背理矫情的苦行哪，不一而足。他们所以公然轻蔑那些狂言者，是因为这些狂言者，要博取普通人民的尊敬，同时为使普通人民对大部分倡言不能刻苦的有身分有地位者怀抱憎恶，才教诲和假装实行伪善的苦行。但是，这种牧师，在献媚于上流阶级的同时，很容易全然忽略了维持他们对人民的感化力与权威的手段。不错，他们是受上等人物的注意、称赞和尊敬的，但当他们在下级人民前受到那些最无知的狂信者的攻击时，常常不能有效地、使听众信服地防卫他们的稳重和不走极端的教义。

茨温克利的信奉者，或者比较妥当地说，喀尔文的信奉者和路德的信奉者不同。他们把各教会牧师职的选举权，付与各教区人民，牧师随时出缺，人民随时可以选举。此外，他们在各牧师之间，树立最完全的平等关系。就这制度的前一部分说，在它风行的时期，似乎也只不过导致了无秩序和混乱的状态，并使牧师们及人民双方都道德沦落。就后一部分说，除达到完全平等外，似没有何等结果。

各教区人民在保有牧师选举权的期间内，几乎常是依照牧师们的意旨行事，而这些牧师又多半是最富于党派精神和最为狂热的。为要保持他们在这民众选举上的势力，他们多数人自己成了狂信者，或者装成了狂信者，他们鼓励民众信奉狂信主义，并常把优良位置授予那些最狂信的候选人。一个教区牧师的任命，原是一件小事，但结果不但在本教区内，并且动不动在一切邻近教区内，酿起了猛烈的斗争。教区如在大城市中，这斗争便会把全区居民分成两个党派。设使那个城市自身构成了一个小共和国家，或者是小共和国的首都，如瑞士、荷兰许多大城市那样，那么，这无聊的斗争，除了激起其他党派的憎恶情感以外，更会在教会内留下新的宗派，在国家内留下新的党派。因此，在那些小共和国中，政府为了维持社会治安起见，不久就觉得，把牧师职推荐权掌握在自己手中乃是紧急要图。在苏格兰，也就是树立长老管理教会制度的最大国家，在威廉第三柄政之初设立长老会的一个法令，事实上撤消这种推荐权。这法令至少使各教区某些阶级的人，得以少许的代价，购买本区牧师的选举权。基于那项法令形成的制度，大约存续了二十二年，卒因这比较普遍的选举，到处惹起无秩序和混乱，乃由安妮女王第十年第十二号法令废除了。不过，苏格兰是一个幅员辽阔的国家，僻远教区发生纷扰，究竟不会像在一个小国那样容易惊动朝廷。所以安妮女王同年的法令，把牧师职推荐权恢复起来。根据这个法令，凡有推荐权者推荐的人物，法律虽一律与以牧师职位，全无例外，可是教会（教会关于这方面的决定，并不一样）在授予被推荐者以灵魂监督权或教区的教会管辖权以前，有时要求须先得到人民的赞同。至少，它有时以教区治安为借口，一直延宕到这赞同能够得到时才授予。邻近有些牧师有时为了使他得到这赞同，但更经常为了阻止这赞同而进行的私下干涉，以及为了利用这样的机会更有效而研究出颇为有名的手段和技巧，也许就是苏格兰民间或牧师间还存有旧时狂信遗风的主要原因。

长老管理教会制度在牧师间树立的平等，计有两种，第一是权力或教会管辖权的平等，第二是圣俸的平等。在一切长老的教会中，权力的平等算做到了，圣俸的平等却没有做到。不过，圣俸之间的差等，究还没有大到那种程度，使一般牧师们，为要获取较优圣俸，不惜对于推荐者作下流的曲谀阿附。在牧师职推荐权完全确立了的长老教会中，牧师要取得其上位者的爱顾，大概都是凭着学问、生活严整有规律、履行职务忠实勤勉这一类比较高尚比较冠冕的技术。甚至，他们的提拔者往往埋怨他们过于独立不阿，视为忘恩负义。其实，说得顶坏，他们也不过因无进一步的希求，态度流于冷淡罢了。因此，欧洲各地最有学问、最有礼节、最有独立精神、最值得敬重的牧师们，恐怕要算荷兰、日内瓦、瑞士及苏格兰长老教会内的大部分牧师了。

教会圣俸将近同等，其间没有一个很大的圣俸，圣俸这样的拉平状况，虽或有时不免操之太过，但对教会本身，却有若干极良好的结果。一个小有产者想保持威严，唯一的方法就是具有很可为人模范的德行。要是浮薄虚华，品行乖戾，势必惹人嘲笑，而且会使他趋于毁灭，与一般浮浪者无异。因此，他们这种人在自己行为上，就不得不遵循普通人所最尊敬的道德体系。他博得普通人的尊敬和好感的生活方式，就是他自己的利益和地位指引他去遵循的生活方式。一个人的情况，如多少同我们自己情况接近，而且在我们看来，应该优于我们，那我们对于这个人，就自然而然会发生亲切的感情。所以，普通人对这种牧师就同我们对上述人那样亲切，而牧师也变得很小心教导他们，很关心帮助并救济他们。对于对他这样亲切的人，他甚至不会看不起他们的私心偏见，他绝不会像富裕教会的傲慢牧师那样，动辄以轻侮骄蹇的态度对待他们。

因此，就对于普通人民思想的支配力说，恐怕长老教会的牧师，要胜过其他任何国教教会的牧师。由于这个缘故，普通人民不加迫害，即全都改信国教教会这事实，只有在实行长老教会制的国家，才能见到。

一国教会大部分的圣俸，如很普通，那么，大学教职所得的报酬，就一般要比教会有俸圣职的报酬优厚。在这场合，大学的教授人员，便会由全国所有牧师中抽取选拔，因为在任何国家，牧师是有最多数学者的阶级。反之，一个教会大部分的圣俸，如很是可观，那教会自然会把大学中大部分知名的学者吸引过去；这些学者一般不难找到有权推荐他们的人，因为这些人常以推荐他们为荣耀。在前一种情况下，全国知名的学者，将丛集于各大学；在后一种情形下，留在各大学的知名学者将限于少数，而就中最年轻的教师，早在他们获有充分的教授经验与学识以前，说不定也已被教会网罗去了。据伏尔泰的观察：耶稣教徒波雷，原不算学者中怎样了不得的人物，但在法国各大学的教授中，还只有他的著作值得一读。在产生这么多的知名学者的国家，竟然其中没有一个充当大学教授的，看起来，一定该有几分奇怪吧。有名的加桑迪，在他青年时代，原是艾克斯大学教授。后来正当他天才发泄的黎明期，有人劝他进教会去，说那里容易得到比较安静、比较愉快的生活，并且容易得到比较适合于研究的环境。他听信了，立即舍去大学教职，而投身到教会中去。我相信，伏尔泰的观察，不但可适用于法国，对一切其他罗马天主教国家也可适用。除了教会不大属意的法律和医学这两方面的人才外，你要想在这些国家的大学教授中，找出知名学者，那就真是凤毛麟角了。罗马教会之外，在一切基督教国家中，英格兰教会要算最富裕，最有捐赠财产的了。因此，英格兰各大学的一切最优良最有能力的学者，就不断被这教会吸引过去了。其结果，想在那里找到一个学问驰名于欧洲的老教师，其难得几乎与在任何罗马天主教国家不相上下。反之，在日内瓦，在瑞士新教各州，在德意志新教各邦，在荷兰，在瑞士，在瑞典，在丹麦，它们培植出来的最著名的学者，虽非全部，但至少有最大一部分，是在充当大学教授。在这些国家，教会中一切最有名的学者，不断被大学吸引过去。

在古代希腊罗马，除了诗人、少数雄辩家及历史家外，其余最大部分知名的学者，大概都是充当哲学或修辞学的公私教师，这件事也许值得我们注意一下。从里西阿斯、伊索克拉底、柏拉图及亚里士多德时代，降至普鲁塔克、埃皮蒂塔斯、斯韦托尼河及昆蒂里恩时代，这个说法都可适用。把某一特定部门的学科，逐年专责成某一个人教授，那实是使他对于那门学科专精深造的最有效方法。因为，他今年教那一门，明年后年还得教那一门，如果他不是什么都做不成的人，在数年之内，他一定能通达那一门学问的各部分；并且，如果他在今年对于某点的见解，还欠斟酌，到明年讲到这同一个主题时，他多半会加以改正。科学的教师，确是真正想成为学者的人的自然职业，而同时这职业又是使他受到充实学问的最适当的教育。一国教会的圣俸，如仅是普通，则学者大部分，自然会从事这最有用于国家最有用于社会的教学职业，同时并可由此获得他所能接受的最良好的教育。这一来，他们的学问，便会成为最充实、最有用的了。

应该指出，各国国教教会的收入，其中除特定土地或庄园收入外，虽然也是国家一般收入的一部分，但这一部分没用在国防上，而转用到与国防非常相异的目的上了。例如，向教会缴纳的什一税，是一种真正的土地税；教会如不把它收去，土地所有者对国防所能提供的贡献，是要大得多的。国家紧急支出的资源，有些人说是专靠土地地租，有些人说是主要依靠土地地租。教会由这资源取去的部分愈多，国家能由这资源分得的部分就愈少，这是明明白白的。如果一切其他情形都一样，教会愈富有，君主和人民就必然愈贫乏，而国家防御外侮的能力也就愈要薄弱，这很可说是一个一定不变的原则。在若干新教国家，特别是在一切瑞士新教州中，往时属于罗马天主教教会的收入，即什一税和教会所有地的收入这两者，已被发现为这么大的资源，不但足够提供国教牧师们适当的薪俸，而且只要略加补充，甚或不需要补充，并足够开销国家其他一切费用。尤其是强大的伯尔尼州政府，它把以前供给宗教的资金积贮起来，约有数百万镑的一大金额，其中一部分存贮国库，另一部分投资于欧洲各债务国的公债生息，主要是法兰西及大不列颠国家公债。伯尔尼或瑞士其他新教州各教会，费国家多少费用，我不敢冒以为知。根据一非常正确的计算，1755 年苏格兰教会牧师们的全收入，包括教会所有地及他们住宅的房租，合理估计起来，不过六万八千五百十四镑一先令五又十二分之一便士。这样极平常的收入，每年要供给九百四十四名牧师的相当生活的资料，再加上教堂及牧师住宅不时修葺或建筑的支出，总合计算，每年亦不会超过八万镑乃至八万五千镑。苏格兰教会基金过于贫乏，那是不待言的。可是，就维持大多数人民信仰的统一，皈依的热忱，乃至秩序、规则及严肃的道德精神说，没有一个基督教国的最富裕教会，能够超过苏格兰的教会。凡被认为国教教会所能产生的一切良好结果，属于社会方面的也好，属于宗教方面的也好，其他教会能产出的，苏格兰教会也同样能产出。而比苏格兰教会并不见得更富裕的瑞士新教教会，还能在更大程度上产出这些结果。在瑞士大部分的新教州中，差不多找不出一个人，公言他不是新教教会的信徒。的确，如有人倡言他是其他教会的信徒，法律就会强迫他离开州境。但是，要不是牧师们勤勉，预先诱导人民全体——或许有少数例外——改信国教，像这样严峻或者宁说是压迫的法律，是决难在这种自由国家实行的。因此，在瑞士某地方，因为新教国与罗马天主教国偶然的结合，改宗者不像其他地方那么普遍，这两种宗教，就不但同为法律所默认，而且同被认为国教。

不论何种职务，要其执行良好，其报酬或薪俸似须尽可能与该职务的性质相称。如报酬过少，那就很容易由奉职者大部分的卑劣无能而受到损害；如报酬过多，那就很容易由他们的疏忽怠惰而受到更大的损害。一个有大宗收入的人，无论他所执何业，他总会觉得，他应当与其他有大收入者过同一的生活，并且在欢乐、虚荣及放荡上面消费其大部分时间。但是，对于一个牧师，这样的生活方法是不行的，照此下去，他不但会把他应该用在职务上的时间消费掉，并且会使他人格上的尊严，在人民心目中完全扫地，而人格的尊严，正是使他能以适当的势力与权威，执行其职务的唯一凭借。

第四节　论维持君主尊严的费用

一国君主，除了执行种种职务所必要的费用以外，为维持其尊严计，亦须有一定的费用。这费用的大小，随社会发达时期的不同而不同，随政体形态的不同而不同。

在富裕而发达的社会中，各阶级人民的房屋、家具、食品、服装以及游观玩好之具，都由朴质而流于奢华，在此种情况下要君主独逆时尚，绝难做到。他的一切服用物品，所费必日益加多。因为不是这样，就不能维持他的尊严。

就尊严一点说，一国君主君临于其臣庶，比之共和国元首对于其同胞市民，更要高不可攀，望尘莫及；所以为要维持这较高的尊严，势必要较大的费用。总督或市长的官邸，自不能与国王宫廷比其华丽。

本章的结论

防御社会的费用，维持一国元首的费用，都是为社会的一般利益而支出的。因此，照正当道理，这两者应当来自全社会一般的贡献，而社会各个人的资助，又须尽可能与他们各自能力相称。

司法行政的费用，亦无疑是为全社会的一般利益而支出的。这种费用，由全社会一般的贡献开支，并无不当。不过，国家之所以有支出此项费用的必要，乃因社会有些人多行不义，势非设置法院救济保护不可；而最直接受到法院利益的，又是那些由法院恢复其权利或维持其权利的人。因此，司法行政费用，如按照特殊情形，由他们双方或其中一方支付，即由法院手续费开支，最为妥当。除非罪人自身无财产资金够支付此手续费，否则，这项费用，是无须由社会全体负担的。

凡利在一地一州的地方费用或州区费用（例如为特定城市或特定地区支出的警察费），当由地方收入或州区收入开支，而不应由社会一般收入开支。为了社会局部的利益，而增加社会全体的负担，那是不大正当的。

维持良好道路及交通机关，无疑是有利于社会全体，所以，其费用由全社会的一般收入开支，并无不当。不过，最直接地受这费用的利益的人，乃是往来各处转运货物的商贾，以及购用那种货物的消费者。所以，英格兰的道路通行税，欧洲其他各国所谓路捐桥捐，完全由这两种人负担；这一来，社会一般人的负担就要减轻许多了。

一国的教育设施及宗教设施，分明是对社会有利益的，其费用由社会的一般收入开支并无不当。可是，这费用如由那直接受到教育利益宗教利益的人支付，或者由自以为有受教育利益或宗教利益的必要的人自发地出资开支，恐怕是同样妥当，说不定还带有若干利益。

凡有利于全社会的各种设施或土木工程，如不能全由那些最直接受到利益的人维持，或不是全由他们维持，那么，在大多数场合，不足之数，就不能不由全社会一般的贡献弥补。因此，社会的一般收入，除开支国防费及君主养尊费外，还须补充许多特别收入部门的不足。这一般收入或公共收入的源泉，我将在下一章详细说明。

第二章　论一般收入或公共收入的源泉

一国每年支出的费用，不但有国防费，君主养尊费，而且有国家宪法未规定由何等特定收入来开支的其他必要政费。这些费用的开支，有两个来源：第一，特别属于君主或国家，而与人民收入无何等关系的资源；第二，人民的收入。

第一节　特别属于君主或国家的收入源泉

特别属于君主或国家的资源或收入源泉，由资财及土地构成。

君主由其资财取得收入的方式，与其他资财所有者同，计有两种，一是亲自使用这笔资财，一是把它贷与他人。他的收入在前者为利润，在后者为利息。

鞑靼或阿拉伯酋长的收入全为利润，他们自身是本集团或本部族中的主要牧畜者，他们自己监督饲养牲畜，由畜群的乳汁及增殖获取收入。不过，以利润为王国收入的主要部分，只是最初期、最幼稚政治状态下的事情。

小共和国的收入，有大部分是得自商业经营上的利润。据说，汉堡小共和国的大部分收入，就是来自国营酒库及国营药店。[①] 君主有暇从事酒、药的买卖，那个国家当然是不会很大的。公立银行的利润，常是更大国家的收入源泉。不但汉堡是如此，威尼斯及阿姆斯特丹亦是如此。许多人认为，就连不列颠这样大的一个帝国，也未忽视这种收入。英格兰银行的股息为百分之五点五，按资本一千零七十八万镑计算，每年除去营业费用剩下的纯利润，实不下五十九万二千九百镑。有人主张：政府可以百分之三的利息，把这项资本借过来，自行经营，则每年可得二十六万九千五百镑的纯利润。经验表明，经营这种事业，像威尼斯及阿姆斯特丹那种贵族政治下有秩序的、谨慎的、节约的政府，才最为适宜；像英格兰这样的政府，不论其优点如何，从未曾以善于理财著名。它的行动，在平时一般总是流于君主国自然难免的来自怠惰和疏忽的浪费，在战时又常常流于一切民主国易犯的无打算的浪费。把这种事业让它来经营管理，它是否能胜任愉快，至少是一个很大的疑问。

邮政局本来就是一种商业。政府事先垫款设置各邮局，并购买或租赁必要的车辆马匹，这种垫款不久即由邮费偿还，而且得有很大的利润。我相信，各种政府所经营的商业成功了的，恐怕只有这种企业。这上面投下的资本额不很多，而其业务又不具有什么神秘的性质。资本的收回，不但确定，而且极迅速。

---

① 《欧洲法律及赋税的记录》第 1 卷，第 73 页。法国为改革财政，前数年曾设置一委员会，这部著作就是宫廷命令编纂出来供该委员会参考的。关于法国赋税的记录(四开本三卷)，可以说是信而有征。至于欧洲其他各国的赋税记录，是由法国驻在各国的公使根据他们所能获得的资料编纂而成，比较简短，也许不像法国赋税记录那么精密。

但各国君主往往从事其他许多商业，他们同普通私人一样，为改善其财产状态，也常常不惜成为普通商业部门的冒险家。可是他们成功的不多。一种业务，让君主经营，往往不免流于浪费，浪费就使他们的成功变为不可能了。君主的代理人，往往以为主人有无尽的财富；货物以何种价格买来，以何种价格售去，由一地运往他地，花多少费用，他们都是草率从事，不去精打细算。他们往往与君主过着一样的浪费生活；并且，有时就是浪费了，仍能以适当方法捏造账目，而积聚有君主那样大的财产。据马基雅弗利说：麦迪西的洛伦素，并不是无能的君主，而他的代理人替他经营商业就是如此。由于他的代理人浪费而负的债务，使得弗洛伦斯共和国不得不为他偿还了好多次。于是，他放弃了他的家庭从事致富的经商事业。在后半生，他把剩下的财产及可由他自由处置的国家收入，使用在更适合于自己地位的事业及用度上。

商人性格与君主性格两不相容的程度，可以说是无以复加了。假若东印度公司的商人精神，使它成了极坏的君主，那它的君主精神，似乎也使它成了极坏的商人。当该公司专以商人资格经商时，它是成功的，而且能在赢得的利润中，支给各股东相当的红利。但自它成为当地的统治者以来，虽据说有三百万镑以上的收入，却仍因要避免当前破产计，不得不请求政府临时的援助。在先前的地位，该公司在印度的人员，都视自己为商人的伙计；在现在的地位，他们却视自己为君主的钦差。

一国公家收入的若干部分，往往是得自货币的利息和资本的利润。假若国家积蓄有一笔财宝，它可把这财宝的一部分，贷借于外国或本国的臣民。

伯尔尼联邦以一部分财宝借给外国，即把它投资于欧洲各债务国（主要是英国、法国）的公债，获得了很大的收入。这收入的安全性，第一要看那种公债的安全性如何，管理此公债的政府的信用如何；其次要看与债务国继续保持和平的可能性的大小。在战争勃发的场合，债务国方面最初采取的敌对行为，恐怕就是没收债权国的公债。以货币贷借于外国，据我所知，那是伯尔尼联邦特有的政策。

汉堡市设立有一种公家当铺，人民以质物交与当铺，当铺即贷款于人民，取利息百分之六。由这当铺，或即所谓放债者提供国家的收入，计有十五万克朗，以每克朗四先令六便士计，约合英币三万三千七百五十镑。

宾夕法尼亚政府，是不曾蓄积何等财宝的，但它发明了一种对于人民的贷款方法，不交货币，只交与货币相等的信用证券。此证券规定十五年偿还，在偿还以前，得如银行钞票一样，在市面流通授受；而且由议会法律宣布为本州一切人民间的法币。人民借此证券，须以两倍价值的土地作为担保，并须付若干利息。宾夕法尼亚政府是节俭而有秩序的，它每年的经常费用，不过四千五百镑；它由这种贷款方法筹到的相当收入，对支付这笔费用大有帮助。不过，实行这种方策的功效如何，须视下面的三种情形而定：第一，对于金银货币以外的其他交易媒介有多少需要，换言之，对于必须以金钱向外国购买的消费品，有多少需要；第二，利用这方策的政府，信用如何；第三，信用证券全部价值，绝不可超过在没有这证券的情况下流通界所需金银币的全部价值，所以这种方策是否使用得适如其度，亦与其成功大有关系。在美洲其他几处殖民地，亦曾几度施行过这同一方策，但由于滥用无度，结局多半是利少害多。

能够维持政府的安全与尊严的，只有确实的、稳定的、恒久的收入，至于不确实的、不经久的资本及信用，绝不可把它当作政府的主要收入资源。所以，一切已经越过游牧阶段的大国政府，从来都不由这种源泉取得其大部分的公共收入。

土地是一种比较确实和恒久的资源。所以一切越过了游牧阶段的大国的收入，都是以国有地地租为主要源泉。古代希腊及意大利各共和国就是如此。它们国家大部分必要费用的开支，在很长时间内是取给于国有地的产物或地租。而往时欧洲各国君主大部分的收入，亦在很长时间内取给于王室领地的地租。

在近代，战争及准备战争这两件事体，占了一切大国必要费用的大部分。但是在希腊及意大利古代各共和国，每个市民，都是兵士，服役也好，准备服役也好，费用通由他们自备，国家无须支出很多的费用。所以，一项不太大数额的所有地地租，就够开支政府一切必要费用而有余。

在欧洲古代君主国中，大多数人民因当时风俗及习尚所趋，对于战争，都有充分准备；一旦参加战争，依照封建的租地条件，他们自己支付自己的费用，或由直属领主出资维持，君主无须增加新的负担。政府其他费用，大都非常有限。司法行政一项，不但毫无所费，而且为收入源泉，这是我们前面说过的。乡下人民于每年收获前及收获后，各提供三日劳动；国内商业上认为必要的一切桥梁、大道及其他土木工事，有这项劳动，就够营造维持了。当时君主的主要费用，似乎就是他自身家庭及宫廷的维持费。他宫廷的官吏，即国家的大官。户部卿是为君主收地租的，宫内卿及内务卿是为他的家庭掌管出纳费用的。君主的厩舍，则委任警卫卿、部署卿分别料理。君主所居的宫室，通以城郭形式建筑，无异于他所有的主要要塞。这要塞的守护者，则有似卫戍总督。君主平时必须出费维持的武官，就只限于这些人。在这种种情况下，一个大所有地的地租，通常就很可开支政府一切必要的费用了。

欧洲多数文明的君主国的现状是，全国所有土地，管理得有似全部属一个人所有，全部土地所能够提供的地租，恐怕绝不会达到各该国平时向人民征收的普通收入那么多。例如，英国平常的收入，包括其用作开支必要经常费，支付公债利息，及清偿一部分公债等用途的，每年达一千万镑以上。然而所收土地税，以每镑征四先令计，尚不及二百万镑。这所谓土地税，按照设想，不仅包括由一切土地地租征取的五分之一，而且包括对一切房租、一切资本利息征取的五分之一，免纳此税的资本，只放贷于国家的及用于耕作的部分。这土地税，很大部分是取自房租及资本利息。例如，以每镑征四先令计，伦敦市的土地税，计达十三万三千三百九十九镑六先令七便士；威斯敏斯特市，六万三千零九十二镑一先令六便士；沃特赫尔及圣詹姆斯两宫殿，三万零七百五十四镑六先令三便士。这土地税的一定部分，按照同样规定向王国各都会各市镇征收，而几乎全都出自房租及商业资本和借贷资本的利息。总之，英国值五抽一的土地税，既然不到二百万镑，则全部地租、全部房租、全部资本（贷给政府及用于耕作的资本除外）利息收入总额，当然不超过一千万镑，也就是说不超过英国在平时向人民征收的收入额。英国为征收土地税对各种收入所作的估计，就全王国平均起来，无疑是和实际价值相差太远；虽然据说在几个州和几个区，该估计和实际价值很接近。有许多人估计，单单土地地租一项，即不计房租及资本利息，每年总额，当有二千万镑。他们这种估计，是非常随便的，我认为大概估得过高。但是，假若在目前耕作状态下，英国全部土地所提供的地租，没超过二千万镑，那么，这土地如通由一个人领有，而且置于他的代办人、代理人的怠慢、浪费和专横的管理之下，那全地租额，就莫说二千万镑的二分之一，恐怕连四分之一也提供不出来。英国今日王室领地所提供的地租，恐怕还不到这土地如果属于私人所有的情况下所能提供的数额的四分之一。如果王室领地更加扩大，则其经营方法必定更形恶劣。

人民由土地获取的收入，不与土地地租成比例，而与土地生产物成比例。除播种的种子外，一国全部土地年生产物，都是归由人民逐年消费，或者用以交换他们所消费的其他物品。凡使土地生产物增加到其本来可能增加到的原因，无论是什么，它使人民收入因而减少的程度，总大于它使地主收入减少的程度。英国土地地租，即生产物中属于地主的部分，差不多没有一个地方达全生产物三分之一以上。假使在某种耕作状态下，一年只提供一千万镑地租的土地，如在另一种耕作状态下，一年可提供二千万镑地租，又假使在这两种场合，地租都是相当于生产物的三分之一，那么，地主收入因土地被阻滞在前一耕作状态下所受的损失，只不过一千万镑，而人民收入因此所受的损失要达三千万镑；未计入的，不过播种的种子罢了。一国土地生产物既减少三千万镑，其人口就也要按照这三千万镑减去种子价值后的余额，按照所养各阶级人民的生活方式和费用方式所能维持的人数减少下来。

在欧洲现代文明国家中，以国有土地地租为公家大部分收入的，已不复存在；但君主拥有广大领地的情况，仍是一切大君主国共有的现象。王室领地大抵都是林囿，可是有时你行经这林囿三数英里，也不一定能找到一棵树木。这种土地的保留，既使国家产物减少，又使国家人口减少。假使各国君主尽发卖其私有领地，则所入货币，必很可观；若更以之清偿国债，收回担保品，那由此所得的收入，较之该地在任何时候给君主提供的收入，恐怕都要多得多。在土地改良得极好耕种得极好，当其出售时能产生丰厚地租的国家，土地的售价，例以三十倍年租为准。王室领地，既未经改良耕植，地租轻微，其售价当可望相当于四十倍年租、五十倍年租或者六十倍年租。君主以此大价格，赎回国债担保品，就立即可以享受此担保品所提供的收入。而在数年之内，还会享有其他收入。因为，王室领地一变为个人财产，不到几年，即会好好地改良，好好地耕植。生产物由此增加了，人口亦必随着增加，因为人民的收入和消费必因此增大。人民收入和消费增大，君主从关税及国产税得到的收入势必随着增加。

文明国君主，由其领地获取的收入，看来似对人民个人无损，但其实，这所损于全社会的，比君主所享有的其他任何同等收入来得多。所以，为社会全体利益计，莫若拍卖王室领地，从而分配给人民，而君主一向由其领地享有的收入，则由人民提供其他同等收入来代替。

土地用作公园、林囿及散步场所，其目的在供游乐与观赏，不仅非收入源泉，而且须时常出费葺治。我看，在大的文明君主国，只有这种土地可属于君主。

因此，公共资本和土地，即君主或国家所特有的二项大收入泉源，既不宜用以支付也不够支付一个大的文明国家的必要费用，那么，这必要费用的大部分，就必须取给于这种或那种税收，换言之，人民须拿出自己一部分私的收入，给君主或国家，作为一笔公共收入。

第二节　论赋税

本书第一篇说过，个人的私收入，最终总是出于三个不同的源泉，即地租、利润与工资。每种赋税，归根结底，必定是由这三种收入源泉的这一种或那一种或无区别地由这三种收入源泉共同支付的。因此，我将竭尽所能，论述以下各点：第一，打算加于地租的税；第二，打算加于利润的税；第三，打算加于工资的税；第四，打算不分彼此地加于这三项收入源泉的税。由于分别考究此四种赋税，本章第二节要分为四项，其中有三项还得细分为若干小目。我们在后面可以看到，许多这些赋税，开始虽是打算加于某项基金或收入源泉，但结果却不是由那项基金或收入源泉中支付，所以非详细讨论不可。

在讨论各特殊赋税之前，须列举关于一般赋税的四种原则，作为前提。这四种原则如下。

一、一国国民，都须在可能范围内，按照各自能力的比例，即按照各自在国家保护下享得的收入的比例，缴纳国赋，维持政府。一个大国的各个人须缴纳政府费用，正如一个大地产的公共租地者须按照各自在该地产上所受利益的比例，提供它的管理费用一样。所谓赋税的平等或不平等，就看对于这种原则是尊重还是忽视。必须注意，任何赋税，如果结果仅由地租、利润、工资三者之一负担，其他二者不受影响，那必然是不平等的。关于这种不平等，我就这样提一次，不拟多讲，以后，我只讨论由于某特种赋税不平等地落在它所影响的特定私人收入上而引起的那种不平等。

二、各国民应当完纳的赋税，必须是确定的，不得随意变更。完纳的日期，完纳的方法，完纳的额数，都应当让一切纳税者及其他的人了解得十分清楚明白。如果不然，每个纳税人，就多少不免为税吏的权力所左右；税吏会借端加重赋税，或者利用加重赋税的恐吓，勒索赠物或贿赂。赋税如不确定，哪怕是不专横不腐化的税吏，也会由此变成专横与腐化；何况他们这类人本来就是不得人心的。据一切国家的经验，我相信，赋税虽再不平等，其害民尚小，赋税稍不确定，其害民实大。确定人民应纳的税额，是非常重要的事情。

三、各种赋税完纳的日期及完纳的方法，须予纳税者以最大便利。房租税和地租税，应在普通缴纳房租、地租的同一个时期征收，因为这时期对纳税者最为便利，或者说，他在这时期最容易拿出钱来。至于对奢侈品一类的消费物品的赋税，最终是要出在消费者身上的；征取的方法，一般都对他极其便利。当他购物时，缴纳少许。每购一次，缴纳一次。购与不购，是他的自由；如他因这种税的征收而感到何等大的困难，那只有责备自己。

四、一切赋税的征收，须设法使人民所付出的，尽可能等于国家所收入的。如人民所付出的，多于国家所收入的，那是由于以下四种弊端。第一，征收赋税可能使用了大批官吏，这些官吏，不但要耗去大部分税收作为薪俸，而且在正税以外，苛索人民，增加人民负担。第二，它可能妨碍了人民的勤劳，使人民对那些会给许多人提供生计和职业的事业裹足不前，并使本来可利用以举办上述事业的基金，由于要缴纳税款而缩减乃至于消灭。第三，对于不幸的逃税未遂者所使用的充公及其他惩罚办法，往往会倾其家产，因而社会便失去由使用这部分资本所能获得的利益。不适当的赋税，实为逃税的大诱因。但逃税的惩罚，又势必随这诱因的加强而相应地加重。这样的法律，始则造成逃税的诱因，继复用严刑以征逃税，并常常按照诱惑的大小，而定刑罚的轻重，设阱陷民，完全违反普通正义原则。第四，税吏频繁的访问及可厌的稽查，常使纳税者遭受极不必要的麻烦、困恼与压迫。这种烦扰严格地讲，虽不是什么金钱上的损失，但无异是一种损失，因为人人都愿设法来避脱这种烦扰。总之，赋税之所以往往徒困人民而无补于国家收入，总不外由于这四种原因。

上述四原则，道理显明，效用昭著，一切国家在制定税法时，都多少留意到了。它们都曾尽其所知，设法使赋税尽可能地保持公平。纳税日期，输纳方法，务求其确定和便利于纳税者。此外它们并曾竭力使人民于输纳正税外，不再受其他勒索。但下面对于各时代各国家的主要赋税的短短评述，将表明各国在这方面的努力，并未得到同样的成功。

第一项　地租税即加在土地地租上的赋税

加在土地地租上的赋税，有两种征收方法：其一，按照某种标准，对各地区评定一定额地租，估计既定以后，不复变更；其二，税额随土地实际地租的变动而变动，随情况的改善或恶化而增减。

像英国，就是采用前一方法。英国各地区的土地税，是根据一个一定不变的标准评定的。这种固定的税，在设立之初，虽说平等，但因各地方耕作上勤惰不齐的缘故，久而久之，必然会流于不平等。英格兰由威廉及玛利第四年法令规定的各州区各教区的土地税，甚至在设定之初，就是极不公平的。因此，这种赋税，就违反上述四原则的第一原则了，所幸它对于其他三原则，却完全符合。它是十分明确的。征税与纳税为同一时期，它的完纳时期与纳租的时期相同，所以对纳税者是很便利的。虽然在一切场合，地主都是真正纳税者。但税款通常是由佃农垫付的，不过地主在收取地租时，必把它扣还佃农。此外，与其他收入相等的税收比较，这种税征收时使用的官吏是很少很少的。各地区的税额，既不随地租增加而增加，所以地主由改良土地生出的利润，君主并不分享。固然，这些改良有时会成为同一地区的其他地主的破产的原因，但这有时会加重某特定地产租税负担的程度，极其有限，不足阻碍土地的改良及其正常的生产。减少土地产量的倾向既没有了，抬高生产物价格的倾向自亦没有，从而对于人民的勤劳，是绝不会有何等妨害的。地主除了要纳赋税，不会有其他不便，但纳税乃是一种无可避免的不便。

英国地主，无疑是由这土地税不变的恒久性，得到了利益的，但这利益的发生，和赋税本身性质无关，而主要是由于若干外部的情况。

英国自评定土地税以来，各地繁荣大增，一切土地地租，无不继续增加，而鲜有跌落，因此，按现时地租计算应付的税额，和按旧时评定实付的税额之间，就生出了一个差额，所有的地主，几乎都按这差额而得了利益。假使情形与此相反，地租因耕作衰退而逐渐低落，那一切地主就几乎都得不到这差额了。按英国革命以后的情势，土地税的恒久性，有利于地主而不利于君主；设若情势与此相反，说不定就有利于君主，而不利于地主了。

国税既以货币征收，土地的评价，自以货币表现。自作了此评价以来，银价十分固定；在重量上和品质上，铸币的法定标准都没有变更。假若银价显著腾贵，像在美矿发现之前两世纪那样，则此评价的恒久性，将使地主大吃其亏。假如银价显著跌落，像在美矿发现之后一世纪那样，则君主的收入，会因此评价的恒久性而大大减少。此外，如货币法定标准变动，同一银量，或被抑低为较小的名义价格，或被提高为较大的名义价格，例如，银一盎斯，原可铸五先令二便士，现在不照这办法，而用以铸二先令七便士或十先令四便士，那么，在后一场合吃亏的是收税的君主，在前一场合，吃亏的是纳税的地主。

因此，在与当时实际情况多少相异的情形下，这种评价的恒久性，就不免要使纳税者或国家感到极大的不便。然而，只要经过长久时间，那种情况就必有发生的一天。各帝国虽与一切其他人为的事物相同，其命运有时而尽，但它们却总图谋永远存在。所以帝国的任何制度，被认为应与帝国本身同样永久的，都不但求其便利于某些情形，而且当求其便利于一切情形。换言之，制度不应求其适合于过渡的、一时的或偶然的情况，而应求其适合于那些必然的而因此是不变的情况。

征收土地税，随地租的变动为转移，或依耕作状况的进步退步为高下。这曾被法国自命为经济学派的那一派学者，推为最公平的税。他们主张：一切赋税，最终总是落在土地地租上。因此，应该平等地课于最后支付赋税的源泉。一切赋税应该尽可能平等地落在支付它们的最后源泉，这无疑是对的。但是，他们这种极微妙的学说，无非立足于形而上学的议论上，我不欲多所置辩。我们只要看以下的评述，就可十分明了：何种赋税，最终出自地租，何种赋税，最终出自其他资源。

在威尼斯境内，一切以租约贷与农家的可耕土地，概征等于地租十分之一的税[①]。租约要在公家登记册上登记，这登记册由各地区的税吏保管。设若土地所有者自耕其地，其地租即由官吏公平估定，然后减去税额五分之一。因此，土地所有者对这种土地所纳的赋税，就不是估定的地租的百分之十，而是百分之八了。

与英国的土地税比较，这种土地税，确是公平得多。但它没有那样确定。它在估定税额上，常常可能使地主感到大得多的烦恼，在征收上可能要耗费大得多的费用。

设计这样一种管理制度，既能在很大程度上防止上述不确定性，又能在很大程度上减轻上述费用，也许不是做不到的吧。

比如，责令地主及佃农两方，必须同在公家登记册上登记租约。设若一方有隐匿伪报情弊，即科以相当罚金，并将罚金一部分给予告发及证实此情弊的他方，这样，主佃伙同骗取公家收入的弊窦，可得到有效的防止。而一切租约的条件，就不难由这登记册征

① 见《关于欧洲法律及赋税的记录》第1卷，第240—241页。

知了。

有些地主，对于租约的重订，不增地租，只求若干续租金。在大多数场合，这是浪子的行为，他们为贪得这现金而舍去其价值大得多的将来收入。不待说，在大多数场合，这行为是有损于地主自己的，但也时常损害佃人，而在一切场合，都对国家有害。因为，佃农常会因此费去很大部分的资本，从而大大减低其耕作土地的能力，使他感到提供续租金而付较低的地租，反比增付较高的地租更加困难。况且土地税为国家最重要的一部分收入，因此，凡减低佃农的耕作能力从而损害土地税收入的事情，都对国家有害。总之，要求续租金，是一种有害的行为。假若对于这种续租金，课以比普通地租重得多的赋税，该行为或可阻止，而一切有关系的人，如地主、佃农、君主乃至全社会，均将受益匪浅。

有的租约，规定佃农在整个租期内，应采何种耕作方法，应轮种何种谷物。这个条件，多由于地主自负其具有优越知识的结果（在大多数场合，这种自负是毫无根据的）。佃农受此拘束，无异于提供了额外的地租，所不同的，以劳务不以货币罢了。欲阻止此愚而无知的办法，唯有对于此种地租，从高评定，课以较普通货币地租为高的税率。

有些地主不取货币地租，而要求以谷物、牲畜、酒、油一类实物缴纳地租；有些地主，又要求劳务地租。不论实物地租或劳务地租，通常都是利于地主的少，而损于佃农的多。佃农腰包所出，往往多于地主财囊所入。实行这些地租的国家，佃农通是贫乏不堪的，实行愈严格，贫乏即愈厉害。这种贻害全社会的勾当，如使用同一方法，即对这种地租高其估计，课以较普通货币地租为高的税率，那也许是制止得了的。

当地主自耕其所有地一部分时，其地租可由邻近农人及地主公平估定。此估定的地租，如未超过某一定额，可照威尼斯境内所行办法，略减其若干税额。奖励地主自耕，是很关重要的。因为地主的资本，大抵较佃农为多，所以，耕作纵谈不及佃农熟练，常常能够得到较丰盈的收获。他有财力进行试验，而且一般是有意进行试验的。试验不成功，所损于他的有限，试验一成功，所利于全国耕作改良的无穷。可是，借减税鼓励地主自耕，只可做到足以诱使他自耕其一部分土地的程度。设使一大部分地主都被引诱去自耕其所有土地，那全国将充满着懒惰放荡的地主管家（为着自身利益而不得不在所拥有的资本及所掌握的技能的许可范围内尽力耕作的认真和勤勉的佃农，尽被那些地主管家所替代）。地主管家这种滥费的经营，不到几久，便会使耕作荒废，使土地年产物缩减，这一来，受其影响的，将不仅地主的收入，全社会最重要收入的一部分，亦将因而减少。

像上述那种管理制度，一方面也许可以免除这一种税收由于不确定所加于纳税者的压迫与不便；另一方面，在土地的一般经营上，也许又可由此导入一种对全国土地的一般改良及全国耕作的改善有极大贡献的计划或政策。

土地税随地租变动而变动，其征收费用，无疑较额定不变的所费为多。因为，在这制度下，不能不在各地多设登记机构，而当地主决定自耕其土地时，就须重新评定该地的地租，而两者都要增加费用。不过，这一切费用，大抵都很轻微，和其他收入比这种土地税少得多的税收的征收费用相比，实不算一回事。

可变土地税会阻碍耕地改良，似可作为反对此税的最重要口实。因为，如果君主不分摊改良的费用，而分享改良所得的利润，为地主者，必比较不愿从事土地的改良。然而，就是这种阻碍，也许亦有法可以免除。要是在地主进行改良土地之前，许其会同收税官吏，依照双方共同选择的邻近地主及农夫各若干人的公平裁定，确定土地的实际价值，然后在一定年限内，依此评价课税，使其改良所费，能完全得到赔偿，这样他就没有什么不愿改良土地了。这种赋税的主要利益之一，在于使君主因注意自身收入的增加，而留心土地的改良。所以，为赔偿地主而规定的上述期间，只应求达到赔偿目的，不应定得太长；如地主享受这利益的时期太远，那就恐怕会大大阻碍君主的这种注意。可是，在这种场合，与其把那期间定得太短，却倒无妨定得略长一些。因为，促进君主留意农事的刺激虽再大，也不能弥补哪怕是最小的阻碍地主注意改良土地的动机。君主的注意，至多只能在极一般的、极广泛的考虑上，看怎样才有所贡献于全国大部分土地的改良。至于地主的注意，则是在特殊的细密的计较上，看怎样才能最有利地利用他的每寸土地。总之，君主应在其权力所及范围内，以种种手段鼓励地主及农夫注意农事，就是说，使他们两者，能依自己的判断及自己的方法，追寻自己的利益；让他们能最安全地享受其勤劳的报酬；并且，在领土内设置最便利最安全的水陆交通机关，使他们所有的生产物，有最广泛的市场，同时并得自由无阻地输往其他各国。凡此种种，才是君主应当好好注意的地方。

假若这种管理制度，能使土地税不但无碍于土地的改良，而且使土地改良有所促进，那么土地税就不会叫地主感到何等不便，要说有，那就是无可避免的纳税义务了。

社会状态无论怎样变动，农业无论怎样进步或退步，银价无论怎样变动，铸币法定标准无论怎样变动，这样一种赋税即无政府注意，亦自会不期然而然地与事物的实际状态相适应，而且在这些变动下，都会同样适当，同样公平。所以，最适当的办法，不是把它定为一种总是按一定评价征收的税，而是把它定为一种不变的规定，或所谓国家的基本法。

有的国家，不采用简单明了的土地租约登记法，而不惜多劳多费，实行全国土地丈量。它们这样做，也许因为怕出租人和承租人会伙同隐蔽租约的实际条件，以骗取公家收入。所谓土地丈量册，似乎就是这种很确实的丈量的结果。

在旧日普鲁士国王领土内，征收土地税，都以实际丈量及评价为准，随时丈量，随时变更[①]。依当时的评价，对普通土地所有者，课其收入百分之二十至二十五，对教士们课其收入百分之四十至四十五。西里西阿土地的丈量及评价，是依现国王命令施行，据说非常精确。按这评价，属于布勒斯洛主教的土地，征其地租百分之二十五；新旧两教教士的其他收入，则取其百分之五十。条顿骑士团采邑及马尔达骑士团采邑，通输纳百分之四十。贵族保有地，为百分之三十八点三三，平民保有地，则为百分之三十五点三三。

波希米亚土地的丈量及评价，据说是进行百年以上的工作，直到 1748 年媾和后，才由现在女王[②]的命令限其完成。由查理六世

① 《关于欧洲法律及赋税的记录》第 1 卷，第 114—116 页。

② 同上，第 83—84 页。

时代着手的米兰公领地的测量，到 1760 年以后才完全竣事。据一般评论，这丈量的精确是从来所未有的。塞沃伊及皮德蒙特的丈量，是出于故王沙廷尼亚的命令[①]。

在普鲁士王国中，教会收入的课税，比普通土地所有者收入的课税要高得多。教会收入的大部分，都出自土地地租，但用这收入改良土地，或在其他方面增进大多数人收入的事，那是不常见到的。也许因为这个缘故吧，普鲁士国王觉得教会收入，理应对国家的急需，比一般要多负担。然而有些国家，教会土地却全然免税；有些国家，即有所税，亦较其他土地为轻。1577 年以前，米兰公国领土内一切教会土地，仅按它的实际价值三分之一课税。

在西里西阿，课于贵族保有地的税，比课于平民保有地的税高百分之三。这种差异，恐系由于普鲁士国王有以下的想法：前者既享有种种荣誉、种种特权，那就很够抵偿他略高的赋税负担；同时，后者所感觉的不如人的耻辱，可从减轻赋税负担，使其得到几分弥补。然而在其他国家则不然，它们的赋税制度，不但不减轻平民的负担，却反加重平民的负担。如在沙廷尼阿国王领地内，及在实行贡税的法国各省，其赋税全由平民保有地负担，贵族保有地反概予豁免。

按照一般丈量及评价而估定的土地税，其开始虽很公平，但实行不到多久，就必定变为不公平。为防止这流弊，政府要不断地耐心地注意国中各农场的状态及其产物的一切变动。普鲁士政府、波希米亚政府、沙廷尼阿政府以及米兰公国政府，都曾实际注意及

① 《关于欧洲法律及赋税的记录》第 1 卷，第 287—316 页。

此。不过,这种注意,很不适于政府的性质,所以很难持久;即或长久注意下去,久而久之,不但对纳税者无所助益,而且会惹起更多的烦难。

据说,在1666年,芒托本课税区所征收的贡税,系以极精确的丈量及评价为准①。但到1727年,这税却变为完全不公平了。为矫正此种弊病,政府除对全区追课一万二千利弗附加税外,再也找不出其他较好的方策。这项附加税,虽按规定要课在一切依照旧的估定税额征课贡税的税区,但事实上只课在依照旧的估定税额实际上纳税过少的地方,借以津贴依照旧的估定税额实际上纳税过多的地方。比如现在有两个地区,其一,按实际情况应税九百利弗,其二,应税一千利弗。而按旧的估定税额,两者通税一千利弗。在征收附加税后,两者的税额,都定为一千一百利弗。但要纳附加税的,只限于前此负担过少的地区;前此负担过多的地区,则由此附加税额给予救济。所以后者所输纳的,不过九百利弗。附加税既完全用以救济旧估定税额上所生的不公平,所以,对政府毫无得失可言。不过,这种救济方法的运用,大抵是凭税区行政长官的裁夺,所以,在很大程度上是独断独行的。

不与地租成比例而与土地生产物成比例的赋税

课于土地生产物的赋税,实际就是课于土地地租的赋税。这赋税,起先虽由农民垫支,结果仍由地主付出。当生产物的一定部分,作为赋税付出时,农民必尽其所能计算这一部分逐年的大体价

① 《关于欧洲法律及赋税的记录》第2卷,第139页及以下各页。

值，究竟有多少，于是从他既经同意付给地主的租额中，扣除相当的数目。向教会缴纳的什一税，就是这一类赋税。农民交出这年产物，而不预先估算其逐年大抵价值，那是没有的事。

什一税及其他一切类似土地税，表面看似乎十分公平，其实极不公平。在不同情况下，一定部分的生产物，实等于极不相同部分的地租。极肥沃的土地，往往产有极丰盈的生产物；那生产物有一半，就够偿还农耕资本及其普通利润，其他一半，或者其他一半的价值，在无什一税的场合，那是足够提供地主的地租的。但是，租地者如把生产物之十分之一付了什一税，他就必须要求减少地租五分之一，否则，他的资本及利润，就有一部分没有着落。在这种情况下，地主的地租，就不会是全生产物的一半或十分之五，而只有十分之四了。至于贫瘠土地，其产量有时是那么少，而费用又那么大，以致农家资本及其普通利润的偿还，须用去全生产物的五分之四。在此情况下，即无什一税，地主所得地租，亦不能超过全生产物的五分之一或十分之二。如果农民又把生产物的十分之一付了什一税，他就要从地租减除相等的数额，这样，地主所得，就要减到只相当于全生产物的十分之一了。在肥沃土地上，什一税往往不过等于每镑四分之一或每镑四先令的税，而在较贫瘠土地上，什一税有时要等于每镑二分之一或每镑十先令的税。

什一税既常为加在地租上的极不公平的赋税，因此对于地主改良土地及农夫耕种土地，常为一大妨碍。教会不支出任何费用，而分享这么大的利润；这样在地主，就不肯进行那最重要、也往往就是需要最多费用的各种改良；在农夫，亦不肯种植那最有价值、大抵也就是最多费用的谷物。欧洲自什一税实施以来，栽培茜草，并独占此有用染料的，只有荷兰联邦，因为那里是长老教会国家，没有这种恶税。最近英格兰亦开始栽培茜草了，这就因为议会制有法令，规定种茜草地，每亩只征抽五先令，以代替什一税。

亚洲有许多国家，正如欧洲大部分地方的教会一样，其主要收入，都仰给于征收不与土地地租成比例而与土地生产物成比例的土地税。中国帝王的主要收入，由帝国一切土地生产物的十分之一构成。不过，这所谓十分之一，从宽估计，以致许多地方据说还没有超过普通生产物的三十分之一。印度未经东印度公司统治以前，孟加拉回教政府所征土地税，据说约为土地生产物五分之一。古代埃及的土地税，据说也为五分之一。

亚洲这种土地税，使亚洲的君主们，都关心土地的耕作及改良。据说中国的君主、回教治下的孟加拉君主、古代埃及君主为求尽量增加其国内一切土地生产物的分量和价值，都曾竭尽心力，从事公路及运河的创建与维持，使得每一部分生产物，都能畅销于国内。欧洲享有什一税的教会则不同。各教会所分得的什一税，数量细微，因此没有一个会像亚洲君主那样关心土地的耕作及改良。一个教区的牧师，绝不能发现有什么利益，向国内僻远地方修建运河或公路，以拓展本教区产物的市场。因此，这种税，如用以维持国家，其所带来的若干利益，尚可在某种限度抵消其不便；若用以维持教会，那就除不便外，再也无利益可言了。

课于土地生产物的赋税，有的是征收实物，有的是依某种评价征收货币。

教区牧师和住在自己田庄内的小乡绅，有时觉得以实物收取什一税或地租，也许有若干利益。因为，他征集的分量既少，所从征集的区域又小，所以对每一部分应收实物的收集和处理，自己通能亲自监视。可是，一个住在大都市而有大资产的绅士，如对于其散在各地的田庄的地租，亦征收实物，那就不免要蒙受其承办人及代理人怠慢的危险，尤其是这般人舞弊的危险。至于税吏由滥权溺职所加于君主的损失，那无疑还要大得多。一个普通人，哪怕凡事极其粗心大意，但与小心谨慎的君主比较，对于督视使用人那一点，恐怕要强得多。公家收入，如以实物征收，由于税吏胡乱处理所遭的损失，实际纳到国库的，往往不过人民所出之一小部分。然而中国公家收入的若干部分，据说就是这样征收的。中国大官及其税吏们，无疑的都乐得保持这种征税惯例，因为征收实物，是远较征收货币容易舞弊多了。

土地生产物税征收货币，有的是按照随市场价格变动而变动的评价；有的则是按照一定不变的评价，例如，市场状态无论如何变动，一蒲式耳小麦总是评作同一货币价格。以前法征收的税的税额，不过随耕作勤惰对实际生产物所生的变动而变动，以后法征收的税的税额，就不但随土地生产物上的变动而变动，而且会随贵金属价值的变动，乃至随各时代同名铸币所含的贵金属分量的变动而变动。因此，就前法言，税额对于土地实际生产物的价值，总是保持同一的比例；就后法言，税额对于那个价值，在不同时期会保持大不相同的比例。

不征收土地生产物的一定部分或一定部分的价格，而收取一定额货币来完全代替所有赋税或什一税，这种税，就恰与英格兰土地税为同一性质。这种税，既不会随土地地租而腾落，也不会妨碍或促进土地的改良。有许多教区，不以实物征收什一税，而以货币代替实物的税。那种税法,亦与英格兰土地税相类似。在孟加拉回教政府时代,其所属大部分地区,对于征收生产物五分之一的实物,亦据说是以相当少的货币代替。此后,东印度公司的某些人员,因借口把公家收入恢复到其应有的价值,在若干州区,也把货币代税改为实物付税。可是,在他们管理之下,这一改变,一方面因阻碍耕作,同时又造成征收上营私舞弊的新机会,所以与他们开始管理那种税收时比较,公家收入曾大大减少。公司人员大抵曾从这个改变得了好处,但恐怕是以他们的主人及国家为牺牲的。

房　租　税

房租可以区分为两个部分:其一,或可称为建筑物租;其二,通常称为地皮租。

建筑物租,是建筑房屋所费资本的利息或利润。为使建筑业与其他行业立于同一水准,这种建筑物租,就须第一足够支给建筑业者一种利息,相当于他把资本对确实抵押品贷出所能得到的利息;第二足够他不断修理房屋,换句话说就是他在一定年限内能收回其建筑房屋所费的资本。因此,各地的建筑物租,或建筑资本的普通利润,就常受货币的普通利息的支配。在市场利率为百分之四的地方,建筑物的租金,如除去地皮租后,尚能提供相当于全部建筑费用的百分之六或百分之六点五的收入,那建筑主的利润,就算是足够了。在市场利率为百分之五的地方,就也许要提供相当于全部建筑费的百分之七或百分之七点五的建筑主利润,才算是足够的。利润既与利息成比例,如果建筑业的利润,在任何时候超过上述比率过多,则其他行业上的资本,将会有很多移用到建筑业上来，直至这方面的利润，降到它正当的水平为止。反之，如果建筑业的利润，在任何时候低于该比率过多，则这方面的资本立即会移用到其他行业上，直至建筑业利润，再抬高到原来的水平为止。

全部房租中，凡超过提供合理利润的部分，自然归作地皮租。在地皮主与建筑主为各别个人的场合，这部分，大抵要全数付与前者。此种剩余租金，是住户为报酬屋址所提供的某种真实或想象的利益而付给的代价。在离大都市辽远、可供选择建筑房屋的空地很多的地方，那里的地皮租，就几乎等于零，或比那地皮用于农业的场合所得不会更多。大都市附近的郊外别墅，其地皮租就有时昂贵得多。至于具有特别便利，或周围风景佳美的位置，不待说，那是更其昂贵。在一国首都，尤其是在对房屋有最大需要的特别地段内（不问这需要是为了营业，为了游乐，或只为虚荣和时尚），地皮租大都是最高的。

对房租所课的税，如由住户付出，且与各房屋的全租成比例，那就至少在相当长期内不会影响建筑物租。建筑业者如得不到合理利润，他就会不得已抛弃这行业，这一来，不要多久，建筑物的需要提高，他的利润便会恢复原状，而与其他行业的利润，保持同一水准。这种税，也不会全然落在地皮租上。它往往会这样自行区分为两部分，一部分由住户担当，一部分由地皮主支出。

比方，假定有一个人，断定他每年能出六十镑的房租，又假定，加在房租上由住户支出的房租税，为每镑四先令，或全租金的五分之一，那么，在这场合，六十镑租金的住宅，就要费他七十二镑；其中有十二镑，超过了他认为能担负的额数。这一来，他将愿意住坏点的，或租金五十镑一年的房屋，这五十镑，再加上必须支付的房租税十镑，恰恰为他断定每年所能负担的六十镑的数额。为要付房租税，他得放弃房租贵十镑的房屋所能提供的另外便利的一部分。我说他得放弃这另外便利的一部分，因为他很少得放弃其全部。有了房租税，他会以五十镑租得无税时五十镑所租不到的较好的房屋。因为，这种税，既把他这个竞争者排除去，对于年租六十镑的房屋，竞争自必减少，对于年租五十镑的房屋，竞争亦必同样减少，以此类推，除了租金最低无可再减，而且会在一定时间因此增加其竞争的房屋外，对于其他一切房屋，竞争都会同样减少；其结果，一切竞争减少的房屋的租金都必多少下落。可是，因为减少的任何部分，至少在相当长期内，不会影响建筑物租，所以，其全部就必然要落在地皮租上。因此，房租税最后的支付，一部分落在那因为分担此税而不得不放弃其一部分便利的住户头上，另一部分落在那因为分担此税而不得不放弃其一部分收入的地皮所有者头上。至于他们两者间，究以何等比例分担这最后支付，那也许是不容易断定的。大约在不同情况下，这种分配会极不一样；而且，随着这些不同情况，住户及地皮所有者，会因此税而受到极不相同的影响。

地皮租所有者由于此税所可能受到的不平等，完全是由于上述分担上偶然发生的不平等。但住户由于此税所可能受到的不平等，就除了分担上的原因以外，还有其他原因。房租对于全部生活费的比例，随财产的大小程度而不同。大约，财产最多，此种比例最大；财产逐渐减少，此种比例亦逐渐减低；财产最少，此种比例最小。生活必需品，是贫者费用的大部分。他们常有获得食物的困难，所以他们细微收入的大部分，都是费在食物上。富者则不然。

他们主要的收入，大都为生活上的奢侈品及虚饰品而花费掉；而壮丽的居室，又最能陈饰他的奢侈品，显示他的虚荣。因此，房租税的负担，一般是以富者为最重。这种不平等，也许不算怎么背理。富者不但应该按照收入比例为国家提供费用，而且应该多贡献一些，难道可说这是不合理的吗？

房租在若干点上，虽与土地地租相似，但在某一点上，却与土地地租根本不同。土地地租的付给，是因为使用了一种有生产力的东西，支付地租的土地，自己产生地租。至于房租的付给，却因为使用了一种没有生产力的东西。房屋乃至房屋所占的地皮，都不会生产什么。所以，支付房租的人，必须由其他与房屋绝不相关的收入来源中提取所需的款。只要房租税是落在住户身上，它的来源必与房租本身的来源相同，而必由他们的收入来支付，不管这收入是来自劳动工资、资本利润或土地地租。只要房租税是由住户负担，它就是这样一种的税，即不是单独课于那一种收入来源，而是无区别地课于上述一切收入来源，在一切方面都与任何消费品税有同一的性质。就一般而论，恐怕没有哪一种费用或消费，比房租更能反映一个人全费用的奢俭。对这种特殊消费对象比例征税，也许所得收入，会较今日欧洲任何其他税收为多。不过，房租税如定得太高，大部分人会竭力避免，以较小房屋为满足，而把大部分费用移转于其他方面。

确定房租，如采用确定普通地租所必须采用的方策，就容易做到十分正确的地步。无人居住的房屋，自当免税。如果对它征税，那税就要全部落在房屋所有者身上，使他为不给他提供收入也不给他提供便利的东西完税。设所有者自己居住，其应纳税额，不应当以其建筑费为准，而应按房屋要是租给别人依照公平裁定所能租得的租金为准。假若依其建筑所费为准，那每镑三先令或四先令的税，再加上他项税捐，就几乎会把全国的富户大家全都毁掉，并且，我相信，其他一切文明国如都这样做，也都会得到同一结果。不论是谁，只要他留心考察本国若干富户大家的城中住宅及乡下别墅，他就会发现，如按这些地宅的原始建筑费百分之六点五或百分之七计算，他们的房租，就将近要等于他们地产所收的全部净租。他们所建造的宏壮华丽的住宅，虽积数代的经营，但与其原费相比，却仅有极少的交换价值①。

与房租比较，地皮租是更妥当的课税对象。对地皮租课税，是不会抬高房租的。那种税，将全由地皮所有者负担。地皮所有者总是以独占者自居，对于地皮的使用，尽可能地要求最大的租金。其所得租金为多为少，取决于竞相争用地皮者为贫为富，换言之，取决于他们能够出多出少来满足其对一块地皮的爱好。在一切国家，争用地皮的有钱人，以在国都为最多，所以国都中的地皮，常能得到最高的租金。不过，竞争者的财富，既不会因地皮税而有所增加，所以他们对于使用地皮，亦不愿出更多的租。地皮租的税，是由住户垫支，或是由地皮所有者垫支，无关紧要。住户所必须付纳的税愈多，所愿付的地皮租就愈少。所以地皮税的最后支付，完全要落在地皮所有者身上。无人居住的房屋的地皮租，当然不应该课税。

在许多场合，地皮租及其他普通土地地租，同为所有者不用亲

① 本书初版以来，英国的房屋税，几乎都是按上述原理课征。

自劳神费力，便可享得的收入。因此，把他这种收入，提出一部分充国家费用，对于任何产业，都不会有何等妨害。地皮课税以后，与未税以前比较，社会土地劳动的年产物，即人民大众的真实财富与收入是不会两样的。这样看来，地皮租及其他普通土地地租，就恐怕是最宜于负担特定税收的收入了。

单就这点说，地皮租甚至比普通土地地租更适合作为特定税的对象。因为，在许多场合，普通土地地租至少是部分归因于地主的注意和经营。地租税过重，足以成为这注意和经营的妨害。地皮租则不然。地皮租就其超过普通土地地租的数目说，完全是由于君主的善政。这善政，保护全人民的产业，同时，保护若干特殊住民的产业，使这些住民能对其房屋所占地皮，偿付大大超过其实际价值的租金，或者说，使这些住民能对地皮所有者提供大大超过足够赔偿地皮被人使用所受的损失的报酬。对于借国家善政而存在的资源，课以特别的税，或使其纳税较多于其他大部分收入资源以支援国家的费用，那是再合理没有的。

欧洲各国，虽然大都对于房租课税，但就我所知，没有一国把地皮租视为另一项税收的对象。税法设计者，对于确定房租中什么部分应归地皮租，什么部分应归建筑物租，也许曾感到几分困难。然而要把它们彼此区分，究竟不是何等了不起的困难。

在英国，有所谓年土地税，照此种税法，房租税的税率，应该是和地租税的税率相同。各不同教区和行政区，征收此税所定的评价，彼此常为一样。那在原来已是极不公平，现今依然如此。就全王国大体说，此税课在房租上的，依然比课在地租上的要轻一些。仅有税率原来很高而房租又稍稍低落的少数地区，据说，每镑三先令或四先令的土地税，与实际房租的比例相等。无人居住的房屋，法律虽规定要纳税，而在大多数地区，却由估税吏的好意免除了。这种免除，有时引起某些特定房屋的税率的小变动，但全地区的税率总是一样。房屋建筑修理，租金有增加，房租税却无增加，这就使特定房屋的税率，发生更大的变动。

在荷兰领土内[①]，所有房屋，不管实际房租多少，也不管有人住着还是空着，一律按其价值，课税百分之二点五。对于无人居住的房屋，即所有者不能由此取得收入的房屋，也勒令纳税，尤其是纳那么重的税，未免苛刻。荷兰的市场利息率，普通不过百分之三，对于房屋的整个价值，课百分之二点五的重税，那在大多数场合，就要达到建筑物租三分之一以上，或达到全部租金三分之一以上。不过，据以征税的评价，虽极不平等，但大都在房屋的实际价值以下。当房屋再建、增修或扩大时，就要重新评价，其房租税即以此新评价为准。

英格兰各时代房屋税的设计者，似乎都有这个想法，即相当正确地确定各房屋的实际房租，非常困难。因此，他们规定房屋税时，就根据一些比较明显的事实，即他们认定在大多数场合对房租保有相当比例的事实。

最初，有所谓炉捐，每炉取二先令。为要确定一房屋中究竟有几炉，收税吏有挨室调查的必要。这种讨厌的调查，使这种税成为一般人讨厌的对象。所以，革命后不久，即被视为奴隶制度的标志，而被废除了。

① 《关于欧洲法律及赋税的记录》，第223页。

继炉捐而起的，为对于每住屋课以二先令的税。房屋有十四窗，增课四先令，有二十窗乃至二十窗以上，增课八先令。此税后来大有改变。凡有窗二十乃至三十以下的房屋，课十先令，有窗三十乃至三十以上的房屋，课二十先令。窗数大抵能从外面计算，无论如何，总不必侵入各私人的内室。因此，关于这种税的调查，就没有炉捐那样惹人讨厌了。

往后，此税又经废止，而代以窗税。窗税设立后，亦曾有几许变更和增加。到今日(1775 年 1 月)英格兰每屋除课三先令，苏格兰每屋除课一先令以外，窗户另税若干。税率是逐渐上升的，在英格兰，由对不到七窗的房屋所课最低二便士的税，升至对有二十五窗乃至二十五窗以上的房屋所课最高二先令的税。

这各种税惹人反对的地方，在于不得其平。而其中最坏的，就是它们加在贫民身上的，往往比加在富者身上的，反要重些。乡间市镇上十镑租金的房屋，有时比伦敦五百镑租金房屋的窗户还要多。不论前者的住户怎么穷而后者的住户怎么富，但窗税既经规定下来，前者就得负担较多的国家费用。这一年，这类税就直接违反前述四原则的第一原则了。不过，对于其他三原则，倒还不见得怎样乖违。

窗税乃至其他一切房屋税的自然倾向，是减低房租。一个人纳税愈多，明显地，他所能负担的房租就愈少。不过据我所知，英国自窗税施行以来，通计所有市镇乡村的房屋租金，都多少提高了若干。这是因为各地房屋需要增加，使房租提高的程度超过了窗税使其减低的程度。这事实可以证明，国家繁荣程度已经增大，居民收入已经增多。设无窗税，房租也许是会提得更高的。

第二项　利润税即加在资本收入上的赋税

由资本所生的收入或利润，自会分成两个部分：其一为支付利息，属于资本所有者；其二为支付利息以后的剩余。

后一部分利润，分明是不能直接课税的对象。那是投资危险及困难的报酬，并且，在大多数场合，这报酬是非常轻微的。资本使用者，必得有这项报酬，他才肯继续使用，否则，从其本身利益打算，他是不会再做下去的。因此，假如他要按全利润的比例，直接受课税负担，他就不得不提高其利润率，或把这负担转嫁到货币利息上面去，即是少付利息。假若他按照税的比例而抬高其利润率，那么，全税虽或由他垫支，结果还是按照他的投资方法，而由以下两种人民之一付出。假若把他用作农业资本，栽种土地，他就只能由保留一较大部分土地生产物或较大部分土地生产物的价值，而抬高其利润率。他要想这样做得通，唯有扣除地租，这样，此税最后的支付，就落到地主身上了。假若把他用作商业资本或制造业资本，他就只能由抬高货物价格，而提高其利润率。在这一场合，此税最后的支付，就要完全落到消费者身上。假若他没有抬高利润率，他就不得不把全税转嫁到利润中分归货币利息的那一部分上去。他对于所借资本，只能提供较少利息，那税的全部，就终于由货币利息担当。在他不能以某一方法减轻他自己的负担时，他就只有采用其他方法来补救。

乍看起来，货币的利息，就好像和土地地租一样，是能够直接课税的对象。正如土地地租一样，货币利息，是完全除了投资危险与困难的报酬后所剩下的纯收入。地租税不能抬高地租，因为偿还农业家资本及其合理利润后，所剩下的纯收入，绝不能在税后大于税前。同此理由，货币利息税，也不能抬高利息率，因为一国的资本量或货币量，与土地量同，税前税后，在推想上，都是一样的。本书第一篇说过：普通利润率，到处都是受可供使用的资本量对于使用的资本量的比例的支配，换言之，到处都是受可供使用的资本量对于必须使用资本来进行的营业量的比例的支配。但资本使用量，或使用资本进行的营业量，绝不会因任何利息税而有所增减。如果可供使用的资本，不增不减，那么，普通利润率，就必然要保持原状不变。但是，报偿投资者的危险和困难所必要的利润部分，也同样会保持原状不变，因为投资的危险和困难并无改变。因此，残余部分，即属于资本所有者，作为货币利息的部分，也必然要保持原状不变。所以，乍看起来，货币利息就好像和土地地租一样，是能够直接课税的对象。

然而与地租比较，货币利息究竟是不宜于直接课税的，这有两种的情由。

第一，个人所有土地的数量与价值，绝不能保守秘密，而且常能正确地确定。但是，一个人所拥有的资本全额，却几乎常是秘密的，要相当正确地确定，差不多是做不到。此外，资本额随时容易发生变动。慢讲一年，就是一月、一日，也常有增减。对于各个人私人情况的调查，即为求适当课税，而调查监视各个人的财产变动，乃是非常使人生气，非人所能忍受的事情。

第二，土地是不能移动的，而资本则容易移动。土地所有者，必然是其地产所在国的一个公民。资本所有者则不然，他很可说是一个世界公民，他不一定要附着于那一个特定国家。一国如果为了要课以重税，而多方调查其财产，他就要舍此他适了。他并且会把资本移往任何其他国家，只要那里比较能随意经营事业，或者比较能安逸地享有财富。他移动资本，这资本前此在该国所经营的一切产业，就会随之停止。耕作土地的是资本，使用劳动的是资本。一国税收如有驱逐国内资本的倾向，那么，资本被驱逐出去多少，君主及社会两方面的收入源泉，就要枯竭多少。资本向外移动，不但资本利润，就是土地地租和劳动工资，亦必因而缩减。

因此，要对资本收入课税的国家，历来都不采用严厉的调查方法，而往往不得已，以非常宽大的，因而多少是随便的估算方法为满足。采用这个课税方法，其极度的不公平不确定，只可用极低的税率才能抵偿。因为照此做的结果，每个人都会觉得，自己所税，已远较其实际收入为低，那么邻人所税虽比他低一些，他也就没有什么过不去了。

英格兰所谓土地税，原来是打算和对资本所课的税采用同一的税率。当土地税率，每镑课四先令，即相当于推定的地租的五分之一时，对于资本，也打算课其推定的利息的五分之一。当现行土地税初行的时候，法定利息率为百分之六，因此，每百镑资本，应该课税二十四先令，即六镑的五分之一。自从法定利息率缩减为百分之五，每百镑资本应该只课二十先令。这所谓土地税征收的金额，乃由乡村及主要市镇分摊，就中一大部分是由乡村负担。市镇方面负担的部分，大半是课自房屋，其对市镇上的资本或营业（因为对于投在土地上的资本不打算课税）征税的部分，远在资本或营业的实际价值以下。因此，不论原始估定的税额，不怎么公平，以轻微缘故，终没有惹起何等纷扰。今日由于全国将近普及的繁荣，在许多地方，土地、房屋及资本的价值，已增高很多了，然而各教区、各地区对于这一切的课税，却依旧是继续使用那最初估定的税额，所以在现在看来，那种不公平，更无甚关系。加之，各地区的税率久无变动，这一来，这种税的不确定性，就其课在个人的资本说，已大大减少了，同时，也变成更不重要了。假若英格兰大部分土地，没有依其实际价值的一半估定税额，那么，英格兰大部分资本，就恐怕没有依其实际价值五十分之一估定税额。在若干市镇中，如威斯敏斯特，全部土地税，都是课在房屋上，资本和营业，全不征税。但伦敦不是如此。

无论哪个国家，都曾小心谨慎回避了严密调查个人私事的举动。

在汉堡地方[①]，每个居民，对其所有一切财产，都得对政府纳千分之二点五的税。由于汉堡人民的财产，主要为资本，所以，这项税，实可视为一种资本税。各个人输纳国库的税额，得由自己估定，每年在长官之前，把一定数额的货币，付入国家金库，并宣誓那是他所有财产总额的千分之二点五，但无须宣布其财产额，也不受任何盘诘。这种税的完纳，一般是非常忠实的。因为，在一个小小共和国中，那里的人民，都完全信赖长官，都确信赋税是维持国家所必要，并且都相信，所出的税，将忠实地为维持国家而使用，这种凭良心的自发的纳税办法，有时是会做得通的，不限于汉堡人民。

瑞士翁德沃尔德联邦，常有暴风及洪水的灾害，所以常有筹集

① 《关于欧洲法律及赋税的记录》第1卷，第74页。

临时费的必要。遇此场合，人民就聚在一起，非常坦白地宣布其财产额数，然后依此课税。在久里奇，根据法律，每有紧急需要，法律即命令各个人应依其收入比例纳税，对于该收入数额，人人负有发誓宣布的义务。据说，当地行政当局，从来没猜疑其同胞市民欺骗他们。在巴西尔，政府的主要收入，都出自出口货物的小额关税。一切市民，都应当宣誓要每三个月缴付按法应纳的一定税款。一切商人，甚至一切旅舍主人，都须亲自登记其在领土内外所卖的货物，每到三个月末尾，就把计算单——在该单下端算出税额——送呈国库官吏。绝没有人疑虑国库收入，会因此受到损失[①]。

对于各市民，加以公开宣誓其财产额的义务，在瑞士各联邦中，似乎不算是一件痛苦的事。但在汉堡，那就是了不得的痛苦了。从事冒险性贸易的商人，无时不害怕要公开其财产实况。据他料想，这十之八九要使他的信用破坏、企业惨败。至于从未从事此类冒险事业的质朴节约的人民，却不会感到他们有隐蔽其财产实情的必要。

荷兰在故奥伦治公爵就总督职后不久，对于全市民的财产，课以百分之二，或所谓五十便士取一的税。各市民自行估计其财产，以及完税的方法，全与汉堡相同。据一般推想，他们纳税也很诚实。当时人民，对于刚由全面暴动而树立的新政府，抱有很大好感；而且这种税，是为了救济国家特别急需而设的，只征收一次。实在说，要是永久征下去，那就未免太重了。荷兰当时的市场利息率，很少超过百分之三，今对一般资本最高的纯收入，课以百分之

① 《关于欧洲法律及赋税的记录》第一卷，第163、166、171页。

二的赋税，即每镑征去十三先令四便士了。人民为担此重税，而不侵蚀其资本的恐怕不多吧。当国家万分危急之秋，人民激于爱国热忱，可能大大努力一下，放弃其一部分资本。但他们绝不能长久这样做下去。设长此做下去，这种税不久便会毁坏人民，使他们完全无力支持国家。

英格兰依土地税法案所课的资本税，虽与资本额成比例，但并不打算减少或分去资本的任何部分，而只打算按照土地地租税的比例，课货币利息以相等的税。所以，当地租税是每镑四先令时，货币利息税，亦是每镑四先令。汉堡所课的税，以及翁德沃尔德和久里奇所课更轻微的税，也同样打算以资本的利息或纯收入为对象，而不是以资本为对象。至于荷兰，其所税对象则为资本。

特定营业利润税

有些国家，对于资本利润，课有特别税，这资本有时是用在特殊商业部门的，有时是用在农业上的。

在英格兰，对于小贩商人及行商所课的税，对于出租马车及肩舆所课的税，以及酒店主为得到麦酒火酒零售执照所纳的税，都属于前一类税。在最近战争中，曾经提议对店铺方面课同类的税。战争发动起来了，有人说战争保护了本国商业，由此获利的商人，自应担负战争费用。

不过，对于特殊商业部门资本所课的税，最终都不是由商人（他在一切场合，必须有合理的利润，并且，在商业自由竞争的地方，他的所得也很少能超过这合理利润）负担，而是由消费者负担。消费者必然要在买物的价格上，支付商人垫付的税额。而在大多数场合，商人还会把价格提高若干。

当这种税与商人的营业成比例时，最终总是由消费者付出，于商人无所谓压迫。但当它不是与商人营业成比例，而同样课于一切商人时，虽最终亦是出自消费者，却对大商人有利，对小商人成为多少的压迫。对于每辆出租马车，一周课税五先令，对于每乘出租肩舆，一周课税十先令，在这种税是由车舆所有主分别垫付的范围内，那就恰恰和他们各别的营业范围成比例。照这样税法，它既不有利于大商人，也不压迫小商人。领麦酒贩卖执照所纳的税，每年二十先令；领火酒贩卖执照所纳的税，每年四十先令；领葡萄酒贩卖执照所纳的税，每年八十先令，这种税制，对于零卖酒店，通通一律看待，大营业者必然要获得若干利益，小营业者必然要受到若干压迫。前者要在货物价格上取还其垫付税款，一定比后者容易。不过，因为这税率轻微，虽不公平，亦比较无关重要，并且，在许多人看来，小麦酒店到处林立，予以小小妨阻，亦无不当。课于店铺的税，本来打算大小店铺多寡一律，而实际上也只得如此，无他办法。这种税要想相当正确地按各店铺的营业范围比例课征，那除了采用自由国家人民绝难忍受的调查外，再也无法进行。这种税如课得很重，将成为小商人的重大压迫，并使全部零售业归于大商人手中。小商人的竞争既不存在，大商人即将享受营业上的独占。如其他独占者相同，他们立即会联合起来，把利润大大抬高到纳税所需的限度以上。这一来，店铺税的最后支付，就不是由店铺主担当，而是由消费者担当；消费者且还要为店主的利润，再付一大笔的价钱。因此之故，就把这种税的设计，抛在一边，而代以 1759 年所设的补助税。

在法兰西，有一种税称为个人贡税，这种税也许是对农业资本利润所课的最重的税了，在欧洲一切地方，都实行这种税。

在昔时欧洲封建政府盛行的混乱局面下，君主迫于情势，不得不满足于仅对一般无力拒绝纳税的人民课税。大领主们，当君主有特别急需时，虽愿意帮助，但对于恒久纳税一层，终不肯承认，而君主亦无实力强其承认。欧洲的土地占有者，其初大部分都是农奴。他们后来在欧洲大部分，逐渐解放。其中一部分人，获得地产保有权。他们有时在国王之下，有时在大领主之下，以贱奴条件保有地产，如英格兰昔时根据官册享有土地者一样。其他没有获得保地权的人，则在他们领主之下，以若干年为期，租得其所占有的土地，这一来，他们也比较不依附于领主了。大领主们看到这些下级人民，繁荣起来，独立起来，不胜其忿，既瞧不起，又不甘心，因而乐得同意君主课他们以赋税。在若干国家，这种税的对象，限于那些以贱奴条件保有的土地；在这样的场合，这种税可以说是不动产的贡税。沙廷尼阿故王设定的土地税，以及在兰多克、普冯斯、多菲那及布列塔尼各州，在芒托本课税区，在亚琛及康顿选举区，乃至在法兰西其他若干地区，所课的贡税，都是课在上述保有地上的赋税。在其他各国，这种税的对象，乃是那些租用他人土地者所得的推定的利润，不问土地的保有条件如何。在这样的场合，这种税可以说是个人的贡税。法兰西所谓选举区各州，大部分都是行使这种税法。不动产的贡税，既只课于一国的一部分土地，那必然是不公平的。可是，虽不公平，究竟不常出以专恣，虽然有时不免如此。至于个人的贡税，则是打算对某一阶级人民的利润，比例征收，而这利润究竟有多少，又只能推测，所以必然是专恣的、不公平的。

法国今日(1775 年)所行的个人的贡税,每年课于称为选举区的二十个课税区的,计达四千零十万七千二百三十九利弗十六苏[①]。各州负担这税额的比例,年有变动,都取决于枢密院所收到关于各州收获丰歉程度,以及其他可增减它们各别纳税能力的情况的报告。每个课税区,区分为若干选举地域,全课税区所分担的上述比例的总税额,分配于这各选举地域;各选举地域分担的总额,亦是同样按照枢密院所收到关于它们各别纳税能力的报告,而年有不同。照此看来,枢密院立意虽然尽善,但要想以相当正确比例,决定当年度某州、某区、某地域的实际纳税能力,却似乎是不可能的。无知与误报,一定要多少使大公至正的枢密院,错下判断。一个教区对全选举地域课税额所应分担的比例,每个人对所属教区课税额所应分担的比例,也是依必然有的不同情况,而逐年不同。这各种情况,在前一场合,是由选举地域的收税员判定;在后一场合,是由教区的收税员判定,这两者,都在或大或小程度上受州长的指导及影响。据说,此等收税员,往往对于那些情况,错下评判,不但是由于无知和误报,而且是由于党同伐异,乃至个人私怨。任何纳税者,在税额未评定以前,不能确知他要纳税多少,那是显明的;他甚至在税额既经评定以后,亦还不能确切知道。假若一个应该免税的人,被课有税,或一个人所税超过了他应税的比例,他们虽然都必须暂时付出税额,但他们如果诉说不平,并证实了不平的理由,那么,为了补偿他们,翌年全教区便当追征一个附额。假若纳税者破产,或者全无支付能力,其应纳的税,必须由收

① 《关于欧洲法律及赋税记录》第 2 卷,第 17 页。

税员垫付,而为补偿收税员,翌年全教区亦当追征一个附额。假若收税员自身破产了,选出他的教区,就必须对选举地域的总收税员负责那个收税员的行动。但是,控诉一全教区,在总收税员自属麻烦;所以,他往往先任意选定那区中最富的纳税者五六人,叫他们补偿那收税员无力支付的损失,而以后再向全教区追征以补偿他们。这种追征税,总是那特定年度贡税以外另收的数额。

当一种税加在特定商业部门的利润上时,商人们都会留意,使上市的货物量,不至过多超过他们能卖得足够偿还所垫付的税的价格的数量。他们有的由营业上撤回一部分资本,使市场上的供给,较前减少。价格因货少腾涨起来,那种税最后的支付,就落在消费者身上了。但是,当一种税课在农业资本利润上时,农人如由那种用途撤回一部分资本,一定没有利益可言。各农民占有一定量土地,对那土地支付地租。要求这土地耕作适宜,一定额资本,是必要的。如果他把这必要的资本撤回一部分,他不会更有能力支付地租或赋税。为要付税,他的利益,绝不是在于减少农作物产量,也绝不是在于减少市上农作物供给量。因此,这种税绝不会使他抬高其产物的价格,把税转嫁于消费者,以取偿所付的税。不过,农民也如一切其他营业者一样,须得有合理的利润,否则他就会放弃他这种职业。在他有了这种负担以后,他只有对地主少付地租,才能得到合理的利润。他必须输纳的赋税愈多,他能够提供的地租就愈少。设若这种税,课在租约未满期以前,那就无疑会使农民陷于困难,甚或陷于破产。可是,当租约满期续订时,这赋税就一定要转嫁于地主。

在施行个人贡税的各国,农民所纳的税,通常是与他在耕作上使用的资本成比例。因此之故，他常怕保有良马良牛，而竭尽所能用那些最恶劣、最无价值的农具耕作。他一般是不信任估税员的公正，恐其强纳重税，总装作贫困，以示无力付纳。采用这可怜策术的，大概没有好好考虑他自己的利益吧。他由减少生产物所损失的，说不定比他减少赋税所节约的还多呢。这种恶劣耕作的结果，市场上的供给，无疑要少一些，但由此惹起的些微的价格的升涨，恐怕就连赔偿他减少生产物的损失还嫌不够，哪能使他支付更多的地租给地主呢。这种耕作的退化，公家、农民、地主，都会多少蒙其不利。至于个人的贡税，在许多方面，都倾向于妨害耕作，从而涸竭富裕国家的财富源泉，我在本书第三篇，已经陈述过了。

北美南部各州及西印度群岛，有所谓人头税，即对每个黑奴逐年所课的税。恰当地说，这税就是加在农业资本利润上的一种赋税。因为耕作者大部分都是农民兼地主，所以这种税的最后支付，就由他们以地主的资格负担了。

对于农业使用的农奴，每人课以若干的税，往昔全欧洲似乎都曾行过，迄今俄罗斯帝国仍有这种税。也许是因为这个缘故吧，人们对于各种人头税，常视为奴隶的表征。但是，对于纳税者，一切的税，不独不是奴隶的表征，而且是自由的表征。一个人纳税了，虽然表示他是隶属于政府，但他既有若干纳税的财产，他本身就不是主人的财产了。加在奴隶身上的人头税，和加在自由人身上的人头税，是截然两样的。后者是由被税人自行支付，前者则是由其他不同阶级的人支付。后者完全是任意抽征的，或完全是不公平的，而在大多数场合，既是任意抽征又是不公平的。至于前者，在若干方面，虽是不公平的，因为不同的奴隶，有不同的价值，但无论就哪方面说都不是任意抽征的。主人知道他的奴隶人数，就确然知道他应当纳税几多。不过，这种不同的税，因为使用同一名称，所以常被人视为同一性质。

荷兰对于男女仆役所课的税，不是加在资本上的，而是加在开支上的，因此，就有类似加在消费品上的一种消费税。英国最近对于每个男仆课税二十一先令，与荷兰的仆役税相同。此税的负担，以中等阶级为最重。每年收入百镑者，或要雇用一个男仆；每年收入万镑者，却不会雇用五十个男仆。至于贫民，那是不会受影响的。

课在特定营业上的资本的利润税，绝不会影响货币利息。一个人放债，绝不会对资本用于有税用途的人，收取低于向资本用于无税用途的人所收的利息。一国政府，如企图按相当正确的比例，对各种用途的资本的收入，一律课税，那在许多场合，这税就会落在货币利息上。法兰西的二十分之一即二十便士取一的税，与英格兰所谓土地税相同，同样以土地、房屋及资本的收入为对象。就其对资本所课的税，虽不怎样严峻，但与英格兰土地税课在资本方面的比较，却要正确多了。在许多场合，它完全落在货币利息上面。在法兰西，人们往往把钱投资于所谓年金契约，这就是一种永久年金，债务者若能偿还原借金额，即可随时偿却，但债权者却除了特殊场合，不许请求偿却。这种二十取一的税，虽对这一切年金课征，但似乎没有提高这年金率。

第一项和第二项的附录
加在土地、房屋、资财上的资本价值的税

当财产为同一个人所拥有时，对于这财产所课的税，无论如何恒久，其用意绝不是减少或取去其财产的任何部分的资本价值，而只是取去该财产的收入的一部分。但当财产易主，由死者转到生者或由一个生者转到另一个生者时，就往往对这财产课以这种性质的税，使得必然要取去资本价值的某一部分。

由死者传给生者的一切财产，以及由生者过渡到另一个生者的不动产如土地、房屋，其转移在性质上，总是公开的，彰明昭著的，长久隐瞒不得，所以公家对于这种对象，是可以直接征税的。至于生者彼此间在借贷关系上发生的资本或动产的转移，却常是秘密的，并老是能保守秘密。对于这秘密转移，直接征税，不容易做到，所以采用两种间接方法：第一，规定债务契券，必须写在曾付一定额印花税的用纸或羊皮纸上，否则不发生效力；第二，规定此类相互授受行为，必须在一个公开或秘密的簿册上登记，并征收一定的注册税，否则同样不发生效力。对于容易直接课税的财产转移，即对各种财产由死者转移给生者的有关证件，及对不动产由一生者转移给另一生者的有关证件，也常常征上述印花税和注册税。

罗马古代由奥古斯塔斯设定的二十便士取一的遗产税，即对财产由死者转移给生者所课的税。关于此税，迪昂·卡西阿斯曾有详明的记述。据他所说，这种税，虽课于因死亡而发生的一切继承、遗赠和赠与行为，但受惠者如是最亲的亲属或贫者，则概予豁

免。

荷兰对于继承所课的税，与此为同一种类。凡旁系继承，则依亲疏的程度，对其继承的全部价值，课以百分之五乃至百分之三十的税。遗赠旁系，亦同此税法。夫妻遗赠，不论夫赠给妻或妻赠给夫，都取税十五分之一。直系继承，后辈传与长辈的悲惨继承，则仅税二十分之一。直接继承，如是长辈传与后辈的继承，通例无税。父亲之死，对其生前同居的子女，很少有增加其收入，而且往往会大大减少其收入。父亲死了，他的劳动力，他在世所享有的官职，或某些终身年金，都要损失去的，设更由课税取去其一部分遗产，而加重这损失，那就未免近于残酷和压迫。但对于罗马法所谓解放过了的子女，苏格兰法上所谓分过家了的子女，即已经分有财产，成有家室，不仰仗父亲，而另有独立财源的子女，情况则或有不同。父亲的财产留下一分，他们的财产就会实际增加一分。所以，对这财产所课的继承税，不至比一切其他类似的税，惹起更多的不便。

封建法使得死者遗给生者和生者让给生者的土地转移，通通有税。在往昔，欧洲各国且视此为其国王主要收入之一。

直接封臣的继承人，在继承采邑时，必须付一定税额，大概为一年的地租。假若继承人尚未成年，在他未成年期中，此采地的全部地租都归国王，国王除扶养此未成年者及交付寡妇应得的部分的亡夫遗产(如果这采地有应享遗产的寡妇)外，没有任何负担。继承人达成年时，他还得对国王支付一种交代税，此税大概也等于一年的地租。就目前而论，未成年如为长期，往往可以解除大地产上的一切债项，而恢复其家族已往的繁荣；但在当时，不能有此结果。那时普通的结果，不是债务的解除，而是土地的荒芜。

根据封建法，采地保有者，不得领主同意，不能径行让渡，领主对于这同意，大抵要索取一笔金钱。其初，这笔钱额是随意指定的，以后，许多国家都把这规定为土地价格中的一定部分。有的国家，其他封建惯例虽然大部分废止了，但对于这土地让渡税，却依然存续着，而为其君主收入的一个极大来源。在伯尔尼联邦，此种税率极高；土地为贵族保有的，占其价格六分之一，为平民保有的，占其价格十分之一。[①] 在卢塞恩联邦，土地变卖税，只限于一定地区，并不普遍。但是，一个人如为转居异地而变卖土地，则对卖价抽税十分之一。此外，其他许多国家，有的则对一切土地的变卖课税，有的则对依一定保地条件而保有的土地的变卖课税，这些税都或多或少构成其君主的一项重要收入。

上述交易可以印花税形式或注册税形式，间接对之课税，而此等税，也可与转移物的价值成比例，也可不与转移物的价值成比例。

英国的印花税，不是按照转移的财产的价值（最高金额的借据，只需贴一先令六便士或二先令六便士的印花），而是按照契据的性质，高下其税额。最重的印花税，为每张纸或羊皮纸贴六镑印花。此种高税，大抵以国王敕许证书及某些法律手续为对象，不管转移物的价值是多少。英国对于契约或文件的注册，毫无所税，有之，不过管理此册据官吏的手续费罢了。即此手续费，亦很少超过对该管理者的劳动的合理报酬的数额。至于君主，没由此取得分

① 《关于欧洲法律及赋税记录》第1卷，第154页。

文。

在荷兰[1]，印花税和注册税同时并行。此等税的征收，在若干场合，系按照转移财产的价值的比例；而在其他场合，又没有按照此种比例。一切遗嘱，都需用印花纸书写，该纸的价格，与所处理的财产成比例，因此，印花纸的种类，就有由三便士或三斯泰弗一张，至三百佛洛林（即二十七镑十先令）一张的。假若所用印花纸，其价格低于其应用印花纸的价格，继承财产就全部没收。这项税是对继承所课的其他税以外的税。除汇票及其他若干商用票据外，所有一切票据、借据等，都应完纳印花税。但此税不依转移物价值比例而增高。一切房屋、土地的变卖，以及一切房屋、土地的抵押契据，都须注册，而在注册时，并对国家纳变卖品或抵押品价格百分之二点五的税。载重二百吨以上之船舶，不问其有无甲板，变卖时也要完纳此税。这大概是把船舶看作水上的房屋吧。依法庭命令而变卖的动产，亦同样缴纳印花税百分之二点五。

法兰西亦是印花税注册税同时并行。前者视为国内消费税的一部分。实施此税的各州，例由国内消费税征收人员征收。后者则视为国王收入的一部分，由其他官吏征收。

由印花及注册课税的方法，虽同为很晚近的发明物，但不及一百年之间，印花税已几乎遍行于欧洲了，注册税也非常普遍。一个政府，向其他政府学习技术，其最快学会的，无过于向人民腰包刮取金钱的技术。

对财产由死者转移到生者所课的税，最终地和直接地都要落

① 《关于欧洲法律及赋税记录》第1卷，第223—225页。

在接受此财产者的身上。对土地变卖所课的税，却完全要落在卖者身上。卖者的变卖土地，往往是迫于非卖不可，所以必须接受他所能得到的价格。至于买者，则没有非买不可的需要，所以，他只肯出他所愿出的价格。他把土地所费的价格和赋税，放在一处划算：必须付出的赋税愈多，他愿意出的价格就愈少。因此，这种税，常是由那些经济困难的人负担，所以一定是残酷的、难堪的。对变卖新房屋所课的税，在不卖地皮的场合，大抵是出自买者方面，因为建筑家普遍总得获取利润，没有利润，他一定会放弃这种职业。如果税由他垫支了，买者大抵总得偿还他。对变卖房屋所课的税，一般由卖者负担，其理由与变卖土地相同。他卖，大概是因为有卖的必要或因为卖了于他方便些。每年出卖的新房屋数，多少是受需要的支配；那需要如对建筑家不能提供利润，他就不会继续建筑。至于每年出卖的旧房屋数，却是受偶发事故的支配，这些事故，大抵于需要无何等关系。一个商业城市上如有两三件大破产事故发生，就有许多房屋要出卖，并且都会以能够得到的价格出卖。对变卖地皮所课的税，亦由卖者负担，其理由与变卖土地同。借贷字据契约的印花税及注册税，全部出自求借者，而事实上也常是由他支出。诉讼事件所课的印花税及注册税，由诉讼者负担。无论就原告或被告说，这税都不免减少争讼对象的资本价值。为争得某财产所费愈多，到手后的纯价值一定愈少。

各种财产转移税，如果会减少那财产的资本价值，必会减少那用以维持生产性劳动的资源。人民的资本，总只用以维持生产性劳动者，君主的收入，则多半是用以维持非生产性劳动者。这种税，既是牺牲人民的资本来增益国君收入，所以多少总是不经济的。

况且，这种税的征收，即使按照转移物的价值的比例，还是不公平的。因为相等价值的财产未必都作同一次数的转移。至于不按照价值的比例征收，像大部分印花税及注册税，那就更要不平等了。不过，此税在任何场合，都是明显确定的，而不是任意决定的。虽有时不免加在非常无力负担的人身上，但支付的期间，大概总是便于纳税者。到了支付的日期，他大抵总有钱来付税。此外，此税的征收，用费极少。除纳税本身的无可避免的不便外，它一般不至增加纳税者以任何其他的不便。

在法兰西，人们对印花税不曾有什么怨言，但对所称为注册税，却怨言四起。它使租税包收人手下的人员有借口大事勒索的机会，而勒索又大抵是任意的、不定的。反对法国现行财政制度的刊物，大半都是以这种注册税弊害为主题。不过，不确定一点，似乎还不是这种税的内在性质。如果这一般的不平，确有理由，那弊害倒宁可说是生于课税敕令或法规用语有欠精确和明了，而不是生于此税的性质。

抵押契据以及一切不动产权利的注册，因其给予债权者及买入者双方很大的保障，所以极有利于大众。至于其他大部分契据的注册，既对大众无何等利益，又往往对个人不便，甚且危险。一般认为应保守秘密的册据，绝不应存在。个人的信用的安全，不应当信赖下级税吏的正直与良心那样薄弱的保障。但是，在注册手续费成了君主收入源泉的场合，则应注册的契据固须注册，不应注册的契据亦须注册，于是通常无限制地增设注册机关。法国有种种秘密的注册簿。这种弊害，虽或不是此税的必然结果，但我们总得承认，那是此税非常自然的结果。

英格兰课加在纸牌、骰子、新闻纸乃至定期印刷物等等的印花税，恰当地说来，都是消费税；这些税最后的支付，是由使用或消费这些物品的人负担。麦酒、葡萄酒及火酒零卖执照所课的税，虽原要加在这些零卖者的利润上，但结果同样由消费者负担。像这类税，虽然也是称为印花税，虽然和上述财产转移印花税一样，由同一收税人员用同一方法征收，但其性质完全不同，且由完全不同的资源担负。

第三项 劳动工资税

我曾在本书第一篇努力说明过：低级劳动者的工资，到处都受两种不同情况的支配，即劳动的需要，和食物的普通或平均价格。劳动的需要，是增加呢，不增不减呢，还是减退呢，换言之，是要求人口增加呢，不增不减呢，还是减退呢，这支配劳动者的生活资料，并决定那种生活资料是丰裕、是一般或是短少到什么程度。食物的普通或平均价格，决定必须付给劳动者若干货币，使得他们每年能购买这丰裕或一般或少量的生活资料。当劳动需要及食物价格没有变动时，对劳动工资直接课税的唯一结果，就是把工资数目提高到稍稍超过这税额以上。比如，假定有一个特定地方，那里的劳动需要及食物价格，使劳动普通工资为十先令一周。又假定，对工资所课的税，为五分取一，即每镑取四先令。假若劳动需要及食物价格保持原状，劳动者仍必须在那个地方获得那每周十先令所能购得的生活资料，换言之，必须在付过了工资税之后，还有每周十先令的可自由支配的工资。但是，为要使课税后，还让劳动者有这个工资额，那么，这地方的劳动价格，就得马上提高，不但要提高到十二先令，而且要提高到十二先令六便士。这就是说，为要使他能够支付五分取一之税，他的工资就必须立即提高，不但要提高五分之一，而且要提高四分之一。不论工资税率如何，在一切场合，工资不但会按照税率的比例增高，而且还会按照这税率的比例高些微的比例增高。比方，此税率如为十分取一，劳动工资不久就会升涨八分之一，而不只十分之一。

对劳动工资直接所课的税，虽可能由劳动者付出，但严格地说，就连由他垫支也说不上；至少，在课税后劳动需要及食物价格仍保持课税前的原状的场合是如此。在这一场合，不但工资税，还有超过此税额的若干款项，其实都是直接由雇他的人垫支的。至于其最后的支付，则在各种不同的场合，由各种不同的人负担。制造业劳动工资由课税而提高的数额，垫支者为制造业主。制造业主是有权利而且是不得不把那垫支额以及因此应得的利润，转嫁到货物价格上的。因此，工资提高额及利润增加额，最终都是归消费者支付。乡村劳动工资由课税而提高的数额，垫支者为农业家。农业家为要维持以前相同的劳动人数，势必使用较大的资本。为要收回这较大资本及其普通利润，他须留下一较大部分的土地生产物，或一较大部分土地生产物的价值。其结果，他对地主就要少付地租。所以，劳动工资提高额及利润增加额，都要由地主负担。总之，在一切场合，对劳动工资直接课税，比之征收一种与该税收入数额相等的税，即适当地一部分课于地租，一部分课于消费品的税，必会使地租发生更大的缩减，必会使制造品价格发生更大的上涨。

如果对工资直接所课的税，不曾使工资相应地增高，那就是因为一般劳动需要因此发生了大大的减少。农业的衰退，贫民就业的减少，一国土地劳动年产物的低减，大概都是这种税的结果。不过，因有此税，劳动价格，总一定会比在没有此税的场合依照需要的实际状况所会有的劳动价格高一些，并且，这上增的价格，以及垫支此价格者的额外利润，最终总是由地主和消费者来负担。

对乡村劳动工资所课的税，并不会按照此税的比例而提高土地原生产物的价格，其理由，和农业家利润税不会按该税的比例而提高该价格一样。

这种税虽不合理，虽很有害，但有许多国家在实行。法国对乡村劳动者及日工的劳动所课的那部分的贡税，严格地说，即属此种税。这些劳动者的工资，乃依他们住在地的普通工资率计算，并且，为使他们尽可能少受格外负担，每年所得，只按不超过二百日的工资估计。① 每人的税，依各年度的情形而每年不同，此等情形的评定，取决于州长委派协助他的收税员或委员。波希米亚于1748年开始变革财政制度的结果，对手工业者的劳动，课征一种非常重的税。这些手工业者，被分为四个等级，第一级，年税一百佛洛林，每佛洛林按一先令十便士半换算，计达九镑七先令六便士；第二级，年税七十佛洛林，第三级年税五十佛洛林，第四级，其中包括乡村手工业者及城市最低级手工业者，年税二十五佛洛林。

我在本书第一篇说过：优秀艺术家及自由职业者的报酬，必然

① 《关于欧洲法律及赋税记录》第2卷，第108页。

对于比较低级的职业，保有一定的比例。因此，对这报酬课税的唯一结果，就是使该报酬按略高于该税比例的比例而提高。假若报酬没像这样提高，那优秀的艺术及自由职业，就不再与其他职业立于同一的地位，于是，从事这些职业的将大为减少，使其不久又重新回复到原先的地位。

政府官吏的报酬，因为不像普通职业的报酬那样受自由竞争的影响，所以，并不总是对这职业的性质所要求的报酬，保持适当的比例。在大多数国家，这种报酬，大都高于该职业性质所要求的限度。掌理国政者，对于自身乃至其直接从属者，大概都倾向于给予以超过充分限度以上的报酬。因此，在大多数场合，官吏的报酬，是很可以课税的。加之，任官职的人，尤其是任报酬较大的官职的人，在各国都为一般嫉妒的对象。对他们的报酬课税，即使较他种收入所税再高，也一定大快人心。比如，在英格兰，当各种其他收入被认为依照土地税法是每镑征四先令时，对于每年薪俸在百镑以上的官吏的薪俸，除皇室新成家者的年金，海陆军官的薪俸，以及其他少为人羡忌的若干官薪外，每镑实征五先令六便士，曾极得人心。英格兰没对劳动工资抽收其他直接税。

第四项　原打算无区别地加在各种收入上的税

原打算无区别地加于各种收入上的税，即是人头税和消费品税。这种税，必须不分彼此地从纳税者各种收入中支付，不管那收入是来自土地地租、资本利润或劳动工资。

人　头　税

人头税，如企图按照各纳税者的财富或收入比例征收，那就要完全成为任意的了。一个人财富的状态，日有不同。不加以很难堪的调查，至少，每年不新订一次，那就只有全凭推测。因此，在大多数场合，他的税额的评定，必然要依估税员一时的好意恶意为转移，必然会成为完全是任意的、不确定的。

人头税，如不按照每个纳税人的推定的财富比例征收，而按照每个纳税人的身分征收，那就要完全成为不公平的。同一身分的人，其富裕程度，常不一样。

因此，这类税，如企图使其公平，就要完全成为任意的、不确定的；如企图使其确定而不流于任意，就要完全成为不公平的。不论税率为重为轻，不确定总是不满的大原因。在轻税，人们或可容忍很大的不公平；在重税，一点的不公平，都是难堪的。

在威廉三世治世的时候，英格兰曾实行过种种人头税。大部分纳税者的税额，都是依其身分而定。身分的等差，有公爵、侯爵、伯爵、子爵、男爵、士族、绅士及贵族长子末子等。一切行商坐贾，有财富在三百镑以上，换句话说，商贾中的小康的，同样课税，至于三百镑以上的财富大小不同程度如何，在所不计。在考虑他们税额时，考虑身分过于考虑财富。有些人的人头税，起初是按照他们推定的财富课税，往后，则改按照其身分课税。法律家、辩护士、代诉人，起初是按其收入课人头税每镑三先令，往后，改为按绅士的身分课税。在课税的过程中，曾发觉所课的税，如不过重，相当程度的不公平，倒还没有什么；一不确定，人就不能忍受了。

法国由本世纪初推行的人头税，现尚继续施行。人民中的最高阶级，所课税率不变；最低阶级，则依其推定的财富程度，而年各不同。宫廷的官吏，高等法院的裁判官及其他官吏，军队的士官等，都以第一方法课税。各州的较低阶级人民，则以第二方法课税。法国达官显贵，对于对他们有影响的税，如不过重，即使很不公平，一般也肯接受；但州长任意估定税额的作风，他们则丝毫不能忍受。在那个国家，下层阶级人民，对于其长上认为适当而给予他们的待遇，都是忍耐地承受下去的。

英格兰各种人头税，从未收足其所期望的金额，即从未收足征收如能做到精密应可收到的金额。反之，法兰西的人头税，却老是收足其所期望的金额。英国政府是温和的，当它对各阶级人民课征人头税时，每以税得的金额为满足；不能完纳的人，不愿完纳的人(这种人很多)，或者因法律宽大，未强制其完纳的人，虽使国家蒙受损失，亦不要求其补偿。法国政府则是比较严酷的，它对每个课税区，课以一定的金额，这金额，州长必竭尽所能收足。假若某州诉说所税太高，可在次年的估定税额上，按照前年度多纳的比例予以扣减，但本年度估定多少，还是必须缴纳的。州长为要确能收足本税区的税额，有权把这税额估定得比应收足的额大一些；这样，由纳税人破产或无力完纳而受到的损失，就可以从其余的人的格外负担来取偿。这种格外课税的决定，至 1756 年止，还是一任州长裁决。但在这一年，枢密院把这种权力，握在自己掌中。据见闻广博的法国赋税记录著者观察，各州的人头税，由贵族及享有不纳贡税特权者负担的比例最轻。最大部分，乃课在负担贡税者身上。其办法是依他们所付贡税的多寡，每镑课以一定金额的人头税[①]。

课加在低级人民身上的人头税，就是一种对劳动工资的直接税，征收这种税具有种种不便。

征收人头税，所费有限。如果严格厉行，那会对于国家提供一项极确定的收入。就因为这个缘故，不把低级人民安逸、舒适及安全放在眼中的国家，人头税极其普通。不过，普通一大帝国由此取得的，往往不过是公共收入的一小部分；况且，这种税所曾提供过的最大金额，也往往可由其他对人民便利得多的方法征得。

消费品税

不论采用那种人头税，想按照人民收入比例征收，都不可能；这种不可能，似乎就引起了消费品税的发明。国家不知道如何直接地并比例地对人民的收入课税，它就努力间接地对他们的费用课税。这费用，被认为在大多数场合，与他们的收入保持有一定比例。对他们的费用课税，就是把税加在那费用所由而支出的消费品上。

消费品或是必需品，或是奢侈品。

我所说的必需品，不但是维持生活上必不可少的商品，而且是按照一国习俗，少了它，体面人固不待说，就是最低阶级人民，亦觉有伤体面的那一切商品。例如，严格说来，麻衬衫并不算是生活上必要的。据我推想，希腊人罗马人虽然没有亚麻，他们还是生活得

① 《关于欧洲法律及赋税记录》第 2 卷，第 421 页。

非常舒服。但是，到现在，欧洲大部分，哪怕一个日工，没有穿上麻衬衫，亦是羞于走到人面前去的。没有衬衫，在想象上，是表示他穷到了丢脸的程度，并且，一个人没有做极端的坏事，是不会那样穷的。同样地，习俗使皮鞋成为英格兰的生活的必需品。哪怕最穷的体面男人或女人，没穿上皮鞋，他或她是不肯出去献丑的。在苏格兰，对于最下层阶级男子，习俗虽亦以皮鞋为生活所必需，但对同阶级的女子却不然，她赤着脚，是没有什么不体面的。在法国，无论男、女，皮鞋都不是生活必需品。法国最下层阶级的男女，可穿着木屐或打着赤脚，走在人前，而无伤体面。所以，在必需品中，我的解释，不但包括那些大自然使其成为最低阶级人民所必需的物品，而且包括那些有关面子的习俗，使其成为最低阶级人民所必需的物品。此外，一切其他物品，我叫做奢侈品。不过，称之为奢侈品，并不是对其适度的使用，有所非难。比如，在英国，啤酒麦酒，甚至在葡萄酒产国，葡萄酒，我都叫做奢侈品。不论哪一阶级的人，他如完全禁绝这类饮料，绝不致受人非难。因为，大自然没有使这类饮料成为维持生活的必需品，而各地风习，亦未使其成为少了它便是有失面子的必需品。

由于各地的劳动工资，是部分地受劳动需要的支配，部分地受生活必需品的平均价格的支配。所以，凡提高这平均价格的事物，都会提高工资，使得劳动者仍有力量来购买依照当时劳动需要情况他们应该有的数量的各种必需品，不管那时候劳动需要情况是怎样，是增加呢，不增不减呢，或减少呢。对这些必需品所课的税，必然会使其价格提高，并且要略高于那税额，因为垫支此税的商人，一般定要收回这项垫支，外加由此应得的利润。因此，这种必需品税，必定使劳动工资，按此等必需品价格升涨的比例而提高。

这一来，对生活必需品课税，和对劳动工资直接课税，其所生影响恰恰相同。劳动者虽由自己手中支出此税，但至少就相当长期说，他甚至连垫支也说不上。那种税，最终总是通过增加的工资而由其直接雇主垫还给他。那雇主如系制造业者，他将把这增加的工资，连同一定的增加利润，转嫁到货物价格上，所以，此税最后的支付，以及这增加利润的支付，将由消费者负担。那雇主如系农业者，则此等支付，将由地主负担。

对所谓奢侈品课税，甚至对贫穷者奢侈品课税，则又当别论，课税品价格的腾贵，并不一定会惹起劳动工资的增高。例如，香烟虽同为富者贫者的奢侈品，但对这奢侈品课税，不致提高劳动工资。香烟税在英格兰达原价三倍，在法国达原价十五倍，税率虽高如此，但劳动工资，似不曾因此受到影响。茶及砂糖，在英格兰，在荷兰，已成为最低阶级人民的奢侈品了；巧克力糖，在西班牙亦然。对此等奢侈品课税，与对香烟课税同，也没有影响工资。对各种酒类所课的税，并无人设想其对劳动工资，有何影响。浓啤酒每桶征附加税三先令，以致黑麦酒价格陡增，然伦敦普通工人工资，并未因此提高。在此附加税未课以前，他们每日工资，约为十八便士、二十便士，而现在所得，亦没有加多。

这类商品的高价，不一定会减少下等阶级人民养育家庭的能力。对于朴实勤劳的贫民来说，对这些商品课税，其作用有似取缔奢侈的法令，这种课税会使他们俭用或完全克制不用那些他们已不再能轻易就买得起的奢侈品。由于这种强制节约的结果，他们养家的能力，不但不因此税而减，而且往往会因此税而增。一般地说，养活大家庭及供给有用劳动的需要的，主要都是这些朴实勤劳的贫民。固然，一切贫民，并不都是朴实勤劳的；那些放肆的、胡行的，在奢侈品价格腾贵以后，会依然像以前一样使用，至于放纵行为将如何使其家族困难在所不顾。但像这样胡行的人，能养育大家庭的少；他们的儿童，大概都由照料不周、处理不善及食物缺乏与不卫生而夭亡了。即使儿童身体健壮，能忍受其双亲不当行为所加于他们的痛苦而活下去，但两亲不当行为的榜样，通常亦会败坏此儿童的德行。这些儿童长大了，不但不能以其勤劳贡献社会，而且会成为社会伤风败俗的害物。所以，贫民奢侈品价格的腾贵，虽或不免多少增加这种胡乱家庭的困苦，从而多少减低其养家的能力，但不会大大减少一国有用的人口。

必需品的平均价格，不论腾贵多少，如果劳动工资不相应地增加起来，那必然会多少减低贫民养家的能力，从而减低其供给有用劳动需要的能力，不管那需要情况如何，是增加，是不增不减，或是减少，就是说，是要求人口增加，不增不减，或减少。

对奢侈品课税，除这商品本身的价格外，其他任何商品的价格，都不会因此增高。对必需品课税，因其提高劳动工资，必然会提高一切制造品的价格，从而减少它们贩卖与消费的范围。奢侈品税，最终是由课税品的消费者无所取偿地支付的，它们是不分彼此地落在土地地租、资本利润及劳动工资等收入上。必需品税，在它们影响贫民的限度内，最终有一部分是由地主以减少地租的方式为其支付，另一部分是从提高制造品价格由富有的消费者或地主或其他的人为其支付。他们且往往要另付一个相当大的额外数额。真为生活所必需，而且是为贫民消费的制造品，例如，粗制毛织物等，其价格的腾贵，必然要由提高工资，使贫民得到补偿。中等及上等阶级人民，如真能了解他们自身的利益，他们就应该一直反对生活必需品税，反对劳动工资直接税。这两者最后的支付，全都要落在他们身上，而且总还附加一个相当大的额外负担。尤其是地主，他的负担最重，他对于此等税，常以两重资格支付：一是以地主资格，出于减少地租的形式；一是以消费者的资格，出于增加费用的形式。马太·德克尔，关于生活必需品税的观察，是十分正当的。他认为，某种税转嫁到某种商品的价格上的，有时竟重复累积四次或五次。比如，就皮革价格说，你不但要支付你自己所穿的鞋所用的皮革的税，并须支付鞋匠及制革匠所穿的鞋所用的皮革的税的一部分；而且这些工匠在为你服务期间所消费的盐、肥皂及蜡烛等的税，乃至制盐者、制肥皂者、制蜡烛者，在他们工作期间所消费的皮革的税，都须由你付出。

英国对生活必需品所课的税，主要是加在刚才说过的那四种商品——盐、皮革、肥皂及蜡烛。

盐为最普遍而且最古的课税对象。罗马曾对盐课税，我相信，现在欧洲各地，无不实行盐税。一个人每年消费的盐量极少，并且，此少量的盐，还可零用零购。因此，盐税虽再重，似乎在人们看来，没有人会因此感到怎样难堪。英格兰的盐税，每蒲式耳三先令四便士，约三倍其原价。在其他各国，此税还更高。皮革是一种真正的必需品。亚麻布的使用，使肥皂也成为必需品了。在冬夜较长的国家，蜡烛为各行各业的必要工具。英国皮革税和肥皂税，都是每磅三便士半。蜡烛则为每磅一便士。就皮革的原价说，皮革税约达百分之八或百分之十；就肥皂的原价说，肥皂税约达百分之二十或二十五；就蜡烛的原价说，蜡烛税约达百分之十四或十五。这种种税，虽较盐税为轻，但仍是极重的。这四种商品既都是真正的必需品，如此的重税，势必多少增加那朴实勤劳贫民的费用，从而多少提高他们劳动的工资。

在英国冬季这样非常寒冷的国家，燃料一项，不独就烹调食物说，即就在户内工作的各种劳动者生活上的快适说，严格地讲，亦算是这个季节的必需品。在一切燃料中，煤是最低廉的。燃料价格对于劳动价格影响是这样的重要，使得英国所有主要制造业，都局限在产煤区域；在其他区域，由于这必需品的昂贵，它们就难得像这样便宜作业了。此外，有些制造业，如玻璃、铁及一切其他金属工业，常以煤为其职业上的必要手段。假若奖励金在某种场合，能够说是合理的，那么，对于把煤由国内产煤丰饶地带运往缺乏地带的运输，加以奖励，那就恐怕说得上是合理的了。然而立法机构不但不加奖励，却对沿海岸运输的煤，一吨课税三先令三便士。此就多数种类的煤说，已为出矿价格百分之六十以上。由陆运或由内河航运的煤，则一律免税。煤价自然低廉的地方，可以无税地消费，煤价自然昂贵的地方，却反而要负担重税。

这类税，虽然提高生活必需品价格，从而提高劳动价格，但对于政府，却提供了一项不容易由其他方法得到的大宗收入。因此，继续实行这类税，实有相当理由。谷物输出奖励金，在实际农耕状态下，有提高此必需品价格的趋势，所以必然要生出上述那一切恶果。可是，它对于政府，不但无收入可图，而且往往要支出一笔大的费用。对外国谷物输入所课的重税，在一般丰收年度，实等于禁止其进口。对活牲畜及盐腌食品输入的绝对禁止，是在法律的平常状态下实行的，现因此等物品缺乏，这条法律乃暂时停止适用于爱尔兰及英国殖民地的产品。这些规定，都有必需品税所有的一切恶果，而对政府却无收入可言。要废止这些规定，只要使大众确信这些规定所由设立的制度的无益就够了，似乎不必要采取其他手段。

对生活必需品所课的税，和英国比较，其他许多国家要高得多。许多国家，对磨坊研磨的麦粉及粗粉有税，对火炉上烘烤的面包有税。在荷兰，都市所消费面包的价格，据推测因此税增加了一倍。住在乡村的人，则有代替此税一部分的他种税，即根据假定每个人消费的面包的种类，每年各课税若干。例如，消费小麦面包的人，税三盾十五斯泰弗，约合六先令九便士半。这种税，以及同类其他若干税，据说，已由提高劳动价格而使荷兰[①]大部分制造业归于荒废了。在米兰公国，在热那亚各州，在摩登那公国，在帕马、普拉逊蒂阿、瓜斯塔拉各公国，乃至在教皇领地，同类的税亦可见到，不过没有那样繁重罢了。法国有一位略有声名的著者，曾提议改革该国财政，以这最有破坏性的税，去代替其他各税的大部分。正如西西罗所说，“哪怕是顶荒谬绝伦的事，有时亦会有若干哲学家主张”。

家畜肉税比这些面包税，还要实行得普通。固然，家畜肉在各地是否为生活必需品，可有怀疑余地。但据经验，有米麦及其他菜蔬，再辅以牛奶、干酪、牛油——弄不到牛油，则代以酥油——即无家畜肉，亦可提供最丰盛、最卫生、最营养、最增长精神的食物。许

① 《关于欧洲法律及赋税的记录》第2卷，第210—211页。

多地方，为着维持体面，要求人人穿一件麻衬衫，穿一双皮鞋，但却没有一个地方要求人吃家畜肉。

消费品，不论是必需品或是奢侈品，都可以两种方法课税。其一，可根据消费者曾使用某种货物消费某种货物的理由，叫他每年完纳一定的税额；其二，当货物还留在商人手中，尚未移交到消费者以前，即课以定额的税。一种不能立即用完而可继续消费相当的时间的商品，最宜于以前一方法课税；一种可以立即消费掉或消费较速的商品，则最宜于以后一方法课税。马车税及金银器皿税，为前者课税方法的实例；大部分的其他国内消费税及关税，则为后者课税方法的实例。

好好管理，一辆马车可以经用十年或十二年。在它离开制车者以前，不妨一次为限课以若干税。但对买者来说，为保有马车的特权而年纳四镑，无疑要比除马车价外，另付给马车制造者四十镑或四十八镑，或相当于他在使用该马车期间大约要完纳的税额，更为方便些。同样，一件金银器皿，有时可以经用百年以上。对消费者来说，对该器皿每重一百盎斯年付五先令，即约当其价值百分之一，比之一次付清这项年金的二十五倍或三十倍，确要容易些，因为在后一场合，此器皿的价格，至少将腾贵百分之二十五或百分之三十。对于房屋所课各税，自以每年付一比较轻微数额为方便。如在房屋最初建筑或变卖时，一次课以相当于各年税额的全部的重税，纳税者必感比较不便。

马太·德克尔爵士有一个有名的提议，主张一切商品，甚至立即或迅速消耗的商品，都须依下面这方法课税，即消费者为得到消费某商品的许可执照，逐年完纳一定金额，商人不付任何税额。他这计划的目的，在于撤废一切输入税输出税，使商人的全部资本全部信用，都能使用在购买货物及租赁船舶上，而不必把其任何部分，移用于垫付税款，使得一切部门的对外贸易，特别是运送贸易，因此有所增进。但是，主张对立即消耗或迅速消耗的商品，亦以这种方法课税，似乎免不了以下四种极严重的弊病。第一，这种课税方法和普通课税方法比起来，较不公平，就是说，这样就不能好好按照各纳税者的费用和消费比例课征。由商人垫支的麦酒、葡萄酒及火酒税，结果可由各消费者完全按照他们各个消费的数量的比例付出来。假若这种税，是以购买饮酒许可执照方式完纳，那节用者按照消费量所付的比例，就要比好酒者所付的大得多了；宾客频繁的家庭所付的比例，就要比宾客少的家庭所付的小得多了。第二，按照这种方法课税，消费某种商品，或一年一次或半年一次或一季一次付许可执照的费，这样，对迅速消耗商品所课各税的主要便利之一，即陆续缴付的便利，便要大大减少了。现在黑啤酒一瓶的价格，为三便士半，其中对麦芽、酒花、啤酒所课各税以及酿酒者为垫支这些税所索的额外利润，大概要占一便士半。假若一个劳动者拿得出此三便士半，他就购买黑啤酒一瓶；如其不能，他将会以一品脱为满足，由于节约一便士，即等于获得一便士，他由这种节制就获得一点钱了。税由陆续支付，他可愿付就付，几时能付就几时付，所有支付行为，完全是自发的；他如想避免付税，也做得到。第三，这种税所起的取缔奢侈的作用就变小了。消费执照一度领得了，领照者多饮也好，少饮也好，其所税都一样。第四，假若要一个劳动者一年一次、半年一次或一季一次付出等于现在他在各该时间内不感觉什么不方便地对所饮每瓶或每品脱的黑啤酒所付的税的总额，这个金额，恐怕会使他大大叫苦。因此，这种课税方法，不出以残酷的压迫，就不会生出现在课税方法所能取得的同等收入，而现在课税方法，却是没有何等压迫的。然而，有若干国家，对立即消耗或迅速消耗商品所课的税，就是采用这压迫的方法。荷兰人领饮茶执照每人要付税若干。此外，我已经说过，在该国，农家和乡村消费的面包，也按同样方法课税。

国内消费税，主要是课在那些由国内制造供国内消费的货物上。那种税，只课在销行最广的若干种货物上。所以，关于课税的货物，关于各种货物所课的特定税率，都清楚明白，没有夹杂丝毫疑问。这种税，除了前述盐、肥皂、皮革及蜡烛，或者还加上普通玻璃外，其余几乎全是课在我说的奢侈品上面。

关税的实行，远较国内消费税为早。此税称为 customs（习惯），即表示那是由远古习用下来的一种惯例的支付。在最初，它似乎是看作对商人利润所课的税。在封建的无政府的野蛮时代，商人和城邑中其他居民一样，其人格的被轻蔑，其利得的被忌妒，差不多与解放后的农奴，无大区别。加之，大贵族们，既已同意国王对他们自己佃农的利润课税，对于在利益上与自己远远无关因而不想加以保护的那一阶级的利润，自然不会不愿意国王同样课以贡税。在那种愚昧时代，他们不懂得商人的利润无法对其直接课税，换言之，一切这种税的最后支付，都要落在消费者身上，此外还要加上一个额外负担，这种情况，他们那里懂得呢。

与英国本国商人的利得比较，外国商人的利得，还遭更大的嫉视。因此，后者所税自然比前者更重。课税在外国商人与英国商人间有所区别，始于无知时代，以后，又由于独占精神，即要使本国商人在外国市场及本国市场占有利地位而存续下来。

除上述区别外，古时关税，对于一切种类货物，不问其为必需品或奢侈品，也不问其为输出品或输入品，都平等课税。同是商人，为什么某种货物商人，要比他种货物商人享有更多特惠呢？为什么输出商人，要比输入商人享有更多特惠呢？这似乎是那时的想法。

古时关税，分有三个部门。第一个部门，或者说，一切关税中行之最早的部分，是羊毛和皮革的关税。这种税，主要是或全部都是出口税。当毛织物制造业在英格兰建立时，国王怕毛织物输出，失去了他的羊毛关税，于是把这同一的税，加在毛织物上面。其他两部门，一为葡萄酒税，系对每吨葡萄酒课税若干，称为吨税，一为对其他一切货物所课的税，系对货物的推定价格每镑课税若干，称为镑税。爱德华三世四十七年，对一切输出输入的商品，除课有特别税的羊毛、羊皮、皮革及葡萄酒外，每镑课税六便士。查理二世十四年，此税每镑提高至一先令，但三年以后，又由一先令缩减至六便士。亨利四世二年，又提高至八便士，后二年，又回到一先令。由此时至威廉三世九年止，此税一直为每镑税一先令。吨税及镑税，曾经议会依同一法令，拨归国王，称为吨税镑税补助税。镑税补助税，在一个长期内，都是每镑一先令，或百分之五，因此关税用语上所谓补助税，一般都是表示这种百分之五的税。这种补助税——现称旧补助税——至今仍照查理二世十二年制定的关税表征收。按关税表审定应纳税货物价值的方法，据说在詹姆士一世时代以前就使用过的。威廉三世九年、十年两次所课的新补助税，系对大部分货物增税百分之五。三分之一补助税及三分之二补助税两者合起来又组成另一百分之五。1747年的补助税，为对大部分货物课征的第四个百分之五。1759年的补助税，为对若干特定货物课征的第五个百分之五。除这五项补助税外，有时为救国家的急需，有时为依照重商制度原理，管制本国贸易，还有许多种税，课加在若干特定货物上面。

重商制度一天一天地流行起来了。旧补助税，对输出货物及输入货物不分差别，一律课征。以后的四种补助税，以及其他不时对若干特定货物所课各税，除若干特殊外，则完全加在输入货物上面。对本国产品及国内制造品出口所课的旧时各税，大部分或则减轻或则完全撤废，而多数是完全撤废。这些货物的输出，甚且发给奖金。对输入而又输出的外国货物，有时则退还其输入时所完的税的全部，而在大多数场合，则退还其一部分。其输入时由旧辅助税所课的税，当其输出，只退还半额；但由以后的补助税及其他关税所课的税，当其输出时，对于大部分货物，则全部发还。此种对于输出所给的越来越大的好处以及对于输入所加的阻碍，不蒙其影响的，主要只二三种制造原料。这些原料，我们商人及制造业者，都愿其尽可能便宜地到达自己手中，并尽可能昂贵地到达他们外国敌手及竞争者的手中。为了这个缘故，所以有时允许若干外国原料，免税输入，例如西班牙的羊毛、大麻及粗制亚麻纱线。有时对国内原料及殖民地特产原料的输出加以禁止，或课以重税。比如，英国羊毛的输出是禁止的；海狸皮、海狸毛及远志树胶的输出，则课以较重的税，英国自占领加拿大及塞尼加尔以来几乎获得了这些商品的独占。

我在本书第四篇说过，重商学说对于民众的收入，对于一国土地劳动的年产物，并不怎么有利。对于君主的收入，也不见得比较有利，至少，在那种收入仰赖关税的范围内是如此。

这种学说流行的结果，若干货物的输入，完全被禁止了。于是，输入商乃迫而走私；在某种场合，走私完全行不通，而在其他场合，所得输入的，亦至有限。外国毛织品的输入，完全被阻止了；外国丝绒的输入，也大大减少。在这两场合，能由这些物品输入而征得的关税收入，完全化为乌有了。

课于许多外国进口物品从而阻止英国消费这些物品的重税，在许多场合，只不过奖励走私，而在一切场合，却把关税收入减少，使少于课征轻税所能收到的数额。绥弗特博士说，在关税的算术上，二加二不是四，有时只能得一；他这议论，对我们现在所说的重税，是十分允当的。假若重商学说，没在多数场合，教我们把课税用作独占手段，不把它用作收入手段，那么，那种重税就绝不会被人采用了。

对国内产物及制造品输出有时所给的奖励金，及对大部分外国货再输出所退还的税金，曾引起许多欺诈行为，并且引起了最破坏国家收入的某种走私。如一般所知道的，为要得到奖励金或退税，人们往往把货物载在船上，送出海口，马上又由本国其他沿海地方上陆。关税收入由奖励金及退税招致的短缺，非常的大。其中一大部分落到欺诈者之手。至1755年1月5日为止的那一年度的关税总收入，计达五百零六万八千镑。由这总收入中支出的奖励金（虽然该年度对谷物还没发给奖励金），达十六万七千八百镑。按照退税凭证及其他证明书所付的退税金，达二百一十五万六千八百镑。此两者合计，共达二百三十二万四千六百镑。把这一大金额除去，关税收入就不过二百七十四万三千四百镑。再由此额扣除官吏薪俸及其他开支的关税行政费用二十八万七千九百镑，该年度关税纯收入，就只有二百四十五万五千五百镑了。这样，关税行政费，相当于关税总收入百分之五与百分之六之间，相当于扣除奖励金及退税后的剩余部分的百分之十以上了。

因为对于一切输入货物几乎都课以重税，所以我国进口商，对走私输入力求其多，而对报关输入则力求其少。反之，我国出口商，有时为了虚荣心，装作经营免税货物的巨商，有时为了获取奖励金或退税，其所报关输出的，往往超过他们实际输出的数量。因为这两方面欺诈的结果，我国的输出，就在海关登记簿上，显得大大超过了我国的输入，这对以所谓贸易差额衡量国民繁荣的政治家们，真给予了一种说不出来的快感。

一切输入货物，除极少数特别免税品外，都课有一定关税。假若输入某种未载入关税表的货物，此货物就凭输入者宣誓的申报，对其价值每二十先令课以四先令九又二十分之九便士的关税，即约略相当于前述五种补助税或五种镑税的比例的关税。关税表所包含的极其广泛，种类繁多的商品，都被列举其中，有许多而且是不大使用、不为一般所知道的。以此之故，某种货物，应属于那个品目，应课以何种税率，常常无从确定。这方面的差错，往往使税吏失败，并常常使输入者感到很大麻烦与苦恼和花很大费用。所以，就明了、正确及分别清楚各点说，关税实远不若国内消费税。

为使社会大多数人民，按照他们各自费用的比例，提供国家收入，似乎不必要对于费用所由而支出的每项物品课税。由国内消费税征取的收入，与由关税征取的收入，在想象上是同样平等地由消费者负担的。然而国内消费税，则只课加于若干用途极广消费极多的物品上。于是，许多人有这种意见，以为如果管理适当，关税也可同样只课于少数物品上，而不致亏损公家收入，而且可给对外贸易带来很大的利益。

英国用途最广消费最多的外国货，现在主要是外国葡萄酒和白兰地酒，美洲及西印度所产的砂糖、蔗糖、酒、烟草、椰子，东印度所产的茶、咖啡、瓷器、各种香料及若干种类纺织物等。这种种物品，恐怕提供了现在关税收入的大部分。现在对外国制造品所课的税，如把刚才列举的外货中若干货物的关税除外，那就有一大部分，不是以收入为目的而征收，却是以独占为目的而征收，即要在国内市场上，给本国商人以利益。因此，撤废一切禁令，对外国制造品课以根据经验可给国家提供最大收入的适度的关税，我国工人，可依然在国内市场上保持有很大的利益，而现在对政府不提供收入以及仅提供极少收入的许多物品，到那时亦会提供极大的收入了。

一种重税，有时会减少所税物品的消费，有时会奖励走私，其结果，重税给政府所提供的收入，往往不及较轻的税所能提供的收入。

当收入减少，是由于消费减少时，唯一的救济方法，就是减低税率。

当收入减少，是由于奖励走私时，那大抵可以由两种方法救济：一是减少走私的诱惑，一是增加走私的困难。只有减低关税，才能减少走私的诱惑；只有设立最适于阻止那种不法行为的税收制度，才能增加走私的困难。

根据经验，国产税法防止走私活动，比关税法效果大得多。在各税性质许可的范围内，把类似国产税的税政制度，用于关税方面，那就能大大增加走私的困难。这种变更轻而易举，许多人是设想得到的。

有人主张，输入应完纳关税的商品的进口商，可把这些商品搬进他自己所备的货栈，或寄存国家所备的货栈，一听他自决，不过，在国家货栈保管的场合，其锁钥当由海关人员执掌，海关人员未临场，他不得擅开。假若这商人把货物运往自己的货栈，那就当立即付税，以后绝不退还；并且，为确定那货栈内所存数量与纳税货物数量是否相符，海关人员得随时莅临检查。假若他把货物运往国家货栈，以备国内消费，不到出货时可不必纳税。如再输往国外，则完全免税；不过，他必须提供适当的保证，担保货物定要输出。此外，经营这些货物的商人，不论其为批发商或零售商，随时都要受海关人员的访问检查，并且还须提示适当的凭证，证明他对自己店铺中或货栈中全部货物，都付了关税。英国现在对于输入蔗糖、酒所课的所谓国产税，就是依此方法征收；这种管理制度，不妨扩大到一切输入品的课税，只要这些税，与国产税同样，只课在少数使用最广、消费最多的货物上。如果现在所税的一切种类货物，都改用这种方法征收，那要设备十分广大的国家货栈，恐怕是不容易吧；况且，极精细的货物，或者，在保存上非特别小心注意不可的货物，商人绝不放心寄存在别人的货栈内。

假若通过这种税务管理制度，就是关税相当的高，走私亦可大大阻止；假若各种税时而提高，时而减低，提高能给国家提供最大收入就提高，减低能给国家提供最大收入就减低，老是把课税用作收入的手段，而不是用作独占的手段，那么，只需对使用最广、消费最多的少数货物课以关税，其所得似乎就有可能至少与现在关税纯收入相等，而关税还可因此成为和国产税同样单纯、同样明了、同样正确。在这种制度下，现在国家由外货再输出（实则会再输入以供国内消费）的退税所蒙受的收入上的损失，就可完全省免了。这项节省，数额非常的大，再加上对国产货物输出所给奖励金的取消——这些奖励金事实上没有一种是以前所付的某某国产税的退税——，其结果，关税纯收入，在制度变更以后，无疑至少可和其未变更以前相等。

假若制度这样的变更，国家收入上并无何等损失，全国的贸易及制造业，就确要获得非常大的利益。占商品最大多数的未课税商品的贸易，将完全自由，可来去运销于世界各地，得到一切可能得到的利益。这些商品，包含有一切生活必需品及一切制造品的原料。生活必需品既是自由输入，其在国内市场上的平均货币价格必低落，因此，劳动的货币价格亦必在此限度内低落，但劳动的真实报酬却不至减少。货币的价值，和它所能购买的生活必需品的数量相称，而生活必需品的价值，则与它所能换得的货币数量全然无关。劳动货币价格低落，国内一切制造品的货币价格，必然伴着低落，这一来，国内制造品，就可在一切国外市场上获得若干利益了。若干制造品，因原料自由输入，其价格可降低更大。假若中国及印度生丝能够无税输入，英格兰丝制业者，就比法兰西意大利的丝制业者，能更低廉地出卖其制品。在那种场合，外国丝绒的输入，就没有禁止之必要了。本国制造品的廉价，不但会保证我国商人，使能占有国内市场，而且能大大支配国外市场。就连一切课税品的贸易，亦会比现在有利得多。假若这些商品，因输往外国，由国家货栈取出，由于在这种场合，一切税都蠲免，那种贸易，就完全自由了。在此制度下，各种货物的运送贸易，将享有一切可能得到的利益。假若这些货物由国家货栈取出，是供国内消费，那就因为输入商前此在未找着机会把货物卖予商人或消费者时，没有垫付税金的义务，所以和那一经输入就要垫付税金的场合比较，他这时就能以更廉的价格，出卖其货物了。这样，在同一的税率下，就连有税的消费品的外国贸易的经营，也会比现在获得大得多的利益。

罗柏特·沃尔波尔有名的国产税案的目的，在对葡萄酒及烟草设立一种与上面所提议的无大出入的税制。他那时向议会提出的提案，虽只含有这两种商品，但依一般推想，那只是一种更广泛计划的绪端。因此，与偷运商人利益结合在一块的营私党派，对这提案，掀起了一种极不正当的反对骚闹。这骚闹的猛烈程度，使首相觉得非撤回那提案不可，而且以后再也没有人敢继起提议这个计划了。

对于由外国输入为国内消费的奢侈品所课的税，有时虽不免落在贫民身上，而主要则是归中产及中产以上的人民负担。如外国葡萄酒、咖啡、巧克力糖、茶、砂糖等的关税，都属此类。

对于国内产出、国内消费的较廉奢侈品，所课的税，是按照各人费用的比例，很平均地落在一切阶级人民身上。贫民付自身消费的麦芽、酒花、啤酒、麦酒的税；富者则付自身及仆婢所消费的各该物的税。

这里，须注意一件事，下层阶级人民或中层阶级以下人民的全部消费，在任何国家，比之中层阶级与中层阶级以上人民的全部消费，不但在数量上，即在价值上，亦大得多。与上层阶级的全部费用比较，下层阶级的全部费用，要大得多。第一，各国的全部资本，几乎都是用作生产性劳动的工资，而分配于下层阶级人民。第二，由土地地租及资本利润所生收入的大部分，都是用作仆婢和其他非生产性劳动的工资及维持费，每年分配于这阶级。第三，资本利润中有若干部分，是属于这阶级，作为使用自己资本所得的收入。小商店店主、店伙乃至一切零售商人每年挣得的利润额，到处都是非常之大，并在年收入中，占有一个极大的部分。第四，甚至土地地租中的若干部分，亦属于这一阶级，而在此若干部分中，一大部分为比中层阶级略低些的人所有，一小部分为最下层阶级人民所有，因为普通劳动者，有时亦保有一两亩的土地。这些下层阶级人民的费用，就各个人分开来看，虽是极小，但就全体合拢来看，却常占社会全费用中的一个最大部分；一国土地劳动年产物中，把下层阶级所消费的除去，剩下来供上流阶级消费的，在数量上，在价值上，都总是少得多。因此，主要以上流阶级人民的费用为对象的税，比不分彼此地以一切阶级的费用为对象的税，甚至比主要以下层阶级费用为对象的税，其收入一定要少得多。换言之，即以年产物的较小部分为对象的税，比不分彼此地以全部年产物为对象的税，甚至比主要以较大部分年产物为对象的税，一定要少得多。所以，在以费用为对象的一切课税中最能提供收入的，就要算以国产酒类及其所用原料为对象的国产税；而国产税的这一部门，很多或者说主要是由普通人民负担。就以 1775 年 1 月 5 日为终止期的那个年度说，这一部门的国产税总收入，计达三百三十四万一千八百三十七镑九先令九便士。

不过，我们要记住一件事：应当课税的，是下层阶级人民的奢侈费用，而不是他们的必需费用。对他们必需费用，要是课税，其最后支付，要完全由上层阶级人民负担，即由年生产物的较小部分负担，而不由年生产物的较大部分负担。在一切场合，此种税必会提高劳动工资，或者减少劳动需要。不把那种税的最后支付加在上层阶级身上，劳动价格绝无从提高；不减少一国土地劳动年产物，即一切税最后支出的源泉，劳动需要绝不致减少。劳动需要由这种税而减少的状态不论是怎样，劳动工资都不免要因此提高到没有此种税的场合以上。并且，在一切场合，这提高的工资的最后支付，必定要出自上层阶级。

酿造发酵饮料及蒸馏酒精饮料，如不是为着贩卖，而是为自家消费，在英国都不课国产税。这种免税，其目的虽在于避免收税员往私人家庭作讨厌的访问与检查，其结果却常使此税的负担，加在富者方面的过轻，加在贫者方面的过重。虽然自家蒸馏酒精饮料，不甚通行，但有时亦有。在乡下，许多中等家庭及一切相当富贵的家庭，都在酿造他们自用的啤酒。他们酿造强烈啤酒所费，比普通酿造者每桶要便宜八先令。普通酿造者对其所垫付的一切费用及税金，都要得有利润。所以，和普通人民能够饮用的一切同质饮料比较，这些人家所饮的，至少每桶要便宜九先令或十二先令，因为普通人民到处都感觉向酿酒厂或酒店零购所饮啤酒较为便当。同样，为自家消费而制造的麦芽，虽亦不受收税人员的访问和检查，但在这场合，每人却须纳税七先令六便士。七先令六便士等于麦芽十蒲式耳的国产税，而麦芽十蒲式耳可以说是节俭家庭平均全家男女儿童所能消费的数量。可是，飨宴浩繁的富贵家庭，其家人所饮用麦芽饮料，不过占其所消费的全部饮料的一小部分。但也许因为这个税，也许因为其他原由，自家制造麦芽，竟不及自家酿造饮料那样通行。酿造或蒸馏自用饮料的人，不必纳制造麦芽的人所纳上述的税，其正当理由何在殊难想象。

往往有人说，对麦芽课以较轻的税，其所得收入，会比现在对麦芽、啤酒及麦酒课以重税所得的来得多。因为，瞒骗税收的机会，酿酒厂比麦芽制造场要多得多；并且，为自己消费而酿造饮料的人，免纳一切的税，而为自己消费而制造麦芽的人，却不能免税。

伦敦的黑麦酒酿造厂，普通每夸特麦芽，成酒两桶半以上，有时成酒三桶。各种麦芽税，每夸特六先令；各种强烈啤酒及淡色啤酒税，每桶八先令。因此，在黑麦酒酿造所，课在麦芽、啤酒及淡色啤酒上的各种税，对麦芽每夸特的产额，计达二十六先令及至三十先令。在那打算以普通乡村为销售对象的乡村酿造所，每夸特麦芽的产额，很少在强啤酒二桶及淡啤酒一桶以下，而且往往有产出两桶半强啤酒的。淡啤酒所课各税，计每桶一先令四便士。所以，在乡村酿造所，对一夸特麦芽的产额，所加于麦芽、啤酒及淡色啤酒的各种税，常为二十六先令，而在二十三先令四便士以下的很少。就整个王国平均计算，对一夸特麦芽的产额，所加于麦芽、啤酒及淡色啤酒上的各种税，恐不能少于二十四先令或二十五先令。但是，撤废一切啤酒税淡色啤酒税，而把麦芽税加大三倍，即对麦芽每夸特的税由六先令提高至十八先令，据说，由这单一税所得收入，比较由现在各种重税所得收入会更多。

1772 年	旧麦芽税收入………………	722 923 镑	11 先令	11 便士
	附加税……………………	356 776	7	9¾
1773 年	旧麦芽税收入………………	561 627	3	7½
	附加税……………………	278 650	15	3¾
1774 年	旧麦芽税收入………………	624 614	17	5¾
	附加税……………………	310 745	2	8½
1775 年	旧麦芽税收入………………	657 357	0	8¼
	附加税……………………	323 785	12	6¼
	合计……………………	3 835 580	12	0¾
	四年的平均数………………	958 895	3	0³⁄₁₆
1772 年	地方国产税收入…………	1 243 128	5	3
	伦敦酿造厂税额…………	408 260	7	2¾
1773 年	地方国产税收入…………	1 245 808	3	3
	伦敦酿造厂税额…………	405 406	17	10½
1774 年	地方国产税收入…………	1 246 373	14	5½
	伦敦酿造厂税额…………	320 601	18	0¼
1775 年	地方国产税收入…………	1 214 583	6	1
	伦敦酿造厂税额…………	463 670	7	0¼
	合计……………………	6 547 832	19	2¼
	四年的平均数……………	1 636 958	4	9½
加入麦芽税平均数…………………		958 895 镑	3 先令	0³⁄₁₆便士
两平均数的和………………………		2 595 853	7	9¹¹⁄₁₆
三倍麦芽税，即麦芽税每夸特由六先令提高至十八先令。此单一税将产出以下的收入	………	2 876 685	9	0⁹⁄₁₆
对于前者的超过额………………………		280 832	1	2¹⁴⁄₁₆

不过，旧麦芽税中，含有苹果酒每半桶四先令的税及强啤酒每桶十先令的税。在 1774 年，苹果酒税收入只三千零八十三镑六先令八便士。这个税额，恐较平常税额稍少，因为该年度对苹果酒所

课的税，都在平常收入额以下。对强啤酒课税虽重得多，但因该酒的消费不大，所以收入更不如苹果酒税。但是，为弥补这两种税的平常额，在所谓地方国产税项下，含有：一，苹果酒每半桶六先令八便士的旧国产税；二，酸果汁酒每半桶六先令八便士的旧国产税；三，醋每桶八先令九便士的旧国产税；四，甜酒或蜜糖水每加仑十一便士的旧国产税。这些税的收入，用以弥补上述麦芽税中所含苹果酒税及强啤酒税的收入，大概绰有余裕。

麦芽不但用以酿造啤酒及淡色啤酒，而且用以制造下等火酒及酒精。假若麦芽税提高到每夸特十八先令，那以麦芽为一部分原料的那些下等火酒及酒精的国产税，就有低减若干的必要了。在所谓麦芽酒精中，普通以麦芽为其三分之一的原料，其他三分之二，有时全为大麦，有时大麦占三分之一，小麦占三分之一。走私机会与诱惑，在麦芽酒精蒸馏所里面，比在酿造所或麦芽制造场内，要大得多。酒精容积较小而价值较大，所以走私机会多；其税率较高，每加仑达三先令十又三分之二便士[①]，所以走私诱惑力强。增加麦芽税，减少蒸馏所税，就可减少走私机会与诱惑，使国家收入有更大的增加。

因为酒精饮料，被认为有害于普通人民的健康，有害于普通人民的道德，所以英国过去某时期，曾以妨碍这种饮料的消费为政策。依此政策，对蒸馏所课税的低减，不应过大，以致降低此种饮料的价格；酒精的高价，要使其依旧不变，而同时，麦酒、啤酒这一

① 对标准强度酒精直接所课的税，虽只每加仑二先令六便士，但加入下等酒精——标准酒精即由此蒸馏出来——所课的税，就有三先令十又三分之二便士了。这两种酒精，都按照发酵中原料的容量而课税。

类无碍健康而又能鼓舞精神的饮料，则要使其大大降价。这样，人民现在怨声最大的租税负担，就可得到部分的减轻，同时国家收入亦可大大增加。

达文南特博士对现行国产税制度上的这种改变，表示反对，但他的反对意见，似没有何等根据。据他所说：依这一变革，现在很平等地分配于麦芽制造者、酿造者及零售业者利润上的国产税，在它影响利润的范围内，将全然归由麦芽制造者负担了；酿造者及零卖业者可由酒的加价取回其税额，麦芽制造者却不容易做到这层；并且，对麦芽课以这么高的税，势必减低大麦耕地的地租及利润。

就相当长的时期说，没有一种税能够减低特定职业的利润率；任何职业的利润率，一定常与邻近的其他职业保持相当的水准。现在的麦芽税、啤酒税及淡色啤酒税，绝不会影响商人在这些商品上的利润；他们可从增加酒价收回所付的税额，并外加一定的利润。固然，一种税加在货物上，可能使此货物昂贵，从而减少此货物的消费。但麦芽的消费，在于酿成各种麦芽酒。对每夸特麦芽征收十八先令的税不会使酒的价格比征收二十四先令或二十五先令的税更贵；反之，这些酒的价格，说不定还可因此减低一些。其消费，与其说会减少，倒不如说会增加。

为什么酿造者，现在能在酒精增高的价格上，收回二十四先令，二十五先令，有时乃至三十先令，而麦芽制造者要在麦芽增高的价格上收回十八先令，却更困难呢？这是不容易理解的。固然，麦芽制造者，对麦芽每夸特不是垫付六先令的税，而是垫付十八先令的税；但酿造者现在却要对其酿造所用的麦芽每夸特垫付二十四先令，二十五先令，有时甚至三十先令的税。麦芽制造者垫出较轻的税，断乎不会比酿造者现在垫出较重的税，还要不便。任何麦芽制造者，不会常在仓库保存这么多的麦芽存货，使得卖出这数量的存货，比酿酒者卖出其通常在酒窖中所保存的啤酒、淡色啤酒存货，需要更长的时间。因此，前者收回他的资金，往往可与后者同样迅速。麦芽制造者因垫付较重的税而感到的不便，可很容易救济，只要给他比现在给酿造者较长数月的时间来缴清税款就够了。

凡不是减少大麦需要的原因，都绝不会减少大麦耕地的地租及利润。设使改弦更张，把酿造啤酒和淡色啤酒的麦芽，每夸特税率，由二十四、二十五先令，减到十八先令，那不但不会减少需要，而且会增加需要。此外，大麦耕地的地租及利润，是常须与其他同样肥沃和耕作得同样好的土地的地租利润大略相等的。如其较少，则大麦耕地的若干部分，将转作其他用途；如其较多，则更多土地将立即转来栽植大麦。当土地的某一特定产物的普通价格，可以说是独占价格时，对此所课的税，就必然会减少那土地的地租及利润。例如，葡萄酒的有效需要，常大感不足，因此，其价格和同样肥沃及耕作得同样好的土地的其他产物的价格比较，往往超过自然的比例；现在如对贵重葡萄酒这种产物课税，此税必然要减少葡萄园的地租及利润。因为，葡萄酒的价格已经达到了通常上市葡萄酒量所能达到的最高价格；那个数量不减，其价格即不会再高；那种土地既不能转用以生产其他同样贵重的产物，如果缩减那上市数量，损失还要更大，所以，赋税的全部负担，要落在地租及利润上，确切地说，要落在葡萄园的地租上。当有人提议课砂糖以新税时，我国蔗糖栽植者常常说，此税的全部负担，不会落在消费者身上，而要落在生产者身上，过去课税以后，他们从不能把砂糖价格提高，超过未税以前。可是，未税以前，砂糖价格似乎已是一种独占价格了，所以，他们引来证明砂糖为不适当课税对象的论据，恐怕正好表示那是适当课税的对象；独占者的利得，随时都是最适于课税的。至于大麦的普通价格，却从没有成为一种独占价格；大麦耕地的地租及利润，对于同样肥沃和耕作得同样好的其他土地的地租及利润，也从没有超过其自然的比例。课于麦芽、啤酒及淡色啤酒的各种税，从未减低大麦价格，从未减少大麦耕地的地租及利润。使用麦芽作原料的酿造者对麦芽所付的价格，曾在不断按照麦芽税的比例而增高，而这种税和课于啤酒、淡色啤酒的税，曾在不断提高那些商品的价格，或不断减低那些商品的质量。因此，这类税的最后支付，总是归消费者负担，而不是归生产者负担。

由制度的这种改革而可能受到损害的，只有一种人，即为供自家消费的酿造者。但是，一般贫苦劳动者及工匠们所负担的重税，现在上层阶级却反得到了免除，那确是最不正当最不公平的；即使不实现这种制度上的变更，那种免除，也是应当撤废的。然而，从来妨碍这利国裕民的制度上的改革的，说不定就是这上层阶级的利益啊。

除上述关税及国产税外，还有若干更不公平、更间接影响货物价格的税。法兰西称为路捐桥捐的，就是这种税。此在昔日萨克逊时代叫做通行税，其原来开征的目的，似与我国道路通行税及运河与通航河流通行税的目的相同，即用以维持道路与水路。这样的税，最宜于按照货物的容量或重量征收。在最初，这些税原为地方税或省税，用于地方或省方用途，所以在许多场合，其管理都是委托于纳税地方的特定市镇、教区或庄园，因为在设想上，这些团体，是会以这种或那种方法，负责实施此种税制的。可是往后在许多国家，对此全不负责任的君主，把此项税收的管理权，握在自己掌中。他虽在大多数场合，把税大大提高，但在多数场合，却完全不注意它的实施。假若英国的道路通行税，成了政府的一个资源，那我们看看许多国家的榜样，就会十之八九地料到它的结果的。这些通行税，结果无疑是由消费者支出；但消费者所付的税，不是按照他付税时他的费用的比例，不是按照他所消费货物的价值的比例，而是按照他所消费货物的容量或重量的比例。当这种税不按照货物的容量或重量征收，而按照其推定的价值征收时，严格地说，它就成为一种国内关税或国产税，会大大阻碍一国最重要部门的商业，即国内贸易。

若干小国，对于由水路或陆路通过其领土，而从一外国运往另一外国的货物，课有与此相类似的税。此税在一些国家称为通过税。位于波河及各支流沿岸的若干意大利小国家，由此税取得有一部分收入。这收入，完全出自外人。不妨害自国工商业，而由一国课加于他国人民的税，这也许是唯一的种类。世界最重要的通过税，乃是丹麦国王对一切通过波罗的海海峡商船所课之税。

像关税及国产税大部分那样的奢侈品税，虽完全是不分彼此地由各种收入一起负担，最终由消费货物纳税的人，不论这人是谁，无所取偿地为其支付，但却不常是平等地或比例地落在每个人的收入上。由于每个人的消费，是受他的性情支配，所以，他纳税的多寡，不是按照他的收入的比例，而是视他的性情为转移；浪费者所纳，超过适当比例，节约者所纳，不及适当比例。大财主在未成年期间，由国家保护获得了很大收入，但他通常由消费贡献给国家的，却极有限。身居他国者，对于其收入财源所在国的政府，可以说没在消费上作一点点贡献。假若其财源所在国，像爱尔兰那样，没有土地税，对于动产或不动产的转移，亦无何等重税，那么，这个居留异国者，对于保护其享有大收入的政府，就不贡献一个铜板。此种不公平，在政府就某些方面说是隶属于或依赖于他国政府的国家最大。一个在附庸国拥有广大土地财产的人，一般在这场合，总是宁愿定居在统治国。爱尔兰恰好是处在这种附庸地位，无怪乎，对外居者课税的提议，会在该国大受欢迎。可是，一个人要经过怎样的外居，或何种程度的外居，才算是应当纳税的外居者，或者说，所课的税，应以何时开始何时告终，求其确定，恐怕不免有点困难吧。不过，我们如把这极特殊的情况除外，则由于此税所产生的各个个人在贡献上的不公平，很可能由那惹起不公平的情况，得到抵偿而有余；那情况就是，各个人的贡献，全凭自愿，对课税商品，消费或不消费，他可以完全自决。因此，如果此税的评定没有偏差，所税商品也很适当，纳税的人，总会比完纳他税少发牢骚的。当这种税由商人或制造者垫付时，最后付出此税的消费者，不久就会把它与商品价格混同起来，而几乎忘记自己付了税金。

这种税，是完全确定的，或可以说是完全确定的。换言之，关于应付纳多少，应何时完纳，即关于完纳的数量及日期，都能确定，不会留下一点疑问。英国关税或他国类似各税虽有时显出不确定的样子，那无论如何，总不是起因于这些税的性质，而是起因于课税法律措辞不很明了或不很灵活。

奢侈品税，大都是零零碎碎地缴纳，而且总是可能零零碎碎地缴纳，即纳税者什么时候需要购买课税品多少，就什么时候缴纳多少。在缴纳时间与方法上，这种税是最方便的或有可能是最方便的。总的来说，这种税符合前述课税四原则的前三原则，不下于任何其他税。可是，对于最后第四原则，就无论从哪方面说，都是违反的。

就此税的征收说，人民所纳多于实际归入国库的数目，常比任何它税来得大。可能惹起此流弊的，一共有四种不同情况。

第一，征收此税，即在安排极其适当的场合，亦需要设置许许多多税关及收税人员。他们的薪俸与津贴，就是国家无所入而人民必须出的真正的税。不过，英国此种费用，还较其他大多数国家为轻，那是不能不承认的。就 1775 年 1 月 5 日为止的那个年度说，英格兰国产税委员管理下各税的总收入，计达五百五十万七千三百零八镑十八先令八又四分之一便士，这个金额，是花了百分之五点五的费用征收的，不过，在此总收入中，要扣除输出奖励金及再输出退税，这使其纯收入缩减到五百万镑以下①。盐税也是一种国产税，但其管理方法不同，其征收所费，也大得多。关税的纯收入，不到二百五十万镑；征收人员薪俸及其他事件的费用，超过百分之十以上。但不论何处，海关人员的津贴，都比薪俸多得多，在若干港口，竟有多至两倍三倍的。因此，假若海关人员薪俸及其他开支达到了关税纯收入百分之十以上，那么，把征收此收入的全部费用合算起来，就要超过百分之二十或三十以上了。国产税的征收人员，几无何等津贴；又因这个收入部门的管理机构，为较近设立的机构，所以没像海关那样腐败。海关历时既久，许多弊害，

① 这年度的纯收入，除去一切费用及津贴，计达四百九十七万五千六百五十二镑十九先令六便士。

相因而生，而且得到宽容。如果现在从麦芽税及麦芽酒税的征收的全部收入，都转向麦芽征收，国产税每年的征税费用，据料想可节约四万镑以上。如关税只对少数货物课征，而且依照国产税法征收，关税每年的征收费用，就恐怕可以节约得多得多了。

第二，这种税，对于某部门的产业，是必然要惹起若干妨碍或阻害的。因为被税商品常因此提高价格，所以不免要在此限度内妨碍消费，从而妨害其生产。假若此商品为国产品或国内制造品，其生产及制造所使用的劳动就要减少。假若为外国商品，其价格因课税而腾贵，那在国内生产的同类商品，固然会因此能在国内市场获得若干利益，而国内产业就有更大部分转向这种商品的生产。但是，外国商品价格这样的腾贵，虽会使国内某特殊部门的产业受到鼓励，但其他一切部门的产业，却必然要受到阻害。伯明翰制造业者所买外国葡萄酒愈贵，他为买此葡萄酒而卖去的一部分金属器具或者一部分金属器具的价格就必然愈贱。与前此比较，这一部分金属器具对于他的价值减少了，促使他去增产金属器具的鼓励也减少了。一国消费者对他国剩余生产物付价愈昂，他们为买那生产物而卖去自己的一部分剩余生产物，或者说，一部分剩余生产物的价格就必然愈低。与前此比较，这一部分剩余生产物对于他们的价值减少了，促使他们去增加这一部分生产物的鼓励也减少了。所以，对一切消费品所课的税，都会使生产性劳动量缩减到在不税场合的自然程度以下：那消费品如为国内商品，则被税商品生产上所雇用的劳动量缩减；如其为外国商品，则缩减的为外国商品所由而购买的国内商品生产上所雇用的劳动量。此外，那种税，常会变更国民产业的自然方向，使它转向一个违反自然趋势的方向，而这方向大概都是比较不利的方向。

第三，走私逃税的企图，常常招致财产的没收及其他惩罚，使走私者陷于没落。走私者违犯国法，无疑应加重惩罚，但他常常是不会违犯自然正义的法律的人，假若国法没把大自然从未视为罪恶的一种行为定为罪恶，他也许在一切方面，都可以说是一个优良市民。在政府腐败，至少犯有任意支出、滥费公币嫌疑的国家，保障国家收入的法律，是不大为人民所尊重的。所以，如果不干犯伪誓罪而能找到容易安全的走私机会，许多人是会无所迟疑地进行走私的。假装着对购买走私物品心存顾忌，尽管购买这种物品是明明奖励人家去侵犯财政法规，是明明奖励几乎总是和侵犯财政法规分不开的伪誓罪，这样的人，在许多国家，都被视为卖弄伪善，不但不能博得称誉，却徒使其邻人疑为老奸巨猾。公众对于走私行为既如此宽容，走私者便常常受到鼓励，而继续其俨若无罪的职业，如税收法律的刑罚要落在他头上，他往往想使用武力来保护其已经惯于认为自己正当的财产。在最初，他与其说是犯罪者，也许不如说是个粗心的家伙，但到最后，他就屡屡对于社会的法律，出以最大胆、最坚决的侵犯了。而且，走私者没落了，他前此用以维持生产性劳动的资本亦会被吸收到国家收入中或税吏收入中，而用以维持非生产性的劳动。这一来，社会的总资本就要减少，原来可由此得到维持的有用产业亦要减少。

第四，此税的施行，至少使经营课税商品的商人，得服从税吏的频繁访问和讨厌检查，这样，他有时无疑要受到某种程度的压迫，而通常总是不胜其苦恼与烦累。前面说过，烦累虽然严格说来，不算是费用，但为免掉烦累，人是愿意出费用的，所以烦累确与费用相等。国产税法，就其设定的目的说，是比较有效果的，可是在这点上，它却比关税更招人讨厌。商人输入课税商品时，如已付过关税，再把那货物搬往自己货栈中，那在大多数场合，就不会再受海关人员的烦扰。如货物由国产税课税，情形就不是如此；商人不断要受稽征人员的检查与访问，而随时得与他们周旋。因此之故，国产税比关税更不为人所欢喜，征收国产税的人员，亦更不为人所欢喜。有人说，国产税稽征人员，其执行职务，虽然一般地说，也许不比海关人员坏，但因为他们的职务，迫使他们常常要找邻人的麻烦，所以大都养成了海关人员所没有的冷酷性格。然而这种观察，十之八九是出于那些从事秘密买卖的不正商人。他们的走私，常为国产税人员所阻止、所揭发，于是出此以讽刺。

不过，一有了消费品税，就几乎免不了这种对于人民的不便。就这种不便说，英国人民所感受的，并不比政费和英国一样浩大的国家的人民所感受的来得大。我们这个国家，当然未达到完善之境，处处有待改良；但与各邻国相比，它却是同样良好或者较为优良。

若干国家，由于认为消费品税是对商人利润所课的税，所以货物每卖一次，就课税一次。其意以为，进口商或制造商的利润如果课税，那么，介乎他们与消费者之间的中间商人的利润，似乎要同样课税，始得其平。西班牙的消费税，仿佛就是依此原则设定的。这种税，对于一切种类动产或不动产的每度变卖[①]，最初抽税百分之十，后来抽百分之十四，现在抽百分之六。征收此税，不但要监

① 《关于欧洲法律及赋税记录》第 1 卷，第 455 页。

视货物由一地向他地转移，而且要监视货物由一店铺向他店铺转移，所以不能不有许多的税务人员。此外，有了此税，须忍受税吏不时访问检查的，不仅是经营某几种特定货物的商人，一切农业者，一切制造业者，一切行商坐贾，都在检查访问之列。实行此税的国家，其大部分地域，都不能为销售远方而生产。各地方的生产，都须和其邻近的消费相适应。乌斯塔里斯把西班牙制造业的没落，归咎于这消费税；其实，西班牙农业的凋落，亦可归咎于此税，因为此税不但课于制造品，而且课于土地原生产物。

在那不勒斯王国，亦有同类的税，对一切契约价值，从而对一切买卖契约价值，征抽百分之三。不过此两者都比西班牙税为轻，并且该王国大部分城市及教区，都允许其付纳一种赔偿金，作为代替。至于城市教区征取此赔偿金的方法，听其自便，大概以不阻碍那地方的内地商业为原则。因此，那不勒斯的税，没有西班牙税那样具有毁坏性。

大不列颠联合王国各地通行的划一课税制度——只有少数无关重要的例外——几乎使全国内地商业及内地沿海贸易，完全自由。对内贸易的最大部分货物，可由王国的一端运往他端，不要许可证、通过证，也不受收税人员的盘诘、访问或检查。虽有若干例外，那都是无碍于国内商业的任何重要部门的。沿海岸输送的货物，固然要有证明书或沿海输送许可证，但除煤炭一项外，其余几乎都是免税的。由税制划一而取得的这种对内贸易的自由，恐怕就是英国繁荣的主要原因之一，因为每一个大国，当然是本国大部分产业生产物的最好最广泛的市场。假若把同一的自由扩张到爱尔兰及各殖民地，则国家的伟大和帝国各部分的繁荣，说不定要远过于今日呢。

在法国，各省实行的各种税法，不但需要在国家边界，而且需要在各省边界，设置许许多多稽征人员，以阻止某种货物的输入，或对那货物课以一定税额。这一来，国内商业就要受到了不少的妨害。有若干省，对于盐税，得缴纳一种赔偿金代替；而在其他各省，则完全豁免。在全国大部分地方，赋税包收人享有烟草专卖权利，而在若干省，不实施烟草专卖。与英格兰国产税相当的税，其情况各省大不相同。有若干省不收此税，而代以一种赔偿金或其同等物。在其他征收此税且采用包税制度的各省，还有许多地方税，那些税的实施，只限于某特别城市或特别地区。至于与我国关税相当的税，则分法国为三大部分：第一，适用 1664 年税法，而称为五大包税区的各省，其中包括皮卡迪、诺尔曼及王国内地各省的大部分；第二，适用 1667 年税法，而称为外疆的各省，其中包括边境各省的大部分；第三，所谓与外国受同等待遇的各省，这些省，许与外国自由贸易，但与法国其他各省贸易时，所受关税待遇，亦与外国相同。如阿尔萨斯、茨图尔、凡尔登三个主教管区，如邓扣克、贝昂那、马赛三市，都属于这个部分。在所谓五大包税区各省（往时关税分为五大部门，每部门原来各成为一特定承包的对象，所以有这个称呼：现在，这各部门已合而为一了）及所谓外疆各省，都各设有许多地方税，那些税的征收，限于某特定城市或特定地区。称为与外国受同等待遇的各省，亦征有某些地方税，马赛市特别是如此。这种种税制如何阻碍国内商业，以及为守护实行这些税的各省各区的边界必要增添多少收税人员，这可不言而喻，无待细述。

除了这复杂税制所生的一般约束外，法国对于其重要性仅次于谷物的产物，即葡萄酒的贸易，在大多数省还加有种种特殊约束。这些约束的产生，是由于某些特定省区葡萄园所享有的特惠，大于其他各省。产葡萄酒最出名的各省，我相信，就是在葡萄酒贸易上受约束最少的各省。这些省所享有的广泛市场，鼓励它们，使它们在葡萄的栽培上，在葡萄酒的调制上，能实行良好的管理方法。

然而这种花样复杂繁多的税法，并非法国所特有。米兰小公国，共分六省；关于若干种类的消费品，各省各定有特别的课税制度。而比较更小的帕马公爵领土，亦分有三、四省，各州亦同样有其各别的课税制度。在这样不合理的制度之下，如不是土壤特别肥沃，气候非常调适，这些国家，恐怕早就沦为最贫穷最野蛮国家了。

对消费品所课的税，有两种征收方法，其一由政府征收，在这场合，收税人员由政府任命，直接对政府负责，并且政府的收入，随税收不时的变动，而年各不同。又其一则由政府规定一定额数，责成赋税包收者征收，在这场合，包收者得自行任命其征收员，此种征收员虽负有按照法律指定方法征税的义务，但是受包收者监督，对包收者直接负责。最妥善、最节约的收税方法，绝不是这种包税制度。包收者除垫付规定税额、人员薪俸及全部征收费用外，至少还须从收入税额中，提取和他所拿出的垫款，所冒的危险，所遇的困难，以及应付这非常复杂事务所必要的知识与熟练相称的利润。政府如自己设置像包收者所设的那样管理机构，由自己直接监督，至少这种利润——常为一个非常大的巨额——是可以节省的。承包国家任何大项税收，必须有大资本或大信用。单为了这条件，这种事业的竞争，便会局限于少数人之间。况且，持有相当资本或信用的少数人中，具有必要知识或经验的，更为少数。于是这另一条件，就把那竞争局限于更少数人之间。此有资格竞争的最少数人知道，他们彼此团结起来，于自己更有利益，于是大家不为竞争者，而为合作者，在包税投标的时候，他们所出的标额，就会远在真实价值以下。在公家收入采用包收制的国家，包收者大概都是极富裕的人。单是他们的富，已够惹起一般人的嫌恶；而往往与这类暴发财富相伴的虚荣，以及他们常用以炫耀其富裕的愚蠢的卖弄，更会增大人们的嫌恶。

公家收入的包收者对惩罚企图逃税者的法律，绝不会觉得过于苛刻。纳税者不是他们的人民，他们自无所用其怜恤，并且，纳税者即普遍破产，如发生于包收满期的次日，他们的利益，亦不会受大影响。在国家万分吃紧，君主对其收入的足数收到定是非常关心的时候，赋税包收者很少不乘机大诉其苦，说法律如不较现行加厉，付出平常的包额，也将无法办到。在此国家紧急关头，他们是有求必应的；所以，这包收税法，就一天苛酷一天。最残忍的税法，常常见于公家收入大部分采用包收制的国家；而最温和的税法，则常常见于君主直接监督征收的国家。君主虽再愚暗，对于人民的怜悯心情，也一定远过于包税人。他知道，王室恒久的伟大，依存于其人民的繁荣；他绝不会为一时之利而破坏这繁荣。在赋税包收者，情形就两样了；他的昌盛，常常是人民没落的结果，而不是人民繁荣的结果。

包税者，提供了一定金额，有时不但取得一种赋税的权利，而且取得对于课税品的独占权利。在法国，烟草税及盐税，就是以这种方法征收的。在此场合，包征者不仅向人民课取了一个过度的利润，而且课取了两个过度的利润，即包税者的利润，和独占者的更大利润。烟草为一种奢侈品，买与不买，人民尚得自由。但盐为必需品，各个人是不能不向包税者购买一定分量的；因为这一定分量，他如不向包税者购买，就会被认为是从走私者那里购买的。对这两商品所课的税，都异常繁重。其结果，走私的诱惑，简直不可抵抗；但同时由于法律的严酷，包税者所用人员的提防，受到诱惑的人，几乎可肯定总有破产的日子。盐及烟草的走私，每年使数百人坐牢，此外，被送上绞架的人数也很可观。然而税由这种方法征收，对政府可提供很大的收入。1767 年，烟草包额为二千三百五十四万一千二百七十八利弗，盐包额为三千六百四十九万二千四百零四利弗。此两项包征，自 1768 年起，更约定继续六年。着重君主收入而轻视民膏民脂的人，恐怕都赞同这种征税方法。因此，在许多其他国家，特别是在奥地利及普鲁士领土内，在意大利大部分小国，对于盐及烟草，都设立了同种的赋税与独占。

在法国，国王实际收入的大部分，来自八个源泉，即贡税、人头税、二十取一的税、盐税、国产税、关税、官有财产及烟草包征。最后五者，各省大抵都采用包征制，而前三者，则各地都置于政府直接监督及指导之下，由税务机关征收。就取自人民的数额的比例说，前三者实际归入国库的，要比后五者为多；后五者管理上更为虚糜滥费，那是世所周知的。

现在法国的财政状态，似乎可以进行三项极显明的改革。第一，撤废贡税及人头税，增加二十分取一的税，使其附加收入，等于前两者的金额，这样，国王的收入，便得保存；征收费用，可以大减；

贡税及人头税所加于下层阶级人民的烦累，会全然得到阻止，而且大部分上层阶级的负担，也不至比现在更重。前面说过，二十分取一的税，差不多与英格兰所谓土地税相类似。贡税的负担，最终要落在土地所有者身上，那是一般所承认的；人头税的大部分，乃按照贡税每镑若干的比率，课于贡税的纳税者，所以此税大部分的最后支付，也是由同一阶级人民负担。因此，二十分取一的税，即使按照贡税及人头税两税所提供的税额增加，上层阶级的负担，仍不致以此加重。不过，因现在贡税课于各个人的所有地及租户不很公平的缘故，一经改革，许多个人，就不免要加重负担。所以，现在享有特惠者的利害关系及由此利害关系出发的反对，恐怕就是最能阻止此改革及其他相类似的改革的障碍。第二，划一法国各地的盐税、国产税、关税、烟草税，即划一一切关税，一切消费税，这样，这些税的征收费用，便可远较今日为少，并且，法国的国内商业，亦得与英国国内商业同样自由。第三，把这一切税，全部归由政府直接监督指导的税务机关征收，这一来，包税者的过度利润，就加入国家收入中。可是，与上述第一种改革计划同样，由个人私利出发的反对，亦很够阻止这最后二种改革计划的实现。

法国的课税制度，在一切方面，似乎都比英国为劣。英国每年从八百万以下的人民，征取一千万镑税款，绝未闻有什么阶级受到压迫。据埃克斯皮利神父搜集的材料，及《谷物法与谷物贸易论》著者的观察，法国包括洛林及巴尔在内，人口约共二千三百万乃至二千四百万，这个数目，将近有英国人口三倍之多。法国的土壤及气候，是优于英国的。法国土地的改良及耕作，是远在英国之先的，所以凡属需要长久岁月来建造和累积的一切事物，例如大都市以及城市内乡村内建筑优良、居住舒适的房屋等，法国都胜于英国。没有这种种利益的英国，还能不大费周折地征收赋税一千万镑，法国总该可以不大费周折地征收三千万镑吧。然而根据我手边最好但我承认是极不完全的报告，法国 1765 年及 1766 年输归国库的全收入，只在三亿零八百万利弗乃至三亿二千五百万利弗之间，折合英币，尚未达到一千五百万镑。以法国人民的数目，照英国人民的同一比例纳税，吾人可期望其能得三千万镑。上述金额还不到三千万镑的半数，然而法国人民所受捐税的压迫，远甚于英国人民，那是世所公认的。不过，欧洲除英国外，法国还算是有最温和最宽大政府的大帝国呢。

在荷兰，课于生活必需品的重税，据说，曾破坏了该国一切主要制造业。连渔业及造船业，恐怕也会逐渐受其阻害。英国对必需品所课的税很轻，没有任何制造业受过它的破坏。英国制造业负担最重的税，只有几种原料进口税，特别是生丝进口税。荷兰中央政府及各都市的收入，据说每年有五百二十五万镑以上。荷兰人口不能认为超过了英国居民的三分之一，因此，按人口比例计算，荷兰租税肯定是重得多了。

在一切适当课税对象都课过了税之后，假若国家的急需状态，仍继续要求新税，那就必须对于不适当的对象课税了。因此，对必需品课税，并非荷兰共和政府的愚昧无知。由于共和国要取得独立，维持独立，所以平常虽然节约异常，但遇到费用浩大的战争，就不得不大事举债。加之，荷兰和西兰，与其他国家不同，为了保住其存在，换言之，为不给海水所吞没，就得花一项巨大费用，因而就得大大加重人民赋税的负担。共和的政体，似为荷兰现在的伟大的主要支柱。大资本家，大商家，或则直接参加政府的管理，或则间接具有左右政府的势力。他们由这种地位，取得了尊敬和权威，所以哪怕与欧洲其他地方比较，在这一国使用资本，利润要轻些；在这一国贷出资金，利息要薄些；在这一国从资本取得的少许收入所能支配的生活必需品和便利品要少些，但他们仍乐于居住在这一国。这些富裕人民定居的结果，尽管荷兰障碍繁多，该国的产业仍能在某种程度上活跃着。设一旦国家灾难发生，这共和国的政体陷于破坏，全国统治落于贵族及军人之手，这些富裕商人的重要性，因此全然消失，他们就不会高兴再住在不为人所尊敬的国家。他们会带着资本迁往他国，这一来，一向由他们支持的荷兰产业和商业，就立即要紧跟在资本之后而他适了。

第三章 论公债

在商业未开展、制造业未改进的未开化社会，对于仅能由商业及制造业带来的高价奢侈品还一无所知的时候，有大收入的人，像我在第三篇说过的那样，除了尽收入能维持多少人，便用以维持多少人外，再也不能有其他消费或享受收入的方法。一个大收入，随时都可说是对一大量生活必需品的支配力。在那种未开化社会状态下，那收入一般都是以一大量必需品，即粗衣粗食的原料，如谷物、牲畜、羊毛及生皮等物收进的。当时既无商业，又无制造业，所以这些物资的所有者，找不到任何东西，可以交换其消费不了的大部分物资；除了尽其所有，用以供人吃穿外，他简直无法处置其剩余。在此情况下，富者及有权势者的主要费用，就是不奢华的款客和不炫耀的惠施，而这种款客和惠施，我在本书第三篇也曾说过，是不容易使人陷于破产的。至于利己的享乐就不同了，虽至微末，追求的结果，智者有时亦不免于灭亡。例如斗鸡的狂热，曾经使许多人破了产。我相信，由上述性质的款待或惠施而败家的人，当不很多，但由铺张的款客和炫耀的惠施而败家的则为数极多。在我们封建的祖先之间，同一家族长久继续保有同一地产的事实，可充分表示他们生活上量入为出的一般性向。大土地所有者不断行着乡下式的款待，看来虽与良好的理财原则不可分离的生活秩序有所背离,但我们得承认他们至少也知道撙节,没把全部收入尽行消费掉。他们大概有机会卖掉其一部分羊毛或生皮取得货币。这货币的一部分,他们也许是用以购买当前环境所能提供的某种虚荣品及奢侈品来消费,但还有一部分,则常是照原样蓄藏起来。实际上,他们除了把节约的部分蓄藏着,也就不好再怎么处置。经商吧,那对于一个绅士是不名誉的;放债吧,当时早视为非义,而且为法律所不许,那是更不名誉的。加之,在那种强暴混乱的时代,说不定有一天会被赶出自己的住宅,所以,在手边藏蓄一点货币,以便那时候携带一些公认为有价值的东西,逃往安全地带,是得计的。使个人以藏蓄货币为得计的强暴,更使个人以隐匿其藏蓄的货币为得计。动不动就有埋藏物发现,无主财宝发现,那可充分证明,当时藏蓄货币及隐匿藏蓄之事,是非常流行的。有一个时候,埋藏物简直成了君主的一个重要收入部分。然在今日,哪怕全王国的一切埋藏物,亦恐不够成为一个多财绅士的主要收入部门了。

节约与藏蓄的倾向,流行于人民之间,也同样流行于君主之间。我在本书第四篇说过,在没有什么商业及制造业可言的国家,君主所处境地,自然会使他奉行蓄积所必要的节约。在那种境地,就是君主的费用,亦不能由他的虚荣心支配;他喜欢有一个华丽装饰的宫廷,但那个无知的时代,却只能给他提供一点无甚价值的小玩意儿。而这就构成他宫廷的全部装饰。当时是无常备军的必要的,所以,像其他大领主的费用一样,就连君主的费用,除了用以奖励其佃户,款待其家臣外,几乎没有用处。但是奖励及款待,很少会流于无节制,而虚荣则几乎都会流于无节制,因此,欧洲一切古代君主,无不蓄有财宝。即在今日,听说每个鞑靼酋长,还是积有财宝。

在富有各种高价奢侈品的商业国内，君主自然会把他的收入大部分，用以购买这些奢侈品，像其版图内一切大土地所有者一样。他本国及邻近各国，供给他许许多多的各种高价装饰物，这些装饰物，形成了宫廷华丽但无意义的壮观。君主属下的贵族们，为了追求次一等的同种壮观，一方面打发其家臣，一方面让租地人独立，这一来，他们就渐次失掉了权威，以致与君主领土内其他大部分富裕市民，没有区别了。左右他们行为的浮薄热望，也左右他们君主的行为。在他领土内，个个富有者都在征逐这种享乐，怎能叫他一个人富而不淫呢？假使他没把怎么大的部分的收入用于享乐（他多半是如此），以致减弱国防力量，那么，超过维持国防需要那一部分的收入，是不能期望他不消费的。他平常的费用，就等于他平常的收入；费用不超过收入，就算万幸了。财宝的蓄积，再无希望；一旦有特别急需，需要特别费用，他定然要向人民要求特别的援助。1610 年法兰西国王亨利四世死后，欧洲大君主中蓄有很多财宝的，据推测只有普鲁士现国王及前国王。君主政府不说，共和政府，为蓄积而行节约的事亦几乎是同样罕见的。意大利各共和国、尼得兰共和国都负有债务。伯尔尼联邦积有不少的财宝，但在欧洲是仅见的。瑞士共和国其他联邦，全无蓄积可言。崇尚某种美观，至少，崇尚堂皇的建筑物及其他公共装饰物，最大国王的放荡的宫廷，自不必说，就连那些小共和国看似质朴的议会议事堂也往往如此。

一国在平时没有节约，到战时就只好迫而借债。战争勃发起来，国库中，除了充当平时设施所必要的经常费的款项外，没有其他款项。战时为国防设备所需的费用，须三倍四倍于平时，因此在战时的收入，也须三倍四倍于平时收入。即使君主马上就有一种办法，能按照费用增大的比例而增大他的收入——这几乎是不会有的——这增大收入的源泉，必出自赋税，而赋税的课征，大抵要经过十个月乃至十二个月，才有税款收入国库。可是，在战争勃发的瞬间，或者宁说，在战争似要勃发的瞬间，军队必须增大，舰队必须装备，防军驻在的都市必须设防，而这军队、舰队、防军驻在的都市，还须供给武器、弹药及粮食。总之，在危险临到的瞬间，就得负担一项马上就要的大费用；这费用是不能等待新税逐渐地慢慢地纳入国库来应付的。在此万分紧急的情况下，除了借债，政府再不能有其他方法了。

由于道德原因的作用，这种使政府有借款必要的商业社会状态，使人民具有贷款的能力和贷款的意向。这种商业社会状态要是通常带来借款的必要，它也同样带来借款的便利。

商人和工厂主众多的国家，必然有很多这样的人，不仅是他们自己的资本，而且有愿意以货币借给他们或以货物委托他们经营的人的资本，频繁地在他们手中通过，比不做生意、不从事生产事业，靠自己收入为生的私人的收入通过自己手中的次数，更要频繁。像上面所说那种私人的收入，经常每年只通过他自己手中一次。但一个商人，如从事那本利能迅速收回的商业，他的全部资本及信用，就往往每年会通过他手中三四次。因此，一个商人多工厂主多的国家，必然有很多的人是愿意随时都能以巨额款项贷与政府。所以，商业国人民，都具有出贷能力。

任何国家，如果没有具备正规的司法行政制度，以致人民关于自己的财产所有权，不能感到安全，以致人民对于人们遵守契约的信任心，没有法律予以支持，以致人民设想政府未必经常地行使其权力，强制一切有支付能力者偿还债务，那么，那里的商业制造业，很少能够长久发达。简言之，人民如对政府的公正，没有信心，这种国家的商业制造业，就很少能长久发达。大商人大工厂主，如平时信任政府，敢把财产委托政府保护，到了非常时候，就也敢把财产交给政府使用。把款借给政府，绝不会减少他们进行商业及制造业的能力，反之，通常却会增大那能力。国有急需，大抵会使政府，乐于以极有利于出借人的条件借款。政府付与原债权者的保证物，得转移于任何其他债权者；并且，由于人民普遍信任政府的正义，那保证物大概能以比原价高的价格，在市场上买卖。商人或有钱者，把钱借给政府，可从此赚到钱，他的营业资本不但不会减少，反会增加。政府如允许他最先应募新借款，他大抵会视为一种特惠。所以，商业国人民，都具有贷款的意向或乐意。

这种国家的政府，极易产生这种信念，即在非常时期，人民有能力把钱借给它，而且愿意把钱借给它。它既预见到借款的容易，所以在平时就不孜孜于节约。

在未开化的社会，既无大商业资本，亦无大制造业资本。个人把他所能节约的货币，都藏蓄起来；凡所藏蓄的货币，都隐匿起来；他这么做，因为他不相信政府的公正，并且怕他的藏蓄被知道了，被发觉了，立即就要被掠夺。在此种状态下，遇着危急的关头，能贷款给政府的必然很少，愿贷款给政府的简直没有。为君主者，预知借款的绝不可能，所以他就觉得，须为紧急关头预先节约。这种先见之明，把他节约的自然倾向加强了。

巨额债务的增积过程，在欧洲各大国，差不多是一样的；目前各大国国民，都受此压迫，久而久之，说不定要因而破产！国家与个人同，开始借款时，通常全凭个人信用，没有指定特别资源或抵押特别资源来保证债务的偿还。在这种信用失效以后，它们继续借款，就以特别资源作抵押。

英国所谓无担保公债，就是依前一方法借入的。它有一部分为全无利息或被认为全无利息的债务，类似个人记账的债务；一部分为有利息的债务，类似个人用期票或汇票借入的债务。凡对特别服役所欠的债务，对尚未给付报酬的各种服役所欠的债务，陆军海军及军械方面临时开支的一部分，外国君王补助金的未付余额，海员工资的未付余额等，通常构成前一种债务。有时为支付这债务的一部分和有时为其他目的而发行的海军证券或财政部证券，构成后一种债务。财政部证券利息，自发行之日算起；海军证券利息，自发行后六个月算起。英格兰银行，通过自动按照时价贴现这种证券，以及通过与政府议定以某种报酬条件替它流通财政部证券，即按额面价格收受该证券并支付其所应付的利息等办法，给该证券保持了价值，便利了流通，从而使政府能够常常借到巨额的这种公债。在法兰西，因无银行，国家证券有时须打百分之六十或七十的折扣出售。在威廉王大改铸币时代，英格兰银行认为应当停止其平常的业务，财政部证券及符契，据说要打百分之二十五乃至百分之六十的折扣买卖。其原因，一部分是革命甫定，新政府是否安定尚未可必；另一部分，则是英格兰银行没给予援助。

此种手段行不通，而政府举债，需要指定或抵押国家特定收入来担保债务的偿还时，政府在不同时候，曾使用了两种不同的方法。有时这指定或抵押，限于短期，如一年或数年；有时，又定为永久。在前一场合，作为抵押的收入，据推想在限定期间内，足够付清所借货币的本金及其利息。在后一场合，作为抵押的收入，据推想只够支付利息或等于利息的永久年金，政府几时能偿还借入的本金，就偿清它。货币以前一方法借入，通称为预支法；以后一方法借入，则通称为永久付息法或简称为息债法。

英国每年征收的土地税及麦芽税，政府逐年都依据不断插入课税法令中的借款条款加以挪用。这项款额，通常由英格兰银行垫付，收取利息，到税款陆续纳入国库时，逐渐收还。其所索利息率，革命以来，迭有变化，自百分之八乃至百分之三不等。如果某年度收入的税款，不够还清垫支的金额及其利息（此为常事），则此不足余额，取偿于次年度收入的税款。这样，国家收入中尚未用作担保的这唯一主要收入部门，经常每年在未收归国库之前，先已消费了。此与无打算的浪费者同，浪费者对其收入，每迫不及待，而预先出息借支；国家则不断向其代理人及经理人借款，不断为使用自己的货币而支付利息。

在威廉王及大部分安妮女王时代，永久付息的借款方法，不像今日那么习见。那时候，大部分新税，只限于短期（仅四年、五年、六年或七年）征收，各年度国库的支出，大抵是得自预先挪用这些税收的借款。税收往往在限定期内，不够支付借款的本金及利息，于是就得延长收税年限，从而补足这项短额。

1697 年，依照威廉三世第八年第二号法令，将这些瞬将满期各税的征收年限，延至 1706 年 8 月 1 日，以弥补它们税额的不足。这就是当时所谓第一次总抵押或基金。归这基金负担的不足额，计达五百十六万零四百五十九镑十四先令九便士半。

1701 年，这些税以及其他若干税的征收年限，又因同一目的延长至 1710 年 8 月 1 日，是为第二次总抵押或基金。这次基金所负担的不足额，计达二百零五万五千九百九十九镑七先令十一便士半。

1707 年，这些税又延长至 1712 年 8 月 1 日，作为一种新公债的基金，是第三次总抵押或基金。由此抵押借入的金额，计达九十八万三千二百五十四镑十一先令九又四分之一便士。

1708 年，这些税（除去半额吨税、镑税这两种旧补助税，及由英格兰苏格兰合并协定而撤废的苏格兰亚麻输入税）征收年限又延长至 1714 年 8 月 1 日，作为一种新公债基金，是第四次总抵押或基金。由此抵押借入的金额，计达九十二万五千一百七十六镑九先令二又四分之一便士。

1709 年，这些税（除去吨税、镑税这二种旧补助税，这些补助税从那时候起与这新债基金完全没有关系）征收年限，为着同一目的，又延长至 1716 年 8 月 1 日，是第五次总抵押或基金。由此抵押借入之金额，计达九十二万二千零二十九镑六先令。

1710 年，这些税再延长至 1720 年 8 月 1 日，是第六次总抵押或基金。由此抵押借入的金额，计达一百二十九万六千五百五十二镑九先令十一又四分之三便士。

1711 年，这些税（到这时，已须供应四种预支的本息）及其他若干税，规定永久继续征收，作为支付南海公司资本利息的基金。该公司在同年度曾借给政府九百一十七万七千九百六十七镑十五先令四便士，用以还债及弥补税收的不足。这次借款，为当时所仅见的最大借款。

就我所知，在此时期以前，为支付债务利息而永久课征的税收，只有为支付英格兰银行、东印度公司以及当时计划中的土地银行三者的贷款利息的各税（土地银行的贷款，只是一种拟议，未成事实）。这时，英格兰银行贷与政府的金额，为三百三十七万五千零二十七镑十七先令十便士半，年息百分之六，计达二十万零六千五百零一镑十三先令五便士；东印度公司贷与政府的金额为三百二十万镑，年息百分之五，计达十六万镑。

1715 年，即乔治一世元年，依据该年十二号法令，那些担保英格兰银行年息的各税以及由这次法令定为永久征收的其他若干税，通通集为一共同基金，称为总基金。此基金不仅用以支付英格兰银行的年金，而且用以支付其他年金及债务。以后，依据乔治一世三年第八号法令，及五年第三号法令，此基金又增大，而当时附加的各税，亦同样定为永久的了。

1717 年，即乔治一世三年，依据该年第七号法令，又有其他数种税，被定为永久征收，构成又一个共同基金，称为一般基金。此基金所支付的年息，计达七十二万四千八百四十九镑六先令十便士半。

这几次法令的结果，以前只短期预支的各税大部分，全都变成永久的了，而其用途，不在于支付连续由预支办法所借入款项的本金，而在于支付其利息。

假若政府只用预支办法筹款，那它只要注意两点，数年之内，就可使公家收入从债务中解放出来：第一，不使基金在限定期间内负担的债务，超过其所能负担的数额；第二，第一次预支未偿清以前，不作第二次预支。但欧洲大多数国家的政府，都不能注意到这些。它们往往在第一次预支时，就对基金加以过度的负担；即或不然，也往往在第一次预支未偿清以前，就进行第二次第三次的预支，而加重基金的负担。这样下去，指定的基金，就变得完全不够支付所借货币的本金及利息，于是就不得不单用以支付利息，或支付那等于利息的永久年金。像这样无打算的预支，必然会导致那破坏性更大的永久付息办法的采用。此例既开，公家收入的负担，就由一定期间，延续到无限期间，而遥遥无解放的日子。但是，在一切场合，由这种新方法能够筹到的款额，总比由旧的预支方法来得大。所以，人们一习知这新方法，每当国家万分吃紧之秋，一般都舍旧法而用新法。救目前的急难，是直接参与国事者的要图，至于公家收入的解放，那是后继者的责任，他们无暇顾及了。

在安妮女王朝代，市场利息率，由百分之六降至百分之五；安妮女王十二年，宣布百分之五为私人抵押借款的最高合法利息率。英国大部分暂行税，变成了永久的，而分别拨充总基金、南海基金及一般基金后不久，国家的债权者，与私人债权者同，亦被说服接受百分之五的利息。这一来，由短期公债换为长期公债的借款的大部分，就产生了百分之一的节约，换言之，由上述三基金支付的年金的大部分，就节省了六分之一。此种节约，使得用作基金的各税，于支付所担保的各项年金后，剩有一个巨额剩余，构成此后减债基金的基础。1717 年，此剩余额，计达三十二万三千四百三十四镑七先令七便士半。1727 年，大部分公债的利息，进一步降到百分之四。1753 年，更降到百分之三点五。1757 年，又降到百分之三。于是减债基金，愈益增大了。

减债基金虽为支付旧债而设，然而对于新债的征募，亦提供了不少便利。它可以说是一种补助基金，在国家有急需场合，即可用它弥补其他基金的不足以举债。至于英国是经常地用此基金来偿还旧债，或经常地用它另举新债，慢慢就会十分明白的。

借款的方法有二，一是预支，一是永久息债。但介乎这两者之间的，还有其他两种方法，即有期年金借款方法和终身年金借款方法。

在威廉国王及安妮女王朝代，往往以有期年金方法借入巨额货币，其期限有时较长，有时较短。1693年，议会通过一法案，以百分之十四的年金，即以十六年满期，年还十四万镑的年金，借款一百万镑。1691年，议会曾通过一法案，以今日看来可算是非常有利于债权者的条件，按终身年金方式借款一百万镑，但应募之数，不满该额。于是，翌年乃以百分之十四的终身年金借款，即以七年便可收回本金的条件借款，补此未满的额。1695年，凡购有此项年金的人，许其往财政部对每百镑缴交六十三镑，换取其他九十六年为期的年金，换言之，终身年金百分之十四与九十六年年金百分之十四的差额，以六十三镑卖出，或者说，以相当于四年半的年金卖出。但条件虽然如此有利，而因当时政府地位不稳，竟找不到几个买主。安妮女王在位年代，曾以终身年金及三十二年、八十九年、九十八年、九十九年的有期年金，借入款项。1719年，三十二年期的年金所有者，以其所有年金，换取等于十一年半年金的金额的南海公司股本；此外，对于那时候该年金应付未付的金额，亦发给等价的南海公司股本。1720年，其他长短不等的有期年金大部分，也都合为同一基金。当时每年应付的长期年金，计达六十六万六千八百二十一镑八先令三便士半。1777 年 1 月 5 日，其剩余部分，即当时未募满的额，不过十三万六千四百五十三镑十二先令八便士。

在 1739 年及 1755 年开始的两次战争中，由有期年金或终身年金借入的款极少。九十八年期或九十九年期的年金，所值货币，几乎与永久年金相等，所以有理由可设想其应能和永久年金借入同样多的款。但是，为家庭治财产及谋远久的人，购买公债，绝不愿购买那价值不断减少的公债；而这种人又占公债所有者及购买公债者的最大部分。因此，长期限年金的内在价值，虽与永久年金的内在价值无大出入，但终没有永久年金那么多的购买者。新债的应募者，通常都打算尽快抛出其认购的公债，所以在金额相等时，他们都宁愿购买可由议会赎还的永久年金，而不愿购买不能赎还的长期年金。永久年金的价值，可以说是始终如一或差不多始终如一，所以和长期年金比较，它更便于转让。

在上述两战争期间，有期年金或终身年金，都是除给与年金或利息外，还给新借款应募者一种奖金，就是说，不是作为偿还所借货币的年金，而是作为对出借人的一种附加奖励。

终身年金的授予，曾使用以下两种方法，即对各个别人终身给予的方法，和对一群人终身给予的方法。后者在法国用发明人的名字命名，叫做顿廷法。在年金是授予各个别人终身的场合，各受领年金者一旦死亡，国家收入即减轻了他这一部分负担。如按顿廷法授予，国家收入对此负担的解除，要到那一群中所有受领年金者都死了才实现；那一群人数，有时为二十人乃至三十人，就中后死者承受前死者的年金，最后生存者，则承受其一群全部的年金。

设以同一收入抵押借款,用顿廷法总能比用个别人终身年金法借到更多的款。因为,未死者有承受全部年金的权利,哪怕金额相等,实比由个别人单独领取的年金有更大的价值。各个人对于自己的运气,天然有几分自信,这就是彩票生意成功的根据。由于此种自信心理,顿廷年金所卖得的价格,通常都高过其实际价值若干。因此之故,一国政府,如常使用年金办法借款,大概总是采用顿廷法。政府几乎总是采择能够筹到最多款项的方法,而不愿采用能够解除国家收入负担最速的方策。

法国公债中由终身年金构成的部分,要比英国大得多。据波尔多议院 1764 年向国王提出的备忘录,法国全部公债,计达二十四亿利弗,就中,以终身年金借入的约为三亿利弗,即公债总额八分之一。此项年金,据估计每年达三千万利弗,相当于全部公债的估计利息一亿二千万利弗的四分之一。这种计算不大正确,我是十分知道的,但一个有这么重要地位的机关说这估计数字接近事实,我看,去真实的程度总该不远。英法两国借债方法上所生的差异,不是由于两国政府对于渴望解除国家收入负担的程度有所不同,而完全是由于出借人的见解及利益有所不同。

英国政府所在地,为世界最大的商业都市,因此以款项贷与政府的人,大概都是商人。商人的贷出款项,其用意不在于减少其商业资本,反之,却在于增加其商业资本,所以,新债的债券,如不能以相当的利润卖出,他就不会应募那新债。但是,他贷出款项所购入的如不是永久年金,而是终身年金,那么,不论这终身年金是他自己的终身,或是其他人的终身,当其转售时,就难望有何等利润。不论是谁,购买与自己年龄相若、健康状态相当的他人的终身年金，总不愿出与购买自己的终身年金相同的价格，所以，以自己生命为基础的终身年金出卖，往往是不免要受到损失的。至于以第三者生命为基础的终身年金，固然对于买者卖者有同一价值，但其真实价值，在授予年金的那一瞬间，就开始减少了，而且在此年金存续的期间内日益减少。因此，终身年金，要想能与可以假定其真实价值总是一样或总不会有大出入的永久年金成为同样便于转让的资财，那是决难做到的。

法国政府所在地，不是大商业都市，因而以款项贷与政府的人，就不像英国那样，大部分是商人。法国政府每有急需，多半是向那些和财政有关系的人，如赋税包征者，未经包给人的赋税的征收人员，宫廷银行家等，商量借款。这般人大抵出身微贱，因为有的是钱，所以常很骄傲。他们既不屑与同等身分的妇人结婚，而较有身分的妇人，也不屑与他们结婚，所以他们常决意过独身生活。他们自己既没有家庭，对于通常不大愿意往来的亲戚的家族，又漠不关心，所以他们只求自己一生好好度过去就完了，财产即身而止，那是无所介意的。此外，不爱结婚或其生活状况不宜或不便于结婚的富人的人数，在法国远较英国为多。对于这不大为后人打算，或者全不留意后人的独身者，以其资财换入一种不长不短、恰如其所希望的长期收入，那是再便利没有的。

近代各国政府平时的经常费，多半是等于或者大约等于其经常收入；所以战争一旦发生，要政府按照费用增加的比例而增加收入，就不仅非其所愿，而且非其所能。它们之所以不愿，是因为突然增加如此巨额的税，恐伤害人民感情，使得他们嫌恶战争。它们之所以不能，因为战争所需费用不定，赋税应增加多少才够，没有把握。各国政府所碰到的这两层困难，如采行举债办法，就容易解决了。借债能使它们只要增税少许，就可逐年筹得战争所需的费用；并且，通过永久息债，它们可能以最轻微的增税，逐年筹得最大的款。在一大帝国中，住在首都的人，以及住在远隔战场地带的人，大都不会由战争感到何等不便，反之，他们却可优游安逸地从报纸上读到本国海陆军的功勋，而享其乐。这种享乐，是很可补偿他们战时所纳赋税对平时所纳赋税的小小超过额的损失的。他们通常都不满意和平的恢复，因为，那一来，他们那种享乐，便要中止；并且，战争再继续些时说不定就会实现的征服及国家光荣的无数虚望，也要消灭了。

可是，和平虽然恢复了，在战争中加重的大部分赋税负担，却很少便告解除。那些赋税，都作了战债利息的担保。假若旧税和新税，于支付战债利息及开支政府经常费用外，尚有余剩，此余剩部分，也许会转作偿还债务的减债基金。不过，第一，此减债基金，纵不移作其他用途，一般也远远不够在和平可望其继续的期间内，偿付全部战债；第二，这基金几乎都被移用于其他目的。

征收新税的唯一目的，就是在于偿付以此为担保的借款的利息。若有余剩，那余剩的部分，大概都是出乎意料或计划之外的，所以很少有很大的数额。减债基金的产生，通常都是由于以后应付利息减少，而很少由于收到的税额，超过应付利息或年金的数额。1655 年的荷兰减债基金，1685 年教皇领地的减债基金，通由利息减少而形成，所以，以这种基金偿还债务，往往不足。

当国家升平无事，而有种种特别开支的必要时，政府每觉开征新税，不若挪用减债基金来得便利。不论开征任何新税，人民都会感到多少的痛苦，因而引起怨声，引起反对。课税的种类愈繁多，已课的各税愈加重，人民对于任何新税的怨声必愈嚣然，于是另课新税或加重旧税，就益形困难。至于暂时停止偿还债务，人民是不会马上感到痛苦的，因此也不致引起怨言，也不致引起不平之鸣。所以，挪用减债基金，常为摆脱目前困难的显然容易的方策。可是，公债所积愈多，研究如何缩减公债愈成为必要，而滥用减债基金，就愈危险、愈会导致毁灭。公债减少的可能性愈少，挪用减债基金来应付平时种种特别开支的可能性和必然性愈大。当一国国民已负担过度的赋税，除非迫于新的战争，除非为报国仇，除非为救国难，人民是不能再忍受新税的课征的。所以减债基金，常不免于滥用。

英国自最初仰赖永久息债法那种破坏性方策以来，平时公债的减少，从来没和战时公债的增加相称。现时存在的巨额公债，大部分还是起源于从 1688 年开始并于 1697 年由里斯韦克条约结束的那一次战争。

1697 年 12 月 31 日，英国的长短期公债，计达二千一百五十一万五千七百四十二镑十三先令八便士半。其中有一大部分是由于短期预支，有一部分是以终身年金借入。所以不到四年，即在 1701 年 12 月 31 日以前，一部分就偿还了，一部分又归于国库，其额达五百一十二万一千零四十一镑十二先令四分之三便士。在如此短期内，偿还了如此多公债，实为前所未有。所以当时所余的公债，就不过一千六百三十九万四千七百零一镑一先令七又四分之一便士。

在那次起于 1702 年而终于乌特勒克特条约的战争中，公债益形增大起来。1714 年 12 月 31 日，公债数额计达五千三百六十八万一千零七十六镑五先令六又十二分之一便士。应募南海公司基金，又使公债增加。在 1722 年 12 月 31 日，公债数额达到五千五百二十八万二千九百七十八镑一先令三又六分之五便士。1723 年起开始还债，但非常缓慢，到 1739 年 12 月 31 日，即在十七年太平无事的岁月中，所偿还公债，总共只八百三十二万八千三百五十四镑十七先令十一又十二分之三便士。那一年末，公债余额，还有四千六百九十五万四千六百二十三镑三先令四又十二分之七便士。

1739 年发端的西班牙战争，和紧接西班牙战争而起的法兰西战争，使公债益形加多。1748 年 12 月 31 日，即该战争以埃·拉·查帕尔条约结束之后，公债数额已达七千八百二十九万三千三百一十三镑一先令十又四分之一便士。上述十七年太平无事岁月中的公债偿还额，不过八百三十二万八千三百五十四镑十七先令十一又十二分之三便士；然而未满九年的战争所增加的公债额，却为三千一百三十三万八千六百八十九镑十八先令六又六分之一便士①。

在佩兰主政的时候，公债利息由百分之四减低至百分之三，于是减债基金增加，偿还了某一部分公债。1755 年即最近战争勃发以前，英国长期公债为七千二百二十八万九千六百七十三镑。1763 年 1 月 5 日，即媾结和约时，长期公债达一亿二千二百六十万三千三百三十六镑八先令二又四分之一便士，尚有无担保公债

① 见詹姆斯·普斯勒斯韦特所著《国家收入史》。

一千三百九十二万七千五百八十九镑二先令二便士。但是，由战争引起的费用，并不于媾结和约之日，便告终止，所以 1764 年 1 月 5 日，长期公债虽已增至一亿二千九百五十八万六千七百八十九镑十先令一又四分之三便士（就中一部分为新公债，一部分则为由无担保公债改成的长期公债），但根据一位博识著者所著的《英国商业及财政的考察》，该年度及次年度，还剩有九百九十七万五千零十七镑十二先令二又四十四分之十五便士的无担保公债。因此，据同一著者所述，在 1764 年，英国所有公债（包括长期公债及无担保公债）达到一亿三千九百五十一万六千八百零七镑二先令四便士。此外，授予 1757 年新公债应募者作为奖金的终身年金，按相当于十四年年金估计，约为四十七万二千五百镑；授予 1761 年及 1762 年新公债应募者作为奖金的长期年金按相当于二十七年半年金估计，约为六百八十二万六千八百七十五镑。以佩兰对国事的慎重与忠心，经七年太平无事的岁月，尚不能偿还六百万镑旧债，但在大约相同时间的战争中，却举借了七千五百万镑以上的新公债。

1775 年 1 月 5 日，英国长期公债为一亿二千四百九十九万六千零八十六镑一先令六又四分之一便士，无担保公债，除去一大笔皇室费债务后，为四百一十五万零二百三十六镑三先令十一又八分之七便士，两者合计共为一亿二千九百一十四万六千三百二十二镑五先令六便士。依此计算，在太平无事的十七年间所偿还的债务，仅及一千零四十一万五千四百七十四镑十六先令九又八分之七便士。然而，就是这么小的公债减少额，尚非全由国家经常收入的节余偿还的，有许多是以与国家经常收入全不相涉的外来款项偿还的。例如三年内对土地税每镑增加一先令的税款若干镑，东印度公司为获得新地区缴纳国家的赔偿金二百万镑，以及英格兰银行为更换特许状缴纳的十一万镑，都应算入此外来款项。他如由最近战争产生的若干款项，理应视为此次战费的扣除额，所以亦须附加在这外来的款项。主要如下：

	£	s.	d.
法国战利品收入…………………	690 449	18	9
法国俘虏赔偿金…………………	670 000	0	0
由割让各岛而得的代价………	95 500	0	0
合计………………………………	1 455 949	18	9

假若在这个金额上，加入查特姆伯爵及克尔克拉弗特所推算的余额，其他同类军费的节余，以及上述从银行、从东印度公司、从增加土地税所得的三项款项，其总额一定要大大超过五百万镑以上。因此，战争终结以后，由国家经常收入节余所偿还之公债，平均起来，每年尚未达到五十万镑。由于一部分公债的偿还，由于一部分终身年金的满期，由于由百分之四降至百分之三的利息的低减，和平以后，减债基金无疑是大大增加了；假若一直和平下去，现在说不定每年可以由那基金抽出一百万镑来偿还公债，而在去年就是偿还了一百万镑的。但是，皇室费的大债务，尚延而未付，而我们现在又要卷入新的战争中，这战争发展起来，其费用也许要和以前历次战争同样浩大①。在这新战争告终以前所不免举借的新债，

① 这次战争，比我国历来战争所费更多，曾增加国债一亿镑以上。在十一年和平岁月中，虽偿还了一千万镑债务，但在七年战争期中，竟举借了一亿镑以上的公债。

说不定要等于国家由经常收入节约所偿还的全部旧债。因此，想由现在国家经常收入节约所得，偿还所有的公债，简直是一种幻想了。

据某著者主张：欧洲各债务国的公债，特别是英国的公债，是国内其他资本以外的另一个大资本；有这个资本，商业的扩展，制造业的发展，土地的开垦和改良，比较单靠其他资本所能成就的要大得多。可是，主张此说的著者，没有注意到以下的事实，即最初债权者贷与政府的资本，在贷与的那一瞬间，已经由资本的机能，转化为收入的机能了，换言之，已经不是用以维持生产性劳动者，而是用以维持非生产性劳动者了。就一般而论，政府在借入那资本的当年，就把它消耗了、浪费了，无望其将来能再生产什么。固然，贷出资本的债权者，往往不仅仅收到了和该资本等价的公债年金，这年金无疑会偿还他们的资本，使他们能进行和从前一样或更大规模的实业或贸易，就是说，他们可卖出此年金，或以此年金作担保借款，向他人取得或借入等于或多于他们所贷与政府的资本的新资本。但是，他们像这样由他人取得或借入的新资本，以前一定是存在这国家中，并且与其他资本同样用以维持生产性劳动。一旦转入国家债权者手中时，虽然从某一方面来看，对这些债权者是新资本，但对该国家并不是新资本，那不过是由某种用途抽去转作其他用途的资本罢了。所以，就他们私人说，其贷与政府的资本，虽有所取偿，但就整个国家说，却无所取偿。如果他们不把这资本贷与政府，那国家用以维持生产性劳动的资本或年生产物，就有两份而不只一份了。

当政府为开支政费，以当年未用作担保的赋税筹措收入时，人民收入的一定部分，只不过是从维持某种非生产性劳动，移来维持他种非生产性劳动罢了。人民用以付税的款项中，若干部分无疑是能由他们储蓄起来成为资本，用以维持生产性劳动。但其大部分大概是消费掉，用来维持非生产性劳动。不过，国家费用在这么开销的场合，无疑会多少成为新资本进一步蓄积的阻碍，但不一定会破坏现存的资本。

当国家费用由举债开支时，该国既有资本的一部分，必逐年受到破坏；从来用以维持生产性劳动的若干部分年生产物，必会被转用来维持非生产性劳动。不过，在这种场合所征的赋税，较在前一场合为轻，所以，人民个人收入上的负担较少，而人民节约收入一部分以积成资本的能力，亦因此减损较少。和以本年度税收开支本年度费用的方法比较，举债方法，如果在较大程度上破坏旧的资本，也在较小程度上妨害新资本的获得或蓄积。在举债制度下，社会一般资本时时由政府滥费所惹起的损失，是更容易由人民的节约与勤劳得到弥补的。

不过，只在战争继续的期间内，举债制度才优于其他制度。要是战费总能从当年所征的收入来开支，那么，那非常收入所由而来的赋税，将不会继续到那一年以上。与举债制度比较，人民在这种制度下的蓄积能力，在战时虽较小，在平时则较大。战争不一定会惹起旧资本的破坏，和平则必会促成更多新资本的蓄积。在这种制度下，一般地说，战争总是比较很快就结束，比较不至于随便从事的。在战争继续期中，人民因困于战争的负担，不久便会对战争发生厌倦；政府为要迎合人民的意向，必会适可而止，不敢故事延长。战役之兴，繁重而不可避免的负担，是可以前知的，设无真实或确定的利益可图，人民当不肯懵然主战。因此，人民蓄积能力不免多少受到损害的时期，是比较不常见到的，即使有那个时期，也是不会继续长久的。反之，蓄积能力强大的时期，要比在借债制度下长久得多。

况且，债务一经增加，则由于增加的赋税，即在平时，其损害人民蓄积能力的程度，亦往往与上述征税制度在战时损害这种能力的程度不相上下。现在英国平时收入，每年达一千万镑以上。假若各种赋税都不曾用作担保，而且都管理得宜，哪怕从事最激烈战争，亦无须借一个先令的新债即可够用。现在英国既已采用了有害的举债制度，所以居民个人收入在平时所受负担，居民蓄积能力在平时所受损害，竟与在最糜费的战争期间一般无二了。

有人说，支付公债利息，有如右手支给左手。所有货币，都未流出国外，那不过把一国居民某阶级的收入一部分，转移到其他阶级罢了，国家不会因此比从前更穷一文。这辩解，全是基于重商学说的诡辩；著者对此学说已经加以详细的讨论，似乎无须再在这里赘述。此外，主张此说者认为，全部公债都是募自国人，此绝非事实；我国公债就有很大一部分是荷兰人及其他外国人的投资。即使全部公债没有外国人投资，也减少不了公债的弊害。

土地及资本，是私人和公家一切收入的两个源泉。资本不论是用在农业上、制造业上或商业上，都是支付生产性劳动的工资。这两个收入源泉的支配，属于不同的两群人民，即土地所有者和资本所有者或使用者。

土地所有者为了自身收入，必须修理或建筑其佃户的房屋，营造和维持其田庄的必要沟渠和围墙，从事其他应由地主举办或经营的种种改良，使其所有土地能保持良好的状态。但如果土地税繁多，以致地主收入大减；各种生活必需品税、便利品税繁多，以致该收入的真实价值大减，那地主就会弄得没有能力进行或维持这种种要花很多费用的改良。地主不能尽他的本分，租地人就也完全无能力尽他的本分。总之，地主的困难愈增加，该国的农业就必然要愈趋于荒废。

如果各种生活必需品和生活便利品的税的征收，使资本所有者及使用者，觉得他们资本所得的收入，在某特定国家，不能购得同额收入在其他国家所能购得那么多的必需品和便利品时，他们便会打算把他们的资本，移往其他国家。如果此类赋税的征收，使大部分或全部商人及制造业者，换言之，大部分或全部资本使用者，不断受税务人员恼人扰人的访问，那移居的打算，不久就要见诸实行了。资本一经移动，靠此资本支持的产业，将随着没落，而该国商业制造业，又将继农业归于荒废。

土地和资本这两大收入源泉所生收入的大部分，如把它由其所有者即对每块特定土地的良好状态和对每项特定资本的良好经营都具有直接利益这一批人，移转到另一批没有这种直接利益的人（如国家的债权者）手中，久而久之，必定要惹起土地的荒芜和资本的滥费或迁移。国家的债权者，对于该国农业、制造业及商业的繁荣，从而对于土地的良好状态和资本的良好经营，无疑是具有一般利益的，因为那三者中任何一个如遭到失败或衰退，各种税收，就不够支付他应得的年金或利息。但是，国家债权者单就其作为国家债权者来说，对于某块特定土地的良好状态，对于某项特定资本的良好经营，是不感兴趣的。作为国家债权者，他对于这一特定土地或资本，既无所知，也无从视察，他不会留意到它们。土地或产业荒废了吧，他有时全不知道；即使知道了，也不关心，因为这不会使他直接受到影响。

举债的方策，曾经使采用此方策的一切国家，都趋于衰弱。首先采用这方法的，似为意大利各共和国。热那亚及威尼斯，是意大利各共和国中仅存的两个保有独立局面的共和国，它们都因举债而衰弱。西班牙似是由意大利各共和国学得此举债方策，而就天然力量说，它比它们尤见衰微（也许是因为它的税制比它们的税制更不明智）。西班牙负债极久。在十六世纪末叶以前，即在英格兰未借一先令公债的百年以前，该国即负有重债。法国虽富有自然资源，亦苦于同样债务的压迫。荷兰共和国因负债而衰弱，其程度与热那亚或威尼斯不相上下。由举债而衰微而荒废的国家，所在皆是，英国能独行之而全然无害么？

说这些国家的税制，都较劣于我国，那是不错的，我亦相信其如此。但是，这里应当记住一件事，就是最贤明政府，在税尽了一切适当课税对象以后，遇有紧急需要，也不得不采行不适当的捐税。荷兰那样贤明的政府，有时也不得不像西班牙那样，仰赖一些不适当的税收。如果在国家收入所负的重担尚未解除以前，英国发生新的战争，又如果该战争在其发展的过程，所耗费用，也和最近战争同样多，那么，形势所迫，说不定会使英国税制，也变成像荷兰税制，甚至像西班牙税制那样的繁苛。不错，我国叨现行税制的恩赐，产业得无拘束地向上发展，因而，即在费用最大的战争中，似乎由各个人的节俭与明智行为所产生的积蓄，也够弥补政府所滥费的社会一般资本。最近战争所费之多，为英国历来战争所未有。

但在此次战争结束时，全国农业和从前同样繁荣，制造业和从前同样兴旺，商业和从前同样发达。可见支持各该产业部门的资本，一定是和从前同样的多。和平恢复以来，农业更有改进，国内各都市各村落的房租益形增加，这是人民财富及收入增加的实证。大部分旧税，特别是国产税及关税等主要部门的收入，都年有增加，这是消费增加的明显证明，亦是消费所赖以维持的生产增加的明显证明。英国今日似乎毫无困难地担起半世纪以前谁都不相信它支持得了的重负。然而，我们切不可因此就冒昧断定，英国能支持任何负担，更不可过于自信，以为再重的负担，英国亦能不大困苦地支持得了的。

当公债增大到某种程度时，公公道道地完全偿还了的实例，我相信几乎没有。国家收入上的负担，如果说是曾经全然解除过，那就老是由倒账解除的，有时是明言的倒账，常常是假偿还，但没有一次不是实际的倒账。

提高货币名义价值，那是公债假偿还之名行倒账之实的惯技。例如，六便士的银币或二十枚六便士的银币，如依议会法令或国王布告，提高其名义价值为一先令或一镑，那么，依旧名义价值借入二十先令或银约四盎斯的人，在新名义价值下，只需银币二十枚或略少于二盎斯的银，便可偿还其债务。约一亿二千八百万镑的国债，即大约等于英国长期和短期公债合计的债本，如照此方法偿还，约需现币六千四百万镑就行了。像这样偿还债务实不过貌为偿还罢了，在实际，国家债权者应得的每一镑，都被骗去了十先令。可是，横受此种灾害的，不但是国家的债权者，私人的债权者，亦都受相应的损失。这对于国家的债权者，不但全无利益，在大多数场合，还要增加他们一项大损失。不错，国家的债权者，如借有他人的巨额债款，亦可依同一方法偿还，使其损失得到若干赔偿。可是，在多数国家中，以货币贷与国家的人，多半是富有者，他们对于其余同胞市民，多是属于债权者的地位，而不是属于债务者的地位。因此，这种貌为偿还的办法，对于国家债权者的损失，没有减轻，只有增大。国家受不到一点利益，而多数无辜人民，却蒙受横灾。这种办法将使私人财产受一种最普遍、最有害的破坏，而在大多数场合，将使勤劳、节约的债权者吃亏，怠惰、浪费的债务者致富；这样，国家资本的大部分，将由能使这资本增益的人，转移到只知破坏这资本的人。国家如有必要宣布破产，正如私人有必要宣布破产时那样，光明正大和直言不讳的倒账，总是对债务者名誉损害最轻、对债权者利益也损害最轻的办法。国家为隐蔽实际倒账的不名誉，而出此容易识破又极端有害的欺瞒下策，那真是再笨没有啊！

然而，国家无论古今，当有此必要时，往往采用这欺瞒的下策。在第一次罗马和迦太基战争终结时，罗马人减低阿斯（当时计算一切其他铸币以此为准）的价值，从含铜十二盎斯，减至含铜二盎斯，即把二盎斯铜赋予等于以前十二盎斯的名义价值。用这种方法，共和国前此所借的巨债，只需还其实额六分之一就行了。这样突然的巨大的倒账，照我们今日设想一定是要惹起极大的喧闹的；然而当时竟无此等表示。推其原因，是由于制定此贬值的法律，像其他一切关于铸币的法律那样，都由护民官提向民会，通过施行；那在当时，恐怕还是一种很得民心的法律。在罗马，像在古代其他共和国一样，贫民不断向富者和有权势者借债；富者和有权势者为要在每年选举时获得他们的选票，常以极高利息，贷款给贫民，此债务从未偿付，不久就积成了债务者不能偿付、他人亦无从代付的巨额。债务者惮于非常苛刻的诛求，往往迫而投票选举债权者推荐的候选人，没得到另外报酬。当时法律尽管严禁赠贿及收买，但候选人提供的报酬，及元老院不时颁发的谷物，仍为罗马共和国晚期贫穷市民赖以生活的主要资源。为要摆脱债权者的控制，这些贫穷市民不断要求取消他们所欠的全部债务，或要求通过他们所谓新案，即偿还积欠债务一部分就算还清全部债务的法案。因此，把一切铸币价值，减至其原先价值六分之一，使他们得以原先六分之一的货币，偿还其全部债务，这种法律，正是一种最有利的新案。富者及有权势者为要使人民满足，在许多场合，他们不得不同意此取消债务的法律及施行新案的法律。不过，使他们同意此等法律的，一部分虽不外上述理由，一部分则因他们自身是政府的主要领导者，他们想借此解除国家的负担，恢复国家的元气。用这种方法，一亿二千八百万镑的债务，一下子就减为二千一百三十三万三千三百三十三镑六先令八便士了。在第二次罗马和迦太基战争期间，阿斯又经过两次的贬值，第一次是由含铜两盎斯减至一盎斯，第二次由一盎斯减至半盎斯，即减至本来价值二十四分之一。罗马的上述三次货币贬值，如合并一次实行，那么，像我国现币一亿二千八百万的债务，就可一下子减至五百三十三万三千三百三十三镑十六先令八便士。哪怕英国负债之巨，使用这种方法，也是马上可以偿还的。

我相信，一切国家铸币的价值，都曾通过这方法，逐渐减到比原来价值越来越低，同一名义金额所含的银，都曾通过这方法逐渐减到比原来数量越来越少。

为了同一目的，国家有时减低铸币的标准成色，即在铸币中搀以较大量的劣金。例如，照现行法定标准，每重一镑的银币，只能搀劣金十八本尼威特，若搀入八盎斯，这种银币一镑或二十先令，就与现币六先令八便士相当，而我国现币六先令八便士所含银量，就几乎提高至一镑的名义价值了。这种标准成色的减低，与法国人所谓增大价值，即直接提高货币名义价值，完全相同。

这种直接提高货币名义价值的做法，常是公开的、明言的，而就其性质说，亦不得不如此。用此方法，较轻较小的铸币，取得了从前较重较大铸币的同一名称。反之，减低货币标准成色的做法，大概都是保守秘密的。用此方法，造币局发出和从前流通的同一名义价值的铸币，竭力设法使其重量、体积及外貌保持旧观，不易辨认，但其实际价值，却相去甚远。当法国国王约翰要偿还其债务，而减低铸币标准成色时，所有造币局的官吏，都得发誓保守秘密。以上两种做法，都是不正当的。不过，增大价值这个简单做法，是公然的、暴戾的不正行为，而减低标准成色，却是阴险的、欺诈的不正行为。所以后者一经发觉(绝无长久保守秘密的可能)常比前者要惹起大得多的反感。铸币在大大增加名义价值以后，很少恢复其以前的重量，可是被极度减低其标准成色以后，却几乎常常又被恢复其以前的成色。因为在后者，除了恢复成色以外，再没有其他可平民愤的方法。

在亨利八世当国之末，及爱德华八世当国之初，英国铸币不但提高了名义价值，同时并减低了标准成色。在詹姆士六世初年，同样的欺伪行为，亦曾行于苏格兰。此外，很多其他国家，也常常如此。

英国国家收入的剩余部分，即开支了常年经费以后的剩余部分非常的少，想借此完全解除国家收入上的负担，不，想借此相当减轻那负担，似乎全然无望。所以，非国家收入大有增加，非国家支出大有缩减，这负担的解除，是永难实现的。

实施比现在较为公平的土地税和房产税以及前章对于现行关税制度及国产税制度所提议的改革，也许可在不增加大多数人民的负担而只把这负担平均分配于全体国民的情况下，就可使国家的收入大大增加。然而，就是最乐观的设计者，也不敢希望，这样增加的收入，可以完全解除国家收入上的负担，或可使国家在太平无事时期，在解除负担方面，有这样的进展，以致在下次战争，可不增加公债或增加公债而有所取偿。

如把英国本国税制，扩张到帝国所属各地，而不问那地方的居民是不列颠人或是欧洲人，这一来，收入或可望大有增加。然而，那是很难做得通的。据英国宪法原则，各地方在议会中所占议员席数，与其纳税额保有一定比例，今若扩张税制到一切属地，势必要承认那些属地在议会中，或如果我们要这样说的话，在帝国议会中，按照同一比例，加入其代表，否则就不免失之公允，就不免违背宪法原则。偌大的变革，似和许多强有力者的私人利益与大部分人民的固定成见有所抵触，求其实现，恐是极其困难，甚或万难做到的。然而，这种纯理论的著作，如果不妄来决定不列颠与各属地的统一是否可行，而只考察英国的课税制度，究竟能在什么程度上应用于该帝国一切属地；把它应用于帝国各属地，究竟可望得到多少收入，而这一种的统一，究竟于全帝国各地的繁荣幸福有何影响，也许没有什么不当之处吧。这样的空论，说得最坏，也只不过是一种新乌托邦，虽没有莫尔的旧乌托邦那么有趣，但总不致更为无用、更近于妄想吧。

英国税收，有四个主要部门，即土地税、印花税、各种关税及各种国产税。

就付纳土地税的能力说，爱尔兰无疑与不列颠不相上下，而美洲及西印度殖民地当有过之而无不及。地主在没有负担什一税或救贫税的地方，与课有此两税的地方比较，一定更有能力缴纳土地税。什一税如不折合金钱缴纳，而是征收实物，那比每镑实征五先令的土地税，要在更大程度上减损地主的地租。这种什一税，在大多数场合，总要相当于土地真实地租四分之一以上或相当于完全偿还农业资本及其合理利润后的残余部分的实物。假若除去一切代金及一切俗人保管的教会财产，不列颠及爱尔兰的教会什一税，全部将不下六七百万镑。假若不列颠或爱尔兰没有任何什一税，地主就能多提供六七百万镑土地税，但其负担却不会比他们大部分现在所受的更重。美洲是没有什一税的，自然很有能力纳土地税。固然，美洲及西印度的土地，大抵不是出租给农民的，以致课税没有地租簿可为根据。但在威廉及玛利四年，不列颠的土地税，也并没有根据任何地租簿，而是根据一种极不严密、极不正确的估价。因此，美洲的土地，用这种方法课税亦未尝不可，否则就照最近米兰公国及奥地利、普鲁士和沙廷尼亚等国领地的办法，经过正确的丈量后，再依公平评价征税好了。

在各属地推行印花税，那是显然没有困难的。在诉讼程序以及动产不动产移转契据形式相同或差不多相同的各地方，这种税就可同样照征，不必要何等更改。

推广英国关税法于爱尔兰及各殖民地，如果同时也扩大其贸易的自由（就正义上说，应当如此），那对这两者都有最大的利益。现在抑制爱尔兰贸易的种种可恶的约束，以及对美洲产物所设的列举与非列举的区别，将因此完全消除。正如现在菲尼斯特尔海角以南各地，对美洲若干产物，开放其市场一样，该海角以北各地，亦将对美洲一切产物开放其市场。关税法这样划一之后，英帝国各地间的贸易，将如现在不列颠沿海贸易一样自由。而帝国对各属地所有产物，将在自己领土内提供一个巨大的国内市场。市场这么扩大起来，爱尔兰及各殖民地因增加关税所受的负担，是会立即得到补偿的。

英国税制中必须加以若干修改以适应各属地特殊情况的，唯有国产税。爱尔兰的生产和消费，与不列颠具有同一性质，所以，可应用不列颠税制，而无须修改。至于美洲与西印度的生产和消费性质，就和不列颠大不相同了。把不列颠税制应用到这些地方，就必须加以若干修改，正如把这税制应用到英格兰产苹果酒啤、酒各州要修改一样。

例如，美洲称为啤酒的发酵性饮料，占当地人民普通饮料的一大部分，因为那是由糖蜜制成，所以与英国所谓啤酒大不相同。那种饮料，只能保存数日，像英国啤酒那样，不能在大酿造所制造，贮以待售。每个家庭都要自己酿造自己所消费的，如自己烹煮自己的食物一样。但是，各私人的家庭，如果须和那些麦酒店主，以及以贩卖为目的的酿造家，同样受收税人员可厌的访问及检查，那是完全为自由所不许可的。假若为了公平的缘故，认为此饮料有课税的必要，那可对其制造原料，在该原料的制造场所课税；如果商业的情形，不容课此国产税，那就不妨在该原料输入消费它的殖民地时，课以进口税。对于输入美洲的糖蜜，除了英国议会所课每加仑一便士的税外，还有以其他殖民地的船舶输入麦萨诸塞特湾的糖蜜，每霍格彻德[①]课八便士的州税，以及由北部各殖民地输入南卡罗林那的糖蜜，每加仑课五便士的州税。假若这些方法都感觉不便，那就可仿照英格兰不征收麦芽税的办法，各家庭随其人数的多寡，付纳一定金额；或可照荷兰各税的征收办法，各家庭按照其成员的年龄和性别的区别，每年付纳若干金额；或可按照德克尔所提议的英格兰一切消费品税的征收方法征收。他那方法，我们前面已经说过，对于消费迅速的东西，应用时不太方便，然而没有较好方法可用的场合，到底是不妨采用的。

砂糖、甜酒及烟草，到处都不算做生活必需品，但到处几乎都是普遍的消费对象，因此对它们课税，那是再适当没有了。假若英国与各殖民地的统一实现，此种商品，可在其离开制造者或栽植者手中前课税。如果这种课税方法，对他们不大方便，那就可把这些商品，积存于制造所在地的公共货栈及它们以后可能运销的帝国港口的公营货栈，由其所有者及税务机关共同管理，不到交给消费者、国内零售商或输出口商的时候，概不纳税。当其由货栈提出出口，经出口商提出了适当保证，担保其确是出口，可以免税。如果英国与各殖民地的统一成功，英国现行税制不得不作若干修改的，恐怕主要就是关于这几种商品的税。

① 合五十二加仑半。——译者

把这种税制的施行扩展到帝国所属各地，其所能生出的收入总额，究竟有多少呢，要想得到相当正确的数字，无疑是不可能的。不列颠依此制度，对于八百万以下的人民，每年可征收一千万镑的收入。爱尔兰的人民，有二百万以上。据某次在美洲议会提出的报告，美洲十二同盟州的人民，有三百万以上。然而这种报告，恐不免有些夸张，借以鼓励其国民，或威吓我国人民。所以，我们可以这样假定：我国北美洲及西印度各殖民地人民，合计不过三百万，欧洲美洲的全部帝国人民，合计不过一千三百万。如果这课税制度，对于八百万以下的居民，能征收一千万镑以上的收入，那么，对于一千三百万居民，当可征收一千六百二十五万镑以上的收入。在这假定能产生的收入中，必须减去爱尔兰及各殖民地平常为开支政府经费而征收的收入。爱尔兰的行政费和军费连同公债利息，就 1775 年 3 月以前的两个年度平均计算，每年还不到七十五万镑。依据极正确的计算，在目下骚乱开始以前，美洲及西印度主要殖民地的收入，计达十四万一千八百镑。不过这个计算，未包括马里兰、北卡罗来纳以及我国最近在大陆和岛屿方面所获得的领地的收入。这省略的结果，恐怕有三四万镑的出入。为使数字简单起见，姑且假定爱尔兰及各殖民地开支行政费所必要的收入为一百万镑。在一千六百二十五万镑中，减除这一百万镑，尚剩有一千五百二十五万镑，可供帝国开支一般费用及偿付公债利息之用。如果英国由现在的收入中，平时可节约一百万镑偿付公债，则在此增加的收入中，就不难节约六百二十五万镑下来，偿付公债。况且，这一大笔减债基金，又因以前各年度既偿公债，不须支付利息，可逐年增大。减债基金这样急速的增加，在几年之内，就足够偿还全部公债，而完全恢复现在趋于消沉憔悴的帝国活力。与此同时，人民亦可从若干负担最重的赋税，即生活必需品税或制造原料税中摆脱出来。于是劳动的贫民，将能过较好的生活，以较廉的价格出卖劳动，并以较廉价格提供所产制的货物于市场。物价既廉，则那种货物的需要增加，结果，生产那种货物的劳动的需要自将增加。劳动需要增加，劳动贫民的人数将会加多，其境遇亦会改善。这一来，他们的消费将增加，同时，对他们所消费的一切物品所课税的收入，也将因而增加。

然而，由这种课税制度所生的收入，并不一定会立时按照被税人民人数的比例而增加。对于帝国领土内从未受惯此负担而刚开始受此负担的各属地，在若干时期内，一切应当从宽。并且，即在各处都尽可能严格地依法征收时，亦不会处处按照人民数目的比例产生收入。因为，在贫瘠地方，要付关税及国产税的主要商品的消费非常的少；而在居民稀少的国家，走私的机会，又非常的多。苏格兰的下层人民，饮用麦芽饮料的极少；麦芽、啤酒及淡色啤酒的国产税收入，按人民人数及税率（由于麦芽品质的差异，麦芽税税率英格兰与苏格兰不同）比例计算，苏格兰一定会比英格兰少得多。至于这些部门的国产税，我相信，漏税的程度，在这两国是不相上下的。课于酿造所的税及大部分关税，按人口比例计算，苏格兰要比英格兰少，这不但是因为被税商品在苏格兰消费较少，而且是因为走私在该地亦较易进行。爱尔兰的下层阶级人民，较苏格兰尤贫，而爱尔兰大部分地方的人口，则与苏格兰同样稀少。因此，按人口比例计算，爱尔兰被税商品的消费，比苏格兰更少，而走私的容易，则几乎与苏格兰相同。在美洲，在西印度，哪怕是最下层阶级的白人，其所处境遇，亦比英格兰同一阶级人民好得多。他们对于通常爱好食用的一切奢侈品的消费，都比英格兰同一阶层人民所消费的多得多。固然，大陆南部各殖民地及西印度群岛的居民，大部分都是黑人，他们现在还是奴隶，其处境无疑比苏格兰或英格兰的最穷人民，还要恶劣。但是，我们切不可根据这种理由，就想象他们比英格兰的最下级人民，所吃的更坏，所消费的轻税物品更少。为使他们好好工作，好好豢养他们，照料他们，那是他们主人的利益，正如好好喂养代劳牲畜，是牲畜所有者的利益。不论何处，黑人几乎与白人同样受有甜酒、糖蜜及针枞酒的配给，纵使对那些物品课以不太重的税，这配给恐怕是不会取消的。因此，按居民人数比例计算，美洲及西印度的被税商品的消费，恐怕不亚于英帝国任何地方。不错，按国土面积的大小比例计算，美洲的居民较苏格兰或爱尔兰要少得多，因而，那里走私的机会，也要大得多。但是，现在对于麦芽及麦芽饮料各税所征收的收入，如以单一的麦芽税代替征收，则国产税最重要部门的逃税的机会，几乎可完全杜绝。如果关税不课加于一切输入物品，而只局限于用途最广、消费最多的少数物品，又如果关税都按国产税税法征收，那么，走私的机会，纵不会全然杜绝，也要大大减少的。经过这两种显然非常简单非常容易的改革，按消费的比例计算，关税及国产税，哪怕在人口最稀少的地方，也会生出和现在人口最稠密地方一样大的收入。

有人曾这样说过：美洲人未保有金币，亦未保有银币，那个地方的内地贸易，全用纸币进行。间或有金银流到那里，又由交换我们的商品，全部送来英国了。没有金银，是不能纳税的。我们既已取得了他们所有的金银，再要榨取，怎样能够呢？

然而，美洲现在金银的稀少，不是由于那个地方贫乏，也不是由于当地人民没有购买这些金属的能力。与英格兰比较，那里的劳动工资是那么高，而其食品价格又是那么低，假若他们大多数人民以购买更多金银为必要，为便利，他们一定是有力购买的。因此，这些金属的稀少，定是他们自动选择的结果，并非形势需要的结果。

金币银币之所以成为必要或便利，不外为了进行国内国外的交易。

本书第二编说过，各国国内交易，以纸币进行，和以金币银币进行，差不多有同一程度的便利。至少，在和平无事时是如此。美洲人即以比他们所能容易获得的多得多的资本，使用在土地改良上，也可得到利润；因此，尽量节省其剩余生产物中必须用以购买昂贵的金银的部分，用以购买职业用具、衣料、家具及开垦耕作必要的铁制农具等，换言之，不购入死的资本，而购入活的生产资料，在他们必定是便利的。殖民地政府发觉了，供给人民以足够或超过足够流通国内交易的纸币量，这对它们有利益。在它们之中，特别如宾夕法尼亚政府，往往以若干厘利息把纸币贷与人民，从而取得一项收入。其他如麦萨诸塞特政府，一有急需，便发行纸币，以供国用，往后，在对它便利的时候，按纸币逐渐下跌的市价，再予收回。1747 年[①]，该殖民地即依照此种方法，以相当于其所发行纸币十分之一的款，偿还其大部分的公债。节省国内交易上使用金银

① 参阅哈琴生著《麦萨诸塞特史》第 2 卷，第 436 页及以下各页。

的费用，是殖民地人民的便利；供给一种媒介物，尽管会带来一些不利，但此费用由此节省，是各殖民地政府的便利。纸币过多，势必把金银驱出殖民地国内交易领域，正如纸币过多，曾把金银驱出苏格兰大部分国内贸易领域一样。在这两国，使纸币过多的，不是人民的贫乏，却是他们的企业心和计划精神。他们都希望把所有资财，用作活动的生产性资财。

各殖民地与英国进行的对外贸易，所使用金银的多少，完全视需要的大小来决定。在不需要金银的场合，金银就很少见到，在需要金银的场合，一般总不愁没有金银。

英国与产烟殖民地间进行的贸易，大概是以英国货物，先行赊与殖民地人民，经过相当长期之后，再取偿于有一定价值的烟草。以烟草支付，不以金银支付，对殖民地人民，比较便利；商人对和其往来的店家购买货物，不付金银，而付以他自己碰巧正在经营的他种货物，在商人方面，比较便利。这种商人，就不必为着准备临时的需要，在他营业资本中，划出一定额现金，保存不用。他可在店铺或货栈中，存储更多的货物，或者从事更大的营业。但是，一个商人的一切往来店家，都对他以他碰巧正在经营的一种货物偿付他们所卖给他的货物感到便利，那种事，毕竟是罕见的。不过，和弗吉尼亚及马里兰进行贸易的英国商人，却碰巧都觉得对于卖给这些殖民地的货物，以取烟草为酬比取金银来得便利。他们可从烟草牟取利润，而不能从金银得到何等利润。因此，在英国与此等产烟殖民地间进行的贸易，金银是极其少用的。马里兰及弗吉尼亚，无论对于国内贸易或对于国外贸易，几乎同样没有使用金银的必要。它们所拥有的金银，因此比美洲其他任何殖民地少。然而，就繁荣说，就富裕说，它们并不比一切邻近的殖民地差。

在北部各殖民地，即在宾夕法尼亚、纽约、新泽西、新英格兰四州等地，输往英格兰的产物的价值，比它们为自己使用，及为其他殖民地使用（在这场合，它们担任运送人的职务）而由英格兰输入的制造品的价值来得小，因而，这项差额，就不能不以金银付给英格兰，而它们通常都能找到这项金银。

产砂糖各殖民地每年输往英格兰的生产物的价值，比它们由英格兰输入的一切货物的价值要大得多。要是送往母国的砂糖及甜酒的代价，必须付给这些殖民地，那英国每年就不得不送出一巨额货币；于是，对西印度贸易，就要像某种政治家等所说，成为极端不利的贸易了。但事实是这样：许多产糖大农场的主要所有者，都住在英国。他们的地租，都是以他们自己农场的产物，即砂糖甜酒，寄送他们。西印度商人为自己在这些殖民地购入的砂糖及甜酒的价值，亦比他们每年在那里卖掉的货物的价值小。这个差额亦必然要以金银支给这些商人；然而，通常也是能够设法找到这项金银的。

各殖民地偿付英国货款的困难与延滞的程度，和它们各别所欠数额的大小，并不成比例。北部各殖民地通常要把相当大的差额付给英国，而产烟各殖民地则或是全不给付，或是给付小得多的差额。但是，就一般而论，前者每能按期偿付，后者却不能按期偿付。我们向各产糖殖民地收取货款的困难，其大小程度，不是和这各殖民地应付差额的大小成比例，而是和它们所含荒地面积的大小成比例。荒地面积愈大，激使殖民地人民去从事超过他们自己资力所能经营的生意即开荒垦殖这个诱惑力愈大，他们就愈不容易付还欠债。反之,荒地面积愈小,则结果正相反。就是由于这个原因,和那些土地已经完全耕种多年,以致没有余地可供殖民者投机的小岛,如巴道斯、安提瓜及圣克利斯托福等岛比较,尚存有极多荒地的牙买加这个大岛,其付款就比较不规则、比较不确定。最近格伦纳达、托巴戈、圣文逊特及多米尼加的获得,给这种投机,开了一个新的舞台;而这些岛屿最近付款的不规则与不确定,与牙买加这个大岛没有两样。

因此,就大部分殖民地说,其金银之所以稀少,并不是由于贫乏。它们对活的生产性资本,有大需要,因此以尽量节省死的资本为便利,并以那与金银比较虽不合宜,但却廉贱的交易媒介为满足。这一条,它们就得以那部分金银的价值,转用在职业用具、衣料、家具及开垦耕作必要的铁制农具上了。在那些非金银货币莫办的交易部门,它们通常总能找到必要的金银以供使用。如果找不到的话,那也不是它们贫乏的结果,却是它们从事不必要的和过分膨大的企业的结果。它们对于偿付的拖延不定,不是它们贫乏了,却是它们发财的热望太过了。即使殖民地的税收,除用以开销当地行政费军事设备费以外的一切部分,统须以金银送往英国,它们亦必充分具有购买此必要金银的手段。在这场合,它们不过以其现在购买活的生产性资本的一部分剩余生产物,转用以购买死的资本罢了。固然,它们为了进行国内交易,不得不舍却廉贱的交易媒介,不得不使用昂贵的交易媒介,而购买这昂贵交易媒介的费用,可能多少抑制它们对于改良土地的过度冒险心与进取心;但是,美洲收入的任何部分,都不需要把金银送往英国,可以汇票汇寄。这汇票是向曾受委托代售美洲剩余产物的特定英国商人或公司开出而由其承兑的汇票，该商人或公司收到货物后，即按票额以货币把美洲收入缴交国库。这一来，美洲无须输出一盎斯金银，而一切都办理妥当了。

爱尔兰及美洲应帮同英国偿还公债，那不是不公道的。英国的公债，原是支持由革命建立的政府而借的。赖这政府，爱尔兰的新教徒，才得在本国享有现在所享有的全部权力。他们的自由，他们的财产，乃至他们的宗教，才得有所保护。美洲若干殖民地，也赖这政府，才有其现在的特许状，现在的宪法。美洲一切殖民地人民所享有的自由、安全和财产，也是靠这政府。这公债的起因，不但是为了保护英国，同时也是为了保护英国一切属地。特别是最近战争中所借的巨额公债，以及前一战争中所借大部分公债，其本来的用途，都是为了保护美洲。

爱尔兰归并于英，除享有自由贸易的利益外，还会获得其他重要得多的利益，这利益会绰有余裕地补偿其随归并而增加的赋税。苏格兰归并于英后，从来被贵族权力压迫的中下级人民，完全得到解放了。贵族权力在爱尔兰，压迫更甚，受其害者更多，如与英国合并，人民大部分会同样从贵族压迫之下得到解放。不同于苏格兰贵族，爱尔兰贵族的形成，不是由于门第财产那些自然的、可尊重的差别，而是基于最可憎的差别，即宗教的偏见及政治的偏见。这种差别最能助长压迫阶级的傲慢及被压迫阶级的憎恶与愤怒，使得同国居民间相互怀抱的敌意，大于异国人民间相互怀抱的敌意。假使爱尔兰不归并于英国，其居民在今后数十数百年间，也许还不会把自己看作同国的人民。

在美洲各殖民地，从无专横贵族存在。但就是它们，如与英国合并，在幸福与安定方面，亦会增益不浅。至少，它们可由此免去在小民主政体下必然会发生的互仇和凶恶的党争，那党争往往分裂人民间的感情，并扰乱政府的安定。如果美洲完全与英国脱离关系——这脱离，非由这种合并加以防止，是很容易发生的——那党争一定会比以前凶暴十倍。在目前的扰乱开始以前，母国的强压力，常能抑制党争，使其不超过暴行及侮辱的范围。设无此强压力，恐怕不久就要诉诸暴力而演成流血惨剧了。隶于一个统一政府下的党派的精神，在一切大国，通常都是横溢于帝国的中心，在僻远地方，则较为冷淡。与首都隔远了，即与党争和野心的主要漩涡隔远了，这样，对于各敌对党派的见解，一定会采取比较超然的态度，对于各党派的行动，一定会采取比较公正不偏的旁观态度。以目前而论，在苏格兰的党争，不像英格兰的党争那么激切；如果合并实现后，在爱尔兰的党争，大概会比苏格兰更为缓和；至于美洲各殖民地，则大概不久会出现那为英帝国任何属地所未曾见的和谐团结景象。固然，合并实现之后，爱尔兰及美洲各殖民地不免会受到重于现在的赋税负担，但如能勤勉地忠实地把国家收入用于偿还公债，不久，英国国家收入，就会缩减至足够维持平时设施的程度，而现在大部分的赋税，当不致继续征收下去。

东印度公司获得的领土，无疑是属于国王的权利，也就是属于英国国家与人民的权利。那些领土，我们可使其成为另一个收入源泉，这源泉可能比上述各源泉还要来得丰富。与英国比较，据说，那些地方更丰饶，更广大，而就土地面积大小的比例说，地方更富裕，人口更稠密。要从那里抽取一大收入，大概不必另征新税，那里的赋税，已经征到十足的程度，甚至超过十足程度以上。比较妥当的办法，与其增加那些不幸人民的负担，无宁减低其负担；与其设新税以裕收入，无宁阻止大部分已收到的赋税的滥用与中饱。

假若英国无法由上述各源泉，取得很大的增多的收入，那么，可采用的唯一办法，就是减少费用。英国在征税方法上，在国家收入的开支方法上，无疑尚有改良余地，不过，与其他邻国比较，至少不算不经济。英国平时的国防军事设备，较之势均力敌的欧洲任何国家，更为适中，所以想在这个项目上节省费用，似乎不可能。在目下的扰乱开始以前，英国花在美洲各殖民地的平时建设费，为数浩大，如果不能由这些殖民地取得何等收入，这项费用，无疑应该完全节省。不过，这些殖民地平时的经常费虽再大，和英国为防御它们作战所耗费的比较，却是微乎其微。前面说过，英国完全为保障殖民地而发生的最近战争，所费在九千万镑以上。主要为保障殖民地的 1739 年西班牙战争，及由此次战争结果惹起的法兰西战争，所费在四千万镑以上；这项费用的大部分，当然应由各殖民地负担。在这两次战争上，英国为各殖民地所费了的，大大超过前一次战争开始以前英国所负公债总额两倍以上。如果没有这几次战争，当时的公债，有可能完全偿还，或者已实际完全偿还了也说不定。如果不是为了这些殖民地，前一次战争，也许不致发生；后一次战争，则一定不会发生。英国支出了这么大的费用，就因为它认为这些殖民地是它的省份的缘故。然而，对于维持帝国，既未提供财力，又未提供武力的地方，绝不能视为省份。它也许可以算是附属于帝国的一种壮丽华美的装饰吧。但帝国如果不能支持这装饰的费用，早就应当把它放弃；如果不能按照其支出的比例而增加收入，至少应当量入为出。要是各殖民地尽管拒绝纳税，却仍视为英帝国的省份，那将来防御殖民地的战争，恐怕不免还要耗去英国以前几次战争那么多的费用。百余年来，英国统治者曾以我国在大西洋西岸保有一个巨大帝国的想象，使人民引为快慰。然而这一个帝国，迄今仍只存在于想象中。不是帝国，只是建立帝国的计划，不是金矿，只是开发金矿的计划。这计划，在过去以至现在，已使英国耗费得太多了，设今后仍同样继续下去，将来费用一定极其浩大，而且，还收不到一点利润。因为，前面说过，殖民地贸易独占的结果，于人民大众是有损无益的。现在，我国统治者该实现自己一向所耽迷以及人民也许也同样耽迷的黄金梦了，如其不能，就应该自己先由那梦中醒过来，并使人民也醒过来。所作计划要是无法完成，自应及早放弃。英帝国的任何省份，如不能对全帝国的维持有所贡献，英国就该摆脱为防御那省份而支出的战费，摆脱任何维持那省份的平时民政或军事设施的费用，并努力使将来的企图与计划，适应它的实际情况。

图书在版编目(CIP)数据

国民财富的性质和原因的研究. 下卷/(英)亚当·斯密著;郭大力,王亚南译. —北京:商务印书馆,2017
(汉译世界学术名著丛书:120年纪念版:珍藏本)
ISBN 978-7-100-14199-4

Ⅰ. ①国… Ⅱ. ①亚… ②郭… ③王… Ⅲ. ①古典资产阶级政治经济学 Ⅳ. ①F091.33

中国版本图书馆CIP数据核字(2017)第137642号

汉译世界学术名著丛书
(120年纪念版·珍藏本)
国民财富的性质和原因的研究
下卷
〔英〕亚当·斯密 著
郭大力 王亚南 译

商 务 印 书 馆 出 版
(北京王府井大街36号 邮政编码100710)
商 务 印 书 馆 发 行
南京爱德印刷有限公司印刷
ISBN 978-7-100-14199-4

2017年12月第1版 开本 710×1000 1/16
2017年12月第1次印刷 印张 33
定价:155.00元